21세기 페미니스트 신학

개정판

개정판 **21세기 페미니스트 신학**
주제와 과제
ⓒ 강남순, 2018

개정판 1쇄 펴낸날 2018년 12월 20일

지은이 강남순 **펴낸이** 이건복 **펴낸곳** 도서출판 동녘

등록 제311-1980-01호 1980년 3월 25일 **주소** (10881) 경기도 파주시 회동길 77-26
전화 영업 031-955-3000 편집 031-955-3005 **전송** 031-955-3009
블로그 www.dongnyok.com **전자우편** editor@dongnyok.com

ISBN 978-89-7297-929-6 03200

- 잘못 만들어진 책은 바꿔드립니다.
- 책값은 뒤표지에 쓰여 있습니다.
- 이 도서의 국립중앙도서관 출판시도서목록(CIP)은 서지정보유통지원시스템 홈페이지(http://seoji.nl.go.kr)와
  국가자료공동목록시스템(http://www.nl.go.kr/kolisnet)에서 이용하실 수 있습니다.(CIP제어번호: CIP2018039388)

FEMINIST THEOLOGY

21세기 페미니스트 신학

주제와 과제 ——— 강남순 지음 ———

IN THE 21st CENTURY

THEMES AND TASKS

개정판

개정판 머리말

    2002년에 출간한《페미니스트 신학》의 개정판을 2018년이 끝나가는 12월에 낸다. 그런데 16년 전에 출판된 책의 '개정판'을 낸다는 것은 무엇을 의미하는가. 그것은 이전 시대에 제기되었던 문제들이 해결되지 않아서, 그 당시의 문제제기가 여전히 유효한 주제와 과제로 연결된다는 것을 의미한다.

    이 책에 담긴 원고는 20세기가 끝나고 21세기가 막 시작되던 시기에 쓰였다. 21세기가 시작될 무렵, 다양한 분야의 전문가들이 3000년대에 어떠한 일들이 벌어질지, 그것이 우리의 구체적인 삶에 어떤 변화를 가져오게 될지에 대한 전망을 내놓았다. 종교 분야도 예외는 아니었다. 근대와 포스트모던 시대를 경험하면서 맞이하게 되는 3000년대란 과연 종교에 어떠한 변화와 도전을 경험하게 할 것인가에 대한 분석이 곳곳에서 쏟아져 나왔다. 21세기에 들어서면서 종교에 대한 가장 커다란 도전 중의 하나는, 전통적인 신 개념과 '절대적 진리'의 주장이 더 이상 그 적절성과 의미를 갖지 못하게 되었다는 것이다. 페미니스트 신학은 전통적인 신 개념의 남성중심주의 androcentrism가 지닌 문제점을, 흑인해방신학은 백인중심주의 white ethnocentrism가 지닌 문제점을 제기했고, 생태신학은 전통적 신학에 담긴 인간중심주의anthropocentrism를 비판적으로 조명하기 시작했다. 전통적인 기독교 신학에서 사람들이 이제까지 절대적 진리라고 믿어온 것들의 내용이, 실제로는 다양한 편견과 배제의 구조를 제도화한 것이라는 비판적 문제제기가 다양하게 전개되기 시작했다.

이러한 정황에서 근원적인 물음을 던지지 않을 수 없게 되었다. 특정 교리들을 '절대 진리'로 규정하는 그 '지식'은 누구에 의해 규정되고, 확산되며, 교리화되어 마침내 절대적인 진리로 고착되는가? 종교적 진리를 포함해 인간의 인지 세계에 개입하는 다양한 '지식'은 '권력'을 지닌 사람들에 의해 구성되며 고착된다. 이 점에서 "지식의 중심이 권력의 중심"이라고 한 미셸 푸코Michel Foucault의 통찰은, 전통적 신학에 대한 페미니스트 비판의 핵심을 이룬다. 이제 프랜시스 베이컨Francis Bacon의 말 "지식은 힘이다Knowledge is power"는 더 이상 설득력을 지니지 못한다. 오히려 "힘이 지식이다Power is knowledge"라고 한 미셸 푸코의 말이 현실세계를 드러내는 중요한 통찰로 간주되고 있다. 권력과 지식의 분리불가성에 대한 인식은, 이제껏 종교 안에서 권력을 지닌 사람들이 남성들이었다는 점, 그리고 그 남성들은 여성들에 대한 차별과 배제를 '신적 질서Divine Order'로 정당화하는 '지식'을 절대화했다는 점을 보여준다.

한국의 기독교를 구성하는 것은 크게 보면 세 가지라고 할 수 있다. 신학 교육기관들, 교회와 그 교회들이 속한 교단들, 에큐메니컬 기구들이다. 그런데 기독교를 구성하는 세 가지 구조를 보면 여전히 남성중심주의와 가부장제적 가치체제가 강력한 토대를 이루고 있다. 이 점에서 보자면, 한국 기독교는 20세기에서 21세기로 전이된 시대적 변화가 인식의 변화로는 이어지지 못하고 있다. 여전히 이전 세기의 인식의 시계 속에 머물러 있는 것이다. 젠더, 인종, 계층, 성적 지향, 난민 문제 등 21

세기 세계가 직면한 여러 문제들에 대한 한국 기독교의 개입은 혐오의 정치학에 의해 작동되고 있다. 환대와 연대가 아니라, 배타와 차별이 기독교의 핵심인 것처럼 왜곡하고 있는 것이다. 예를 들어, 2018년 한국 사회가 경험한 제주 난민 문제를 둘러싸고 한국 기독교회들의 혐오와 배타적 대응은 '예수의 이름으로 예수를 배반'하고, '신의 이름으로 신을 배반'하는 전형을 보여주었다. '개독교'라는 별칭으로 불리는 한국의 기독교는 책임과 연대의 종교로 새롭게 태어나지 않으면 그 존재 의미가 사라질 수 있는 위기에 처해 있다.

21세기는 다양한 위기에 직면한 세기이다. 크게 보면 다음과 같은 일곱 가지 위기를 들 수 있다. 평화의 위기, 난민 위기, 세계 정의global justice의 위기, 전 지구적 환경 위기, 세계 경제 위기, 인권 문제의 위기, 다양한 문명 간 충돌의 위기 등이다.[1] 21세기 한국의 기독교는 이 세계가 직면하고 있는 이러한 위기들을 해결하기 위해 '함께 살아감living-with'의 과제가 무엇보다도 중요한 것임을 인식해야 한다. 페미니스트 신학이 궁극적으로 지향하는 것은, 바로 '함께 살아감'의 세계가 확장되는 것이다. 여기에서 '함께 살아감'이란 영적이거나 정신적인 의미뿐 아니라, 매우 구체적인 사회정치적 의미를 지닌다. 정의, 평등, 권리, 환대, 연대의 원을 확장하는 '함께 살아감의 세계'를 만들어가기 위한 신학적 구상은, 예수의 핵심적 가르침인 '이웃 사랑'을 실현하기 위한 것이며, '모든' 사람을 '이웃'으로 바라보며 환대와 연민, 사랑과 책임의 종교를 구현하려는 시도라고 할 수 있다. 페미니스트 관점이란 결국 젠더, 성적 지향, 인종, 계층, 장애, 나이, 국적, 종교 등에 상관없이 모든 인간이 인간으로서 권리와 자유를 누리는 세계를 지향하는 것이기 때문이다.

페미니스트 신학은 어떤 단일하고 고정된 틀을 지닌 신학 체계가 아니라, 끊임없이 형성 중에 있는 것이다. 이 '형성 중에 있음'은 페미니스트 신학에 생명력을 부여해주는 것이며, 지배와 종속 담론에 저항하는 사회적 실천으로서 페미니스트 신학 담론은 다양성과 개방성을 그 핵심적 특성으로 지닌다. "고정된 모든 것은 녹아서 사라져 버린다All that is solid melts into air"는 카를 마르크스의 말은 이런 점에서 페미니스트 신학에도 유효하다. 페미니스트 신학이 고정된 어떤 체계 속에 절대화될 때, 그리고 자기비판적 성찰을 멈출 때, 페미니스트 신학의 진정성은 공중으로 사라져버릴 것이다. 끊임없이 주변부인의 시각을 바탕으로 중심부의 위계적 지배구조들, 왜곡된 권력관계들을 드러나게 하고, 그러한 위계화된 존재방식을 넘어서는 대안적 관계방식과 사유방식을 확산시켜 기독교의 비전인 '신의 나라'의 실현을 꿈꾸는 것이 기독교 페미니스트 신학의 비전이라고 할 수 있다.

《페미니즘과 기독교》,《젠더와 종교》, 그리고 이제《21세기 페미니스트 신학》의 출간으로 내가 페미니즘과 종교 문제에 대하여 다룬 3부작 trilogy 개정판이 '도서출판 동녘'을 통해서 모두 출간되었다. 출판계의 어려움에도 불구하고 이렇게 3부작의 개정판 출간을 감행한 동녘의 이건복 대표님, 그리고 출판 과정에서 여러 수고를 아끼지 않으시고 정성을 다해 책을 만들어주신 편집자들께 깊은 감사를 전한다. 한국의 기독교가 젠더, 장애, 계층, 성적 지향, 국적, 종교 등에 근거한 차별과 혐오, 배제를 넘어 연대, 정의, 평등의 원을 확장하는 데 이 책이 작은 기여라도 하기를 바란다.

2018년 11월 23일
미국 텍사스 크리스천대학교 브라이트 신학대학원 연구실에서

초판 머리말

끊임없는 미완의 지도 작성하기

　나는 글을 쓸 때마다 글쓰기는 사유의 체계가 아니라, 내적 경험의 예상치 못한 분출이라고 한 어느 철학자의 말을 떠올린다. 나에게 있어서 글쓰기란—그것이 논문이든, 에세이든, 시든, 편지이든—나 자신도 예상할 수 없는 나의 내적 세계와 경험, 그리고 갈망의 분출이라는 것을 경험하기 때문이다. 글쓰기는 '지금 여기' 세계 속의 다양한 층들에 대한 성찰일 뿐만 아니라, 그것을 넘어서는 새로운 세계에 대한 갈망의 표현이고 새로운 사회에 대한 구상이라는 점에서, 쓴다는 것은 저항하고, 생성하고, 지도를 작성하는 것이다. 나의 삶의 다층적 경험들, 새로운 세계에 대한 갈망들과 구상들—이런 것들이 나의 글쓰기가 담고 있는 것들이며, 이 책은 그러한 글들의 모음이다.
　내가 페미니즘 이론을 나의 학문적 분석의 틀로 수용하게 된 것은 미국에서의 유학 시절이었다. 한국에서나 독일에서 공부할 때, 나의 학문적 관심은 추상적 문제들에 집중되어 있었다. 대학 시절 나는 실존철학에 깊이 매료되었으며, 실존철학이 제시하는 물음들이 내가 지속적으로 씨름하고 싶은 주제라고 생각했었다. 어설픈 작업이었지만 학부에서 니체의 무신론 연구로 졸업 논문을 쓰면서 나는 형이상학적 신 죽음의 선언을 통해서 깊은 정신적 해방감을 경험했으며, 니체 사상의 신학적 의미에 대하여 보다 심층적인 연구를 하고 싶은 강한 욕구를 가지고 있었다. 그러나 실존철학이나 니체의 해체담론에 대한 나의 관심들은 결혼 후 내가 부딪히는 세계와 현실 속에서 구체적이고 실천적인 분석의 틀이 되지 못했다. 나는 두 아이를 낳고 다양한 모습을 지닌 현실세계에 부딪히면서 이전에 경험하지 않았던 문제들과 매일매일 씨름해야 했는데, 그 당시 이러한 나의 삶을 들여다보고 이해할 도구를 갖지 못했던 것이다.

나는 새롭게 대면하게 된 나의 현실을 어떻게 이해해야 할지, 어떻게 분석해야 할지 알 수 없어서 매우 우울한 나날들을 보냈다. 대학 시절에 학문함에 대한 강한 열정을 촉발해주었던 사상들이 새로운 나의 현실 속에서 아무런 통찰을 주지 못하고 있다는 것을 경험하게 된 것이다. 나는 별안간 섬에 홀로 남겨진 사람처럼 철저한 고립감을 느꼈다. 이전의 세계와는 전혀 다른 세계, 내가 분석하고 해석할 수 없는 세계에 던져진 것 같았으며, 그렇게 새롭게 대면하게 된 나의 현실 속에서 나의 주변을 둘러싸고 있는 상황이나 사람들은 물론, 나 자신조차 이해하기 어려웠기 때문이다. 나 자신과 나의 주변 세계를 들여다볼 분석적 도구가 없었던 나는 더 이상 학문함에 대한 열정이나 갈망을 갖기 어려웠다. 이러한 딜레마들 속에 잠겨 있던 내가 나의 그러한 현실을 들여다볼 수 있는 언어들과 만나고, 나의 현실에서 내가 매일매일 씨름하던 크고 작은 문제들이 사실상 나만의 경험이 아니라는 사실을 비로소 보게 된 것은 독일에서 유학 생활을 하다 미국의 대학으로 학교를 옮긴 후 택한 대학원 세미나를 통해서였다.

나는 성차별 문제가 신학적 주제가 될 수 있다고 생각한 적도 없고,

나의 삶에서 내가 성차별 때문에 제한된다고 느껴보지도 않았었다. 그런데 결혼 이후 대면한 현실을 통해 다층적 가부장제적 제도와 구조를 보기 시작한 것이다. 부언할 필요도 없이, 결혼은 한 사람과의 만남만을 의미하지 않는다. 결혼제도 속에 들어간다는 것은 다양한 사회제도나 관계의 틀과 강한 연관을 갖는다는 것을 의미한다. 그렇지만 이 자명한 사실을 한 개인이 자신의 사실적 현실로서 경험하는 것은 여러 가지 어려운 과정을 통해서이다. 나도 예외가 아니었다. 결혼제도만이 아니라, 출산을 하여 아이를 양육한다는 것은 매우 복합적인 다양한 사회적 제도와 끊을 수 없는 관계 속에 들어가기 시작한다는 것을 의미하기도 한다. 결혼이란, 매우 사적이고 개인적인 세계로부터 사회적·정치적·문화적 제도로의 이행을 의미하며, 두 사람만이 아니라 복합적인 다층적 인간관계 속에 들어간다는 것을 의미한다. 이것은 이전에 나에게 구체적인 현실로서 경험되던 세계가 전혀 아니었던 것이다. 결혼과 동시에 한 사람은 '여자'라는 생물학적 성을 통해 부과되는 다양한 사회적·문화적·관습적 틀 속에 던져진다. 결혼제도 전에 경험하고 인지하던 세계란 사실상 아주 부분적이고, 피상적이며, 덜 드러난 세계였다는 사실이 결혼과 함께 드러나기 시작한다.

이러한 인식은 페미니즘 이론과의 만남을 통해서 시작되었다. 나는 이 페미니즘 이론들을 통해서 내 세계를 들여다보고 분석할 수 있는 새로운 도구를 가지게 되었다. 내가 처음 택한 미국 대학원의 '페미니스트 신학 세미나'에서 문학, 역사, 심리학, 사회학 등 다양한 인문학 분야에 쏟아지는 페미니즘 이론들을 접하며 느꼈던 전율을 나는 지금도 잊지 못한다. 내가 매일 씨름하면서도 정작 어떻게 해석해야 할지 몰라 막막했던 일상적 삶의 크고 작은 문제들, 내가 지독한 딜레마를 느끼던 일상생활의 사소한 문제들이 '왜' 그런 것인지 비로소 분석할 수 있었다. 학문을 하는 이들의 성이 여성일 때, 그들은 왜 '책상 앞의 세계'와 '책상 뒤의 세계' 사이에서 엄청난 거리를 경험하는지 분석할 수 있는 틀과 언어를 비로소 만나게 된 것이다.

우리가 부딪히는 일상 세계의 아주 구체적인 문제들이 개인적인 문제일 뿐 아니라, '학문적 주제'가 된다는 것을 비로소 경험하게 되었다. 페미니즘 이론을 공부하면서 나의 일상을 조명하고 해석할 수 있는 분석적 도구를 접하고, 그러한 문제들에 대하여 이미 많은 사람들이 학문적 주제로 진지하게 다루었다는 사실을 발견한 것이다. 나는 마치 오랫동안 굶주려서 배고픈 사람처럼, 분야를 가리지 않고 페미니즘 이론에 대한 글들을 읽기 시작했으며, 페미니스트작가들, 학자들, 이론가들이 쓴 글들은 나의 학문적이며 실존적인 '배고픔'을 채워주기 시작했다. 이렇게 해서 나는 오랫동안 나의 내면세계 깊은 곳에 침잠해 있던 앎에 대한 열정을 다시 꺼낼 수 있게 되었다. '책상 앞의 세계'와 '책상 뒤의 세계'가 주는 문제들이 전혀 다른 것이 아니라 서로 깊숙하게 연결되어야 하는 것임을 인지하기 시작하면서부터였다. 책상 뒤에서 내가 부딪히고 씨름하는 문제들을 나의 책상 앞으로 모두 가져갈 수 있고, 가져가야 한다는 인식은 내가 다시 학문하는 것에 대한 열정을 끄집어내게 했다.

학교 연구실이나 서재뿐만이 아니라, 부엌, 슈퍼마켓, 교회, 학교, 대학 강의실, 학술회의장, 버스나 전철 안—이 모든 삶의 공간 속에서 사람들이 부딪히는 문제들을 이제 나의 책상으로 가져갈 수 있게 되었으며, 그것은 '앎과 삶'이 지녀야 할 강한 연관성에의 요청성을 비로소 보기 시작하게 만들었다. 이 모든 공간과 시간에서 이루어지는 크고 작은 경험들이 학문적 주제가 되어야 한다는 것은, '학문'이 일상세계로부터 동떨어진 것이 되면 안 된다는 중요한 사실에 대한 자각이었다. 그것은 '지식의 물질성(materiality of knowledges)'에의 분명한 인식이었다. 즉 내가 페미니즘 이론들을 접하며 인식하게 된 것, 그리고 그러한 인식을 통해 내 삶의 여러 층들을 세세히 들여다볼 수 있게 된 것은 '지식의 물질성'에의 깨달음과 요청성이었다. 동시에 거창한 큰 이야기들grand narratives과 아주 작은 세세한 이야기들small narratives 모두가 학문적 주제이자 신학적 주제가 된다는 인식은, 나의 현실이나 학문함에 대하여 이전과 전적으로 다른 새로운 시각을 갖게 했다. 그러한 경험은 더 이상 '물적 세계'와 '사유의 세계'가 유리될 필요가 없다는 사실을 자각하게 되었음을 의미했다. 지식의 물질성에 대한 자각은 내게 새로운 인식론적 해방의 경험이었다. 이전에 나의 사유 속에 각인되었던 이른바 '중요한 주제'와 '사소한 주제'의 구별 기준이라는 것이 더 이상 설득력을 갖지 못했으며, 누구도 아닌 나 자신 스스로가 그 구별 기준들을 만들어 가야 한다는 신념을 가지게 되었다. 이러한 인식은 나에게 참으로 커다란 내적 자유를 느끼게 했다. 이것이 내가 페미니즘과의 만남을 통해 현실세계를 보다 예민하고 포괄적으로 들여다볼 수 있는 분석적 시각을 가지게 된 과정이다.

   페미니즘과의 만남을 통하여 새롭게 우리의 현실을 들여다보면서, 나는 이 세계 속에 다양한 차별구조가 존재해왔다는 사실, 그리고 그러한 사실은 내가 인지하든 못하든 인류의 역사에서 가장 오랫동안 지속되어온 반反생명적이고 탈脫생명적 조건들이라는 사실을 알게 되었다. 페미니즘이라는 프리즘으로 이 현실세계를 들여다보면서 나는 사회, 문화, 역사, 정치, 종교 영역 속에 무수한 다층적 차별과 배제가 존재한다는 것을 그제야 비로소 보기 시작했으며, 이러한 현실을 해체하고 보다 나은 세계를 위한 변혁의 과제가 바로 신학함의 의미라고 생각하게 되었다. 굳이 카를 마르크스나 안토니오 그람시의 말을 빌리지 않더라도, 신학자 또는 지식인은 이 세계에 대한 단순한 연설자나 해석자가 아니라, 이 세계를 변혁하고 새로운 세계를 기획하는 건설자이며, 구체적 현실에 능동적으로 참여하는 사람이어야 한다는 것은 분명하다. 이러한 나의 신념은 글쓰기나 가르치는 일이 '새로운 지도를 그리는 것'이라는 생각을 하게 한다. 서툴고 부분적이지만 끊임없이 새로운 지도를 그리는 것, 아무도 가지 않은 길을 가야 하는 이들을 향해 지도 그리기를 하는 것이 나에게 있어서는 신학적 글쓰기의 가장 주요한 의미이다. 이런 의미에서 이 책은 또 하나의 미완의 '지도 그리기'이다. 이 지도를 통해 나는 이것을 읽는 사람들이 어디를 향해갈 것인지 모른다. 다만 '덜' 차별적인 제도와 의식이 있는 세계, 지금 여기보다는 조금 더 평등하고 자유를 확보해주는 곳에 도달하게 되기를 바랄 뿐이다.

나는 어떤 학문적 '작품'을 만드는 것에는 아무런 관심이 없다. 그 누구도 말하지 않은 나만의 독특한 이야기나 충격적인 담론을 생산하는 '학문적 작품'을 만드는 것에 시간과 에너지를 쏟을 생각이 나는 전혀 없다. 다만 글쓰기를 통해 내가 몸담고 있는 다양한 공동체에서 인식론적이며 실천적인 해방의 지평을 확장하는 데 아주 작은 부분이라도 기여할 수 있는가 하는 것이 나의 주된 학문적 관심이며 글쓰기의 목적이고, 또한 내가 다양한 사상들과 담론들을 평가하는 기준이다. 어떤 사상이나 담론이 여성을 포함한 다양한 주변인들의 삶에서 해방적 지평을 확장하는 데 유용한 분석적 틀을 제공해준다고 생각되면, 나는 그것을 긍정적으로 수용한다. 즉 요즘 많은 이들이 관심을 기울이듯, 어떤 담론이 나온 지리문화적 출처 또는 그 담론 생산자의 생물학적 성별이 그 담론의 유효성이나 적절성을 평가하는 기준이 아닌 것이다. 그러한 외적 조건들은 그 담론이 지니고 있을 한계들이나 제한성들을 조명하는 데 이차적 참고가 될 뿐 본질적 기준이 되어서도, 될 수도 없기 때문이다.

나는 또한 이 책을 통해서 어떤 답을 주려는 시도를 하지 않으며, 사실상 답을 줄 수도 없다. 다만 우리가 익숙하게 몸담고 살아온 현실세계에 깊숙이 뿌리박힌 차별과 배제의 현실, 인간 생명을 진정한 생명이 되도록 하는 자유를 향한 갈망을 억누르고 제한하는 반(反)생명적 제도와 가치를 강요하는 이 현실세계를 들여다볼 수 있는 하나의 새로운 문제설정을 하려고 시도하는 것이다. 나는 이 세계의 변화가 새로운 답을 주는 이들에 의해서가 아니라, 새로운 물음을 던지기 시작하는 사람들에 의해서 가능하다고 믿고 있다. 그래서 이 책을 읽는 이들이 이전에는 묻지 않았던 문제들에 대하여 묻기 시작하고, 아주 사소한 것이라도 이전에는 문제로 여겨지지 않았던 것들이 사실상 심각한 문제점을 지니고 있는 것임을 보기 시작하게 된다면, 그것이 바로 내가 이 책을 통해서 갖는 유일한 기대이다.

나는 이 책을 이제까지 내가 만났던 학생들과 만나게 될 학생, 그리고 '제3의 공간'에서 살고자 하는 이들에게 바치고 싶다. 나의 학생들은 나의 학문적 사유가 우리의 구체적 삶과 역사적 현실 속에 굳게 뿌리내려야 함을 끊임없이 일깨워주는 사람들이며, 또한 그들이 써내는 글들, 보내는 편지들, 그리고 함께 나누는 토론과 대화들을 통해서 "작은 변화가 모여 비로소 커다란 변화를 이룰 수 있다"는 단순하고 낭만적인 듯 들리는 모토를 아직도 내가 붙잡고 있게 하는 사람들이다. 또한 '제3의 공간'에 살고자 하는 이들은, 인간을 '스스로 그 자체인 존재

(Sich-zu-eigen-sein)'로 만나는 사람들이다. 인간을 규정하는 무수한 이름표들을 통해서가 아니라, 인간이 지닌 그 자체의 고유성, 독특성을 보고 그것을 통해서만 사람을 만나는 사람들이다. 나는 이 '제3의 공간'의 사람들 속에 자유, 평등, 평화의 미래세계의 희망이 있다고 믿고 있다.

나의 삶 속에 들어와
다양한 방식으로 나를 살아있게 하는 이들에게
마음속 깊은 감사를 전하며…

2002년 6월
영국 케임브리지 대학교 신학부 연구실에서

차례

개정판 머리말 ·5
초판 머리말 ·9

제1장 페미니스트 신학이란 무엇인가

1. '여성'신학 또는 '페미니스트' 신학: 용어의 정치성 ·23
2. 저항과 해방담론으로서의 페미니스트 신학 ·27
3. 페미니스트 신학에 대한 왜곡된 이해 ·31
4. 페미니스트 신학의 과제 ·37

제2장 21세기 페미니스트 신학: 쟁점과 전망

1. 이론적 지도 그리기 ·41
2. 초기 페미니스트 신학의 인식론적 토대 ·46
   1) 여성은 누구인가: 모더니즘에 근거한 여성주체 ·48
   2) 여성 경험의 공통성과 규범성 ·52
   3) 기독교 전통에 대한 페미니스트 해석 ·54
   4) 페미니스트 비전과 '신의 뜻'의 일치화 ·54
3. 페미니스트 신학의 쟁점과 인식론적 지평 ·56
   1) 본질주의적 '여성' 개념의 역사화 ·58
   2) 여성 정체성의 재규정 ·62
   3) 남아 있는 문제들: 주체적 자아, 여성의 경험, 다중 정체성 ·69
4. 21세기 페미니스트 신학의 과제: 역사성과의 접목 ·72
   1) 페미니스트 신학적 개념들의 재구성 ·74

        2) 이론의 재개념화와 심층화 ·75
        3) 역사화한 주체의 구성 ·77
    5. 페미니스트 신학적 과제 ·79

제3장 아시아의 페미니스트 신학: 의미, 딜레마, 과제

    1. '아시아 여성': 담론적 이미지와 실제적 이미지 ·84
    2. 아시아의 페미니스트 신학: 한계와 딜레마 ·92
        1) 공동 언어의 부재 ·93
        2) 심층적인 토론과 분석의 결여 ·95
        3) 사회적·문화적·종교적·정치적 배경의 상이성 ·98
    3. 아시아에서 페미니스트 신학 하기 ·101
        1) 연대성의 창출 ·101
        2) 대안적 세계의 모색 ·102
        3) 수평적 동료성의 모색 ·104
        4) 저항공동체 형성 ·106
    4. 아시아의 페미니스트 신학적 과제 ·107
        1) 가부장제의 개혁 ·109
        2) 아시아 문화와 기독교 전통의 개혁 ·110
        3) 대서사와 소서사의 균형 ·113
        4) '단일 정체성'에서 '다중 정체성'으로의 전이 ·114
        5) '아시아-서구'의 이분법적 사고 극복 ·116
        6) 21세기 기술과학에 대한 페미니스트 신학적 성찰 ·119
        7) 새로운 세계의 구성: 해석만이 아니라 변혁을 ·120

제4장 기독교·근대성·페미니즘: 딜레마와 가능성

    1. "페미니즘은 죽었는가?" ·122
    2. 기독교·근대성·페미니즘: 개체적 인간주체의 출현 ·125
        1) 근대성의 출현과 근대 기독교 인간관 ·125
        2) 근대 기독교와 페미니즘 ·132

3. 근대와 기독교의 여성: 도구적 근대성과 해방적 근대성 ·138
   1) 한국에서의 근대성 수용과 한계 ·138
   2) 한국의 근대 기독교 수용과 여성 ·143
4. 기독교의 미래: 평등세계를 향한 책임적 종교로의 전이 ·150

제5장 페미니즘과 생명윤리: 통전적 생명윤리 담론의 모색

1. 생명이란 무엇인가: 생명의 다차원성 ·155
2. 페미니즘과 생명윤리: 개념과 범주 ·158
   1) 페미니즘이란 무엇인가 ·159
   2) 생명윤리란 무엇인가 ·164
3. 생명윤리 담론에 대한 비판적 조명: 젠더 부재 ·170
   1) 연역적 접근방식의 문제 ·174
   2) 협소한 개인주의의 수용 ·176
   3) 생명윤리 구성에서 구조적 정황의 문제성 ·178
   4) 권력 분석의 결여 ·180
4. 페미니스트 생명윤리 ·181
   1) 생명윤리 원리의 재개념화 ·183
   2) 생명윤리 주제의 확장 ·187
   3) 생명윤리 담론의 다차원적 민주화 ·190
   4) 생명윤리 담론의 급진화 ·193
5. 통전적 생명윤리 담론의 모색 ·194

제6장 페미니즘과 목회: 페미니스트 목회의 패러다임

1. 여성 목회자는 '여성적 목회'를 하는가?: 개념적 재고 ·199
2. 여성 목회자가 목회 현장에서 마주치는 장벽들 ·204
   1) 여성 목회자 자신의 장벽 ·204
   2) 여성들에 의한 장벽 ·206
   3) 남성들에 의한 장벽 ·207
   4) 제도적 장벽 ·209

3. 21세기의 통전적 목회, 다중적 패러다임의 구성 ·211
      1) '이중언어'의 패러다임 ·211
      2) '체현된 이성'의 패러다임 ·212
      3) 급진적 포괄성의 패러다임 ·214
      4) 해방과 개혁의 패러다임 ·215
      5) 자기비판의 패러다임 ·216
   4. 페미니스트 목회, '지도 없는 여정' ·217

제7장 페미니스트 신학적 영성: 이론과 실천

   1. 영성이란 무엇인가 ·221
   2. 영성의 전통적 개념 ·223
      1) 학문 분야로서의 영성 ·224
      2) 경험으로서의 영성 ·226
   3. 페미니스트 신학적 영성: 이론과 실천 ·228
      1) 페미니스트 신학적 영성의 출현 배경 ·228
      2) 페미니스트 신학적 영성의 구성 ·232
      3) 페미니스트 신학적 영성의 특징 ·237
   4. 영성, 통전적 인간성의 추구 ·239

제8장 폭력의 세기, 폭력 극복의 세계를 향하여

   1. 왜 폭력을 논의해야 하는가 ·242
   2. 폭력 개념의 이중적 상대성과 다의성 ·246
      1) 폭력 개념의 이중적 상대성 ·247
      2) 폭력 개념의 다의성: 생명 부정의 폭력과 생명 긍정의 폭력 ·251
      3) 폭력의 일상화와 자연화 ·256
   3. 폭력과 기독교 ·258
      1) 폭력을 둘러싼 다양한 입장 ·258
      2) 폭력 극복의 시도들: 세계교회협의회의 경우 ·262
   4. 진정한 '폭력 극복'의 세계를 향하여 ·267

제9장 페미니스트 신학과 에큐메니즘

1. 에큐메니컬 운동과 페미니즘 ·271
2. 페미니스트 신학과 에큐메니즘 ·274
3. 에큐메니컬 페미니스트 신학 ·279
4. 젠더 평등을 통한 진정한 일치를 향하여 ·283

제10장 페미니스트 신학과 가족: 비판과 재구성

1. '가족' 신화: 그 허상과 실상 ·286
2. '가족 가치'의 부활: 낭만화한 가족의 위험한 덫 ·292
3. 가족에 대한 기독교적 이해 ·297
4. 가족의 재개념화: 위계주의에서 평등주의 가족으로 ·300

제11장 기독교와 젠더: 억압과 해방의 두 얼굴

1. 기독교와 '기독교들': 차별과 평등 전통의 갈등 ·304
2. 초대 기독교와 여성 ·307
   1) 예수와 여성 ·307
   2) 초대 기독교 이후의 두 방향 ·313
3. 교부 시대와 중세 속 기독교와 여성 ·315
4. 종교개혁과 여성 ·320
5. 근대 기독교와 여성 ·324
6. 한국의 기독교와 여성 ·330
7. 평등과 정의 공동체로서의 기독교를 향하여 ·336

제12장 기독교의 순종 이데올로기: 희생자와 공모자로서의 여성

1. 이중적 존재양식: 여성은 왜 가부장제의 희생자이며 공모자가 되는가 ·339
2. '순종'의 가부장제적 이데올로기화 ·342
   1) '이데올로기화'의 의미 ·342

2) 순종 개념의 가부장제화 ·345
3) 가부장제의 재생산과 확산: 순종 이데올로기 ·348
3. 가부장제 이데올로기의 파기를 위하여 ·353

제13장 기독교의 남성중심주의: 〈십계명〉을 중심으로

1. '인간'에서 배제된 성서 속 존재들 ·359
2. "이웃의 아내를 탐하지 말라": 비판적 재조명 ·362
    1) '이웃'은 누구인가: '이웃'과 '비이웃'의 경계 ·363
    2) '이웃의 아내': 성윤리의 문제인가 소유의 문제인가 ·367
3. 기독교의 남성중심적 인간 ·369
    1) 주체로서의 남성과 타자로서의 여성 ·369
    2) 〈십계명〉의 청중은 누구인가: 생략에 의한 성차별 ·373
4. 〈십계명〉의 급진적 재구성: 평등사상의 확장을 위하여 ·379

제14장 21세기 한국 교회에 대한 비판적 성찰

1. 상실의 시대, 무엇을 희망해도 되는가 ·382
2. 한국 교회에 대한 비판적 성찰 ·386
    1) 한국 교회와 여성: 가부장제의 희생자·공모자·저항자 ·388
    2) 한국 교회의 실천적 위기: 정의 불감증 ·395
    3) 한국 교회의 제도적 위기: 남성중심주의의 폭력 ·400
    4) 한국 교회의 인식론적 위기: 비판적 사유의 부재 ·403
3. 희망은 어디에서 오는가?: 21세기 한국 교회의 미래 ·405
    1) 성령운동으로서의 페미니스트 운동 ·406
    2) 가부장제적 조류에 역행하는 페미니스트 남성들 ·409
4. 21세기 한국 교회의 해방적 프락시스를 꿈꾸며 ·412

주 ·415
참고문헌 ·433
찾아보기 ·442

제1장

페미니스트 신학이란 무엇인가

1. '여성'신학 또는 '페미니스트' 신학: 용어의 정치성

한국에서는 '페미니즘'을 '여성주의'라고 쓰는 경우가 많다. 그런데 페미니즘을 '여성주의'라고 할 경우, 몇 가지 문제가 있다. 이 용어가 안고 있는 문제점은 첫째, '여성주의'는 여성성의 우월성을 강조하면서 이른바 '모성 원리'를 부각하고 이상화하는 '여성중심주의gynocentrism'와 동의어로 오해받을 소지가 많다는 것이다. 결과적으로 '페미니스트'들은 모두 '여성중심주의자'라는 오해를 살 수 있다. 여성중심주의적 견해는 다양한 페미니스트 이론에서 한 부분을 차지하지만, 페미니즘 시각 전체를 대변하는 것은 아니다. 이러한 여성중심주의적 시각에서 생물학적 여성은 '본질적으로' 남성보다 평화적이고, 덜 이기적이며, 생명을 사랑하는 존재이다. 반면 생물학적 남성은 '본질적으로' 공격적이고, 폭력적이며, 이기적이다.

이러한 여성중심주의 시각은 두 번째 문제로 이어진다. 오직 여성만이 페미니스트가 되는 것이라고 생각할 수 있다는 점이다. '여성중심주의'에서 남성과 여성의 생물학적 차이는 '본질적'이어서, 생물학적으로 여성이 아닌 남성은 '페미니스트'가 될 가능성이 없다. 물론 이 '여성중심주의'는 페미니즘 담론에서 여전히 중요한 부분을 차지하고 있다. 그러나 다양한 문제들과 딜레마를 담고 있는 그 생물학적 본질주의적 성향 때문에 페미니즘 내부에서도 지속적으로 비판받고 있다.

'여성중심적 페미니즘' 관점과 다른 '휴머니스트 페미니즘'의 관점에서 보면, 여성과 남성의 생물학적 차이는 한 인간으로서의 다양한 성품과 행위를 결정적으로 규정할 수 있는 '본질적'인 것이 아니다. 한 인간으로서의 남성 또는 여성은 다층적 인간성을 지니고 있으며, 생물학적으로 여자-남자-간성으로 태어나는 것은 '주어진 것'이지만, 그 생물학적 구조가 바로 그 사람의 '인간됨'을 고정할 수 있는 것은 아니라는 '휴머니스트 페미니즘'은, "페미니즘은 여성도 인간이라는 급진적 주장 feminism is a radical notion that women are people"이라는 페미니즘의 기본 개념을 반영한다. 따라서 모든 페미니스트들이 '여성중심주의' 입장에 동조하는 것은 전혀 아니기 때문에, 이러한 오해를 야기할 수 있는 '여성주의'라는 용어를 굳이 쓰는 것은 여러모로 페미니즘 정신의 확산에 도움이 되지 않는다고 본다.

여성과 남성의 생물학적 차이를 어떻게 보는가에 대한 관점의 상이성 때문에 페미니스트 이론가들 중에는 여성중심주의적 시각을 견지하는 '여성적feminine' 윤리와 '페미니스트feminist' 윤리를 구분해서 쓰는 사람도 있다. '여성중심주의'는 그 긍정적인 의도와 통찰에도 불구하고 페미니즘의 역사적 실천과 확장에 오히려 장애가 될 수 있다. 결과적으로

의도와 상관없이, 가부장제적 생물학적 본질주의에 근원적으로 도전하지 않고 그것을 수용함으로써 가부장제적 이익에 봉사할 위험성이 있다. 가부장제적 가치의 위계를 역전시킴으로써, 즉 여성적인 것을 긍정적으로, 남성적인 것을 부정적으로 강조함으로써 '가치의 역전reversal of value'을 시도하는 것은 페미니즘이 지향하는 그 사회정치적 변혁의 복합적인 의미를 지극히 제한하는 결과를 낳을 수 있는 것이다.

이러한 맥락에서 '여성신학'이라는 용어를 보자. 우선 '여성신학'은 '여성에 의한 신학', '여성을 위한 신학', '여성적 신학' 또는 '여성중심적 신학gynocentric theology'으로 해석될 수 있는 가능성을 담고 있다. 물론 이러한 표현과 해석들은 페미니스트 신학 안에 있는 다양한 입장을 고려해볼 때 전적으로 틀린 것이라고 볼 수는 없다. 그러나 그것은 페미니스트 신학을 왜곡 또는 오해하게 할 가능성이 있을 뿐 아니라, 무엇보다도 그 용어 자체에 '페미니스트'라는 분명한 정치적 진술과 관점이 드러나지 않는다는 결정적인 한계를 안고 있다.

이것은 '여성신학자'라는 용어의 문제점과도 연결된다. '페미니스트 신학자'를 '여성신학자'라고 말할 때, 이것은 '생물학적 여성'인 신학자(여성 신학자)를 지칭할 수도 있고, 여성이든 남성이든 페미니스트 신학을 하는 신학자(여성신학자)를 지칭할 수도 있다는 사실을 분명하게 전달해주지 못한다. 생물학적으로 여성이라고 해서 자동적으로 페미니스트가 되는 것은 아니며, 생물학적 여성이 신학을 한다고 해서 모두가 '페미니스트 신학'을 하는 것은 아니다. 동시에 생물학적으로 남성이라고 해서 페미니스트 신학을 할 수 있는 가능성이 없는 것도 아니다. 따라서 나는 '페미니스트'를 '여성'이라고 번역하기보다는, 완벽하지는 않지만 발음 그대로 '페미니스트'라고 쓰는 것이 이러한 혼란의 소지를 줄여준다고 본다. 내가 'feminist theology'를 '여성신학'이라고 하면 페미니즘을 '여성주의'라고 할 때의 한계를 그대로 담게 된다. '여성주의' 또는 '여성신학'이라는 용어의 결정적인 한계는 '정치성의 결여'라고 할 수 있다.

'페미니스트'라는 말은 중립적인 용어가 아니라 의식적인 정치적 진술이다. 즉 '본질$_{essence}$'에 관한 것이 아니라 '입장$_{position}$'에 관한 것이다. 따라서 '페미니스트'라는 용어는 여자 또는 남자라는 생물학적 성에 우선적 관련성이 있는 것이 아니다. 물론 '페미니스트'를 어떻게 규정하는가를 놓고 다양한 개념과 해석이 있다. 그러나 가장 기본적인 것은, 페미니스트란 가부장제적 성차별주의에 근거하여 구성된 가치관·제도·구조·의식 등을 근원적으로 비판하는 시각을 지닌 사람이라는 개념이다. 가부장제가 단순히 남성에 의한 여성지배와 억압의 차원뿐만 아니라 강자-약자, 제1세계-제3세계, 백인-비백인, 부자-가난한 자, 본토인-이방인, 이성애자-동성애자, 그리고 더 나아가 인간-자연 등 이 세계에 존재하는 모든 종류의 관계 속에서 지배와 종속의 논리를 정당화하고 지속시키는 위계적 지배논리의 근거가 되어왔다는 사실을 인식하고 개혁하려는 이들이다. 따라서 복합적인 의미의 진정한 '페미니스트'가 궁극적으로 추구하는 것은 여성뿐만 아니라 인종·성별·계층의 차이를 넘어서는 '모든' 존재들의 평등이며, 21세기의 '페미니스트'란 이러한 급진적·평등주의적 '입장'을 드러내는 용어로 확장된다.

21세기의 페미니즘과 '페미니스트'란 성별뿐 아니라 계층, 인종, 성적 지향, 장애, 종교, 나이, 외모 또는 국적 등 다양한 이유들을 구실로 '중심부'에서 배제되어온 '주변부인'들의 인권과 평등, 그리고 정의의 문제에 관심을 둔다는 정치적 진술이다. 따라서 '페미니스트'를 여성주의자·여권주의자·여성해방주의자 등으로 번역하는 것은 페미니스트의 우선적 관심을 일부 드러내긴 하지만, 오히려 '여성우월주의자' 등으로 오도될 소지가 있으며, '페미니스트'라는 용어가 21세기에 들어서서 함축하는 다층적이고 복합적인 의미를 포괄적으로 담아내지 못한다고 생각한다. 내가 페미니즘을 '여성주의'라고 하지 않고, 또한 페미니스트 신학을 '여성신학'이라고 하지 않고 음역하여 쓰는 이유이다.

2. 저항과 해방담론으로서의 페미니스트 신학

언어의 문제는 페미니즘 이론에서 매우 중요하다. 어떤 종류의 해방을 지향하든 해방은 해방된 의식을 필요로 하고, 언어란 이러한 해방된 의식이 형성되는 데 중요한 역할을 하기 때문이다. 현대에 이르러 언어에 대한 새로운 조명은 '담론이론 discourse theory'을 형성하게 했는데, 일종의 마르크스주의 언어학이라고 할 수 있는 현대의 담론이론은 언어 이해에서 소쉬르 Ferdinand de Saussure에 의하여 발전한 구조주의 언어학과 근원적 차별성을 보인다.

사회 속에 존재하는 계층 간의 갈등, 성별 간의 갈등과 같은 다양한 종류의 갈등을 무시하고, 담론 간의 차이와 그 안의 상충하는 요소들까지 무시하면서, 모든 사회적인 것은 동질적이며 모든 사람들에게 공유된다는 전제 아래 사회적/공동체적 언어체계를 연구한 소쉬르의 언어학은, 결국 구체적인 역사와 변화를 간과하고 말았다는 점이 결정적인 한계로 비판받는다. 단순한 사전적 의미에서 '담론'이란 첫째, '말해지거나 쓰이는 언어'이며, 둘째, 합리적인 사고의 과정을 의미한다. 현대의 담론이론에서 이해되는 언어란 사전적인 의미에서처럼 중립적이거나 객관적이고 보편적인 것이 아니라 철저히 정황에 의존하고 역사적인 것이라는 점에서 일종의 사회적 실천이며, 그 실천은 사회구조에 따라 규정된다. 이러한 맥락에서 볼 때, 푸코Michel Foucault, 라클라우Ernesto Laclau, 무페Chantal Mouffe 등을 중심으로 논의되는 현대의 담론이론에서 담론 개념의 중요한 핵심은 담론의 물질성, 정황의존성context-dependency, 그리고 역사성과 비객관성이다.

푸코는 담론이 단순히 언어에 근거한 것이며, 추상적이고 일반적인 언어체계나 구조가 있다고 전제하는 전통적인 담론 이해를 비판한다. 그리고 담론이 각기 다른 텍스트들, 즉 언설, 지식의 영역, 사회적 실천, 사유의 양식 속에서 물질화한 것materialized이라는 사실을 강조한다. 또한 푸코는 '지식'이란 제도들 속에서 순환하고 조직되고 물질화하는 것이라는 관점을 근거로 이른바 '합리적 사고'에 대한 전적인 신뢰를 담고 있는 계몽주의적 지식 이해를 비판한다. 이 과정에서 푸코는 서구 이성의 합리성의 저변에 자리 잡고 있는 권력의 지배력을 밝혀내고, 합리성에 대한 지나친 신뢰를 흔들며, 당연하다고 여겨지던 것들을 '낯설게' 하면서 절대화한 합리성의 부정적 결과들로부터 탈출할 수 있는 계기를 마련하기 위해 지식과 권력의 관계를 역사적으로 분석한다. 이 점에서 이성, 윤리, 민주주의가 합리적인 의사소통에 근거할 수 있다고 본 하버마스의 '담론' 이해는 푸코의 이해와 전적으로 상이하다. 언어가 단지 합리적이고 객관적인 의사소통의 도구만이 아닌 중요한 이데올로기의 장소라 보고, 권력의 행사와 유지에서 담론이 차지하는 핵심적인 역할을 포착해낸 것은 푸코의 담론이론이 공헌한 바라고 할 수 있다.[1]

어느 특정한 담론은 독립적으로 존재하는 것이 아니라 그것이 대립하고 있는 다른 담론과의 관계를 통해서 형성되며, 그것에 대해 취하는 어떤 입장이라고 이해할 수 있다. 페미니스트 신학적 담론의 경우 그것은 가부장제적인 남성중심적 신학 담론과의 비판적인 관계를 통해서 형성되며, 그것에 대한 특정한 입장을 취함으로써 형성된다. 이러한 담론이론의 기본 출발점은, '의미'란 객관적으로 주어지는 것이 아니라 정치적 투쟁에 따라 형성되고 재형성되는 총체적 결과물이라는 인식이다.

현대에 들어와 다양한 분야에서 활발하게 논의되는 이러한 담론이론은 어떤 문제를 단편적인 시각으로 보지 않게 한다는 점에서 기본적인 의미가 있다. 이러한 현대의 담론 이해에 비추어보면, 페미니스트 신학은 가부장제적인 남성중심적 권력구조에 저항한다는 점에서 '저항담론discourse of resistance'이고, 남근중심적phallocentric인 신학담론들에 대한 '대항담론counter-discourse'이며, 억압과 지배의 관계로부터 해방의 지평을 추구한다는 점에서 '해방담론discourse of liberation'이다. 또한 페미니스트 신학은 철저히 특정한 사회역사적 정황에 근거한다는 점에서 초월적이거나 보편적이 아닌 '부분적인 것'이며, 지속적으로 형성되고 재형성되는 신학이라는 점에서 영구적인 것이 아닌 '잠정적인 것'이다. 그 밖의 다른 이론과 마찬가지로 신학은 총체적인 것이 아니라 지극히 부분적인 것이며, 페미니스트 신학 또한 예외가 아니다.

페미니스트 신학이 궁극적으로 추구하고자 하는 바가 있다면, 그것은 인간의 '진정성 회복'이다. 여기에서 '진정성authenticity'이란 한 인간이 자기 자신인 상태, 즉 자신을 '자유로운 존재'로 체험하는 상태를 의미한다. 한 인간으로서의 진정성을 향한 여성의 갈망은 페미니즘을 탄생하게 했다. 가부장제라는 억압기제에 대한 철저한 비판과 그것에 대한 저항이 다양한 페미니즘 담론의 핵심을 이룬다고 본다면, 페미니스트 신학은 신학에서의 강력한 '저항담론'이라는 점에 존재 의미가 있다. 동시에 그 저항을 통하여 해방, 즉 억압과 배제의 현실을 극복하고 '자유로운 존재'로 존재할 수 있는 상태를 지향한다는 점에서 페미니스트 신학은 또한 '해방담론'이어야 한다. 저항담론과 해방담론으로서의 페미니스트 신학은 신학적 언어와 상징구조들의 남성중심성, 그리고 여성-남성에 대한 고정관념화와 정형화를 비판한다. 더 나아가 이러한 남성중심적 신학과 여성 배제의 가치관·제도·구조화에 저항하면서, 절대적이라고 간주되던 것들을 비판한다.

페미니스트 신학은 기독교 전통에서 물려받아 절대적이고 신성한 것으로 여겨온 전통신학의 가부장제적인 남성중심적 패러다임에 대하여 급진적인 탈신비화와 탈코드화를 가능하게 한다는 점에서 그 역사적 의미가 있다. 페미니스트 신학이 관계하는 현실이란, 시대와 문화를 초월하여 인류의 역사에서 가부장제가 거대한 작동요인 역할을 해왔다는 '객관적 현실'이며, 동시에 여성이 한 인간 개체로서 그 가부장제를 다양한 방식으로 경험하는 '체험된 현실'이다. 그렇기 때문에 개인-집단, 소서사-대서사, 또는 이론-운동 등과 같은 이분법적 분류는 페미니스트 신학 담론이 지녀야 할 다층적 현실을 온전히 드러내지 못한다. 페미니스트 신학은 한 인간으로서의 여성이 자신의 삶에서 '진정성'을 이루고자 하는 강렬한 갈망의 표출이라는 점에서 긍정적인 의미의 '급진적 개인주의', 그리고 그 진정성을 이루려는 자신이 다른 인간의 삶의 구조와 강력하게 연관되었다는 의식에서 나오는 연대성으로 맺어진 '급진적 관계주의'를 담은 복합적인 저항과 해방의 담론이다.

페미니스트 신학이 신학계에 서서히 그 모습을 드러낸 것은 1960년대 후반부터라고 할 수 있다. 페미니스트 신학이 언제 누구에게서 시작되었는지 그 기점을 상정하는 데 따라 페미니스트 신학의 역사적 계보가 달라진다. 그러나 페미니스트 신학이 하나의 신학적 분야 또는 관점으로 자리매김한 것은 긴긴 기독교의 역사에 견주어보면 얼마 되지 않은 일이다. 그럼에도 '페미니스트 신학이 무엇인가'라는 근원적인 물음으로 이 책을 여는 이유는, 페미니스트 신학을 둘러싼 무수한 오해 또는 왜곡된 이해가 많은 이들에게 '페미니스트 신학'으로 각인되어 있다는 사실 때문이다. 페미니스트 신학에 관한 협소하고 왜곡된 이해가 사회문제에 대해 진보적인 의식을 지닌 사람들 사이에까지 자리 잡고 있는 것을 나는 강의실에서, 강연장에서, 또는 사사로운 자리에서 이야기를 나누며 번번이 경험해왔다. 그래서 '페미니스트 신학이란 무엇인가'라는 아주 근원적인 질문을 다시 던짐으로써 페미니스트 신학의 의미와 과제를 되짚어보고자 한다.

3. 페미니스트 신학에 대한 왜곡된 이해

페미니스트 신학에 대한 여러 가지 왜곡된 이해는 많은 사람들 속에서 페미니스트 신학에 대한 온전한 이해를 가로막고 있다. 그런데 이러한 부정적 이해를 펼치는 논의의 근거들은 페미니스트 신학에 대한 지극히 편파적인 이해에서 비롯된다.

첫째, 페미니스트 신학에 대한 흔히 볼 수 있는 부정적 이해는 페미니스트 신학 담론이 우선적으로 '서구-백인-중산층-여성'들을 토대로 구성되었다는 사실에 의거하곤 한다. 이러한 비판은 사실상 1970년대 들어 페미니스트 신학이나 페미니즘 이론가들 사이에서 자성적으로 나왔다.

페미니스트 신학은, 신학을 포함하여 이전의 학문적 담론을 구성하는 '인간의 경험'이란 사실상 여성이 배제된 '남성의 경험'이었다는 점을 문제로 제기하면서 출발한다. 따라서 이제까지 배제되어온 '여성의 경험'의 중요성을 부각하고, 그 '여성의 경험'을 신학함의 출발점으로 삼겠다는 페미니스트 신학자들의 선언은 초기 페미니스트 신학적 구성에서 중요한 계기를 마련했다. 그러나 페미니스트 신학이 다양하게 분화하고 발전하면서 좀 더 근원적인 물음이 제기되었다. 여기에서 말하는 '여성의 경험'이 과연 '어떤 여성의 경험인가'라는 문제였다. '여성 경험 일반 women's experience-in-general'이란 존재하지 않으며, 가부장제 아래에서 차별받고 억압받는 여성들의 경험 역시 하나의 양태가 아니라 아주 다양한 양태로 경험되는 것이라는 인식이 분명해졌기 때문이다.

이러한 자성적 성찰 이후에 페미니스트 신학은 '백인-중산층-여성'들의 담론이라는 제한된 범주를 넘어 다양한 인종의 여성들, 다양한 사회계층의 여성들, 또는 다양한 종교문화적 배경을 지닌 여성들에 대한 관심으로 확장되어왔다. '여성'이란 단일한 집합체가 아니며, 따라서 페미니스트 신학의 핵심을 이루는 '여성의 경험' 역시 단성적인 것이 아니라 지극히 복합적·다층적이라는 인식과 지적은 페미니스트 신학을 더욱 심화하고 확장하는 데 중요한 비판적 기제가 되어왔다는 점에서 페미니스트 신학 담론 구성에 매우 중요한 전환점을 마련했다.

그런데 페미니스트 신학이 백인-중산층 여성들의 구성물이라는 비판을 '누가', 그리고 '어떤 목적으로' 하는지가 중요하다. 즉 이러한 비판에 근거해서 결과적으로 어떤 결론에 도달하는가를 보아야 한다는 것이다. 이러한 비판에 의거하여 페미니스트 신학의 적절성이나 유효성 자체에 대한 부정적 결론에 이른다면, 이러한 비판은 그 비판적 의미를 결여한다. 초기 페미니스트 신학 담론이 백인-중산층 여성들의 경험과 관점으로 구성되었다는 비판을 받은 것은 외면적으로 그들이 단순히 '백인-중산층'이기 때문이 아니라, 그 페미니스트 신학적 관점이 그들의 인종적 또는 계층적 조건에 제한된 시각을 지니고 있다는 점 때문이었고, 이는 페미니스트 신학 내부의 자성적 비판이었다. 그렇기 때문에 '누가' '어떠한 의도로' 페미니스트 신학의 주체를 비판하는가는 중요한 안건이 된다. '누구에 의하여' 페미니스트 신학 담론이 구성되었는지만 보면서 페미니스트 신학의 의미나 페미니스트 신학적 주제들을 폄하하기 위해 사용되는 비판이라면, 그 비판은 페미니스트 신학의 핵심을 보지 못하고 나온 비판이라는 점에서 적절성을 얻지 못한다.

둘째, 페미니스트 신학은 어느 시점에 이르면 사라질 하나의 '유행신학'이라고 평가하거나, 또는 누구나 관심해야 하는 이른바 '보편신학'이 아니라 특정한 사람들만 관심을 품는 '특수신학'이라고 평가하는 것이다. '유행신학' 또는 '특수신학'이라는 나름대로의 결론에 의거하여, 많은 이들이 페미니스트 신학을 부정적으로 이해하고 있다. 그래서 심지어는 페미니스트 신학에 관한 논문을 쓰거나 페미니스트 신학 과목을 들으려고 하는 학생들이 동료 학우들이나 교수들에게 왜 그렇게 '협소한' 신학에 관심을 두느냐는 소리를 듣는 경우도 빈번하다. 그리고 언젠가는 지나갈 '유행'처럼 '깊이 없는' 신학이라고 평가하는 이도 있다.

그런데 이렇게 이해하는 이들이 "하나님 나라가 이 땅 위에 이루어지소서"라는 주기도문을 외우면서, 과연 그 '하나님 나라'라는 것을 어떻게 표상하고 있는가. 다양한 종류의 차별이나 억압의 문제에 관심을 기울이지 않으면서, '하나님 나라'를 꿈꿀 수는 없다. 신학적으로든 신앙적으로든 차별과 억압의 문제에 적극적으로 관심을 두고 그것을 넘어서기 위한 변혁적 여정에 다양한 방식으로 관여하고자 하는 것이 일시적인 '유행'이 될 수는 없다. 오히려 신학함의 핵심적인 관심이 되어야 한다. 이제는 '신학 자체를 위한 신학', '학문적 상품화를 위한 신학', '인간해방의 지평을 확장하는 데 기여하지 못하는 신학' 등 우리의 구체적인 삶이나 인식의 확장과 아무런 연관성이 없는 신학 담론의 생산은 오히려 철저한 비판의 대상이 되어야 한다. 이 세계에 다양한 종류의 억압과 차별 또는 배제와 불의가 존재하는 한, 페미니스트 신학을 비롯해 변혁을 추구하는 여타의 신학은 유효성과 적절성이 있다. 더 나아가 이전과는 다른 양태의 복합적이고 다층적인 차별구조가 난립하는 21세기에는 그러한 변혁 지향의 신학이 오히려 신학적 담론 생산에 핵심적인 역할을 해야 한다고 생각한다.

셋째, 페미니스트 신학에 '반反교회anti-church', '반反가정anti-family' 또는 '남성 혐오적'이라는 왜곡된 이름 붙이기를 함으로써 페미니스트 신학을 몹시 부정적으로 평가하고 있다는 점이다. 놀랍게도 많은 이들이 페미니스트 신학을 하는 이들은 남성과 온전한 관계를 맺지 못하는 남성혐오자이거나, 교회를 파괴하려는 반反교회적인 사람들이라는 지극히 왜곡된 이해를 하고 있다. 이렇게 이해하게 된 것은 몇몇 극단적인 페미니스트 신학자들이나 페미니스트들에 대한 매스미디어의 잘못된 표상들 때문일 수 있다. 그러나 페미니스트 신학에 대한 이러한 왜곡된 평가는 기존의 제도와 가치체계를 그대로 유지하고 강화하려는 이들에 의해서 만들어진 것이기도 하다. 그렇게 평가하는 이들은 가부장제적 현실을 현상적으로 유지하려는 성향을 강하게 드러내며, 동시에 페미니스트 신학 자체 안에 있는 다양한 관점과 분파에 거의 무지하다는 특징이 있다. 그들은 이러한 부정적 이름 붙이기를 통해서, 페미니스트 신학이 제기하는 이슈나 분석이 옳은가 아닌가에는 전혀 관심을 품지 않은 채 페미니스트 신학 자체를 폄하한다. 이러한 태도는 지성적 성찰을 통한 것도 아니며, 신앙적이지도 않다.

페미니즘 이론들과 마찬가지로 페미니스트 신학은 하나가 아니라 다양하고, 때로는 서로 상충하는 시각을 가지고 있다. 이 점에서 페미니스트 신학은 단수의 '페미니스트 신학'이 아니라 '페미니스트 신학들'이라는 복수형으로 쓰이기도 한다. 이러한 다양한 시각들을 부분적으로라도 이해한다면, 극도의 부정적인 이름 붙이기를 통해 페미니스트 신학을 '이단'으로 규정하는 것처럼 페미니스트 신학의 존재 자체를 부정하기는 어려울 것이다.

넷째, 페미니스트 신학을 부정적으로 대하는 태도에서 많이 볼 수 있는 양태 가운데 하나는, 페미니스트 신학의 중요성에 대하여 '최소한'의 인정은 하지만 본질적인 변화는 용납하지 않으려는 태도이다. 이른바 진보적이라는 사람들은 페미니스트 신학이나 여성운동의 중요성을 표면적으로는 시인한다. 그러나 자신과 관련된 아주 구체적인 권력과 특권의 문제가 연관되면, 페미니스트 신학을 폄하하거나 사소한 것으로 치부하는 부정적인 태도를 취한다. 즉 공적 영역에서든 사적 영역에서든 자신의 구체적인 이익과 관련 없는 한에서는 페미니스트 신학을 인정하지만, 자신의 삶과 직접적으로 연관된 문제에 이르면 페미니스트 신학의 의미를 말소해버린다. 이들은 여성들에게 이율배반적이고 이중적인 태도를 취한다. 예를 들어 직장에서는 여성을 평등한 동료로 인정한다고 하면서도, 가정과 같은 사적인 영역에서는 가부장제적인 남성중심적 가치를 작동시키곤 한다. 배우자나 아이들에게는 권위주의적인 가부장의 위치에 그대로 머물러 있는 것이다. 이러한 태도는 많은 이들이 극복하지 못하는 문제이기도 하다. 이전의 특권적 권리 향유를 포기한 다는 것은 다양한 인식의 전환과 구체적인 실천적 회심을 요청하는 것 이기 때문이다.

다섯째, 페미니스트 신학은 '전문적'이 아닌 '상식적'인 차원에서 이 해될 수 있다고 보는 경우이다. 그래서 아주 복합적인 이론적 분석이 요 구되는 주제를 논의하는 자리에서도, 결론은 '누가 설거지를 하는가'라 든가 '가사노동 분담은 어떻게 해야 하는가'와 같은 일상 세계의 문제로 귀결되곤 한다. 이러한 태도는 의식적·무의식적으로 페미니스트 신학 을 사소화하는trivialize 결과를 야기한다. 물론 가사노동 분담과 같은 일 상의 구체적인 변화는 중요하다. 일상 세계에서의 실천적인 변화는 의식 적이고 제도적인 변화와 같은 큰 변화를 이루는 데 아주 기본적인 초석 과도 같은 것이다. 그러나 이러한 일상 세계에서의 가사노동 분담과 가 족관계의 민주화는 변화의 '필요조건'이며 '충분조건'이 되기 어렵다. 구 체적인 일상 세계에서의 변화와 동시에 공공 세계에서 평등과 민주화 를 이루어내려는 복합적인 거시분석과 실천이 있어야 비로소 총체적인 진정한 변화가 가능하게 된다.

그러나 개인적인 결단만으로는 해결되지 않고 복합적인 사회적 그물 망 속에서 제도적·집단적으로 해결되어야 하는 성차별의 다양한 문제 를 언제나 개별적인 일상 세계의 문제로 귀결시키는 것은, 성차별의 다 층적인 차원, 그리고 개인적일 뿐만 아니라 집단적이고 제도적인 성차 별의 문제들의 심각성을 보지 못하게 한다. 예를 들어 기독교의 남성중 심적 상징체계와 같은 문제들이 종교 영역에서뿐 아니라 사회적이고 제 도적인 차원에서 여성과 남성의 관계를 어떻게 왜곡해왔으며, 여성의 왜 곡된 자기이해와 여성들의 지도력 배제에 어떻게 연결되는가와 같은 복합적인 문제들은, 사실상 신학적 주제일 뿐만 아니라 사회학적이고 심리학적인 분석이 함께 이루어져야 한다는 점에서 학제 간 연구가 요청된다. 페미니스트 신학적 주제를 '상식적'인 차원에서만 이해하려고 할 때, 이러한 문제의 중요성을 간과하기 쉽다는 뜻이다.

신학적 담론에 페미니즘이 개입하면서 형성되기 시작한 '페미니스트 신학'은 조직신학처럼 신학의 한 분야에 제한된 것이 아니다. 오히려 신학 전반에 걸쳐서 '신학하기doing theology'의 패러다임을 전적으로 새롭게 구성한다. 이러한 맥락에서 보면, 페미니스트 신학은 전통적인 학제 간의 분류를 넘어서는 '초학제적' 또는 '간학제적' 접근방식으로 전개되는 분야라고 할 수 있다.

4. 페미니스트 신학의 과제

전 지구적 관점에서 페미니스트 신학은 첫째, 억압의 다양한 형태에 대한 인식의 확장을 모색한다는 점에서 예언자적 비판을 해야 하는 과제를 안고 있다. 억압으로부터의 해방은 각기 다른 상황에 놓인 사람들에게 각기 다른 의미로 다가간다. 따라서 페미니스트 신학 담론은 언제나 억압의 보편성과 특수성의 문제를 어떻게 균형 있게 드러내는가에 관심을 두어야 한다. 세계의 각기 다른 사회문화적 정황에 있는 페미니스트 신학자들은 가부장제에 대한 분석은 물론, 그 가부장제적 특징들이 어떻게 신학과 교회 속에서 확산되고 지속되어왔는가에 대한 다양한 심층적 분석을 통해서 '기독교'라는 종교에 신학적이고 실천적인 개입을 해야 한다.

동시에 각 신학자들이 속한 사회문화적 정황에서 억압은 어떻게 경험되며, 그 억압으로부터의 해방이란 구체적으로 무엇을 의미하는가라는 특수한 상황을 꾸준히 비판적으로 성찰해야 하는 과제를 안고 있다. 페미니스트 신학이 저변층 여성들은 물론 중상층 여성들이 경험하는 억압과 차별의 경험에도 관심을 기울여야 하는 것은 바로 이 때문이다. 또한 여성을 '민중 중의 민중'으로만 규정하는 것이 한계가 있다고 보는 이유도 여기에 있다. 생물학적으로 여성이라는 이유만으로 모든 여성을 '민중 중의 민중'이라는 범주에 넣을 경우, 그 여성들이 저마다 다른 사회계층, 교육 수준, 성적 지향, 인종, 가족 배경 등에 따라서 각기 다른 차별과 배제를 경험하거나 반대로 권력과 특권을 행사하기도 한다는 다양한 현실을 간과하게 된다. 페미니스트 신학이 관심을 두는 '여성'이란 이른바 '저변층 여성'만이 아니다. 한 사회에 있는 모든 여성을 포괄한다. 또한 그 여성이 가부장제의 피해자이기만 한 것이 아니라, 다른 여성들이나 남성들을 억압하기도 하는 계층적 가해자가 될 수도 있다는 복합적인 문제들에도 개입해야 한다. 특권과 권력은 여성-남성이라는 틀과 같은 단일한 구조에서만이 아니라, 다양한 방식으로 도처에 존재한다는 사실에 대한 비판적 분석이 요청되기 때문이다. 이러한 맥락에서 보자면 여성을 '민중 중의 민중'이라는 단일한 범주 속에 집어넣는 것은 분명한 한계가 있다.

둘째, 페미니스트 신학은 해방신학이나 포스트콜로니얼 신학 또는 생태신학 같은 모든 '변혁신학'과의 상호관계성을 인식해야 하는 과제를 안고 있다. 어떤 특정한 고통이 다른 고통보다 더 우세한 것이 아니기 때문에, 다양한 양태의 억압이나 고통 사이의 어떤 위계적 서열 매김은 의미를 띠기 어렵다. 억압과 차별의 위계주의를 작동하는 것은 또 다른 이름의 억압적 구조를 양산할 위험성이 있다. 이를테면 인종차별보다 성차별이 더 우선적 관심이 되어야 한다거나 그 반대의 경우는 실천적이고 경험적인 차원에 들어서면 사실상 무의미한 논의가 된다. 예를 들어 미국에 살고 있는 흑인이며 여성인 사람은, 인종차별과 성차별을 각기 다른 분리된 억압으로 경험하기보다는 복합적인 하나의 고통으로 경험한다. 또한 다른 아시아 나라들에서 한국으로 온 여성 이주노동자는 성차별과 인종차별, 문화차별, 계층차별 등 다양한 차별의 구조를 각기 분리된 것으로가 아니라 복합적이고 동시적인 것으로 경험한다.

따라서 '젠더'와 성차별주의가 어떤 정황에서든 언제나 우선적 관심이 되어야 하는가 또는 인종이나 계층이 우선적 관심이 되어야 하는가와 같은 논의는, 다양한 종류의 억압을 그들의 삶의 한가운데서 경험하는 사람들 자체의 구체적인 현실을 반영하지는 못한다. 페미니스트 신학이 성차별 문제에 우선적 관심을 둔다고 해서 다른 종류의 차별에 무관심해진다면, 그것은 어떠한 차별이나 억압이 극복된 평등하고 정의로운 사회를 지향한다는 페미니스트 신학의 궁극적인 목표에서 벗어나는 것이라고 볼 수 있다.

셋째, 페미니스트 신학은 여성은 물론 인종, 성적 지향, 국적, 계층, 장애 여부 등 그 어떤 근거에서도 사람을 부차적인 존재로 몰아가는 구조와 상징, 가치체계 등에 비판적으로 저항해야 하며, 그러한 문제들을 심층적으로 분석하고 철저하게 비판해야 하고, 그것들을 넘어서는 대안을 제시해야 하는 과제를 지닌다. 이러한 과제는 전통적인 신학의 다양한 분야에서 이루어져야 하는 보편적 과제이며, 또한 페미니스트 신학을 하는 이들의 사회문화적 위치가 어디이든, 지리적 위치가 어디에 근거하든 페미니스트 신학이 이루어내야 할 궁극적인 공동의 과제이다.

이런 점에서 한국에서 페미니스트 신학적 작업을 한다는 것은 한국이라는 특수한 상황과 전 지구적인 보편적 상황을 동시적으로 인식해야 한다는 것을 뜻하는데, 이는 한국에서의 페미니스트 신학 담론이 지녀야 할 보편성과 특수성의 문제들을 지속적·비판적으로 성찰해야 한다는 뜻이다. 현대사회는 지리적 구분이 무의미해졌는데도 한국에서 페미니스트 신학을 하는 이들이 서구의 페미니스트 신학과 끊임없이 '다름'으로만 그 신학적 정체성을 주장한다면, 그것은 지금을 살아가는 한국 여성들이 직면한 다층적인 억압구조를 전체적으로 보지 못하게 한다. 서구의 페미니스트 신학적 담론들과 겹치는 영역과 겹치지 않는 영역을 분명하게 분석하는 것은 한국에서의 페미니스트 신학을 더욱 성숙하게 하는 데 중요한 밑거름이 된다. 기독교라는 하나의 종교 안에서 구성되는 페미니스트 신학 담론이 사회문화적 차이에 따른 '특수한 정황적 차원', 그리고 동시에 페미니스트 신학 전반이 안고 있는 '보편적 차원'의 문제들을 어떻게 균형 있게 드러내는지가 21세기 한국에서 페미니스트 신학이 얼마나 성숙하는가를 평가하는 중요한 척도가 될 것이다.

나는 페미니스트 신학적 담론 구성이 살아 있는 신학으로서의 생명성을 일궈내는 것은 그 신학이 인간의 자유와 해방을 향한 인식 확장에 어떻게 기여하는가에 달려 있다고 생각한다. 페미니스트 신학 담론에 의해 촉발된 인식의 확장을 통하여 새로운 물음이 제기될 것이며, 이러한 물음을 제기하면서 문제들이 드러나고, 이러한 문제의 드러남을 토대로 비로소 대안적 사회에 대한 전망이 그려질 수 있기 때문이다. 그러한 측면에서 페미니스트 신학이 개입하는 다양한 주제는 저항담론과 해방담론을 구성하기 위한 시도라는 의미가 있다.

제2장

21세기 페미니스트 신학: 쟁점과 전망

> 새로운 지식인의 존재양식은 이제 더 이상 느낌과 열정의 외부적이고 순간적인 전달자에 불과한 웅변에 있지 않으며, 그저 단순한 연설자로서가 아니라, 건설자, 조직가, '영원한 설득자'로서 실제 생활에 능동적으로 참여하는 데 있다.
> —안토니오 그람시

1. 이론적 지도 그리기

19세기와 20세기를 가르는 가장 획기적인 변화를 가져온 것이 있다면 그것은 무엇일까. 물론 이 물음에 대한 답은 어느 분야에 관심을 두는가에 따라서 달라질 수 있다. 그러나 가장 폭넓은 분야에, 그리고 가장 근원적으로 도전하고 변화를 이룬 것이 있다면 그것은 '페미니즘의 출현'이라고 해도 지나치지 않을 것이다. 페미니즘의 출현은 문화, 정치, 경제, 종교 등과 같은 영역뿐 아니라 인간 삶의 모든 분야에 커다란 변화의 획을 그은 사건이기 때문이다. 또한 페미니즘의 출현은 공적인 영역에서는 물론 가장 사적인 영역에서까지 이전에 예상하지 못한 커다란 변화를 불러온 사건이 되었다. 인류의 역사에서 어느 하나의 이론이나 운동이 페미니즘처럼 인종·종교·정치·사회계층·연령을 포괄하며 학문의 모든 영역에서뿐 아니라 인간 삶의 여러 영역에 변화를 가져오고,

여전히 변화를 향한 대열을 이어가는 경우는 거의 없다고 해도 과언이 아니다.

특정한 역사적 맥락에서 출현한 하나의 사상이나 운동을 총체적으로 들여다보는 시도를 한다는 것은 그 특정한 역사에 대한 종합적 이해, 즉 그 사상과 운동이 전개되어온 사회적·정치적·종교적·문화적 배경 등 삶의 여러 영역에 대한 깊이 있는 이해를 요청하는 작업이다. 더욱이 그 사상과 운동이 어느 한 분야가 아니라 이 현실을 구성하는 영역들에서의 근원적인 문제 제기와 그에 따른 변화를 요청하는 것일 때, 그 사상과 운동에 종합적인 시각으로 접근하여 고찰하는 것은 그리 간단한 일이 아니다.

나는 이 글에서 19세기와 20세기에 커다란 획을 긋는 사건인 페미니즘과 페미니스트 신학을 종합적·이론적으로 분석하고자 한다. 물론 이러한 '종합적' 고찰은 언제나 그 속에 존재하는 다양한 미시 담론을 다루지 못함으로써 지나친 '일반화'의 경향을 띨 위험성을 늘 안고 있다. 이러한 위험성을 예민하게 인식해야 하지만, 전체적인 이론적 지도 그리기 작업은 중요하다. 이러한 작업은 과거와 현재, 미래를 단편적이 아니라 전체적으로 들여다보게 함으로써 페미니스트 신학이 비판하고 도전하는 대상, 그리고 이루려는 목표와 미래의 과제를 새롭게 성찰하게끔 돕기 때문이다.

어떤 지성적 작업이나 운동이 그 생명력을 꾸준히 이어가려고 할 때는 끊임없는 내적 비판과 성찰이 따라야 하고, 동시에 그 작업이나 운동에 대한 외적인 도전과 비판에 개방성을 지니고 응답할 수 있어야 한다. 문학평론가 최원식은 문학비평의 역할과 의무에 대하여 "아무리 위대한 문학이 출현해도 그 의의는 물론 그 한계까지 짚어내는 고통스러운 작업까지 해낼 때, 비평은 그 일차적 임무를 겨우 감당하는 것"[1]이라고 통찰했다. 나는 문학비평에 대한 이러한 역할 규정은 문학비평뿐 아니라, 그 밖의 지성적 작업이나 운동에도 적용된다고 본다.

이 장의 목적은 1960년대 이후 신학사상사에 큰 획을 그은 페미니스트 신학의 출현이 어떠한 이론적·인식론적 근거를 토대로 형성·발전되었는지 밝히고, 그러한 초기의 신학적 작업의 한계와 그에 대한 내적인 비판, 그리고 21세기에 들어선 최근의 페미니스트 신학적 담론들이 직면한 논쟁적 이슈와 딜레마는 무엇인지를 비판적으로 고찰하는 거시적 그림을 그리는 것이다. 이러한 비판적 고찰은 문학비평과 마찬가지로 페미니스트 신학의 '의의는 물론 그 한계까지 짚어내는' 작업이며, 미래 페미니스트 신학이 씨름해야 할 문제, 딜레마, 주제, 그리고 더 나아가 새로운 논쟁적 이슈의 등장과 그에 따른 페미니스트 신학적 성찰을 조명하는 것이다.

이러한 과정은 21세기 페미니스트 신학이 그 역동성을 지속하기 위하여 신학적 통찰을 끊임없이 갱신하고 관점을 확장하는 데 요청된다. 지속적인 자기비판과 성찰을 통해 하나의 관점이 아닌 다양한 관점을 공존하게 하고, 시대적 또는 상황적 요청에 따른 강조점의 변화를 수용하고, 과감하게 방향을 전환하기도 하는 것은 21세기의 페미니스트 신학이 새로운 시대가 던지는 물음들에 성실히 답하는 신학이 되기 위한 시도라고 할 수 있다.

페미니즘이 등장한 이후부터 1920년대까지를 제1기 페미니즘, 1960년대부터 1970년대 말까지를 제2기 페미니즘, 1980년대부터 현재까지를 제3기 페미니즘으로 나눈다. 1920년부터 1960년대까지의 약 40여 년 동안 페미니즘에는 공백기가 생긴다. 페미니스트 신학이 언제 누구에게서 시작되었는지에 대해서는 일치된 이론이 없다. 그러나 미국 노예제 폐지 운동에서 시작하여 점차 여권운동으로 나아간 19세기를 페미니스트 신학이 등장한 시기라고 본다면, 초기 페미니스트 신학은 제1기와 제2기 페미니즘의 구조가, 그리고 두 번째 단계의 페미니스트 신학은 제3기 페미니즘과 그 이론적 토대가 병행된다고 볼 수 있다.

초기 페미니스트 신학의 대표적인 인물로는 로즈메리 류터Rosemary Radford Ruether, 메리 데일리Mary Daly, 엘리자베스 피오렌자Eliabeth Schüssler Fiorenza 등을 꼽을 수 있는데, 이렇게 두 단계의 페미니스트 신학을 시기적으로나 인물별로 고정해서 나누는 것은 물론 분명히 한계가 있다. 이 두 흐름은 현재 공존하기도 하며, 또한 한 인물이 자신의 신학적 사상을 처음부터 끝까지 동일하게 고수하는 것은 아니기 때문이다. 예를 들어 메리 데일리는 스스로 초기 데일리와 후기 데일리로 나누며, 다른 신학자들도 시간이 흐르면서 관점이 확대되거나 변화되는 구조들을 보인다. 따라서 이러한 두 단계의 구분은 절대적 구분이라기보다는 커다란 흐름을 들여다보기 위한 편의상의 분석적 틀이라는 점을 밝힌다.

페미니스트 신학적 담론의 흐름은 크게 이와 같은 두 단계를 거쳐왔다고 할 수 있다. 첫 번째 단계에서 페미니스트 신학은 계몽주의 이후의 근대 이론이 제시한 인간, 이성, 역사에 대한 이해에 근거하여 중요한 인식론적 틀을 구성했다. 그렇기 때문에 근대의 인간해방적 과제와 인식론적 틀을 공유하는 초기 페미니스트 신학적 논의에서 다양한 페미니스트 신학적 흐름이 있었음에도, 하나의 단일한 신학적 관점을 말하는 것이 가능했다. 즉 '여성 경험'의 편재성에 대한 주장이나, 사회적 성별 구분인 젠더gender를 중심적인 분석적 도구로 삼은 것, 그리고 여성해방에 대한 정치적이고 이론적인 관여 등의 요소들이 이 다양한 페미니스트 신학이나 페미니즘 이론의 공동적인 구조를 가늠하는 내용이 되었다. 그래서 페미니스트 신학을 여느 신학적 운동과는 다른 독특한 요소를 지닌 하나의 단일화한 구조로 그려내는 것이 가능했다.

그러나 페미니즘 이론이나 페미니스트 신학의 둘째 단계에 들어서면, 첫째 단계에서처럼 단일한 구조로 그려내기 어려워진다. 이 둘째 단계에 들어서게 된 이론적 전이는, 신학을 포함한 학문의 여러 분야에서 일어난 이론적 전이와 맞물린다. 즉 포스트모더니즘 또는 포스트구조주의 이론, 새로운 역사주의의 출현, 물질적이고 구체적인 것의 중요성에 대한 재인식 또는 상이성에 대한 찬양 등으로 표현될 수 있는 새로운 담론들의 출현에서 비롯된 이론적 전이는 여러 학문 분야에 큰 변화를 가져왔다. 이러한 이론적 전이가 페미니스트 신학이 둘째 단계에 들어서게 되는 인식론적 토대를 형성한다.

그렇다고 해서 이러한 이론적 전이가 첫째 단계의 페미니스트 신학을 고스란히 새로운 모습의 페미니스트 신학으로 바꾼 것은 아니다. 다만 이제 더는 단일한 구조로 그려낼 수 없는 너무나 다양한, 그리고 때로는 서로 상충하기도 하는 페미니스트 신학을 구성하게 된 것이다. 상충하기도 하는 이러한 다양성들은 근대 이론과의 관계에서도 분명해진다. 둘째 단계의 페미니즘이나 페미니스트 신학에서는 근대 이론을 여전히 인식론적 틀로 지키는 시각들, 그 근대 이론을 전면적으로 거부하고 비판하는 포스트모더니즘을 이론적 근거로 삼는 시각들, 그리고 이 둘 사이에서 변증법적 관점 위에 이론적 틀을 구성하는 시각들이 공존한다. 따라서 첫째 단계의 페미니스트 신학에서처럼 하나의 단일한 구조로 페미니스트 신학을 이해하는 것은 불가능해진다. 이렇게 크게 두 단계로 범주화할 수 있는 페미니스트 신학의 인식론적 틀을 살펴보면서, 가장 논쟁적 이슈가 되어온 문제들, 그 문제들에 대한 포괄적 이해, 그리고 앞으로 남아 있는 과제를 조명하는 것은 페미니스트 신학을 복합적으로 이해하는 데 중요하다.

2. 초기 페미니스트 신학의 인식론적 토대

담론으로서의 페미니즘이나 페미니스트 신학의 역사는 크게 두 단계의 인식론적 전이를 거쳐왔다고 할 수 있다. 물론 그 우선적 관심과 미래 비전에서 다양한 차이점이 있지만, 페미니스트 신학은 이론과 운동으로서의 페미니즘과 지속적인 연관성을 맺으며 전개되어왔다. 페미니즘 이론이나 자유주의 개신교 신학자들과 가톨릭 신학자들, 그리고 페미니스트 신학이 본격적으로 전개되기 시작한 첫 단계에서 초기 페미니스트 신학자들이 공유하는 이론적 전제는 모더니즘의 전제들이다. 초기 페미니스트 신학이 일반적으로 공유한 근대 이론적 전제는 다음과 같이 네 가지로 나눌 수 있다.

첫째, 근대 이론의 중요한 이해 가운데 하나는 인간주체에 관한 것이다. 근대는 인간에게 본질주의적 구조를 지닌 고정되고 일정한 틀을 갖춘 일관된 주체, 즉 '불변의 자아 unchanging self'가 있다고 본다. 이와 같은 근대적 자아 이해는 페미니즘 담론과 페미니스트 신학에서 여성들의 '여성 경험'에 보편성과 공통된 특성이 있다고 보는 인식으로 이어진다. 둘째, 주체의 본질적 구조와 세계의 본질적 구조를 파악할 수 있는 이성 reason의 진정한 형태가 있다고 간주하는 것이다. 이성에 대한 모더니즘의 이해를 수용한 페미니스트 신학자들은 '여성 경험'이 경험의 이론적 구성으로서 페미니스트 신학에 정당성을 부여하는 '규범' 역할을 한다고 보았다.

셋째, 모더니즘은 인간의 역사와 문화가 언어를 통해 아주 '객관적'으로, 그리고 '명증적'으로 설명될 수 있고 전달될 수 있다고 믿는다. 이러한 이해를 분명히 하기 위해 근대의 이론적 구조를 이성의 객관적 특성과 실존의 고정된 구조와 병합한다. 역사를 해석하는 데서 객관적으로 규명될 수 있는 '핵심' 또는 확실한 '토대foundation'가 있다고 보는 근대 이론은, 페미니스트 신학자들에게 기독교의 역사와 전통에 대한 해석에서 페미니스트 신학적으로 구현해낼 수 있는 기독교의 본질적 구조나 의미의 핵심이 있다고 보게 했다. 그래서 예를 들어 로즈메리 류터는 기독교 역사에서 예언자적 해방 전통을 찾아 현재에도 적용될 수 있는 해방의 구조를 재구성하고자 시도한다. 샐리 맥페이그Sallie McFague 같은 페미니스트 신학자는 현대 상황과 기독교적 핵심의 상관관계를 찾고자 시도한다.

넷째, 페미니스트적인 의도가 신의 계시된 의도와 일치한다고 보는 것이다. 즉 모든 것의 '토대'를 이루는 변함없는 '신의 의도'가 있다고 보는 이러한 신학적 토대주의foundationalism의 구조는 페미니스트 신학뿐 아니라 근대 신학의 모든 형태에 공통적인 토대를 이룬다. 모더니즘의 인식론적 전거가 되는 이 '토대주의'의 시각에서 보면 진정한 지식은 진리의 반영이며, 그 지식의 견고한 토대는 신·이성·역사 안에 존재한다. 이것은 포스트구조주의나 포스트모더니즘의 해체이론에서 가장 핵심적인 비판의 대상이 된다. 포스트모더니스트들은 '절대 객관적 관점view from nowhere'이란 없다고 주장하면서, 이 토대주의의 중앙집권화·단일화·전체화 경향성을 근원적으로 비판한다.

초기 페미니스트 신학의 단계에서 페미니스트 신학자의 이론적 전제들은 카를 라너Karl Rahner, 폴 틸리히Paul Tillich, 리처드 니부어Richard Niebuhr 등과 같은 신학자들의 전제들과 근원적으로는 구조가 비슷하다. 다만 페미니스트 신학자들과 이들 신학자들의 차이는 '누구의 경험'을 규범적 경험으로 간주하는지, 또는 과거 전통에서 무엇을 선택하여 그들 신학의 토대로 삼는지에 있을 뿐이다.

페미니스트 신학자들은 '여성의 경험'을 신학의 규범적 범주로 삼는다. 또한 기독교 전통 속에서 역사를 넘어서는 '해방적 원리'를 선택하여 페미니스트 신학적 근거로 삼는다는 점에서 여느 신학자들과 다르다. 이러한 근대적 전제들에 약간의 변형이 가해지면서 전개된 페미니스트 신학은 메리 데일리 같은 페미니스트 신학자들에게서 '존재론적-실존론적-정치적 분리주의'로 나타나기도 했다. 또한 여성의 독특한 윤리적 인식방식이 있다고 주장하는 캐럴 길리건Carol Gilligan 같은 '낭만적' 페미니스트 이론가들에게 동조하면서 여성들의 고유한 특성이 교회와 세계의 구조를 변혁하는 데 주요하게 기여할 것이라고 주장하는 페미니스트 신학자들 역시, 부분적으로 변형되긴 했지만 사실상 여전히 근대 이론의 전제들 위에서 전개된 페미니스트 신학이라고 할 수 있다. 그러면 페미니스트 신학의 인식론적 토대를 형성하는 이 네 가지 주제를 살펴보자.

1) 여성은 누구인가: 모더니즘에 근거한 여성주체

페미니스트 신학에서 가장 큰 논쟁적 주제가 되어온 것은 바로 '주체로서의 여성'의 특성과 위치에 관한 것이다. 페미니즘이 등장하기 이전에 '인간'이라는 보통명사로서 그려지던 인간은 사실상 주체로서의 여성을 배제한 인간이다. 이러한 인식은 시몬 드 보부아르Simone de Beauvoir가 페미니즘의 고전이라고 일컬어지는 《제2의 성》(1949)에서 최초로 명시한 '주체로서의 남성과 타자로서의 여성'에 대한 인식, 그리고 "여성은 태어나는 것이 아니라 만들어지는 것"이라는 선언에서 출발한다. 이러한 여성에 대한 이해는 페미니즘에서 가장 중요한 분석 주제가 되었다. 중성적인 의미의 보통 '인간주체human subject'가 아닌 '성별화한 주체gendered subject'의 문제는 지금까지도 페미니즘과 페미니스트 신학 담론에서 계속되는 논쟁적 주제 가운데 하나이다.

제1기 페미니즘 시기라고 할 수 있는 19세기 페미니즘이 자유주의 사상을 인식론적 전거로 삼으면서 제시한 '여성'은 남성과 마찬가지로 '합리적 존재'로서의 여성, 그리고 '잠재적 시민'으로서의 여성이다. 이러한 여성 이해에 따라서 19세기 페미니즘의 우선적 목표는 남성과 동등한 교육 기회와 법적 평등성의 확보였다. 합리적 존재로서의 여성에 대한 이러한 이해에서 여성성과 남성성이라는 구분은 이차적인 것이며, '여성성'이나 '남성성'보다는 오히려 남성과 여성이 공통으로 지니는 공통적 '인간성'에 대한 강조가 우선한다. 그런데 이러한 '초성별적 인간으로서의 여성' 이해는 깊숙이 들어가보면 여전히 남성중심적으로 구성된 인간 이해에 인식론적 뿌리를 두고 있다는 사실을 보게 된다.[2] 이 시기에는 아직 '젠더'에 대한 인식이 발전하지 않았다는 점을 생각해볼 때, 이해될 수 있는 여성 이해이다.

제2기 페미니즘의 시작인 1960년대의 페미니즘에서 제시한 여성은 제1기 페미니즘의 '무성별genderless 여성'이 아니다. 생물학적으로 구별되는 남자와 여자가 어떻게 사회적인 남성과 여성으로, 즉 젠더로 구성되는가에 초점을 두면서 '여성이 누구인가'라는 여성주체에 대한 이해를 이전과 다르게 전개했다. 젠더에 대한 이러한 인식은 보부아르의 '만들어지는 여성'에 대한 개념에서 출발했다. 그 뒤 이 젠더 개념은 페미니스트 투쟁의 다양한 장에서 다양한 담론을 생산하는 데 기여하게 된다.[3]

마르크스주의와 사회주의 페미니즘은 프롤레타리아 계급으로서의 여성의 위치를 부각하면서, 경제적 독립성 획득의 중요성을 강조한다. '경제적 주체'로서의 여성이 비로소 전면에 등장하는 것이다. 반면, 급진주의와 레즈비언 페미니즘은 마르크스주의와 사회주의 페미니즘이 젠더를 계급에 종속시키면서 간과해버리고 만 여성의 출산이나 섹슈얼리티 같은 문제들, 또한 그런 문제들과 가부장제적 권력의 관계를 예리하게 분석해냄으로써 페미니즘이나 페미니스트 신학 담론이 여성의 몸과 섹슈얼리티 등의 문제가 어떻게 남근중심적 권력이나 상징체계를 통해 폄하되는가 하는 문제에 관심을 기울이게 했다.

'남근중심적'이라는 말은 자크 라캉Jacques Lacan의 용어이다. 인간으로 하여금 언어를 습득하게 하고 성 정체성을 획득하게 하는 상징계가 '남근'에 부여된 상징적인 힘과 가치를 중심으로 조직된 현상을 가리킨다. 그런데 여기에서 나는 페미니즘이나 페미니스트 신학에서도 관심을 받는 '몸 담론body discourse'이 이리가레Luce Irigary를 중심으로 한 프랑스 페미니즘이 받고 있는 비판의 구조를 예민하게 인식하면서 전개되어야 한다고 본다. 즉 한 사회에서 다양한 부류의 여성들이 그들의 몸을 중심으로 경험하는 억압의 경험과 그 문제를 극복하기 위한 대안들이 구체적인 사회적·경제적·역사적 맥락에서 논의되지 않을 때, 그러한 몸 담론은 낭만적인 여성적 담론을 구성할 수는 있지만, 구체적인 억압 분석과 다양한 권력의 문제를 지나치게 단일화함으로써 오히려 반反페미니즘적 이데올로기로 이용될 수 있는 위험성이 있기 때문이다. 스피박Gayatri

Spivak은 이리가레의 '몸 담론'의 핵심 개념인 '음순 담론'을 중요하게 간주하면서도, 몸 담론을 중심으로 한 프랑스 페미니즘이 제1세계와 제3세계 여성의 경험 사이의 큰 차이나 이질성을 무시하고 서구중심적인 기준을 모든 여성들에게 획일적으로 적용하는 경향을 보임으로써 폭력성의 소지가 있다고 비판한다.[4]

그러나 다른 한편으로 급진주의 또는 문화 페미니즘이라고 불리는 이들의 여성 이해는 무계급classless · 무인종raceless의 '여성주체'만을 전면에 부각함으로써 여성의 인간으로서의 포괄적인 모습을 제시하지 못하는 한계를 드러낸다. 이것은 이들 페미니즘 담론이 지닌 제1세계 중심의 자민족 중심주의를 드러낸다는 비판을 받는다. 스펠만은 서구 철학사에서 남성 철학자들이 남성을 '인간 일반'으로 간주하며 여성을 '비본질적' 존재로 배제해온 것을 비판하는 서구의 페미니즘 이론가들이 자신들의 이론에서는 백인-중산층 여성들만을 '여성주체'의 범주로 삼음으로써, 비백인-저변층 여성들을 '비본질적' 존재로 배제하는 동일한 과오를 저지르고 있다고 날카롭게 분석한다.[5]

페미니스트 신학에서는 '신의 형상으로서의 여성' 이해가 페미니스트 신학을 기독교적으로 정당화해주는 신학적 인간 이해로 강조되어왔다. 이러한 '신의 형상'으로서의 여성 이해는 상당히 효과적인 페미니스트 신학적인 인간론으로 발전해왔다.[6] '성별화한 주체gendered subject'를 둘러싼 페미니스트 신학적 논의는 우선적으로 기독교 전통 안에서 '왜곡된 보편적 인간' 이해에 대한 비판으로부터 시작된다. 기독교 전통과 신학은 '신의 형상'으로서의 인간 범주에 여성을 포함시키지 않아왔다는 것이 핵심적인 비판이다. '여성이 누구인가'라는 여성주체에 대한 페미니즘의 다양한 이해는 페미니스트 신학 담론에서도 비슷하게 나타난다.

이러한 다양한 이해에 하나의 공통점이 있다면, '여성 속에 변하지 않는 어떤 고정된 그 무엇이 있다'는 전제이다. 모더니즘이 전제하는 인간주체에 대한 이해, 즉 본질주의적 또는 토대주의적 인간 이해가 강조점만 다를 뿐 각기 다른 양태로 이러한 여성 이해의 근저에 여전히 자리 잡고 있는 것이다.

2) 여성 경험의 공통성과 규범성

최근까지 대부분의 페미니스트 신학들은 '여성의 경험'에 대한 신학적 이해와 접목에 초점을 두어왔다. 페미니스트 신학자들 간의 관점은 매우 다양하지만, 여성의 삶과 경험이 전통적인 신학에서 배제되어왔으며 남성들이 규정한 범주 아래 부수적인 것으로 간주되어 사실상 비가시적이 되어왔다고 보는 점에서는 기본적으로 일치했다. 이러한 전제 아래 페미니스트 신학자들은 '여성의 경험'은 다양하고 복합적인 것이라고 해도 '보편적인 공통점'이 있다는 전제를 강조하게 되었다. 이러한 공통점은 여성의 본성과 같은 것으로 규정되기도 하고, 여성 억압의 역사적 현실에서 야기된 것이라고 간주되기도 했으며, 또는 억압에 대항하는 경험에서 계발되어온 것으로 분석되기도 했다.

　이러한 '여성 경험'의 신학적 수용은 이전의 신학적 관심의 영역이 지극히 추상적인 것에 견주어 여성들의 삶의 구체적인 영역에 관심을 두게 했으며, 동시에 여성을 여성으로서 규정하는 보편적이고 공통적인 본질이 있음을 주장하게 했다. 더 나아가 여성들 사이의 연대성에 인식론적 근거를 마련해주었다.[7] 그래서 첫 단계의 페미니스트 신학에서는 제2기 페미니즘에서 강조되는 여성들 간의 '보편적 자매성universal sisterhood'이 그 연대성의 근거가 되었다.

　페미니스트 이론가들이나 페미니스트 신학자들의 여성 경험의 보편성에 대한 주장은 '여성 경험'을 신학에서의 규범적 범주로 해석하게 한다. 로즈메리 류터의 "여성의 온전한 인간성"이나 피오렌자의 여성의 "자기 승인, 힘, 그리고 해방" 등의 용어로 표현되는 이러한 여성 경험의 신학적 규범화는, 어떤 특정한 신학적 견해가 여성들의 비판적 의식과 개혁된 의식을 형성하는 데 어떻게 기여하는가에 따라 그 신학을 평가하는 새로운 규범을 형성하게 한다.[8] 더 나아가 이러한 여성 경험의 규범성 개념은 여성을 위해서 여성들이 우연히 선택한 것이 아니라, 여성 경험의 특권적 특성이라는 의식에서 야기된 것이라는 전제를 형성하게 했다.

　메리 데일리 같은 페미니스트 신학자들이 주장하는 이러한 여성 경험의 특권적 특성은 여성의 존재론적 특성과 위치에서 기인한다. 또한 다른 페미니스트 신학자들은 억압에 대항하는 여성의 개혁적 투쟁과 역사적 경험이 그러한 특권적 범주를 형성하게 하는 것이라고 해석한다.[9] 이러한 '특권적 특성'이 존재론적으로 주어진 것이든 아니면 피억압자로서 역사적으로 획득된 것이든 간에, 페미니스트 신학은 전통적으로 신학에서 배제되어온 여성의 경험을 신학적 성찰의 영역으로 들여왔으며 그것에 중요한 의미를 부여했다는 점에서 신학적으로 독특하게 기여했다.

3) 기독교 전통에 대한 페미니스트 해석

첫 단계 페미니스트 신학자들의 큰 관심 가운데 하나는, 기독교 전통이 어떻게 해석되는가 하는 문제였다. 기독교 페미니스트 신학자들 중에는 여성에 대한 본질주의적인 이해와 병행되는 의미에서 기독교 전통에 대한 본질주의적 이해를 바탕으로 하는 경우도 있다. 전통에 대한 본질주의적 이해는 단순하게 드러나는 것이 아니라 매우 복합적인 양태로 다양하게 나타난다. 페미니스트 신학자들은 성서 전통은 제대로만 이해된다면 하나의 통일된 형태의 해방적인 것이 있다고 본다. 성서 전통 전체가 여성들에게 긍정적인 의미를 부여하는 것은 아니지만 전통의 진정한 핵심은 해방적 특성을 지녔으며, 더 나아가 '페미니스트 의식'과 '성서의 핵심'이 일치한다고 본다.

류터는 기독교 전통 안에서 예언자적 해방을 끌어내며, 러셀은 다양한 '전통들traditions'에서 해방 중심의 전통Tradition을 구분한다. 러셀은 이 '전통'을 소문자 't'와 대문자 'T'로 구분한다는 점에 주목할 필요가 있다. 소문자 전통은 상대적인 것이며, 대문자 전통은 절대화한 전통이기 때문이다. 맥페이그는 기본적인 기독교적 패러다임과 현대적 관점들의 상관관계를 모색한다.[10] 이 경우 기독교는 부분적이든 전체적이든 간에 페미니스트 신학자들에 의해서 그려진 여성해방적 비전과 병행할 수 있는 권위를 갖춘 것으로 해석된다.

4) 페미니스트 비전과 '신의 뜻'의 일치화

대부분의 페미니스트 신학들은 페미니스트적인 비판적 관점과 기독교

신의 계시된 의지를 동일시하는 성향을 띠고 있다. 페미니스트 신학자들은 이러한 동일시를 토대로 기독교의 가부장제적 전통에도 불구하고 기독교 안에 남아 있을 수 있는 신학적 근거를 확보했다. 즉 신적 현실인 하나님 나라에 대한 비전과 페미니스트 비전 사이에는 강력한 일치성이 있다는 것이다. 그래서 피오렌자는 "여성 교회의 영적인 권위는 우리 사이의 신의 은총의 경험에 근거한다"고 단언하며, 류터는 '여성의 온전한 인간성'이라는 페미니스트 원리는 신적 모형divine matrix과 일치한다고 주장한다.[11]

페미니스트 신학의 이러한 동일시는 페미니스트 신학에 존재론적 또는 종교적 근거를 제공함으로써 페미니스트 신학적 규범들에 대한 신뢰를 확고히 한다. 그러므로 페미니스트 신학적 범주들이 인간적으로 창출되고 사회적으로 제한된 것임을 받아들이면서도, 동시에 이러한 신적 현실과의 일치를 강조함으로써 페미니스트 신학적 주장의 유효성을 추구한다. 이것은 대부분 기독교인들이었던 미국의 초기 여성운동가들이 자신들의 여권운동을 '거룩한 동기Sacred Cause'를 따르는 것이라고 규정하면서 여권운동이 신의 뜻을 따르는 분명한 신앙적 표현임을 강조한 것과 구조가 비슷하다. 따라서 해방신학자들과 페미니스트 신학자들의 성서에 대한 접근방식에 여러 차이가 있음에도 불구하고, 해방신학자들처럼 대부분의 페미니스트 신학자들은 기독교의 신이 억압받는 자들의 신이라고 이해하며, 그렇기 때문에 엘사 타메즈Elsa Tamez는 억압받는 가난한 여성들의 성서 읽기는 "성서 그 자체에 의해 제시된" 해석학적 구조와 일치한다고 본다.[12]

이처럼 페미니스트 신학이 전개되는 초기 단계에서는 아주 세부적인 담론의 구성보다는 더욱 일반적이고 보편적인 내용의 주장이 수용되었는데, 그것은 성차별주의에 의한 여성의 억압적 상황과 조건에 대한 포괄적인 인식, 그리고 모든 여성들 간의 연대성 형성에 대한 요청이 강했기 때문에 어떻게 보면 당연하다고 할 수 있다. 그러나 페미니스트 신학이 다양한 분야와 다양한 관점에서 발전하면서부터 이전의 이러한 단일한 주장이나 전제가 비판적으로 조명되기 시작했으며, 초기 페미니즘 이론과 페미니스트 신학의 인식론적 전제들이 더욱 복합적인 다양한 지평으로 전이되기 시작했다.

3. 페미니스트 신학의 쟁점과 인식론적 지평

첫 단계의 페미니스트 이론이나 페미니스트 신학은 모더니즘의 토대주의를 인식론적 전거로 삼았다. 반면, 두 번째 단계에서는 그 모더니즘에 대한 비판에서 인식론적 토대가 형성되었다. 모더니즘에 근거한 페미니스트 이론이나 페미니스트 신학에서 주체가 되어온 것은 백인 여성들이었다. 흑인, 히스패닉, 레즈비언 여성들처럼 담론 구성에서 비주체 세력으로 남아 있던 여성들은 '여성의 경험' 등과 같이 그동안 보편적인 정당성을 확보해온 백인 페미니스트 신학자들의 전제들에 문제를 제기하기 시작했다.

또한 포스트모더니즘과 포스트구조주의의 등장은, 이전의 모더니즘에 근거한 인식론적 토대들을 비판적으로 조명하게 하는 계기를 마련했다고 할 수 있다. 즉 이전의 이론 형성에서 '비주체 세력'인 비백인 여성들에 의한 '외적 도전'과 포스트모더니즘 등에 의한 '내적 도전'을 통해 초기 페미니스트 이론이나 페미니스트 신학의 인식론적 전제들에 근원적으로 문제를 제기하기 시작한 것이다. 결과적으로 페미니즘 이론과 페미니스트 신학은 모더니즘과의 변증법적 관계 속에서 새로운 인식론적 전제들을 형성하는 전이를 경험하게 된다.

'남성(인간)의 죽음', '형이상학의 죽음', '역사의 죽음'으로 요약되는 포스트모더니즘 담론의 페미니즘적 수용에 따라, 초기 페미니즘의 인식론적 토대가 되었던 모더니즘 이론이 신랄한 비판을 받으면서 이전의 페미니스트 신학이 자명한 것으로 받아들였던 페미니스트 신학적 개념들에 대한 새로운 근원적 성찰이 요청되었다.[13] '이성의 남성적 주체의 탈신비화', '역사적 내러티브의 발생', '초월적 이성에 대한 회의주의' 같은 포스트모던 페미니스트 이론에 의하여 근대 이론의 인식론적 토대가 근원적으로 도전받은 것이다. 포스트모던 신학자들은 여기에 '신의 죽음'을, 그리고 페미니스트 신학자들은 '전능한 남성으로서의 신의 탈우상화', 즉 '남성 신의 죽음'을 덧붙여 새로운 인식론적 토대를 구성하는 국면을 맞는다.

이 네 가지 죽음에 대한 인식은 페미니즘 담론과 페미니스트 신학의 치열한 이론적 논쟁 구조를 형성한다. 가장 논쟁적인 문제가 되는 것은 포스트모더니즘이 제시한 근대 이론의 본질적 주체, 보편적 범주, 절대적 역사 개념의 종국에 대한 논쟁 자체라기보다는, 여성의 해방과 미래, 그리고 변화를 위한 책임적 행위주체agent로서의 여성의 가능성을 둘러싼 논쟁이다.

나는 페미니즘이나 페미니스트 신학 담론에서는 '인간주체subject'보다 '행위주체'라는 개념이 더욱 적절하다고 본다. '행위주체'라는 개념은 '주체'가 이전의 전통 철학이나 신학 담론에서 지극히 추상화한 개념으로 사용될 때의 위험성을 피하게 하고, 더욱 윤리적인 행위와 책임성이 드러나게 하는 용어이기 때문이다. 또한 이러한 개념들의 인식론적 토대가 된 모더니즘에 대한 근원적 비판이나 해체의 성향은 다양한 실천적 문제에 대한 도전이 되기도 한다. 따라서 두 번째 단계의 페미니즘 이론이나 페미니스트 신학이 치열하게 씨름하는 물음이 있다면, 그것은 '어떻게 근대의 토대주의가 안고 있는 문제들을 피하는 동시에 상대주의의 허무주의적 상태에 빠지지 않을 수 있는가'라고 할 수 있다.

1) 본질주의적 '여성' 개념의 역사화

두 번째 단계의 페미니스트 신학은 초기 페미니스트 신학의 전제들에 급진적인 문제를 제기한다. 두 번째 단계의 문제 제기는 초기 페미니스트 신학자들에 의해서, 또한 새로운 학문적 이론들에 의해서 조명되었다. 최근의 페미니스트 신학은 초기 페미니스트 신학이 설정한 해방을 향한 목표는 그대로 계승하면서, 특히 여성주체성에 대한 본질주의적 이해를 근원적으로 비판하기 시작했다.

예를 들어 재클린 그랜트Jacquelyn Grant 같은 흑인 페미니스트 신학자는 백인 페미니스트 신학자들이 여성들의 공통성을 강조하는 것, 이에 대한 본질주의적 이해, 사회적 성별인 젠더만을 우선적인 분석도구로 수용하는 것이 사실상 다른 인종 여성들에 대한 억압에서 백인 여성들이 책임성을 회피하게 했다고 지적한다. 이러한 맥락에서 "페미니스트 신학은 백인적이며 인종차별주의적이기 때문에 부적절하다"[14]고 강력하게 비판한다. 특히 유색인종 페미니스트들은 인종, 계층, 성적 지향, 종교 등이 여성 억압에 끼치는 영향 등을 고려하지 않고 '젠더'만을 여성 억압의 가장 근원적인 요소로 전제하는 페미니스트 신학을 강력하게 비판한다. 초기 페미니스트 신학이 전개되는 과정에서 주체적인 역할을 하지 못했던 유색인종 페미니스트 신학자들은 그래서 흑인 여성들의 우머니스트womanist 신학, 히스패닉 여성들의 무에리스타mujerista 신학, 아시아 여성들의 신학 등을 통해 기존에 형성된 페미니스트 신학 담론을 새로이 조명하기 시작했다. 이러한 새로운 페미니스트 신학적 문제 제기는 여성 경험에 대한 더욱 지역적이고 역사적인 해석의 필요성을 부각했다.[15]

여성에 관한 본질주의적 이해에 대한 비판은 유색인종 페미니스트 신학자들뿐만 아니라 포스트모더니즘을 비롯하여 역사주의적인 이론적 관점을 수용하는 백인 페미니스트 신학자들과 페미니스트 이론가들에 의해서도 제기되었다. '근대적 자아' 이해라고 할 수 있는 개체 인간을 규정하는 '고정된 자아'란 사실상 없으며, 인간을 구성하는 초개인적 특성이란 없다는 것이다. 따라서 시대와 역사적 경계를 뛰어넘어 누구에게나 경험되는 이른바 '여성의 보편적 경험'도 불가능해진다. 실라 데바니Sheila Davaney는 메리 데일리, 엘리자베스 피오렌자, 로즈메리 류터 등 세 명의 페미니스트 신학자들의 '여성 경험'이라는 개념이 매우 제한되어 있다고 밝히고, 그 제한된 경험을 보편적인 여성의 경험으로 간주하는 '보편화' 경향을 아주 비판적으로 분석하며 "여성 경험 일반이란 존재하지 않는다"는 결론을 내림으로써 이전까지 자명한 것처럼 받아들였던 여성 경험이라는 주장에 근본적인 문제 제기를 한다.[16]

초기 페미니스트 신학자들이나 페미니스트 이론가들이 주장하던 모든 여성의 '보편적 공통성'이라는 주장은 그것이 존재론적 특성이든 역사적 경험이든, 인간 경험을 규정짓는 특수성과 상이성을 불분명하게 만드는 가공의 추상적 개념일 뿐이다. 그러므로 21세기로 들어선 페미니스트 신학이나 페미니즘 이론에서는 인간 보편 또는 여성 보편에 관한 논의보다는 특수한 것, 구체적인 것, 지역적인 것에 관한 논의가 강조되고 있다. 그렇다고 해서 이러한 여성의 보편적 특성이나 여성의 공통 경험에 대한 비판적 문제 제기가 고도의 개인주의 개념으로 귀착되는 것은 아니다. 오히려 여성 정체성의 상황적이고 상호적인 특성들이 강조된다. 즉 단일하게 추출해낼 수 있는 집단적 존재로서의 '여성 일반'이란 없으며, 동시에 역사적·사회적·문화적 정황에서 고립된 자율적 개인도 없다는 것이 새로운 논의의 핵심이다.

'인간주체'에 대한 물음은 아무런 공통된 합의에 도달하지 않고, 지속적인 논쟁적 주제로 남아 있다. 이 인간주체를 둘러싼 논쟁은 크게 두 가지 문제로 요약될 수 있다. 첫째, '인간주체란 무엇인가'라는 물음이다. 만약 인간주체가 역사 안에 제한된 것이라면 그 주체는 어떻게 구성되는가? 한 여성이 자신의 정체성에 대하여 어떻게 말할 수 있으며, 구체적으로 특정한 시간과 공간에 있는 '특정한 개인'이 된다는 것은 무엇을 뜻하는가? 존재론적이든 일상적이든 도대체 '나'라는 하나의 단일화한 존재라는 것이 있는가? 또는 여성주체라는 것은 끊임없이 "재판 중에 있는 주체 a subject on trial"[17]일 뿐인가? 페미니스트 이론가들은 이 문제에 다양한 답변을 시도하고 있다.

둘째, '인간주체' 또는 '여성주체'를 둘러싼 논쟁의 핵심은 페미니스트 이론을 위한 분석적 범주로서 그동안 당연히 수용되어온 '젠더'의 유용성에 관한 것이다. 젠더화한 여성주체가 어떻게 성별의 보편화를 해체하는 동시에 여성의 변화를 위해 일할 수 있는가? 남성과 여성을 나누는 두 범주, 즉 생물학적으로 나누는 '성$_{sex}$'과 사회문화적 구분으로서의 '젠더'는 지금까지 페미니즘의 역사에서 남성중심적인 권력구조의 문제를 분석하고 그것을 해체하고자 하는 노력에서 매우 유용했다. "여성은 태어나는 것이 아니라 만들어지는 것이다"라는, 그 당시로서는 매우 충격적이고 혁명적인 시몬 드 보부아르의 선언 이후 성과 젠더의 이중적 범주는 가장 중요한 분석적 범주 역할을 해온 것이 사실이다. 그러나 이러한 젠더의 범주가 계층적·인종적 억압을 경험하지 않은 백인 여성들에게 페미니즘 이론 구성에서 특권적 위치를 부여해왔다는 사실에 대한 비판이 제기되면서, 이 젠더라는 범주가 페미니스트 이론에서 지속적으로 유용할 수 있는가에 대한 논쟁이 시작되었다.[18]

물론 '주체의 해체'와 관련된 이러한 논쟁에 모든 페미니스트들이 동조하는 것은 아니다. 여성들이 이제 겨우 자신의 목소리를 내기 시작한 이 시점에 여성주체에 의문을 제기함으로써 여성을 하나로 묶을 수 있는 근거가 없다고 주장하는 것은, 페미니즘이나 페미니스트 신학이 이루어야 할 미완의 과제들을 생각해볼 때 오히려 여성들에게 불리한 것이 아닌가 하는 우려를 자아내기도 한다.[19] 그러나 분명한 것은, 페미니스트 신학 담론 안에 이렇게 다양한 시각이 존재하는데도 불구하고 모더니즘의 인간주체에 대한 이해를 전제로 삼는 이전의 토대주의적 또는 본질주의적 여성 이해는 이미 논리적 구성과 설득력을 상실하고 있다는 점이다.

이제 21세기 페미니즘이나 페미니스트 신학이 제시해야 할 '여성이 누구인가'에 대한 답은 이전보다 훨씬 복합적인 양상을 띠게 된다. 이 문제는 현대의 다양한 비판 담론들과의 대화를 통하여, 그리고 한 인간으로서의 여성이 자리하고 있는 역사적·문화적·시대적 정황에 대한 포괄적인 인식을 바탕으로 형성되어야 한다. 추상적인, 변하지 않는 unchanging, 탈정치적인, 탈역사적인, 낭만적인 여성상을 그리는 것은 전략적 본질주의strategic essentialism를 선택하는 일부 페미니스트들의 주장처럼 여성을 하나로 묶는 힘을 산출해낼 수 있다. 그러나 전략적 본질주의는 장기적으로 볼 때 오히려 여성을 또 다른 의미의 일정한 틀에 가두는 것이다. 무엇보다도 여성을 여전히 생물학적 구분으로만 규정해버리는 오류를 범하게 된다. "여성은 누구인가?" 이제 이 물음은 자명하게 규정될 수 있는 것이 아니라, 지속적으로 물어야 할 페미니스트 신학의 과제가 되었다.

2) 여성 정체성의 재규정

여성에 대한 본질적인 개념이 도전을 받는다는 것은 그러한 개념에 토대를 둔 여성의 '정체성'에도 새로운 재개념화가 요청된다는 것을 의미한다. 모든 여성이 본질적으로 지닌 공통적이고 고정된 그 무엇이 있다고 보는 본질주의적인 여성 이해가 실제 여성을 그대로 드러나게 하지는 않기 때문이며, 여성의 정체성 역시 본질주의적 이해를 넘어서는 더욱 구체적인 상황과 요소로 이루어진 것이라는 인식으로 이어지기 때문이다. 여성 정체성에 대한 본질주의적 이해는 특히 '포스트페미니즘postfeminism'이라고 불리는 일련의 프랑스 페미니즘에 의해 정면으로 도전받는다.

이 '포스트페미니즘'이라는 용어는 페미니즘 담론에서 여전히 논쟁적이다. 이 용어가 각기 다른 대립적인 두 의미로 쓰여 많은 오해를 불러일으키기도 하기 때문이다. 우선 이 용어는 첫째, 여성의 평등을 주장하는 전통적인 페미니즘은 이제 아무런 사회적 적절성이 없다고 주장하는 매스미디어의 페미니즘에 대한 '반격적backlash' 의미로 쓰이고 있다. 그리고 둘째, 이와는 정반대로 전통적인 페미니즘 이론에 머무르는 것이 아니라 'post-'로 시작되는 현대의 담론들, 즉 포스트모더니즘·포스트구조주의·포스트마르크스주의 등과 같은 담론을 페미니즘에 수용하면서 더욱 새로운 페미니즘의 지평을 열어가려는 프랑스 페미니스트 중심의 페미니즘 이론을 지칭하기도 한다. 물론 포스트페미니즘 안에는 다양한 관점이 있지만, 일반적으로 이전 페미니즘과 다른 것이 있다면 여성들의 '정체성'보다는 '상이성'에 관심의 초점을 맞춘다는 점이다.[20]

프로이트적인 생물학적 결정론에 근거한 이전의 '본질주의적 정체성'을 근원적으로 비판하는 자크 라캉의 정신분석 이론을 페미니즘에 받아들이면서 형성되는 프랑스 페미니즘은, 페미니즘 이론에서 제시하는 고정된 여성 정체성을 거부하며, 끊임없이 열려 있고 서로 상이한 여성 정체성을 제시한다. 여성의 정체성을 형성하는 상황과 전통은 다원적이고, 상충적이며, 고정된 것이 아니고, 동질적인 것이 아니라 이질적인 것이며, 다양한 요소들로 이루어진다는 것은 이제 부인하기 어려운 분명한 사실이다. 더 나아가 여성 한 개인은 언제나 하나의 문화적 또는 담론적 전통에 있는 것이 아니라 다중적 영향 속에 놓이기 때문에 여성들의 단일한 정체성을 추구하는 것은 사실상 불가능하다. '정체성'이란 언제나 끊임없이 변화하는 것이며, 언제나 "끊임없이 변하는 상황"에 상대적인 정체성이 있을 뿐이다.[21]

고정된 단일화한 여성 정체성의 해체 선언은, 페미니즘이나 페미니스트 신학에서 불안감을 주는 요소로 작용하기도 한다. 도대체 이제 어떤 깃발 아래 '여성'들이 성차별 문제를 해결하기 위해 모일 수 있는 것인가. 그러나 나는 이것이 페미니즘이나 페미니스트 신학이 성숙하고 풍요로운 단계로 이행하는 것을 보여준다고 생각한다. 변혁을 위한 '하나 됨'의 연대성은 그 구성원들의 천편일률적인 획일적 정체성에 근거한

'하나 됨', 즉 '획일성uniformity'이 아니라는 점을 분명하게 인식해야 한다. 여성들의 다양한 삶의 경험과 정황에 따라 그들을 구성하는 정체성이 달라진다 해도, 차별을 넘어 더욱 정의롭고 평등한 사회나 교회를 이루어가기 위한 '정신'에 동조하는 '다양성 속의 하나 됨unity in diversity'이기 때문이다. '하나 됨'에 대한 이러한 새로운 이해는 연대성을 파괴하는 것이 아니라 연대성을 심화하는 것이라고 볼 수 있다.

이렇게 심화한 연대성 개념은 성차별을 극복하기 위한 변혁에 동참하는 것이 '여성'이라는 생물학적 성sex에 국한될 필요가 없다는 것을 분명히 함으로써, 오히려 생물학적 성에 관계없이 '올바른 입장'과 '동기'에 동조하는 사람들끼리의 연대 가능성을 확장할 수 있다. 단일한 고정된 자아를 지닌 여성으로서의 정체성만을 강조하는 한, 페미니스트 신학이 유아기적 단계를 벗어나 성숙하고 심화하는 것은 불가능하다.

최근 페미니스트 신학자들은 표면적으로 보면 파편화하는 듯한 여성 정체성의 문제에 다양한 대안을 제시하고 있다. 예를 들어, 고정된 본질에 근거하여 형성되는 근대적 자아라든가 무한한 다중적 자율성을 찬양하지만 비책임적일 수 있는 위험성을 안고 있는 탈근대적 자아를 넘어, 새로운 의미로 재개념화한 개인주의적 자아를 형성할 것을 촉구한다. 동시에 전 지구적 책임성을 전제하는 '윤리적 상호성' 구축에 기여할 가능성이 있는 새로운 여성 정체성에 관한 대안적인 모습이 페미니스트 신학 담론에서 제시되기도 한다. 이것은 주체와 주체 사이의 규범적 상호성의 실천을 지지하는 '사회적 존재론'을 형성하게 한다. 이 사회적 존재론에서 여성은 탈역사적 토대주의에 근거한 것이 아니라, 여성 간의 상호연관성과 특수성을 인정하면서도 동시에 포스트모던적 융통성과 페미니즘의 관계성을 모두 받아들이는 새로운 주체로 그려진다.[22]

현대의 페미니스트 신학은 여성의 정체성을 둘러싼 이러한 새로운 논쟁들을 통해서 이전의 단일한 여성 정체성이 안고 있는 문제들을 다양한 측면에서 비판적으로 조명하기 시작했다. 특히 페미니스트 신학적 글 속에서 그려지는 구체적인 여성의 모습이 과연 실제 인간으로서의 여성을 제대로 반영하는지를 다양한 측면에서 새롭게 검증해야 할 필요성이 부각되었다. 그 여성들이 '실제의 여성'인가 아니면 '상상적 여성'인가 하는 문제가 새로이 조명받게 된 것이다.

예를 들어 많은 페미니스트 신학적 글에서 여성은 복합적 성품을 지닌 한 인간으로서가 아니라 '희생자'이거나 영웅적 '행위주체' 등 극단적으로 양분화한 모습으로 그려진다. 이것은 특히 국제사회에 영어로 소개되는 아시아 페미니스트 신학에 등장하는 여성의 모습에서 더욱 분명하게 드러난다. 아시아 여성은 가난과 가부장제에 따른 처절한 '순수 희생자'이거나 모든 어려움을 초인적으로 극복하는 '영웅적 여성'으로 그려진다. 후자의 이런 모습은 간혹 아시아 남성 신학자들에 의해 이상적으로 그려지기도 한다.

그런데 이러한 여성 모습의 고양이나 이상화도 문제가 된다. 그러한 이상화를 토대로 제시되는 여성의 모습이 실제 여성들을 드러내지 못하기 때문이다. 이미 고정된 틀에 여성을 가둠으로써, 그 긍정적인 의도에도 불구하고 여성의 모습을 왜곡하는 결과를 가져오게 된다는 것이다. 여성의 이분화는 여성을 '성녀-악녀'로 이분화하해 그려내는 가부장제적 문화와 크게 다르지 않다. 기독교 전통에서도 여성은 인류의 타락을 주도한 장본인으로서의 '악녀-하와'이거나 전적으로 순종적인 여성인 '성녀-마리아'라는, 극단적으로 양분된 모습으로 그려져왔다. 그런데 사실상 여타의 모든 남성과 마찬가지로 실제의 여성들은 이 양극단적 이미지에 들어맞지 않는 복합적인 존재들이다.

이제 페미니스트 신학은 한 인간으로서의 여성주체가 지니는 도덕적 모호함을 인정하면서 여성의 모습을 그려가야 한다. 여성은 남성보다 훨씬 평화를 사랑하고, 덜 이기적이며, 더 도덕적이라고 보는 여성 찬양 담론은 성서가 보여주는 기독교적 인간 이해가 아니다. 또한 이 현실을 살아가는 구체적인 여성들의 모습을 반영하지도 않는다.

페미니즘은 '여성도 인간이다'라는 단호한 선언에서 출발하는 담론이며 운동이다. 이러한 페미니즘은 여성이 남성과 마찬가지로 한 인간으로서의 다양하고 복합적인 성품과 특성을 지닌 존재라는 사실 또한 분명히 직시해야 한다. 즉 인간이 지닌 다양한 이기성의 구조, 권력 지향성의 구조를 여성에게서도 분명히 봐야 하는 것이다. 한 인간으로서의 여성의 복합적인 모습을 보는 것이 오히려 더욱 구체적인 현실적 담론들을 구성할 수 있게 한다.

예를 들어 일련의 페미니즘 운동이 직면했던 큰 좌절은 바로 여성에 대한 아주 낭만적인 표상에 기인했다. 여성은 '덜 이기적이고 덜 공격적이고 평화를 사랑하는 존재'이므로 여성끼리의 '자매성'은 고도의 평등주의적·평화적 공동체를 형성하리라 기대했던 초기의 낭만적 기대들은 좌절을 경험했다. 여성단체 활동이나 연합활동 속에서 이러한 '덜 이기적인 여성'이라는 이해가 여성의 모습을 제대로 드러내지는 않는다고 경험한 여성들은 '자매성'의 가능성에 큰 실망과 좌절감을 맛보았으며, 이 때문에 일련의 여성운동이 위기를 겪기도 했다.

나는 한 인간으로서의 여성에 대한 포괄적 이해의 결여가 페미니스트 신학 담론 또는 페미니즘 담론에 지금도 여전히 빈번하게 등장한다는 점을 매우 염려한다. 물론 여성들은 인류의 역사에서 남성들처럼 권력의 중심에서 그 권력을 남용할 위치에 서지 않았고, 따라서 전쟁과 폭력을 행사하기보다는 아이들 양육과 가정을 유지하는 살림에 주로 종사해왔다. 따라서 여성들은 타인을 배려하는 삶을 남성들보다 더 실천하는 위치에 있을 수 있다는 가능성까지 부정할 필요는 없다.

그러나 이러한 한 단면을 마치 여성의 존재론적이고 본질적인 특성인 것처럼 왜곡하고 사회정치적 맥락으로까지 확대하여 해석할 때, 페미니즘 담론은 그 단순한 인간 이해 탓에 인식론적 적절성과 변혁적 담론으로서의 유효성을 상실하게 된다. 동시에 계층적으로, 인종적으로, 또는 다양한 이해관계에 따라서 여성들 사이에도 매우 현실적인 권력관계가 존재한다는 중요한 사실을 간과하게 된다. 따라서 그러한 낭만적 여성 이해에 근거한 담론은 하나의 추상적 이론으로서 여성들 스스로에게 만족감을 줄 수는 있겠지만, 한 부분의 변화를 가져오려면 다양한 차원의 변화가 동시적으로 수반되어야 하는 이 현대사회의 복잡한 현실 구조에서 설득력 있는 변혁운동의 동기를 제공하는 담론으로서 힘을 얻기는 어렵다. 나는 한 인간으로서 여성이 지니고 있는 다양한 권력을 향한 욕구, 또는 도덕적 양면성이나 모호성, 이기성까지 포괄할 수 있는 여성 이해가 페미니스트 신학 담론의 인식론적 토대가 되어야 한다고 본다.

이 세계 모든 여성들에게 적용될 수 있는 '공통성'이란 없으며, 그 여성들은 고정된 단일한 개별적 정체성을 지니지 않았다는 자각은 새로이 역사화한 여성의 정체성을 형성하게 만든다. 역사화한 주체성, 복수적plural 주체성은 근대적 자아도 아니고 탈근대적 자아도 아니다. 이러한 주체성이 반反본질주의적 전제 위에 형성된다고 해서 그것이 페미니스트 신학에서 중요시하는 관계주의를 거스르는 '반反관계주의'가 되는 것 또한 아니다. 이제 역사화한 여성 정체성을 신학적으로 담론화하려는 페미니스트 신학의 과제는, 여성이 다양하게 자리해 있는 구체적 역사 위에 뿌리내린 개별적 정체성을 재구성하는 것이다. 동시에 그 다중적 정체성 위에 형성되는 공동체의 재창출을 모색하는 것이다. 특히 이 문제는 종교적 배경이나 문화적 배경이 다양한 여성들을 '아시아 여성'이라는 하나의 개념적 틀 속에서 다루어온 아시아 페미니스트 신학에서 더욱 진지하게 다루어야 할 과제이다.

종합해보면, 초기 단계의 페미니스트 신학이나 페미니즘 이론에서는 페미니즘의 목표를 위해 근대 이론과 그에 따른 토대주의가 수용되어, 시·공간을 넘어서는 여성들만의 공통된 특성과 그에 따른 고정된 정체성이 강조되었다. 반면 두 번째 단계의 페미니스트 신학은 모더니즘에 대한 비판과 함께 토대주의와 상대주의의 변증법적인 관계 속에서 여성의 주체성과 정체성에 대한 이전의 개념을 비판하고, 구체적이고 역동적인 주체성과 정체성의 형성을 제시한다. 이는 역사적으로 또는 문화적으로 특수한 것에 관심을 기울이려는 것일 뿐 아니라, 역사나 문화가 같은 여성들 간의 상이성을 이해하고자 하는 것이다. 이러한 정체성은 다중적이고 때로는 자기모순적 특성을 띠기도 한다. 지금까지 페미니스트 신학적 논의에서 배제되었던 또 다른 여성들의 목소리가 더욱 강력하게 들리는 '대항 헤게모니' 공간이 확장되고, 그럼으로써 페미니스트 이론이나 페미니스트 신학은 모두 새로운 성찰의 국면에 들어서게 된 것이다.

거시구조적 차원뿐 아니라 미시구조적 차원의 권력관계를 아주 예리하게 분석한 안토니오 그람시Antonio Gramsci는 그의 유명한 '헤게모니' 분석에서 권력의 지배를 가능하게 하는 헤게모니를 해체할 '대항 헤게모니' 창출의 중요성을 강조한다. 페미니스트 신학이 '대항 헤게모니'의 의미를 담고 있다는 점에서, 페미니스트 신학은 기독교에 새로운 변혁적 의미를 제시한다.

3) 남아 있는 문제들: 주체적 자아, 여성의 경험, 다중 정체성

21세기에 들어선 페미니스트 신학이 씨름해야 할, 여전히 남아 있는 문제들을 간략히 살펴보면 다음과 같은 것들이 있다. 첫째, 근대적으로 이해된 '고정된 자아'가 포스트모던적으로 해체된 이후, 지금까지 비주체적 집단으로 머물러 있던 여성들이 자신들의 주체적 자아를 새롭게 주장하는 것은 환상인가 하는 문제이다. 특히 역사에서 자신들의 고유한 정체성을 형성해본 경험이 없는 주변부인으로 살아가던 사람들이 이제 겨우 자신의 정체성을 집단적으로 구성하려 하는 이 지점에서, 이제까지 제대로 지녀보지도 않은 정체성을 해체하라는 요구가 과연 정당한가라는 것이다.[23] 이러한 '정체성' 구성의 문제는 여전히 다양한 정황에서 논쟁적 주제로 남아 있다. 따라서 현대의 페미니스트 이론가들이나 페미니스트 신학자들은 이전의 근대적인 본질주의적 자아 이해와 탈근대적인 자아 개념 사이에 새로운 주체성과 정체성을 제시해야 하는 과제를 안고 있다.

둘째, 여성 경험의 보편성에 대한 주장이 안고 있는 문제점이 비판적으로 제기되고 여성들 사이의 다양성으로 관심이 돌려지면서 직면한 딜레마는, 과연 여성들 사이의 상이성을 어느 정도까지 인정해야 하 것인가이다. 이것은 '보편성과 특수성' 또는 '공통성과 다양성'의 경계에 관한 논쟁과도 연관되는 문제이다. 여성들 간의 다양성과 특수성에 대한 무한한 인정이 또 한편으로는 인종과 계층을 넘어 여성들을 뭉치게 하는 연대성의 근거마저 파괴하는 것이 아닌가 하는 우려를 낳기 때문이다. 여성 경험의 공통성에 대한 주장에 근거한 연대성의 토대가 고도의 상이성에 대한 인정으로 전이될 때, 공통성에 근거한 연대성 주장의 권위가 파괴된다는 결론에 이르기 때문이기도 하다. 따라서 추상적인 개념이 아니라 구체적이고 실천적 현실에서 '여성들 간의 연대성의 근거는 이제 무엇인가' 하는 예민한 문제가 페미니스트 신학이 심층적으로 고찰해야 할 주제로 남아 있다.

셋째, 여성들이 지닌 다중적 전통이 어떻게 개체적 정체성 형성에 합류되는가 하는 문제이다. 특히 다양한 문화와 종교 전통을 인정하면서 페미니스트 신학을 전개할 때 여성해방의 비전과 기독교적 신의 목적이 일치한다는 페미니스트 신학적 주장이 문제가 되는데, 이러한 딜레마를 어떻게 넘어설 것인가 하는 것이다. 만약 각 문화나 종교 전통의 권위를 그대로 인정하면서 지금까지 페미니스트 신학이 주장해오던 기독교적 신의 뜻과 페미니스트 신학적 비전의 일치에 대한 이해가 단지 인간의 문화적·역사적 산물이기만 하다는 결론에 이르게 된다면, 페미니스트 비전과 신의 목적의 일치라는 주장은 독자적인 유효성의 근거를 상실하게 된다.

더욱 심각한 문제는 모든 다양한 종교와 문화 전통이 과연 여성해방적 담론 구성에서 '동등한 가치'가 있는 것인가 하는 문제이다. 특히 한국 같은 다종교 사회에서는, 페미니스트 신학이 '에큐메니컬ecumenical'해야 한다는 과제와 '여성해방적'이어야 한다는 두 가지 과제를 동시에 이루고자 할 때, 다양한 종교 전통과 문화에 대한 비판적 분석과 성찰이 뒤따르지 않으면 오히려 종교 상대주의에 빠질 위험성이 있다. 신학은 하나의 인문학적 이론 구성일 뿐만 아니라 구체적인 관여와 헌신을 요구하는 공동체에 근거하기 때문이다. 공동체적 경험에 근거하지 않은 종교 혼합주의적 관점으로 구성된 신학 담론이 빠질 수 있는 위험성은 바로 이것이다. 그것은 추상적인 학문적 담론 구성의 역할을 할지는 몰라도 책임적인 의미의 헌신과 변혁에 대한 종교 정체성을 외면하게 만들기 때문이다.

탈정치적이 되어버리는 무비판적 '종교 혼합주의'의 문제는 최근 에큐메니컬한 정신에서 전개되는 신학 교육기관들이 직면하는 새로운 위기를 분석하는 데서 진지하게 논의되어야 할 문제로 부각되고 있다. 레베카 찹Rebecca Chopp은 미국 신학 교육의 위기 문제를 다루면서, 특히 에큐메니컬한 정신을 바탕으로 이루어지는 신학 교육이 직면한 위기 중 하나로 '기독교 정체성의 결여'를 들고 있다. 즉 에큐메니컬한 신학 교육기관에서는 이제 기독교의 정체성에 관심을 두면 '미성숙하고 협소한 기독교인'이라고 간주되는 분위기가 팽배한 탓에, 다른 종교는 찬양하면서 정작 자신이 속한 기독교에 대해서는 책임적이고 개방된 의미의 정체성을 형성하게끔 도와주는 교육을 하지 못하고 있다는 것이다.

나는 이러한 신학적 위기가 에큐메니컬 정신이나 종교다원주의적 관점에서 신학하는 신학자들도 진지하게 고려해야 할 문제라고 본다. 신학이나 교회가 배타적이고 폐쇄적이며 기독교 우월주의적인 기독교 정체성을 주장하는 것은 참으로 위험하고 비판받아야 할 태도이다. 그러나 마찬가지로 현대사회에서 '기독교인 됨'의 의미는 무엇인가를 끊임없이 묻고 기독교의 진정한 의미를 실천하려는 의지를 성숙시키는 '열린 기독교 정체성'의 결여 또한 심각한 문제이다.[24] 기독교에 뿌리를 둔 페미니스트 신학적 논의들이 지역적인 경계를 뛰어넘어, 그리고 특수한 공동체의 경계를 뛰어넘어 어떻게 보편적인 차원의 가치를 획득할 수 있는가 하는 문제는 종교 간의 갈등이 더욱 심해진 21세기에 들어 페미니스트 신학이 더욱 진지하게 씨름해야 할 과제로 남아 있다.

4. 21세기 페미니스트 신학의 과제: 역사성과의 접목

전통신학에 대한 페미니스트 신학의 비판 가운데 하나는, 그 신학이 '앵글로색슨-중산층-남성'들의 경험과 관점을 토대로 구성되었다는 것이다. 동시에, 그럼에도 불구하고 전통신학은 남성과 여성, 서구인과 비서구인, 그리고 모든 사회계층의 사람들에게 보편적으로 적용될 수 있는 인류 보편의 경험과 관점을 형성하는 것으로 인식되어왔다. 이러한 맥락에서 페미니스트 신학은 이제까지 역사에서 배제되어온 '여성의 경험'을 중심에 놓고 신학 담론을 구성한다.

그런데 앞에서 논의한 바와 같이 남성들의 왜곡된 보편화에 반기를 들고 형성된 페미니스트 신학이 다양해지면서 그 '여성의 경험'이 모든 여성이 아닌 '백인-중산층-여성의 경험'을 보편화하는 성향을 띠게 되었다는 점이 이른바 유색인종 페미니스트 신학자들에 의해 제기되었다. 그렇다면 신학 담론의 구성이 언제나 이렇게 '의사-보편화pseudo-universalization'라는 위험성을 안고 있다는 사실을 분명하게 인식한 후에, 페미니스트 신학 담론이 이러한 덫에 빠지지 않기 위해 끊임없이 수용해야 하는 담론적 토대는 무엇인가.

나는 이 21세기 페미니스트 신학이 뿌리내려야 하는 지점은 역사주의라고 본다. 페미니스트 신학의 역사주의적 구성은 무엇보다도 페미니스트 신학의 유효성에 대한 주장이 전통신학에 대한 또는 근대 담론의 '총체화totalizing'하는 이론들에 대한 페미니스트 신학의 비판처럼 '탈역사적'이 되는 위험에 빠지지 않게 한다. 역사주의적 통찰은 남성중심적 가부장제적 신학의 왜곡된 '의사-보편주의적' 주장에 비판적인 물음을 제기하게 한 바로 그 통찰이다. 이제 여성들을 의식화하고 정치화하는 데 매우 유효한 역할을 했던 초기 페미니스트 신학 담론이 근대 이론에 근거해 본질주의적이며 탈역사적 주장을 펼친 것을 넘어, 구체적인 역사적 맥락과 상황에 근거한 페미니스트 신학 담론을 구성하는 것이 중요하다.

나는 이렇게 구체적인 역사적 정황에 뿌리내릴 때 비로소 페미니스트 신학이 꾸준한 유효성과 생명력을 유지할 수 있다고 생각한다. 페미니스트 신학이 역사주의에 철저히 뿌리내릴 때, 페미니스트 신학은 우리 현실을 좀 더 분명하고 포괄적인 시각으로 들여다보게 하면서, 대안적 현실에 대한 더욱 적절한 실천적 비전의 제시를 가능하게 하기 때문이다.

나는 초기 페미니스트 신학이 드러내 보인 한계가 여성의 경험, 기독교 전통, 신의 뜻에 대해 하나의 응집된 주장을 했다는 점 자체라고 보지는 않는다. 모든 개혁이론의 초기 과정에서는 이러한 단일화나 응집화의 담론 구성이 필요하며, 주변부인들의 정치화 과정에 불가피하기 때문이다. 초기 페미니스트 신학적 담론의 약점은, 그 페미니스트 신학이 형성되기 시작할 때 전통신학에 대한 비판의 도구로 수용한 철저한 '역사주의적 성향'을, 정작 페미니스트 신학적 담론 구성에서는 외면하는 방식으로 그러한 단일화한 주장을 하려고 했다는 점이다. 이 문제는 서구의 페미니스트 신학이 아시아 여성들의 경험과 상황을 간과한다는 비판적 시각 위에서 출발한 아시아의 페미니스트 신학에서도 비슷하게 반복된다. 나는 21세기 페미니스트 신학이 이렇게 우리의 '역사성'에 철저히 뿌리내리면서 다음과 같은 세 가지 문제를 새로운 시각에서 성찰하고 신학화해야 한다고 본다.

1) 페미니스트 신학적 개념들의 재구성

페미니스트 신학은 여성의 경험, 여성의 정체성, 여성의 자아 이해 등 페미니스트 신학을 구성하는 핵심 개념들을 분명한 역사주의적 관점에서 새롭게 구성해야 한다. 즉 그러한 개념들의 구성이 여성들의 구체적이고 특수한 상황에 대한 성찰과 함께 이루어져야 한다. 이 개념들을 추상적이고 의사-보편주의적 구조로 구성하면 페미니스트 신학은 또 하나의 추상적 담론으로 남아버리기 때문이다.

개체적 인간을 형성하는 인간의 주체성이란 철저히 역사적 산물이며, 역사의 특정한 줄기 안에서 나타나는 복합적인 가능성이나 한계성에 의존해 있고, 또한 그 안에서 형성된다. 아울러 모든 문화적·종교적·정치사회적 전통이나 정황은 전혀 단일한 것이 아니라 아주 복합적인 것이다. 페미니스트 신학이 본질주의적 여성 정체성이 아닌 구체적인 역사적 정황으로부터 여성의 정체성을 형성한다는 것은, 곧 그 문화적·종교적·정치사회적 구조의 권력·의미·가치에 대한 끊임없는 존재론적 도전과 투쟁의 자리 한가운데에 그 여성의 정체성을 자리 잡게 한다는 뜻이다.

인간으로서 여성의 개별적 또는 공동적 정체성이란 단일하거나 고정된 것이 아니기 때문에, 여성은 다양한 차원의 구조 속에서 정체성을 구성하며, 그 정체성이란 꾸준히 열려 있고 확장되는 것이어야 한다. 예를 들어 아시아-서구의 경계를 대립적으로만 전제하고 형성되는 이른바 '아시아인'으로서의 정체성이란 개념적인 것일 뿐, 아시아인들의 구체적이고 상황적이며 역사적이고 육체적인 현실을 드러내는 것이 아니다. 따라서 문화적 본질주의에 기초한 '아시아 여성'의 정체성이란 지속적인 생명력을 갖춘 실천적 정체성이 되기 어렵다. 이러한 지리적·문화적 경계뿐 아니라 다양한 전통 사이의 경계에 대한 문제도 마찬가지이다. 개방된 경계를 두고서 여성들의 정체성을 끊임없이 구성해나갈 때 비로소 페미니스트 신학이 제시하는 '여성의 정체성'과 '여성의 자아' 이해 등이 현실적 유효성과 시대적 적절성, 그리고 설득력을 얻을 수 있을 것이다.

2) 이론의 재개념화와 심층화

페미니스트 신학은 여성들의 역사적 위치의 복합성과 다원적 특성을 인식하면서, 그러한 차원들과 여성들이 맺는 관계에 대한 분명한 이론화 작업을 심층화해야 할 과제가 있다. 이론은 구체적인 변혁을 이루는 데 핵심적인 무기이다. '이론의 역할은 무엇인가'의 문제는 오랫동안 페미니즘에서 중요한 이슈가 되어왔다. 특히 모더니즘에 대한 비판 담론이 다양한 분야에서 제기되면서 지금까지 역사에 등장한 이론들의 '총체화' 경향들이 신랄하게 비판받았으며, 페미니즘도 이론의 역할에 부정적인 태도를 보여왔다. 총체화하는 이론들이란 사실상 남성들의 이론이고, 일상적인 현실과 동떨어진 추상적 사유의 산물이며, 더 나아가 그 이론을 구성하는 남성들의 특정한 사회문화적 경험에 근거함에도 불구하고 인류에게 보편적으로 적용될 수 있는 것으로 간주되어왔다. 이러한 여러 이유에서, 많은 페미니스트들은 '이론'을 부정적으로 이해하곤 했다.

　모더니즘의 '감성'에 대한 폄하와 '이성'에 대한 지나친 신뢰, 그리고 여성은 감성적 존재이며 남성은 이성적 존재라는 이분법적 이해를 비판한 뒤, 페미니스트들은 지금까지 폄하되어온 감성을 오히려 고양함으로써 페미니즘의 독특성을 드러내고자 했다. 따라서 '이론 구성'은 페미니스트들이 직면하는 현실의 긴급한 문제들을 직접적으로 다루지 않음으로써 구체적인 현실과 동떨어진 것으로 간주되곤 했다. 결과적으로 '이론과 운동'이 서로 대립되는 이분법적 구조로 이해되어 페미니스트 신학은 이론화에 무관심하거나 '반이론적' 성향을 지녀왔다고 할 수 있다. 이러한 '반이론주의' 성향은 한국은 물론 페미니즘이 아주 활발하게 전개된 서구에서도 강하게 자리 잡아왔다. 그런데 페미니즘 안에서의 이러한 '반이론적' 성향을 비판적으로 다시 고찰하는 움직임이 페미니스트 신학 안에서도 새롭게 등장하여, 현대 페미니즘은 이론이란 무엇이며 그 이론의 역할은 무엇인가 하는 논의를 활발하게 전개하고 있다.

　초기 페미니스트 신학이나 페미니즘에서 아주 중요한 개념들로 수용되는 '여성의 경험', '여성의 특성', '여성의 고유한 인식방식이나 행동방식' 같은 용어들은 이론적 명증성이나 분석 없이 당연히 모두에게 이해되는 것으로 광범위하게 사용되어왔다. 그런데 이러한 개념들 자체도 특정한 이론적 틀 안에서 형성되기 때문에 이론화에 대한 거부가 그 이론들 자체를 사라지게 하는 것은 아니라는 사실이 인식되기 시작했다. 또한 이러한 개념들에 대한 더욱 비판적이고 심층적인 분석과 개념적 틀을 형성해야 한다는 생각은, 페미니즘이 그 안에 다양한 시각을 포괄하게 되면서 긴급한 과제로 등장했다.

이론화를 외면한 운동은 역사 속에서 설득력과 지속성, 그리고 생명력을 상실해왔다. 이제 이론과 운동을 이분법적으로 바라보는 사고의 틀을 벗어나 상호연관성의 구조에서 재개념화한 이론을 발전시킬 필요가 있다. '이론'은 우리 자신과 우리가 자리한 정황을 지속해주고 개혁하게끔 돕는 도구이다. 이러한 의미에서 21세기에 들어선 페미니스트 신학은 이 시대가 요구하는 생존과 개혁을 위한 새로운 대안적 비판 이론을 창출하는 신학적 과제를 안고 있다고 하겠다.

3) 역사화한 주체의 구성

마지막으로 페미니스트 신학은 '역사화한 주체historicized subject'로서의 여성을 구성해야 할 과제가 있다. 페미니스트 신학이 역사성에 철저히 접목해 구성된다는 것은 역사에 대한 여성들의 책임성 문제에 진지하게 개입하는 것을 뜻한다. 인간이 역사적 산물이라는 것은 역사적 정황에서 주어지는 것을 수동적으로 받아들이는 것만을 의미하지 않는다. 우리는 탈역사적 존재가 아니기 때문이다. 따라서 역사성에 대한 철저한 인식은 역사에 대한 책임적 개입을 의미한다. 한 인간으로서의 여성이 역사적 존재라는 사실을 인식하는 것은 인간이 '역사에 의해' 구성되는 존재일 뿐만 아니라 '역사를' 구성하는 존재라는 사실을 분명하게 의식하는 것이다. 역사적 책임자로서 새로운 역사의 비전 창출에 지속적이고 적극적으로 개입하는 여성의 '역사화한 주체성'을 구성하는 것이 페미니스트 신학의 중요한 과제라고 나는 본다.

나는 여성들이 인류의 역사에서 다양한 차원의 억압을 경험한 '주변부인'으로서 '인식론적 또는 존재론적 특권'을 지닌다는 일련의 페미니스트 이론이나 페미니스트 신학적 주장은 한계가 있다고 본다. 역사를 엄밀하게 들여다보면, 역사는 권력과 생존을 위한 투쟁의 역사이다. 그것은 언제나 특정한 현실이나 사람들을 권력과 생존의 구조에서 배제하는 과정이었고, 특정한 가치나 선에 대한 비전을 밀어내는 과정이었으며, 언제나 불완전하고 일시적이고, 그러므로 새로운 도전과 변화의 가능성을 안고 있는 것이었다.

온 인류를 단지 '남성'과 '여성'이라는 두 단위로 나누어놓고, 억압받아온 존재이기 때문에, 또는 생물학적인 구조 때문에 '모든 여성'은 '모든 남성'보다 덜 이기적이거나 더 평화를 사랑하고 억압적 구조에 대하여 더욱 예민한 '인식론적 특권'을 지녔다고 전제하는 것은 인간의 구체적인 역사에 대한 복합적 성찰을 결여한 것이다. 인간은 성별뿐 아니라 계층·인종·종교 등 다양한 구조에 따라 분리되어 한 차원에서는 억압자이지만, 동시에 다른 차원에서는 피억압자로 살아가기도 하기 때문이다. 즉 현실세계에서 여성은 계층이나 인종적 차별구조에서 다른 여성을 억압하기도 하고 남성을 억압하기도 한다. 또는 민중 남성은 상류층 여성에게 억압을 받는 동시에 민중 여성을 억압하기도 한다. 그러므로 여성이 '인식론적 특권'을 지니고 있다는 이해는, 다양한 차원에서 권력의 편재성과 억압구조의 복합적인 상호작용성에 대한 성찰을 결여한 것이라고 생각한다. 여성의 '인식론적 특권'에 대한 주장은 낭만적이긴 하지만, 구체적인 역사적 이해 또는 인간의 본성에 대한 포괄적 이해에 근거한 설득력 있는 주장이 되기는 어렵다고 본다.

이제 21세기 페미니스트 신학이 이러한 과제를 해결해가면서 언제나, 그리고 꾸준히 물어야 하는 '자기비판의 범주'들이 있다면 다음과 같다. 페미니스트 신학적 담론 구성에서 '배제된 존재'들은 누구인가?

페미니스트 신학이 근거하고 옹호하는 특정한 가치들이 있는데, 우리는 왜 이러한 가치들을 선택하는가? 혹시 이러한 가치들의 범주가 포괄하지 못한 것이 있는가? 있다면 무엇인가? 이러한 자기비판적 물음을 끊임없이 던지면서 구체적인 역사적 정황에 근거한 페미니스트 신학적 구성과 비전을 제시하는 것이야말로 페미니스트 신학의 시대적·역사적 생명력과 유효성을 지속해준다고 생각한다.

5. 페미니스트 신학적 과제

인류는 현실과 이상 사이에서 끊임없는 줄다리기를 하며 존재해왔다. '지금의 현실'과 '요청적 현실' 사이에서 이 두 세계를 끊임없이 오가는 역사가 바로 인류의 역사이기도 하다. '요청적 현실' 또는 '이상적 세계' 란 기독교적으로 표현하면 '하나님 나라'에 대한 표상이다. 나는 현대사회에서 신학의 역할이란 바로 이 두 종류의 현실을 진지하게 다루는 것이어야 한다고 생각한다. 이전 세기와 전적으로 다른 이 21세기에 신학을 한다는 것은 이전보다 훨씬 복합적인 과제에 직면한다는 것을 뜻한다. 인간 삶의 영역들의 구분이 비교적 뚜렷하고 국내적·국제적 문제의 경계에 비교적 분명한 선을 그을 수 있었던 이전 시대에는, 삶에서 제기되는 문제들에 신학적 답변을 시도하는 것이 훨씬 단순한 차원에서 이루어질 수 있었다.

그러나 이전과 전혀 다른 차원의 문제들이 복합적으로 얽혀 있는 현대사회에서 어떤 문제를 논한다는 것은 그것과 이어지는 다양한 차원의 문제를 동시에 살펴봐야 하는 것을 의미한다. 그래서 신학이 '지금의 현실'에 대하여 신학적 담론을 구성하려면, 다른 학제나 담론과의 대화가 필연적으로 요청된다. 동시에 지역적인 문제와 전 지구적 문제의 상호연관성의 고리를 늘 의식하며 신학적 담론을 구성할 필요가 있다.

이러한 시대 상황을 고려하며 한국에서 페미니스트 신학을 한다는 것의 과제를 생각해보면 크게 두 차원으로 나눌 수 있다. 하나는 한국이라는 지역에 초점을 둔 지역적인local 과제라면, 다른 하나는 아시아와 세계적인regional, global 과제이다. 더 나아가 이러한 이중적 과제는 지역적인 것과 전 지구적인 것의 분리불가성, 즉 '글로컬glocal'(global과 local의 합성어)한 차원에 대한 인식으로까지 이어진다. 이러한 맥락을 살피며, 한국에서 페미니스트 신학의 과제를 생각해보자.

첫째, 한국에서 페미니스트 신학의 과제는 기존의 여러 신학적 문제들은 물론 기독교 전통을 신학적으로 새롭게 조명하는 동시에, 한국의 사회·문화·전통을 페미니스트 관점에서 철저히 점검하며 가부장제적 구조를 예리하게 분석하는 이론화 작업을 해내는 것이다. 이러한 작업은 심층적인 이론적 작업이며 담론을 구성하는 작업이다.

이론은 주관적 감정과 주관적 행동의 맹목성에서 더욱 설득력 있는 보편적 변혁 담론으로 인도하는 힘이 있다. 이러한 이론화는 삶의 구체적 다양성을 무시하는 총체화나, 삶의 특수성 또는 역사성과 동떨어진 왜곡된 보편화 성향을 띤 이론이 아니다. 재구성된 이론은 철저하게 구체적인 역사적 현실에 뿌리내리면서 그 현실을 보이게 또는 보이지 않게 이끌어가는 작동기제에 대한 비판적 구성 작업이다. 이론과 실천을 각기 대립적인 것으로 간주하는 이론-실천의 이분법적 사고는 반反이론주의와 반反지성주의로 귀결된다. 이것은 대중적 설득력, 운동의 지속성, 억압적 가치체계에 대해 철저한 비판적 근거를 갖추지 못하므로 구체적 변혁운동에서 치명적인 결점이 된다.

나는 페미니스트 신학의 주요 과제가 학문적 시장성을 위한 이론 구성이나 자기과시를 위한 이론화 작업이 아니라, 가부장제적 헤게모니에 도전하고 새로운 대안을 제시하는 저항과 변혁의 이론, 즉 저항 헤게모니적 공간 구성으로서의 신학적 담론화 작업이라고 생각한다. 이러한 페미니스트 신학적 담론 구성을 바탕으로 학문으로서의 신학이 새롭게 검증되고, 그 페미니스트 신학적 담론을 바탕으로 '비판적 대중'을 창출하기 위한 교육이 이루어지며, 그러한 교육을 바탕으로 구체적인 변혁 프로그램들이 제시되고, 더 나아가 신학 교육의 변혁이 이루어짐으로써 한국 교회의 목회자를 교육하는 전체적인 신학 교육 커리큘럼이 새롭게 구성되는 것—이것이 페미니스트 신학 담론 구성의 장기적이고 포괄적인 과제와 목표가 되어야 할 것이다.

둘째, 한국의 페미니스트 신학적 과제가 지닌 또 다른 차원이 있다면 그것은 한국 밖의 차원, 즉 아시아나 국제적인 장에서의 페미니스트 신학 담론 구성에 대한 기여이다. 물론 이는 영어로 쓰거나 번역되어야 한다는 언어적 제약이 있는 문제이다. 그럼에도 불구하고 이제 21세기 한국의 페미니스트 신학은 관심의 폭을 넓혀야 한다고 생각한다. 페미니스트 신학을 국제적으로 논의하는 장에서 소개되는 아시아의 페미니스트 신학이나 한국의 페미니스트 신학적 작업은 지극히 제한되어 있다. 그렇게 지극히 제한된 글들 속에서 표현되어온 아시아 여성이나 아시아 문화에 대한 이미지는 실제 아시아를 보여주기보다는 스스로를 고정된 틀에 가두는 경우가 많다. 그래서 국제적 논의에서 드러나는 아시아 여성이란 가부장제적 문화와 가난의 처절한 희생자이거나 이 모든 것을 강인한 인고의 힘으로 극복하는 영웅적 여성으로, 사실상 아시아 여성들의 다양한 경험과 구체적 상황이 몹시 왜곡된 채 아시아 페미니스트 신학 담론 안에 굳어지고 있다. 그래서 서구 페미니스트 신학 담론에 등장하는 아시아 여성들이란 다양성과 특수성이 존중되는 서구 여성과 달리 일편일색의 동일한 얼굴, 즉 '복수의 표지the mark of the plural'를 지닌 여성들이다.

한국의 페미니스트 신학이 비판의 구조를 적용해야 하는 대상은 이처럼 서구 페미니스트 신학자들이 서구중심적으로 구성한 아시아 여성 담론이며, 동시에 아시아 페미니스트 신학자들이 그러한 오리엔탈리즘적 구조를 무비판적으로 받아들여 전개하는 페미니스트 신학 담론이다. '동양Orient'을 '서양Occident'과 다른 이질적 존재로 고정화함으로써 서구의 지배와 통제를 가능하게 한 서구의 동양 지배 담론으로서 '오리엔탈리즘Orientalism'이 서구 페미니스트 신학자들이나 아시아 페미니스트 신학자들 스스로에 의해 재생산되는 예들은 국제사회에 유통되는 아시아 페미니스트 신학 담론에서 빈번히 볼 수 있다. 이렇게 왜곡되고 지극히 제한된 아시아 여성들에 대한 표상은 근본적으로 수정되어야만 한다. 이러한 과제와 관련해 예리한 비판적 분석 담론을 제시한다는 점에서, 다양한 탈식민 페미니스트의 이론들은 한국의 페미니스트 신학이 대화해야 할 분야이다.[25]

산문적 현실과 시적 세계를 그려내는 담론 창출로서 페미니스트 신학은 21세기라는 새로운 세기에 이 세계가 산출하고 있는 이전과 다른 여러 문제들과 대면해야 한다. 또한 페미니즘 이론과 꾸준히 대화하면서 이 세계에서 경험되고 있는 억압과 배제의 현실을 비판적으로 분석하는 동시에, 이러한 현실을 넘어서는 대안적 세계에 대한 비전을 새롭게 창출하는 작업을 해야 할 것이다. 이러한 작업은 '이론과 운동' 또는

'현실과 이상', 즉 '산문적 현실'과 '시적 세계'의 상호관계성의 변증법적 균형을 더욱 적절하게 이룸으로써 가능해질 것이다.

나는 21세기에 신학을 한다는 것은 기독교 전통의 단순한 해석자나 순수 전달자로 머무는 것이 아니라, 구체적인 세계 변화에 대한 담론 구성을 통하여 이 세계에 적극적으로 개입하는 것을 의미한다고 본다. 그렇기 때문에 '지식인'으로서의 신학자는 안토니오 그람시의 말처럼 새로운 대안적 세계의 '건설가·조직가'이며, 그러한 세계를 향해 나아갈 수 있는 변혁의 동기를 촉발하는 '영원한 설득자'가 되어야 한다. 21세기 페미니스트 신학 담론은 이러한 건설과 조직, 그리고 설득을 위한 변혁 담론과 대항 담론의 의미를 더욱 포괄적으로 확장해야 하는 과제를 해결해가야 할 것이다.

제3장

아시아의 페미니스트 신학:
의미, 딜레마, 과제

1. '아시아 여성': 담론적 이미지와 실제적 이미지

서구의 페미니스트 신학은 페미니즘의 발전과 함께 다양한 형태를 띠고 19세기 이후부터 가시화했다. 그러나 이러한 서구 페미니스트 신학의 발전 과정과 달리 아시아의 페미니스트 신학은 1970년대 이후 아주 단순한 양태의 신학적 논의를 담은 글들이 조금씩 모습을 드러냈을 뿐, 세계적 논의에 본격적으로 등장한 역사는 지극히 짧다. 그런데 여기서 '세계적 논의'라는 표현은 이미 '언어적 불공평성'을 담고 있다. '세계적 논의'에 포함할 수 있는 것은 우선 영어로 된 글이거나 적어도 학문적 언어라고 간주되며, 번역 대상이 될 수 있는 프랑스어와 독일어로 된 것이어야 하기 때문이다.

모국어가 영어인 사람은 자신의 언어로 글을 쓰면서 그 글이 '국내적'인가 '국제적'인가를 고민할 필요가 없다. 그러나 아시아에서 태어난 사람들의 대부분은 라틴 계통의 언어가 아닌 말을 모국어로 말하고 글을 쓴다. '아시아인Asian'이라는 범주에 들어가는 사람들은 세계 인구의 60퍼센트를 차지한다. 그들이 사용하는 언어는 셀 수 없이 많다. 인도네시아만 해도 600개의 언어가 있으며, 인도만 해도 800개 이상의 언어를 사용한다고 한다. 그들이 공유하는 최소한의 '공통분모'를 찾기란 불가능하다. 또한 아시아의 문화종교적 정황은 다양하기 그지없다. 서구 문명의 근저를 이루는 중요한 종교는 기독교이다. 그러나 아시아의 문명을 구성하는 종교는 나라와 지역에 따라 각각 다르다. 이런 상황이니, 세계 인구의 60퍼센트가 되는 많은 사람들을 '아시아인'이라는 하나의 범주에 넣는다는 것은 어찌 보면 '범주화의 폭력성'을 담고 있으며, 여기서 '아시아'란 '상상적 공동체imagined community'일 수밖에 없다. 이런 상황에서 아시아의 페미니스트 신학적 발전사를 논의한다는 것은 이미 근원적인 한계를 안고 있는 것이다.

이 같은 다양한 딜레마와 한계에도 불구하고, 아시아 여성들이 신학적 작업을 하는 것의 의미, 그리고 그 한계와 미래 과제를 성찰하는 이유는 페미니스트 신학적 논의에서 여전히 '아시아 페미니스트 신학'이라는 범주가 자리 잡고 있기 때문이다. 또한 아시아의 페미니스트 신학적 구성을 비판적으로 조명함으로써 아시아 여성들의 신학적 작업의 의미를 구성하는 데 기여할 수 있기를 바라기 때문이다. 이러한 논의를 위해서는 먼저 하나의 개념적 재고가 필요하다. 바로 자명한 듯이 사용되는 '아시아 여성'이라는 개념이다.

문화적·종교적·사회적 배경이 다양한 아시아의 여러 나라들에서 형성되는 페미니스트 신학이 '아시아 페미니스트 신학Asian feminist theology'이라는 이름 아래 하나의 단일화한 신학적 담론으로서 영어로 된 책들에 등장하곤 한다. 이러한 현상은 사실상 많은 문제점을 안고 있다. 무엇보다도 특정한 '페미니스트 신학'을 나타내는 형용사로서 '아시아적Asian'이란 사실상 지리적 의미만 나타내는 것이 아니라, 지리적 구분과 연계된 몇 가지 특정 요소를 암묵적으로 전제하기 때문이다. 그리고 그 전제된 요소들은 '아시아'라는 거대한 대륙의 다양성·다중성·다원성을 단일화하고 균질화homogenization하는 위험성을 지니기 쉽다. 그래서 이러한 범주와 요소에 맞지 않는 페미니스트 신학적 논의는 '비아시아적non-Asian, un-Asian'이라고 규정되어 부정적인 반응을 얻게 된다.

굳이 지리적 구분을 나타내는 용어를 쓰고자 한다면 '아시아적 페미니스트 신학Asian Feminist Theology'이 아니라, '아시아에서의 페미니스트 신학Feminist Theology in Asia'이라는 표현이 더 정확하다. 페미니스트 신학적 논의의 범주들과 특징적 요소들을 협소화하지 않는 용어이기 때문이다. 이것은 예컨대 '한국 여성신학'처럼 특정한 나라에서의 페미니스트 신학적 논의를 나타낼 때도 마찬가지로 적용되어야 한다. 전체화totalizing 경향은 언제나 다양성heterogeneity을 억누르고, 그것을 동질성homogeneity의 구조로 균질화하는 위험성이 있기 때문이다.

지리적으로 동질성을 띤 것으로 간주되어 묶인 아시아의 여성들이 실제로 함께 모여 신학적 관심을 나누려 할 때 경험되는 것은, 동질성보다는 너무나 다른 상이성이다. 같은 '아시아' 사람이며 더구나 같은 '여성'이기 때문에 '아시아 여성'들은 비슷할 것이라는 사고는 마치 강박관념처럼 아시아 여성들을 지배하고 있다. 서로의 다름이 표면화할 때 당황하고 실망하게 되며, 또한 그 다름을 어떻게 이해하고 규정할 것인가에 대해 진지한 논의가 이루어지지 못한다.

그런데 동질적 집단으로 규정되어온 여성들이 막상 함께 모여 확인하게 되는 것이 상이성에 대한 경험이라는 점은, 사실 아시아 여성들 사이에서만 일어나는 문제가 아니다. 서구 페미니스트 신학자들의 '보편적 여성 경험'에 대한 초기 이해는 1970년대에 들어 여성들 간 경험의 상이성에 대한 인식에 의해 도전받기 시작했다. 메리 데일리, 엘리자베스 피오렌자, 로즈메리 류터처럼 초기 페미니스트 신학적 담론을 형성하는 데 중요하게 기여했던 페미니스트 신학자들의 신학적 출발점은 '여성의 경험women's experience'이다. 그런데 이들의 '여성 경험'은 결국 백인-여성으로서의 특정한 경험들에 토대를 둔 '일반화'라고 비판받는다. '여성 경험 일반'이란 존재하지 않으며, 단지 역사적으로 조건 지어진 특수한 경험historically-circumscribed experience만이 있을 뿐이기 때문이다.[1] 초기 페미니스트 신학자들의 '여성 경험' 개념이 안고 있는 한계는 아시아의 페미니스트 신학자들에게도 그대로 적용된다.

페미니스트 신학이 나타난 초기 단계에서는 이러한 여성으로서의 공통 경험에 대한 인식이 여성들을 하나로 묶는 가장 큰 매개였다. 따라서 '여성 경험'에 대한 강조는 페미니스트 담론 형성에 중요한 기여를 했다. 그러나 페미니스트 신학이 이론과 운동으로 그 폭을 넓히면서, 실제로 여성이 경험하는 가부장제와 그 밖의 다양한 삶은 여성들의 인종, 계층, 성적 지향, 종교, 장애 여부 등에 따라 현격히 다르며, 동일한 인종이나 계층에 속해도 그 안에서 개인적인 차이가 여성들 사이에 상이성을 낳는다고 인식하는 것은 중요하다. 나는 여성들 간의 '공통성'뿐만 아니라 '상이성'을 인식하게 된 것이 페미니스트 운동이나 신학을 약화하고 분산했다기보다는, 그 담론적 다양성과 성숙성을 이루게 했다고 본다.

아시아 여성들은 공통적 경험에 대한 담론을 형성하는 과정에 있다.

이러한 공통성의 발견과 그것의 신학적 담론화는 아시아 여성들이 정치화하는 과정에서 물론 필요한 단계이다. 한 집단의 의식적 정치화란 그 집단이 동일한 억압 경험과 그 억압의 극복을 위한 공동의 저항 목표를 공유해야 가능하기 때문이다. 그러나 그러한 공통의 경험에서 재현되는 아시아 여성의 이미지가 심각한 왜곡을 재생산하는 것은 문제가 있다. 아시아 여성에 대한 페미니스트 신학적 글에서 페미니스트 신학자들은 아시아 여성을 "노예 중의 노예",[2] "민중 중의 민중",[3] "가난한 자 중의 가난한 자"[4]로 재현한다. 과연 아시아 여성에 대한 그러한 개념화가 모든 아시아 여성의 경험과 현실을 종합적으로 반영하는지는 이제 더욱 다양한 각도에서 비판적으로 조명할 필요가 있다.

'아시아 여성' 또는 '제3세계 여성'들에 대한 평균치적 이미지는 "무지하고, 가난하고, 교육받지 못하고, 전통에 매여 있고, 가정적이고, 가족중심적이고, 희생된 존재"이며, 이것은 "현대적이고, 교육받고, 자신의 몸과 성에 대한 통제력이 있고, 자신의 고유한 결정권이 있는 서구 여성"의 이미지와 대립된다.[5] 아시아 또는 제3세계 여성들과 서구 여성의 이러한 대립적인 이미지는 포스트콜로니얼 담론에서 분석했듯이 '서구-동양' 또는 '식민지-피식민지'의 대립적 이미지와 논리적 틀이 동일한데, 이러한 대립적 이미지는 '오리엔탈리즘'이 반영된 것이다. 이렇게 다양한 담론들에서 재현되는 '담론적 이미지discursive image'와 아시아 여성들이 살아가고 있는 구체적인 현실의 '실제적 이미지real image' 사이에는 큰 간극이 있다.

한 그룹으로서 '여성'의 동질성homogeneity은 일차적인 생물학적 본질에 근거하는 것이 아니라, 이차적인 사회학적 또는 인류학적 보편성에 근거한다. 따라서 아시아 여성을 '힘없는 자', '착취당하는 자', '노예 중의 노예', '가난한 자', '민중 중의 민중'처럼 동질성을 띤 존재로만 개념화하는 것은 아시아 여성을 고정관념화함으로써 가부장제적인 성차별적 담론과 비슷한 효과를 낸다. 또한 한 집단으로서 '아시아 여성'을 희생자이며 억압받는 존재로만 간주할 때, 그 여성들이 위치해 있는 특정한 역사적 상이성에 대한 분석이 불가능해진다. 현실은 언제나 상호배타적인 두 집단, 즉 '희생자-억압자'로만 분류되어 고착되어버리며, 결과적으로 사회학적이고 역사적인 것이 생물학적인 것으로 대체되기 때문이다. 예를 들어 아시아의 여성들 중에는 특권과 권력을 지닌 사람이 전혀 없는 것처럼 보는 시각은 결국 아시아 여성에 대한 '평균치적 이미지'를 생산하며, 서구 여성들과 중복되는 면이나 아시아 여성들 사이에 존재하는 다양성을 간과하게 하는 심각한 문제를 빚는다.

아시아는 지구상의 일곱 개 대륙 중에서 가장 큰 대륙이며, 아시아인은 세계 인구의 60퍼센트 이상을 차지한다. 동아시아, 남동아시아, 남아시아에는 문화적·종교적·사회적·정치적·경제적 배경이 각각 다른 나라들이 있다. 그래서 우리가 '아시아 여성'이라고 할 때는 '어느 여성'을 지칭하는지 구체적으로 명시해야 하는 것이다. 가부장제가 역사적·사회적 정황과 상관없이 똑같은 양상으로 경험되거나 나타나는 경우는 없기 때문이다.

또한 역사적·사회적 정황이 똑같은 한 나라 안에서도 여성들은 그들의 경제적 조건이나 개인적·교육적·종교적 배경 등에 따라 각기 다양한 가부장제를 경험한다. 사회계층적으로 볼 때 여성은 극도로 가난한 여성부터 최대의 정치권력을 쥔 대통령에 이르기까지 다양한 사회적 층을 모두 망라한다. 교육적인 측면에서도 문맹자부터 최고 고등교육을 받은 계층이 있을 뿐 아니라, 문화-정치적 측면에서도 다양한 층을 이룬다.

이러한 다양한 여성들을 모두 뭉뚱그려 '노예 중의 노예'라든지 '민중 중의 민중'이라든지 '가난한 자 중의 가난한 자'라는 단일한 계층으로 총체화하는 것은 두 가지 위험성이 있다. 첫째, 다양한 양태의 가부장제적 구조에 대한 비판의 여지를 제거한다. 둘째, 다양한 계층의 여성은 가부장제의 억압을 각기 다른 양태로 경험하지만, 다른 정황에서는 억압자 역할을 할 수 있다는 억압구조의 복합성과 다층성을 보지 못하게 한다. 생물학적으로 여성이라는 사실은, 그 여성이 피억압자이기도 하지만 억압자도 될 수 있다는 특권과 권력의 복합적인 구조를 간과하게 하는 것이다.

특히 아시아/한국 여성을 '민중 중의 민중'이라고 지칭하는 것은 최소한 세 가지 문제점이 있다. 첫째, 여성 개념은 민중 개념보다 훨씬 폭넓은 범주라는 사실을 간과하게 된다. 예를 들어 민중의 범주에 들어가는 사람이 그 '민중 됨'에 항구적으로 고착되어 있는 것은 아니며, 개인적·제도적·구조적 변화에 따라 그 '민중 됨'을 넘어설 수 있기 때문에 '민중'이란 부동의 열린 범주이다. '여성'이란 사회계층, 직업, 교육 수준 등 한 개인을 이루는 다양한 요소나 미래적 변화가 무엇이건 상관없이 영구적인 생물학적/사실적 범주이다. 이 범주의 차이성은 담론의 주체, 대상, 주제의 차이성을 낳기 때문에 중요하다.

둘째, 민중과 여성 모두 '억압받는 계층'이라는 표면적 공통성에도 불구하고 아시아 여성을 모두 '민중 중의 민중'이라고 개념화할 경우, 민중과 여성이 경험하는 억압의 근원적 원인root cause과 그 억압적 상황을 극복해나가기 위한 전략의 상이성에 예민하게 반응하지 않게 된다. 결국 여성을 '민중 중의 민중'으로 범주화하는 것은 민중 담론뿐만 아니라 여성 담론을 왜곡할 수 있다. 예컨대 상류층 여성은 가부장제에 의한 억압을 경험하지만, 다른 한편으로는 하류층 남성과 여성에 대한 억압자, 즉 '민중 억압자' 역할을 하기도 한다. 이러한 정황에서 모든 여성을 '민중 중의 민중'이라고 규정할 경우 성, 계층, 인종 등에 따른 억압의 복합적인 상황을 단일화하고 왜곡할 위험성이 있는 것이다.

셋째, 민중 담론의 우선적인 장은 공적 영역이지만, 여성 담론은 공적 영역뿐만 아니라 사적 영역까지 포괄한다. 즉 여성 담론은 공적 영역은 물론 사적 영역의 가부장제와 그에 따른 성차별주의적 가치구조, 제도 등에 대한 다차원적 비판에서 출발해야 한다는 사실을 간과할 수 있다.

민중운동이나 민중신학 등에서 논의되는 민중의 억압적 상황이나 경험이라는 것은 우선적으로 정치-경제적 상황이라는 공적 영역에 대한 논의가 주를 이룬다. 반면 페미니즘 담론에서 논의되는 성차별적 억압의 경험과 상황이란 같은 가족, 동료, 직장, 사회, 종교, 정치, 경제 영역은 물론 과학, 의료, 예술, 문학, 스포츠, 인터넷 등 인간 삶의 공적 영역과 사적 영역을 총망라한다. 그리고 민중 담론에서는 분석과 비판의 초점이 '민중 외부'에 있는 반면, 여성 담론에서는 동일한 계층인 '민중'에 속했다 할지라도 그 민중 남성과 민중 여성 사이의 지배와 억압구조에 대해서도 비판과 분석적 성찰을 함으로써 '민중 내부의 권력구조'에까지 예민한 비판적 도구를 적용하게 된다. 또한 같은 여성들이라 할지라도 계층과 인종 등의 차이에 따른 억압구조에 비판적 시각을 적용한다. 권력이란 누구에게나 어디에서나 다양한 양태로 존재하기 때문에, 민중이든 여성이든 그 누구도 '순수 피해자'로만 존재하는 것은 거의 불가능하다. 그러므로 권력과 그에 따른 지배와 억압구조의 다양한 면면을 복합적으로 분석해내는 것은 페미니스트 신학의 중요한 과제이다.[6]

이러한 여러 이유에서 '아시아 여성(또는 한국 여성)'이 누구인가에 대한 개념을 단일하게 규정해온 논의들을 비판적으로 조명해야 한다. 고정되고 단일한 이미지가 항구화할 때 아시아 여성들은 개혁의 '주체자agent'가 아닌 '희생자victim'의 이미지로만 고착된다. 그뿐만 아니라 한 인간으로서 여성이 몸담은 현실에 대한 복합적 관계성을 단순화함으로써 여성의 삶의 다양한 측면을 포괄적으로 성찰하지 못하게 한다. 물론 아시아 여성에 대한 단순하고 극단적인 개념화는 페미니스트 신학의 초기 형성 과정에서 일반적인 관심을 불러일으키는 매개가 되었으며, 아시아 여성들의 동질성에 대한 강조는 여성들을 정치적으로 한 깃발 아래 모을 수 있는 역할을 하게 했다고도 볼 수 있다. 그러나 초기의 정치화 과정에서 요청된 동질적 경험에 대한 주장만이 항구화하면, 아시아 여성들의 다양한 현실과 경험을 신학화하지 못한다는 한계가 있다. 서구의 여성들은 '여성'이라는 범주만 적용되는 반면 아시아의 여성들은 '여성'이라는 생물학적 범주, '아시아'라는 지리적 범주에 의해 이중적으로 동질화된다. 아시아 여성은 서구 여성보다 개체성을 상실한 '복수적 존재'로 간주되는 것이다.

2. 아시아의 페미니스트 신학: 한계와 딜레마

아시아 여성들이 페미니스트 신학적 작업을 하는 것은 어떤 의미가 있는가. 나는 유학을 마치고 한국에 돌아온 1993년 이후 '아시아 신학자 의회CATS: Congress of Asian Theologians', '아시아 신학과 문화 프로그램PTCA: Programme for Theology and Culture in Asia', '남동아시아 신학 교육협의회ATESEA:

Association For Theological Education in South East Asia', '아시아교회협의회CCA: Council of Churches in Asia' 등을 통하여 아시아의 여성들과 함께 페미니스트 신학이나 여성운동을 논의하는 다양한 회의에 참석해왔다. 물론 그러한 모임들은 길어야 일주일에서 열흘, 그리고 대부분이 나흘 정도 걸리며, 또한 모임마다 각각 다른 대상과 주제를 정해서 만난다. 그런데 이러한 모임을 비롯해 다양한 장에서 아시아 여성들이 모여 신학을 함께 논의할 때 야기되는 문제들은 비슷한 점이 많다.

그러한 나의 경험을 되돌아보면서, 아시아의 여성들이 '함께' 모여 페미니스트 신학적 주제를 나누는 것의 의미를 조명해보고자 한다. 이러한 조명은 그 '의의'는 물론 '한계'까지 집어내는 것이어서 어려운 작업이기도 하다. 그러나 현실을 더욱 분명하게 직시하는 것은 아시아에서 더욱 성숙하고 포괄적인 신학적 작업을 하는 데 중요하다고 생각한다.

1) 공동 언어의 부재

아시아 사람들이 모이는 회의에 참석할 때마다 내가 늘 우선적으로 경험하는 딜레마는, 아시아인들은 '아시아'라는 동일한 지리적 범주에 묶이면서도 실제로는 아시아인을 '하나'로 묶어내는 기본 토대인 공동의 언어가 없다는 사실이다. 공동 언어가 없다는 것은 다양한 감정의 교류를 불가능하게 하며, 복합적이고 심층적인 토론을 어렵게 한다. 이러한 언어의 문제는 '의사소통'이라는 가장 기본적인 언어의 기능에서뿐 아니라, 언어에 담긴 문화 또는 종교적 배경과 그에 대한 이해가 올바르게 전달되지 못하게 한다는 점에서 복합적인 문제를 불러일으키는 심각한 문제이다. 예를 들어, 남한이나 북한처럼 언어가 같아도 사회적·문화적·정치적 배경이 다를 때는 수많은 오해가 야기될 수 있다. 서로에 대한 올바른 이해는 서로가 위치하는 문화적·사회적·경제적·정치적 배경에 대한 복합적인 이해 없이는 불가능하다. 그런데 하물며 언어 자체가 달라 번역이나 통역을 통해서만 서로의 의견을 전달해야 한다면, 이러한 조건에서는 논의가 뚜렷한 한계를 지니게 마련이다.

동일한 용어라도 정치적·사회적·문화적 배경에 따라 각각 다른 의미가 될 수 있다는 것은, 언어를 공유하지 못한 그룹들이 모여서 논의할 때마다 부딪히는 문제이다. 그렇기 때문에 논의를 시작하기에 앞서 참여자들은 논의의 주제가 되는 어떤 특정한 언어에 대하여 그 개념과 함축적인 의미를 서로 분명하게 이해하고 있는지를 먼저 확인해야 하는 것이다.

1998년에 나는 '제9차 한일여성신학포럼'에 참석한 적이 있다. 그 포럼의 주제는 '대안 가족공동체 모색'이었다. 각 측의 발제가 끝난 뒤 부분적으로 드러난 것은 한국과 일본에서 이해하는 '대안'과 '공동체'에 대한 의미가 각각 달라 사실상 주제를 심층적으로 논의하기 어려웠다는 점이다. 영어로 'alternative'라고 하는 '대안'을 한국에서 온 이들은 '代案'(어떤 안을 대신하는 안)이라는 의미로 생각한 반면, 일본에서 온 이들은 '對案'(어떤 일을 대체할 방안)으로 이해했다. '공동체'도 한국에서는 강한 긍정적 의미를 함축하는 용어로 이해하는 반면, 일본에서는 국수적 민족주의나 군국주의처럼 폐쇄적 집단성과 연계되는 부정적 의미를 함축한다는 것을 알았다. 또한 제8차 포럼의 주제는 '모성 원리'였는데, 이 주제에 대한 이해도 한국과 일본이 동일한 의미로 수용하지 않는다는 사실이 질의응답에서 드러났다.

각각 한국과 일본에서 온 사람들의 모임에서 일어난 일은 언어를 공유하지 못한 사람들 사이에서 언제나 벌어지는 일이다. 공동 언어의 부재는 역사, 문화, 정치, 종교, 경제 등 인간 삶의 다양한 장에서의 경험을 공유하고 있지 않다는 의미이다. 이러한 언어 문제는 아시아의 여성들이 페미니스트 신학적 논의를 하는 데 가장 근원적인 한계로 남아 있다.

2) 심층적인 토론과 분석의 결여

아시아인들끼리 공유하는 언어가 없다는 것은 아시아인들의 만남이 지닌 두 번째 한계로 이어진다. 각기 다른 언어를 쓴다는 것은 담론과 토론의 양식이 각기 다르다는 것을 의미한다. 이러한 상황을 인식하고 동일한 용어라도 각 나라에 따라 다르게 이해된다고 자각한 사람들은, 함께 만날 때마다 자신들이 어떠한 의미로 용어를 쓰는지 늘 확인시키는 단계를 거친다. 그래서 아시아인들의 에큐메니컬 모임에서는 이러한 용어를 이해하고 확인하는 과정을 거치는 것으로만 모임이 끝날 때가 종종 있다. 이럴 경우 그 모임은 언제나 기본적인 이야기만 오가는 단계에만 머무르며, 결과적으로 복합적이고 심층적인 이슈들은 토론하거나 논쟁하기가 어려워지고 만다.

대부분 영어로 표현되는 아시아 여성들이 발표하는 글이나 모임에서 흔히 볼 수 있는 것은 가부장제의 '희생자로서의 여성women as victim'에 대한 개인의 경험을 담은 '스토리텔링story-telling'이다. 이 '스토리텔링' 방식은 긍정적인 의미를 갖는 동시에 한계와 위험성을 안고 있다.

먼저 긍정적인 의미를 살펴보자. 개인의 삶의 경험을 '말한다'는 것은 인류의 역사에서 들리지 않고 간과된 여성들의 소리가 여성 스스로에 의해서 제기되고, 여성들이 자신의 개인적인 삶을 성차별주의에 의한 '억압'이라는 거대한 차별적 이념 구조와 연결해 보기 시작한다는 의미에서 중요하다. 즉 피억압자로 살았던 한 개인이 의식화하고 정치화하기 시작하는 첫 단계로서 중요한 의미가 있다. 이는 또한 "개인적인 것은 정치적인 것The personal is political"이라는 페미니즘의 모토가 담고 있는 의미를 잘 보여주는 것으로, 한 개인이 경험한 억압이 사회적·제도적·정치적 억압구조와 어떻게 서로 연결되었는지를 비로소 인식하게 하는 중요한 의미가 있다. 이러한 맥락에서 여성들의 경험이 페미니스트 신학의 중요한 출발점이 된다고 보는 페미니스트 신학은, 거대한 신학적 원리에서 출발하는 '연역적' 방식이 아니라 자신들의 구체적인 삶의 경험을 신학적 출발점으로 삼는 '귀납적' 방식을 수용한다.

그러나 여성들이 자신이나 주변 여성들의 고백과 경험이 담긴 이야기를 통해 자신의 정체성을 형성해가기 시작한다는 의미에서 '정체성의 정치학identity politics'이라고 불리는 이 '스토리텔링' 방식에 대한 비판 역시 중요하다. 아시아 여성들은 이러한 비판에서 자유롭지 못하기 때문이다.

페미니스트들이 제기한 주요한 자성적 비판 가운데 하나는, 스토리텔링의 방식이 종종 자기도취, 자기승화, 반反지성주의에 빠진다는 점이다.[7] 이런 경우 '스토리텔링' 방식은 오히려 여성해방운동에 부정적 요인으로 작용할 수 있다. 여성들은 자기와 직접적인 관계가 없는, 즉 개별적으로 경험되지는 않지만 거대한 빙산의 실체처럼 현상 저변에 다양한 '억압'이 존재한다는 것에 관심을 기울이지 못할 수 있기 때문이다. 그뿐만 아니라 '이론'에 대한 외면이나 경시를 페미니스트 신학 담론 형성의 규범적 방식인 것처럼 혼동하여, 현실을 다양한 양태로 지배하는 가부장제적 지배 이데올로기의 구조를 비판하고 개혁할 정치적 이론을 구성하지 못하게 되기 때문이다.[8] 특히 아시아 여성들의 신학적 담론 구성에서 흔히 볼 수 있는 것이 '스토리텔링' 방식이라는 점을 고려할 때, 이

'스토리텔링' 접근방식의 한계와 문제점을 진지하게 생각해봐야 한다.

'스토리텔링'은 개인의 억압 경험을 나눔으로써 억압을 경험한 개인과 그것을 듣는 이들을 의식화하고 정치화하는 역할을 할 수 있다. 그렇다고 해서 이야기하기 자체가 그 피해 경험의 복합적인 억압구조와의 관련성까지 인식하게 하고, 또한 그 억압의 상황을 개혁하며 변화시키는 데 필요한 것들을 자동적으로 제공하는 것은 아니다. 즉 '스토리텔링' 자체는 가부장제를 폭로하고 그 안에서 여성들의 자기정체성을 되찾기 위한 하나의 과정일 뿐이지, 그 자체가 저항의 행위나 목적은 아니라는 것이다.

간혹 우리는 '과정'과 '목적'을 혼동하기 쉽다. 특히 언어적 한계가 있을 때 자신이나 주변 여성들의 억압적 상황을 '스토리텔링' 하는 것 자체로만 논의를 마치고 마는 경우가 많다. 이것은 스스로에게 위로감을 줄지는 몰라도 그러한 경험과 직접적인 연관이 없어 보이는 무수한 억압의 구조들을 보지 못하게 하며, 많은 경우 특수한 예들을 보편적인 일반적 상황으로 해석하게 한다. 더 나아가 인류 역사에서 억압의 근원, 발전 과정 또는 다양한 영향 등에 대한 이해의 필요성에 무관심해지게 한다. 억압의 역사적 복합성을 이해하기 위해서 요청되는 것은 단순한 '스토리텔링'이 아니라, 고도의 논리적인 분석적 방식이기 때문이다. 그래서 이성적이며 논리적인 분석적 작업은 '남성의 신학하기' 방식이며, 감성적인 스토리텔링만이 '여성의 신학하기'라는 '신학하기'에 대한 왜곡된 이분법적 구조를 양산하게 된다.

중요한 것은, '스토리텔링'이 그 포괄적 의미를 완성하는 것은 개인적 경험을 전체적인 구조적 맥락과 연결하는 '이론화' 작업을 통해서라는 점이다. 여성들의 '스토리텔링'을 통한 페미니스트 신학적 작업은, 그러한 희생자로서 여성의 경험들이 '말하기'의 첫째 단계를 뛰어넘어 이론적이고 비판적인 분석의 영역으로까지 연결되어야 올바른 의미의 연대성, 정의를 이루기 위한 투쟁, 변혁을 위한 신학적 정치화의 의미를 얻게 될 것이다.

이러한 '스토리텔링' 방식의 위험성은, 억압적 상황에 대한 사례 연구 방식에도 그대로 적용될 수 있다. 특정한 사례들을 소개하는 여성 개인의 '스토리텔링'은 여러 긍정적 의미를 보여줄 수 있다. 그러나 이러한 방식은 앞서 논의한 '스토리텔링' 비판의 구조를 그대로 지닐 뿐만 아니라, 더 나아가서 특수한 사례의 지나친 '보편화'에 대한 유혹을 받는다. 특히 그러한 사례 연구의 청중이나 독자가 서구인들처럼 아시아에 관하여 지극히 제한된 지식만 있을 경우, 아시아 여성들의 극단적인 특수한 사례가 마치 아시아 여성 보편의 일반적 경험인 양 왜곡되어 이해되는 경우가 빈번하다. 이것은 아시아 여성들이 '스토리텔링' 방식이나 '사례 연구' 방식을 통한 신학화 작업에서 언제나 경계해야 할 측면이다.

3) 사회적·문화적·종교적·정치적 배경의 상이성

1978년 출판된 에드워드 사이드Edward Said의 《오리엔탈리즘Orientalism》은 식민지시대를 거치면서 형성된 서구중심의 지적 체계가 어떻게 전 세계의 지식체계와 문화체계를 지배하는지 포괄적으로 조명함으로써 탈식민 담론을 본격적으로 다룬다.[9] 사이드는 현대의 식민주의가 영토의 지배처럼 보이는 힘을 통해서가 아니라 지식체계를 통해 좀 더 광범위하고 체계적으로 확산되어왔다고 분석한다. 특히 사이드를 통하여 새롭게 부각된 것은 '서양'이 어떻게 '동양'을 타자화해왔으며, 동양은 서양의 그러한 동양 인식을 스스로 내면화함으로써 어떻게 스스로를 다시 타자화하고 있는가라는 점이다. 즉 사이드의 '오리엔탈리즘' 비판은 동양을 정체화한 신비로운 이미지로 조작한 서구에 대한 비판인 동시에, 그렇게 왜곡된 동양의 이미지를 그대로 수입하고 재생산하는 동양인에 대한 비판이기도 한다. 타자화한 존재는 개체적 존재라기보다는 하나의 집단으로 이해된다는 점에서 "복수의 표지"[10]가 붙어 있다. 서구적 식민주의에 의하여 생산된 동양의 타자화는 종교·전통·문화가 다양한 아시아의 수많은 나라들을 단일한 동질 집단으로 만들었으며, 서구인뿐 아니라 아시아인 스스로도 이러한 '오리엔탈리즘'을 받아들여 자신들을 하나의 동질 집단으로 규정한다.

이러한 오리엔탈리즘 이해를 바탕으로 할 때, 서구에서 또는 아시아인들 스스로가 규정하는 '아시아 여성'들의 얼굴은 하나이다. 아시아 여성들은 개별인으로서의 존재가 아니라 동일한 희생자의 얼굴, 신비한 얼굴이며, 문화적이기보다는 자연적(원시적)인 얼굴, 역동적인 모습이 아니라 과거 전통에 고착된 얼굴이다. 그러나 이렇게 단일한 집합체로 규정된 아시아 여성들을 구체적 현실에서 들여다보면, 실제로 그렇게 동질적으로 규정된 여성과 실제 여성 사이에 얼마나 큰 거리가 있는지 알게 된다. 아시아의 언어·문화·종교·사회·정치 등은 나라마다 다르고, 한 나라에서도 무수한 층에 따라 상이성이 드러나는 것이다.

예를 들어 한국은 어떤 점에서 일본과 공통성이 있는가? 동아시아라는 지리적 구분에 의해 일본과 한국은 유교문화·한자문화를 공유한다는 공통성이 있는 듯하지만, 사실상 유교나 한자가 적용되고 실천되는 것은 현실 속에서 참으로 다르게 나타난다. 또한 종교적 배경도 판이하게 다르며, 역사적·정치적 배경 또한 유사성보다는 상이성을 더 분명하게 보여준다. 또한 같은 기독교인이라도 인구의 30퍼센트가 기독교인인 한국과 2퍼센트 미만인 일본에서의 기독교인의 의미는 몹시 다르다. 즉 '기독교인'이라는 것이 사회적·문화적 배경에 따라 각각 상이하게 경험된다는 것이다. 이러한 상이성을 우리가 분명히 아는 것은 서로를 이해하는 데 무척이나 중요하다. 한국과 일본이 '동아시아'라는 지리 범주에서 하나의 단일체로 묶일 때는 이러한 '상이성'을 올바르게 인식하기가 힘들다. 또한 이러한 인식의 결여는 서로에 대한 많은 오해와 왜곡을 낳는다.

아시아 여성들이 페미니스트 신학을 논의한다는 것은 이러한 상이성들을 분명히 이해해야 하는 우선적 과제를 떠안는다. 이러한 사실은 언제나 심층적인 논의를 가로막는 장애가 되기도 하며, 또한 다양성에 대한 경험을 통해 이해의 폭을 넓힌다는 긍정적 의미가 될 수도 있다는 점에서 양면성을 띤다. 부분적으로는 언어와 문화적 차이가 있지만 서구 문명의 근원적 메타포로서 유대-기독교라는 종교와 문화적 배경을 공유하는 서구 여성들과 달리, 아시아 여성들은 종교적·문화적·정치적·경제적 배경이 상이하다. 아시아인들에게는 매스미디어나 문화적 개방 등의 접촉을 통해서 익숙해진 서구 문화나 사회적 분위기보다, 오히려 다른 아시아의 나라들이 스스로에게도 낯설다.

이러한 낯섦을 극복하는 일은 아시아인들이 모이면 언제나 통과해야 하는 의례이기도 하다. 예를 들어 민족적·문화적으로 동질성을 지녀온 한국인들이 다인종국가인 말레이시아나 인도네시아를 이해하기란 어렵다. 또한 일본인들과 인도인들이 문화적·종교적으로 서로를 온전히 이해하는 것은 쉽지 않은 일이다. 아시아인들은 저마다 이러한 다양성을 띠고 있으며, 결코 '아시아'라는 단일 집합체로 규정될 수 없다는 점은 분명하다. 따라서 아시아라는 지리적 범주에 동일하게 묶여 있다 해도, 아시아의 여성들이 만날 때는 먼저 이러한 상이성을 분명히 이해해야 하는 단계가 늘 필요하다.

3. 아시아에서 페미니스트 신학 하기

1) 연대성의 창출

인류 역사에서 가부장제를 비롯한 다양한 지배 기제에 종속된 타자적 삶을 살 수밖에 없었던 여성들이 이제 자신들에 대하여 스스로 말하기 시작한다는 것, 즉 '발화의 주체speaking subject'가 되어 신학적 작업을 한다는 것은 무엇을 의미하는가? 그것은 기독교 상징이나 텍스트들에 대한 새로운 해석, 사회구조에 대한 새로운 분석, 교회의 제도적 구조에 대한 비판을 하기 시작했으며, 무엇보다도 서로에 대한 연대성을 새롭게 창출하기 시작했다는 것을 의미한다.

예수의 삶과 메시지를 한마디로 규정하자면 '연대성'이다. 연대성이란 서로 분리되고 고립된 개체성과 망각을 뛰어넘어 서로를 묶어주며, 새로운 공동체의 창출을 가능하게 한다. 기독교의 '복음'이란 이러한 보편적 연대성을 향한 희망을 담은 것이며, 기독교의 핵심이 되는 부활의 희망은 현실을 개혁하기 위한 연대성의 힘에 대한 희망이며, 삶에 대한 가장 긍정적인 승인을 의미한다.[11]

이런 의미에서 볼 때, 억압과 차별을 경험하는 여성들 간에 형성되는 연대성의 의미란 기독교 신앙의 핵심을 실천하는 하나의 과정이라는 데 있다. 아시아 여성들이 다양한 신학적 작업을 함께할 때 근원적으로 부딪히는 한계들에도 불구하고 그들을 꾸준히 이어지게 하는 것은 다양하게 형성된, 그리고 형성되어가는 과정 속에 있는 '연대성'일 것이다. 아시아 여성들의 다층적 상이성에도 불구하고 페미니스트 신학적 작업의 의미를 찾자면, 다양한 차별구조에 대한 인식과 그 차별구조를 개혁하고 넘어서는 여정에서 연대성의 창출이다. 동질성보다 이질성이 많은 집단이지만, 이러한 연대성의 창출은 아시아의 여성들이 지닌 여러 한계성을 넘어서게 하는 의미가 있다고 본다.

2) 대안적 세계의 모색

여기에서 '대안alternative'이란 지금 현실 속에 존재하는 부정적인 요소들이 극복된 더 나은 세계에 대한 비전과 희망을 의미한다. 페미니스트 신학적 시각에서 볼 때 대안적 세계란 기존의 성차별주의적 가부장제 사회구조가 극복된 정의와 평등적 세계를 말한다. 페미니즘이나 페미니스트 신학은 대부분 두 단계의 이론적 과정을 거친다. 첫 번째 단계는 '비판'의 단계이며, 두 번째 단계는 '창출'의 과정이다. 첫 번째 단계가 '부정의 언어'로 이루어지는 것이라면, 두 번째 단계는 '긍정의 언어'로 구성된다. 페미니스트 신학이 우선적으로 비판의 과정을 거쳐야 하는 것은 '지금 여기에서' 경험되고 존재하는 가부장제에 대한 다각도의 비판과 분석이 요청되기 때문이다.

아무리 많은 여성들이 모여 뭔가를 함께한다 해도 가부장제에 대한 철저한 비판을 통한 '부정negaition'의 과정을 거치지 않는다면, 그것은 페미니스트 모임이라고 할 수 없다. 페미니즘은 가부장제와 그 억압적 구조의 부당성에 대한 인식에서 출발하기 때문이다. 페미니스트 신학은 여성들이 교회와 사회, 가정 등 인간 삶의 다양한 영역에 걸쳐 성sex에 근거한 차별을 받아왔다는 인식에서 출발했다. 즉 이러한 기존 전통이나 구조에 대한 비판과 거부는 페미니스트 신학의 가장 중요한 단계다.

그러나 페미니즘이나 페미니스트 신학은 이러한 첫 번째 단계에만 머무르지 않고 그다음 단계로 나아가고자 하는데, 그것은 가부장제적 차별구조가 아닌 다른 대안적 구조를 제시하는 구성의 단계이다. 이것은 '부정의 언어' 이후의 '긍정의 언어language of affirmation'이며, 새로운 세계에 대한 전망을 제시하는 단계이다. 나는 아시아 여성들이 페미니스트 신학을 한다는 것은, 가부장제적 '희생자'로서의 자기를 표현할 뿐만 아니라 새로운 대안적 사회를 꿈꾸고 제시하는 '행위주체'로서 모임을 이어갈 때 지속적인 의미를 얻을 수 있다고 생각한다. 그러나 이러한 대안적 세계의 모색은 막연한 꿈을 나누는 것이 아니다. 대안적 세계를 창출하기 위해 구체적인 사회 분석과 신학적 근거들을 구성함으로써 변혁적 힘과 실현 가능성을 지닌 비전으로서 의미를 얻을 수 있다.

대안적 세계의 모색은 기존 질서가 절대적인 것으로 고착되는 데 대한 강한 저항이라는 의미가 있다. 기존 질서를 절대적인 것으로 보고 그것에 강하게 밀착해 있는 이들에게는 이러한 대안적 사회의 추구가 현실 파괴적이거나 비현실적인 망상으로 보일 수 있다. 그러나 인류의 역사는 이러한 '비현실적인 것'처럼 보이는 비전, 즉 유토피아적인 비전을 추구함으로써 더 나은 사회에 대한 꿈을 실현해왔다.

여기에서 카를 만하임Karl Mannheim이 유토피아의 두 측면을 구별한 것은 대안적 세계의 모색이 담긴 유토피아 비전을 이해하는 데 도움이 된다. 만하임은 유토피아에 두 측면이 있다고 보는데, 하나는 '절대적 실현 불가능성absolute unrealizability'이고 다른 하나는 '상대적 실현 불가능성 relative unrealizability'이다. 즉 대안적 세계를 추구하는 유토피아적 사고란 기존의 질서 안에서는 절대적으로 실현할 수 없지만 기존의 질서가 해체된 새로운 질서 안에서는 가능하기 때문에, 그 실현 불가능성은 상대적이라는 것이다. 만하임은 유토피아의 이 두 측면을 구분함으로써 절대적으로 실현 불가능한 유토피아 개념을 토대로 상대적으로 실현 불가능한 유토피아의 비전을 억압하는 것을 피할 수 있다고 분석한다.[12]

폴 리쾨르Paul Ricoeur는 이러한 대안적 사회에 대한 꿈을 담은 유토피아를 "아무 곳에도 없는 관점view from nowhere"이라고 묘사한다. 이러한 유토피아적 비전은 기존의 질서와 관점에서 오는 것이 아니기 때문에 'nowhere'이며, 기존 사회구조와 삶의 요소들을 다시 점검하게끔 돕는 역할을 한다.[13] 이러한 이해에서 볼 때, 아시아의 여성들이 페미니스트 신학적 작업을 통하여 구성하는 대안적 세계에 대한 비전은 이러한 유토피아적 비전이며, 이것은 현재의 현실 구조를 근원적으로 재점검하게 하는 중요한 기능을 한다. 그뿐만 아니라 아시아 각 나라 문화의 상이성을 넘어 인류 보편의 가치인 정의·평화·평등·자유를 실현하기 위한 공동의 비전을 구축하는 작업을 한다는 의미가 있다.

3) 수평적 동료성의 모색

가부장제 사회의 특징 가운데 하나는, 여성들 간의 유대나 결속력 형성이 부계 중심의 가족을 위한 것이 아니라 여성 스스로를 위한 것일 때 대부분 부정적으로 이해된다는 점이다. 이를테면 "여자 셋이 모이면 접시가 깨진다"와 같은 한국 속담이 함축하는 메시지는, 여성들 사이의 동료성이나 여성들이 함께 일하는 것을 부정적으로 바라보는 강한 가부장제적 가치를 나타낸다. 예를 들어 텔레비전 드라마에서 여성들은 많은 경우 질투, 시샘, 경쟁의식의 화신化身으로 그려진다. 의리나 우정과 같은 개념은 남성들끼리 공유하는 것으로 그려진다. 사적 영역에서든 공적 영역에서든 여성들끼리의 연대와 돌봄이 묘사되는 경우는 참으로 드물다. 결과적으로 우정·신의·동지애처럼 결속과 연대를 함축하는 용어들은 여성들이 아니라 남성들 사이에나 적용되는 용어들로 이해된다. 반면 여성들의 관계는 질투·시샘·경쟁 같은 부정적인 언어를 통해 표현되곤 한다. 가부장제를 넘어서야 하는 여성들의 과제 가운데 하나는 문화적으로 은밀하게 또는 노골적으로 강요되는 여성들 사이의 이러한 분리를 극복하는 것이다.

그러나 여성들이 같은 생물학적 성을 나누는 '여성'이기 때문에 자동적으로 자매성sisterhood이 형성되거나, 또는 같은 '아시아인'이기 때문에, 또는 같은 '기독교인'이기 때문에 '자동적으로' 동료성이 형성되는 것은 아니다. 다양한 배경을 둔 아시아의 여성들이 다른 아시아 여성들에게 의미를 줄 수 있는 지속적인 힘은 평등한 세계를 꿈꾸는 이들로서의 '가치'를 공유함으로써 나온다. 그러한 공동의 가치에 기초한 동료성은 대안적 세계를 향해 '함께' 일한다는 의식이 분명해질 때 비로소 형성된다.

이러한 동료성은 아시아의 문화 속에서 흔히 볼 수 있는바, 관계들의 위계적 구조를 넘어서는 평등적 관계이기 때문에 '수평적'이다. 수평적인 동료성을 나누게 될 때, 아시아 여성들의 신학적 작업은 지속적인 의미를 얻을 수 있다. 결국 동료성은 성이나 인종 같은 특정한 외적 요소들을 따라 저절로 오는 것이 아니다. 분명한 개혁적 의도와 가치를 품고 함께 나누며, 대안적 세계에 대한 비전을 추구하는 과정에서 투쟁과 어려움을 함께하고, 더 나아가 서로에게 새로운 힘을 줄 수 있도록 꾸준히 개입하는 과정에서 비로소 현실적으로 구체화하는 것이라고 할 수 있다.

4) 저항공동체 형성

가부장제를 넘어서는 평등구조를 지향하는 여성들 간에 동료성이 형성되면, 그 여성들의 모임은 모든 차별구조에 저항하는 '저항공동체'라는 특성을 띠게 된다. 여기에서 내가 쓰는 '공동체'는 육체적이고 물리적이기보다는 상상적 의미의 공동체이다. 성차별주의를 비롯한 다양한 차별들은 사실상 '지배의 논리logic of domination'라는 동일한 이념적 기제에서 출발한다. 즉 강자는 약자를, 우월한 자는 열등한 자를 지배할 수 있고 지배해야 한다는 이 논리는 인종 간, 성별 간, 계층 간, 종교 간의 차별과 배제를 합리화하는 공식이 되어왔는데, 페미니스트 신학적 작업은 이러한 논리에 맞서 저항공동체를 형성한다는 의미가 있다. 다양한 정황에서 자행되는 억압과 차별의 구조를 글과 말을 통해 드러내고 더욱 정의롭고 평화로운 세계를 꿈꾸는 작업은, 저항공동체 형성의 가능성을 담고 있다고 생각한다.

나는 학생들을 가르칠 때, 매주 다루어야 할 주제에 관한 질문을 카드에 써서 제출하는 과제를 내주곤 한다. 그 이유는 올바른 질문을 제기하는 것은 신학함의 가장 중요한 요소들 중 하나이며, 정의를 추구할 수 있는 인식의 틀을 형성하게 한다고 생각하기 때문이다. 이런 맥락과 비슷하게, 여성들이 이전까지는 아무 문제가 없다고 느껴온 것들에 대하여 '왜'라는 물음을 던지기 시작할 때 비로소 페미니스트 의식이 형성될 수 있는 첫 단계로 들어서게 된다. 그래서 어떤 의미에서 보면 여성들이 모여서 현실 속에 산재해온 문제를 비로소 문제로 바라볼 수 있게 하는 '올바른 물음'을 함께 묻기 시작할 때, 이미 불의한 구조에 대한 저항은 시작된다. 구체적인 자기 변혁에서 시작된 이러한 저항은 더욱 총체적인 변혁을 가져올 수 있는 근거가 된다.

불의에 대한 저항은 길거리에서 구호를 외치고 피켓을 드는 것만이 아니다. 또는 자신의 피해자적 경험을 이야기하는 서술로만 되는 것도 아니다. 오히려 더욱 근원적인 저항은 '왜'라는 물음에서 시작된다. 억압의 근본적인 원인과 보이지 않는 억압기제를 볼 수 있는 눈이 생기면서 우선 자기 자신의 인식을 바꾸는 것에서 출발한다. 불의·차별·억압 등에 대한 복합적 인식이 부재한 변혁의 추구는, 문제를 총체적으로 바라볼 수 있는 종합적 능력과 설득력이 결여된 탓에 변혁운동의 생동적인 지속성을 유지할 수 없기 때문이다. '개인적 저항'은 저항공동체의 형성을 통한 '집단적 저항'과 연계될 때 비로소 구체적인 역사적 현실로 뿌리내릴 수 있다. 페미니스트 신학적 작업들을 통해서, 대안적 세계를 향한 가치를 공유하는 여성과 남성들은 더 나은 세계를 위해 억압과 배제에 저항하는 저항공동체를 형성하는 여정에 들어서게 된다.

4. 아시아의 페미니스트 신학적 과제

우리(나)는 왜 기독교인인가? 왜 기독교인으로 남아 있는가? 내가 이해하고 받아들이는 기독교는 어떤 기독교인가? 이 같은 물음들은 기독교를 전제로 한 어떤 모임에서든 끊임없이 제기해야 하는 근원적인 질문이다. 어떤 모임이든 '기독교'의 이름을 배경으로 삼는 한, 이렇듯 근원적인 물음과 대면해야만 그 모임의 존재 의미를 재확인하고 재창출할 수 있기 때문이다. 특히 페미니스트 신학자들이 제기한 기독교의 신 상징 문제, 구속자로서 예수의 의미, 기독교가 제시하는 인간 이해가 어떻게 새롭게 조명될 수 있는가 하는 문제는 페미니스트 신학을 '기독교 신학'이게 하는 근원적인 특성을 형성하기 때문에 중요하다. 아시아의 기독교 인구는 아시아 인구의 13퍼센트밖에 안 된다.[14] 즉 서구 문명에서 근원적 메타포가 되는 서구의 기독교와 달리 아시아의 기독교는 지극히 소수의 종교로 자리 잡고 있다.

이러한 상황에서 아시아에서 페미니스트 신학을 하는 이들에게는 어떻게 기독교인으로서의 정체성을 지켜내는지가 중요한 과제이다. 다만 확실한 것은 기독교인으로서의 정체성이 다른 종교에 대한 적대적 배타성에 근거하면 안 된다는 점이다. 진정한 기독교적 정체성은 인간을 자유롭게 하고 해방하려는 '예수 운동으로서의 기독교'를 수용함으로써 구성되어야 한다. 동시에 제도와 교리를 통하여 예수 운동이 경직되는 위험성에 빠지지 않도록 비판적 성찰을 멈추지 말아야 한다. 기독교를 특정 교단이나 교리적인 틀에 가둬버리고 그 의미에 대한 물음을 포기한다면, 그것은 예수 정신의 타락과 왜곡으로 이어진다. 예수는 자신의 언행을 통해 하나의 제도화한 종교를 구축하려 한 것이 아니라, 어떻게 사랑과 정의와 평화의 삶을 살아야 하는가를 보여주었기 때문이다. 그렇기 때문에 기독교가 무엇인가라는 근원적인 물음을 지속적으로 품고, 그러한 물음을 신학적으로 성찰하는 것이 매우 중요하다. 이렇게 다양한 페미니스트 신학적 물음과 이해를 바탕으로 아시아의 페미니스트 신학적 과제를 살펴보자.

1) 가부장제의 개혁

페미니스트 신학을 하는 첫째 단계는 가부장제 비판을 통한 가부장제의 해체dismantle 작업이다. 현대의 가부장제는 노골적으로 성차별성을 드러내는 근대 이전의 가부장제와 달리 외면적으로는 남녀평등의 옷을 걸치고 은밀하게, 그러나 강력한 형태로 성차별주의를 행사하기도 한다. 또한 문화상대주의 또는 다중문화주의에 따른 타 문화 '존중'이 고양되는 분위기에서, 문화에 은닉되어 있는 성차별 같은 문제적 요소들까지 '존중'되어야 한다고 여겨지곤 한다. 즉 각 사회에서 상이하게 나타나는 성차별적 문화가 단지 서구와 다른 문화이기 때문이라는 식으로 '문화적 알리바이culturalist alibi'가 구성되면서 여성의 인권유린이 단지 문화적 상이성 때문일 뿐 잘못된 것은 아니라고 주장되곤 한다.

더구나 아시아의 전통과 사상에 대한 관심이 자국이나 서구에서 고조되면서 아시아의 전통적인 문화에 대한 비판이 '서구 제국주의적 발상'이라는 비난을 받는 가운데 아시아 문화가 이상화된다. 그래서 남성과 여성의 평등구조를 지향하는 것은 마치 '서구적'인 사고인 듯이 간주한다. 가변적인 특정한 문화적 양상을 마치 변할 수 없는 본질처럼 규정하는 이러한 '문화본질주의'적 태도는 가부장제적 가치에 따라 형성된 문화적 요소들에 대한 페미니스트의 비판을 부적절한 것으로 폄하한다. 그리하여 결과적으로는 아직도 아시아의 여러 나라에서 시행되는 가부장제적 문화가 아시아 '고유의 전통문화'로 이상화되거나 칭송되곤 한다.

세계화의 물결을 거치면서 이것은 자국의 문화를 끝까지 고수하고 싶어 하는 토착주의와 민족주의의 옷을 입고 아시아에서 가부장제의 근원적 해체를 불가능하게 만들기도 한다. 예를 들어 아시아의 남성중심적 가족주의는 서구 사회에는 없는 '아시아의 가치'로 방어된다. 여성에게만 강요되는 '순결 이데올로기'의 이중적인 성윤리도 아시아 고유의 문화라는 이름으로 추앙받곤 한다. 서구적 가족 이해를 '개인주의'라고 비판하면서, 아시아의 전통적인 가족 문화를 '공동체주의'라고 이상화하기도 한다. 그런데 아시아의 전통적 가족에서는 남성중심주의, 성별에 따른 이중적 성윤리 기준의 적용, 아이와 여성에 대한 폭력성, 위계적·권위주의적 관계성 등에 의한 폐해가 훨씬 많다. 성적 불평등과 아내에 대한 남편의 법적 소유권를 바탕으로 하는 전통적인 가족주의는 아시아 문화에서 비판받고 개혁되어야 할 문화적 요소로서 문제가 많다.

따라서 각기 다른 형태를 띠거나 유사한 형태로 21세기 아시아 국가들에 여전히 자리 잡고 있는 가부장제 문화에 대한 분석과 해체 작업이 무엇보다도 시급한 과제라고 할 수 있다. 그러한 해체 작업이 선행되지 못하면 아무리 21세기가 되었어도 아시아는 인식의 틀을 변혁하지 못한 채 중세적인 틀을 벗어나지 못하는 악순환을 반복할 것이다.

2) 아시아 문화와 기독교 전통의 개혁

아시아에 들어온 기독교는 아시아 문화의 가부장제성과 결합하여 각 나라마다 독특한 형태의 가부장제적 기독교를 형성하고 있다. 한국의 경우 기독교는 윤리적으로는 '유교화한 기독교', 영적으로는 '무교화한 기독교'라고 불린다. 기독교의 가부장제적 전통에 한국의 유교적 가부장제가 결합하여, 한국의 기독교는 강력한 가부장제적 기독교로 구성되어왔다. 한국 기독교인의 70퍼센트를 차지하는 여성들이 교단의 지도력에서는 배제되어 남성들이 독점하고 있는데, 신학이나 교회에서도 상황은 마찬가지이다.

이런 측면에서 볼 때, 한국 교회의 수적 부흥은 내적 성숙과 불균형을 이루고 있으며, 이러한 불균형이 문제로 인식조차 안 되고 있는 실정이다. 한국 기독교에서 대형 교회를 중심으로 한 부자지간의 교회 세습 문제는 자본주의적 가치와 결합한 유교적 가족윤리의 연장선상에 있다. 부계 혈통 중심의 유교적 가족윤리는 교회에서도 '한국적 기독교'라는 외피를 쓰고 다양한 양태로 작동한다. 즉 이러한 유교적인 부계 혈통적 가치체계가 낳은 불의한 구조 때문에 교회 세습 문제뿐 아니라 다양한 차별과 불의의 문제, 그리고 기독교 내 여성 지도력에 대한 차별과 배제 등 심각한 문제들이 양산된 것이다. 그런데 성차별에 의한 기독교 내의 다양한 폐해에는 관심을 두지 않으면서 유독 교회 세습 문제만 불의하다고 보는 것은 한국 기독교가 성차별을 대하는 인지 수준을 드러낸다.

그러나 한국과 같은 상황이 아시아의 다른 나라들에서 동일한 양태로 경험되는 것은 아니다. 예를 들어 소수 종교로서 기독교 교회의 목회자가 된다는 것이 경제적으로나 사회적으로 권력의 자리가 아닌 인도네시아 같은 나라들에서는 여성 목회자들의 활동이 다른 나라들보다 활발하고, 표면적으로는 그 지도력이 수용되는 듯한 양상을 띤다. 그러나 권력의 중심은 여전히 남성들이 차지한 것을 볼 수 있다. 따라서 아시아 나라들의 기독교가 어떤 양태로 가부장제성을 띠고 있는가는 심층적인 분석 과정을 거쳐야 비로소 포괄적으로 접근할 수 있는 문제이다. 문화적·역사적·종교적 배경이 다양하기 때문에, 어떤 한 나라에서 나타나는 양태가 다른 나라에서도 동일하게 나타나지는 않기 때문이다.

이것이 서구에서보다 아시아에서의 기독교 분석이 훨씬 더 복합적이고 심층적이어야 하는 이유이다. 즉 어느 한 나라의 양상을 예로 들면서 아시아 전체의 상황인 것처럼 일반화할 수는 없는 것이다. 따라서 기독교 안에 존재하는 다양한 양태의 가부장제적 구조가 아시아의 각 나라마다 다르게 나타난다는 사실을 인식하고, 동시에 이러한 구조를 페미니스트 관점으로 분석하는 것은 아시아의 페미니스트 작업에서 중요한 과제이다.

또한 기독교의 가부장제적 구조를 더 전문적으로 연구하려면 구체적인 영역에서의 분석이 요청된다. 예를 들어 교회학교에서 사용하는 교재에 가부장제적·성차별적 구조와 가치관이 각 나라의 문화적 요소와 결합하여 어떻게 나타나는가, 교회의 조직이나 결정기구 decision making body는 어떻게 구성되는가, 여성들의 모임은 주로 어떤 일을 담당하는가 등 아주 구체적인 측면까지 각 나라들마다 비교·분석하는 작업이 중요하다.

페미니스트 관점으로 구성되는 이러한 작업을 통해 우리는 무엇이 문제이고, 그 문제들을 구체적으로 해결해나가기 위해 요청되는 실천적 과제는 무엇인가를 분명히 인식할 수 있다. 또한 다른 나라들과의 비교분석을 바탕으로 아시아의 다양한 정황에서 복합적인 성차별구조를 볼 수 있다. 이러한 분석은 교회뿐 아니라 신학 교육의 현장에도 적용되어야 한다. 신학 교육의 커리큘럼이나 교육 내용, 교수진의 구성, 여성 신학생과 목회자의 진로 등 여러 구체적인 측면을 분석해 자료화하는 것은 중요한 과제라고 할 수 있다.

3) 대서사와 소서사의 균형

1960년대 미국에서 백인 여성들을 주축으로 이른바 제2기 페미니즘이 출현했을 때, 여성들이 무엇보다 먼저 해야 했던 작업은 가부장제와 성차별주의의 문제에 대한 총체적 비판과 분석이었다. 여성들은 인종·직업·종교·계층에 상관없이 가부장제의 '희생자'라는 인식 아래 모두 하나의 단일체로 묶였다. 그러나 1970년대 이후 페미니스트 안에서 자성적인 비판의 목소리가 나왔다. 페미니스트들 자신이 의도한 것은 아니지만, 이러한 여성 경험의 '보편화'가 남성들이 여성들을 배제하고 남성들만의 경험을 인간 보편의 경험으로 만든 것과 비슷하다는 비판이었다. 백인 여성들이 자신들의 경험을 모든 여성의 경험인 것처럼 일반화한 것이다.[15]

여성들이 가부장제의 희생자이긴 하지만, 여성들이 경험하는 가부장제란 그 여성의 인종·계층·교육 수준 등에 따라 다양한 양태로 경험된다는 점이 초기 페미니스트들의 분석에서 간과되었다. 그 이후, 이전의 가부장제나 성차별에 대한 거대 담론grand narratives에 대한 관심은, 구체적인 상황을 분석하는 미시 담론small narratives에 대한 관심으로 전이되었다. 이러한 변화에는 거대 이론에 대한 포스트모더니즘의 비판이 일조했다고 볼 수 있다. 그러나 현재 페미니스트들은 이러한 미시 담론의 각론적 논의에, 가부장제와 성차별의 구조를 큰 맥락에서 비교·분석하는 총론적 논의가 수반되어야 더 정확한 분석과 이론화가 가능하다고 인식하게 되었다. 즉 각론과 총론, 대서사와 소서사, 거대 담론과 미시 담론이 균형을 이루면서 논의되어야 한다는 것이다.

아시아 나라들에서의 각기 다른 성차별과 가부장제적 구조에 대한 페미니스트 신학적 접근을 좀 더 큰 맥락에서 지속적으로 조명해보는 것은, 그러한 미시 상황에 대한 이론화를 전체적으로 거대 담론적인 가부장제적 분석과 연결하는 데 반드시 필요하다. 나무에 대하여 말하는 것이 숲 전체를 분석하는 것과 대립되는 것이 아니라, 그 나무가 접목해 있는 상황을 더욱 광범위한 맥락에서 다각도로 조명할 수 있게 하기 때문이다. 이제 21세기 아시아 여성들의 신학적 작업에서는 이러한 각론과 총론, 미시 담론과 거대 담론이 균형을 이루는 것이 또 하나의 중요한 과제라고 할 수 있다. 지금까지 진행되어온 페미니스트 신학적 논의, 현재 진행되는 페미니즘의 논쟁적 이슈 등 큰 맥락에서 함께 이야기할 수 있는 주제와 그러한 이론들의 구체적인 적용을 살펴보는 것은 이러한 균형을 잡는 하나의 방식이 될 수 있다.

4) '단일 정체성'에서 '다중 정체성'으로의 전이

20세기가 지구적으로 민족국가를 형성된 시기였다고 한다면, 21세기는 국가 간의 이러한 경계가 무너지는 시기이다. 이러한 현상은 구소련이 붕괴하는 과정이나 EU를 바탕으로 한 유럽의 통합국가 형태에서 이미 나타났다. 또한 인터넷을 통한 사이버 커뮤니티는 공감하는 이념을 위해 국경을 초월하여 함께 일하는 것을 가능하게 했다. 21세기에 접어들기 직전인 1999년 11월, 미국 시애틀에서 열린 세계무역기구WTO 총회에서 비정부기구NGO들의 맹활약으로 총회가 무산된 적이 있다. WTO가 창설된 이후 최초로 민간기구가 WTO의 의결과정에 결정적 영향을 끼친 것이다. 이러한 사건은 비정부기구들의 인터넷 연결망이 없었다면 불가능했을 것이다. 바로 옆집 사람과는 일 년 동안 말 한 마디 하지 않고 지내도, 멀리 영국, 홍콩, 미국에 사는 사람과는 매일 이야기를 주고받는 것이 우리의 현실이 되었다. 이른바 '국경 없는borderless' 세기가 된 것이다.

에드워드 사이드가 지적한 바와 같이 "부분적으로 제국으로 인해 모든 문화가 서로 연결되어 있다. 그 어느 문화도 단일하거나 순수할 수는 없고, 모든 문화는 혼혈이며, 다양하고, 놀랄 만큼 변별적이며, 다층적"[16]이라는 사실은, 제국주의 시대 이후부터 가시화했고 21세기에 들어오면서 더욱 현실적인 양상이 되었다. 물론 한편으로는 탈식민주의적 지향성과 범세계화의 물결 속에서 각 나라는 자신들의 고유한 토착주의적 정체성에 관심을 쏟기 시작했다. 이러한 단일한 정체성의 추구는 토착주의와 민족주의 형태로 확산되었는데, 이것은 자신들의 정체성을 형성하고자 하는 정치화의 첫 단계로서 피할 수 없는 일이다.

이 같은 현실에서 개혁을 지향하는 페미니스트 신학적 작업이 다양한 문화의 만남과 융합의 지평으로 나아가는 그다음 단계로 전이하지 않으면 추상적이며 유아기적인 단계에 머무르고 만다. 이제 중요한 질문은 '무엇이 아시아 또는 한국 고유의 것인가'가 아니라, '어떻게 우리의 사고와 신학이 한국이나 아시아 사회에서 더 넓은 해방의 지평을 여는 데 기여할 것인가'가 되어야 한다고 생각한다.

두 세계와 문화의 '분리'가 아니라 '통합'이 필요한 이유가 바로 여기에 있다. '한국인은 한국적'이기만 하고, '일본인은 일본적'이기만 하거나, '미국인은 미국적'이기만 하다는 단일 정체성에 집착할 때, 그러한 문화적 본질주의에 기반을 둔 단일 정체성의 추구는 21세기에 상당한 제약으로 남을 것이다. 이는 또한 실제로도 비현실적인 추상적 정체성을 강요하는 것으로, 의미를 상실한 이론적 집착일 뿐이다. 한국 속에 이미 있는 서구적 모습, 일본적 모습, 중국적 모습을 애써 부정함으로써 사실상 자신의 혼종적인 모습을 적나라하게 직시하지 못하게 하기 때문이다. 예를 들어 베토벤을 좋아한다고 해서 비한국적 또는 비아시아적이라고 생각한다든지, 근대 이전의 한국 노래를 좋아하거나 전통 의상을 입으면 한국적이라고 생각하는 것과 같은 표피적 분리 방식은 유아기적일 뿐만 아니라 더 이상 분리할 수 없는 것을 분리하고자 하는 관념적 집착이다.

더욱이 한 인간이나 집단 또는 사회의 정체성이란 고착된 것이 아니라 끊임없이 변화하고 생성되는 것이다. 즉 '역사적인 것'이라는 뜻이다. 이제는 아시아인·한국인·일본인 등 각자의 인종적·민족적 고유성만을 주장하는 것으로써 형성되는 '단일 정체성single identity'이 아니라 다양한 문화, 다양한 가치관과 겹치기도 하고 만나기도 하고 때로는 분리되기도 하는 '다중 정체성multiple identity'으로 전이해야 한다. 다양한 방식으로 국경이 무너지고 있는 이 21세기에 우리가 관심을 두어야 할 것은 '토착주의'적인 집착이나 비현실적인 '단일 정체성' 추구가 아니라, 21세기의 화두가 되는 인류 평화의 증진과 인권의 확장에 어떻게 신학적으로 기여할 것인가이다.

5) '아시아-서구'의 이분법적 사고 극복

다섯 번째 과제는 네 번째 과제와 연결된다. 그러나 분리된 항목으로 다루는 이유는, 다중적 정체성을 형성하기 위한 전제와 '아시아-서구'라는 대립적·이분법적 사유방식을 넘어서는 것은 동일한 인식론적 전제를 필요로 하지만, 각각 다른 강조점이 있기 때문이다. 20세기 중반 이후 서구의 정치적 식민주의로부터 벗어나면서 아시아의 여러 나라들은 서구와 다른, 또는 서구에 물들지 않은 자신들의 고유한 정체성, 즉 '오염되지 않은 정체성'을 형성하고자 노력해왔다.

이러한 토착주의적 노력은 신학적 담론을 형성하는 장에서도 나타났다. 서구 신학의 헤게모니는 여지없이 비판받았고, 그러한 서구 신학과 다른 고유의 '토착적 신학'이야말로 신학적 정당성을 갖춘 것으로 간주되기 시작했다. 즉 개인적이며 문화적인 정체성뿐만 아니라 신학적 정체성도 언제나 서구와의 '다름' 속에서만 규정하고자 한 것이다. 물론 서구와의 '다름'에 대한 발견을 통한 아시아의 '자기 찾기'는 정치적·문화적으로 서구의 지배를 받던 식민지인들이 자기정체성을 형성해가기 위해 거쳐야 하는 중요한 정치화 단계이다.

그런데 서구와의 '다름'이라는 주장만을 통해서 형성되는 아시아인의 신학적·개인적 정체성 추구가 항구화하면 여러 측면에서 문제점이 나타난다. 첫째, '지리적 결정주의'와 '문화적 본질주의'의 덫을 피할 수 없게 된다. 그럼으로써 이미 아시아 속에 존재하는 무수한 다른 모습들을 거부하게 된다. 이러한 현상은 에드워드 사이드가 분석한 오리엔탈리즘을 아시아인들 스스로 내면화한 것이라고 볼 수 있다. 현재가 아닌 '과거의 것', 그리고 서구와 다른 '고유한 것'이나 '특수한 것'에만 관심을 가짐으로써 현재와 미래는 과거에 의해 화석화化石化하고 만다. 그러므로 이러한 토착주의적 욕구를 담은 신학은, 인터넷의 급격한 확산을 바탕으로 지리적 경계가 무너지고 있을 뿐 아니라 다양한 문화의 동시적 혼합을 경험하며 21세기를 살아가는 아시아인들의 일상적인 삶에 대한 신학적 성찰이 아니라, 19세기 이전의 것에만 관심을 두는 '복고주의적 신학'이 될 수밖에 없다. '오염되지 않은 정체성'이나 '오염되지 않은 문화'

란 불가능하며 비현실적이다.[17]

나는 지금까지 아시아에서의 페미니스트 신학적 관심이란 서구와 '다름'을 주장함으로써 구성되는 '특수주의particularism'의 구조에만 머물러 왔다고 본다. 그러나 신학적 담론을 포함한 모든 담론은 '특수주의'뿐 아니라 '보편주의'의 영역까지 담아내야 한다. 보편주의와 특수주의는 서로를 강화하고 보충하는 역할을 하기 때문이다. 인식하든 인식하지 못하든, 긍정적이든 부정적이든 간에 이른바 '서구적인 것'은 벌써부터 아시아의 나라나 문화 속에 편재한다. 근대 이후 아시아 국가들에서 '서구적인 것'과 서구에 '오염'되지 않은 아시아 고유의 '토착적인 것'의 경계는 관념에서처럼 그렇게 명료한 것이 결코 아니다. 한국의 상황을 보더라도 이미 한국인의 일상적인 삶에서 '서구적인 것'과 '한국적인 것'의 경계는 불분명할뿐더러, 때로는 그 두 영역이 뒤섞여 독특한 제3의 문화적 방식을 연출한다. 결과적으로 서구에 대한 비판은 사실상 아시아 자체에 대한 비판에서 출발해야 하며, 또한 아시아에 대한 비판은 언제나 서구에 대한 비판을 함축한다.[18]

이러한 맥락에서 21세기 아시아의 페미니스트 신학은 이제 '서구-아시아'라는 대립적·이분법적 이해를 넘어서야 한다. 그러한 이분법적 구조로는 21세기 아시아 여성들의 삶을 총체적으로 조망할 수 없기 때문이다. 아시아 다양한 나라들의 상이성과 특수성에 대한 인식과 더불어 아시아 속에 이미 혼합되어 있어 더 이상 실제로 거부하거나 부정할 수 없는, 더 나아가 아시아 정체성의 한 부분을 이루는 '서구적인 것'을 분명히 인식해야만 비로소 아시아인의 삶에 대한 신학적 담론화가 가능해지는 것이다. 또한 아시아의 옛 전통이나 문화에 대한 재해석 또는 재발굴을 통한 신학적 담론화는 아시아 여성들의 해방적 담론과 연결될 때 비로소 의미를 발휘할 수 있다. 21세기를 살아가는 여성들의 현실을 변혁할 아무런 단서를 주지 못하는 전통과 문화의 고양은, '학문적 상품'은 될지 모르지만 해방적 담론의 장을 결여한 추상적 차원에 머무르고 말기 때문이다.

6) 21세기 기술과학에 대한 페미니스트 신학적 성찰

21세기는 다양한 차원에서 20세기와는 질적으로 전혀 다른 세기이다. 그중에서 괄목한 만한 것은 기술과학의 놀라운 발전이다. 특히 유전공학이나 정보화 기술의 발달은 20세기가 경험하지 못한, 즉 전적으로 다른 종류의 생활방식이나 삶의 양태를 생산했다. 예를 들어 인간복제나 게놈 프로젝트genome project 분야의 발전은 이전의 가치관이나 윤리에 대한 근원적인 도전이 되고 있다. 또한 다양한 방식의 정보매체들이 출현하면서 일상적인 삶의 양식이 획기적으로 변화했다. 특히 정보화에 따른 SNS의 발달은 인간의 관계 맺기 구조나 양식뿐 아니라 정치·경제 구조에도 획기적인 변화를 가져왔다.

그러나 21세기의 이 같은 새로운 변화는 이전과의 불연속성만 보이는 것이 아니라 가부장제적·남성중심적 가치관과의 연속적 관계를 보이기 때문에, 이러한 구조를 더욱 구체적이고 비판적으로 조명할 필요가 있다. 따라서 21세기라는 새로운 시대가 가져온 다양한 발전과 변화가 이전 시대와 어떤 연속성과 불연속성이 있는지를 페미니스트 관점에서 읽어내는 것이 페미니스트 신학자들이 씨름해야 할 또 하나의 과제가 되었다.

21세기에 새롭게 나타난 다양한 변화에 신학적 관심을 기울이는 것은 21세기의 남성과 여성, 그리고 다양한 성 정체성을 지닌 인간의 삶에 진지한 관심이 있다는 뜻이다. 특히 기술과학의 발달이 인류 평화의 증진과 인권의 확장을 위하여 지구적·지역적 차원에서 어떤 긍정적·부정적 의미가 있는지 성찰하는 것은 신학의 주요한 과제 가운데 하나이다.

또한 아시아 페미니스트들은 아시아의 독특한 문제들뿐만 아니라 생태위기 문제처럼 지리적·문화적 구분을 넘어서는 인류 보편의 주제들도 신학적으로 성찰해야 한다. 그러한 주제들 역시 아시아 여성들의 삶을 다양하게 지배하는 요소들이 되기 때문이다. 이러한 보편적 주제들에 대한 전 세계 페미니스트들의 논의에 귀 기울이고 함께 대화해야 하는 이유가 바로 여기에 있다. 페미니스트로서 겹치는 관심, 겹치는 목표에 대하여 꾸준히 대화하고 신학적 작업을 하는 것 또한 21세기 아시아의 페미니스트 신학적 과제라고 할 수 있다.

7) 새로운 세계의 구성: 해석만이 아니라 변혁을

페미니스트 신학에는 다양한 시각이 존재한다. 그러나 모든 페미니스트 신학자들의 전략과 목적이 다양함에도 불구하고 동의할 수 있는 점이 있다면, 굳이 카를 마르크스 Karl Marx의 논의를 빌리지 않더라도 신학의 과제는 '해석'뿐 아니라 '변혁'에 있다는 점, 더 나아가 새로운 세계의 '구성'에 있다는 점이다. 물론 이러한 신학적 과제를 수행할 때 강조점이나 표현방식에는 차이가 있을 수 있다. 그러나 페미니스트 신학자들의 다양한 신학은 우선 한 개체적 존재로서 '나'의 인식과 가치관을 바꾸고, 그다음 단계로 내가 관계 맺는 공동체를 개혁함으로써 궁극적으로는 나와 신의 올바른 관계를 형성해 더 큰 정의와 평화, 그리고 자유와 평등을 이루는 일에 한몫하는 것이라는 점에 모두 동의하리라고 본다. 아시아의 페미니스트 신학적 논의를 한다는 것은 이처럼 인류 보편의 가치이자 기독교의 보편가치이기도 한 더 큰 정의·자유·평등·평화라는 가치를 우리의 구체적인 현실 속에서 이루어내기 위한 변혁에 참여한다는 뜻이다.

여성들은 다양한 통로를 통해서 인식론적 변화를 경험하게 된다. 그동안 자신들이 침묵을 강요당해왔고 역사에서 배제되어왔다는 사실에 대하여 '돌연한 인식의 경험click experience'을 하며, 다른 여성들의 차별과 배제의 경험에 대하여 '공감의 경험yeah-yeah experience'을 하기도 한다. "돌연한 인식의 경험"은 미국의 《미즈Ms》라는 잡지에서 처음 사용된 용어로, 여성들이 돌연히 자신의 억압에 대한 비판적 의식을 갖추는 순간을 의미한다. 또한 직역하면 '그래-그래 경험'이라고 할 수 있는 '공감의 경험'은 미국의 유대교 페미니스트인 주디스 플라스코Judith Plaskow가 개념화한 용어이다.[19] '돌연한 인식의 경험'이 개인적 차원이라면, '그래-그래 경험'은 공동적 차원의 경험이다.

이러한 두 차원의 경험은 여성들이 그 다양성에도 불구하고 더 나은 사회를 위하여 함께 일하는 변혁의 힘을 갖추게 한다. 이러한 경험을 바탕으로 여성들은 수평적 동료성을 형성할 가능성을 얻고, 수평적 동료성의 형성은 '저항공동체'의 실천적 근거가 된다. 관념적이고 추상적인 세계에만 잠겨버리는 것이 아니라 현실에 대한 비판적 성찰과 그 역사적 현실에 접목하는 페미니스트 신학적 작업이야말로 21세기 아시아에서 요청되는 과제라고 할 수 있다.

제4장

기독교 · 근대성 · 페미니즘: 딜레마와 가능성

1. "페미니즘은 죽었는가?"

1998년 6월 미국의 시사 주간지 《타임Time》은 "페미니즘은 죽었는가?Is Feminism Dead?"라는 제목의 표지와 함께 페미니즘에 관한 특집기사를 실었다.[1] 이 기사는 1970년대 페미니즘이 추구하려 했던 비전들은 이제 사회·문화 속에서 그 자취를 찾아보기 어렵게 되었다고 보았다. 이어서 1970년대 미국 여성운동의 선구자였던 글로리아 스타이넘Gloria Steinem의 말처럼 페미니즘이 공공 관계 운동public relations movement이 아니라 하나의 혁명이라면 '왜 페미니즘이 이렇게 헛바퀴를 도는 것인가?'라고 물음을 던진다.

시몬 드 보부아르의 《제2의 성》,[2] 베티 프리던Betty Friedan의 《여성의 신비》,[3] 그리고 미국 전역에서 베스트셀러가 된 케이트 밀레Kate Millet의 박사학위 논문인 《성의 정치학》[4] 등으로 이어지는 페미니즘 책들은 세계에 커다란 변혁을 요구했다. 이처럼 1960~1970년대 페미니즘이 사회 변화에 집중했다면, 현대의 페미니즘은 유명인사의 문화와 자기망상에 집착한다는 것이다. 왜 이렇게 페미니즘이 죽은 것 같은가. 이 기사는 페미니즘이 더 이상 사회변화에 관심을 기울이지 않고, 페미니스트들이 단지 센세이셔널리즘과 자기망상에 빠진 이유는 "페미니즘의 목표가 모두 달성되었기 때문인가?"라고 냉소적으로 묻는다.

대중매체에서 독신 여성은 자기도취적이거나 일에 찌든 여성으로 등장하고, 직업이 있는 여성들 또한 왜곡된 이미지로 그려지는데, 이러한 묘사들이 많은 여성을 포함한 대중의 동의와 지지를 받는다. 또한 페미니스트임을 자처하면서 사실상 성적 자극만을 유발하는 잡지들의 등장도 페미니즘의 개념을 왜곡하며 잘못 적용하고 있다. 이렇게 페미니즘이 공적 영역의 변화 문제와 분리되어 있다면, 그것은 페미니즘의 이론화 역할을 하는 아카데미즘에도 책임이 있다고 이 기사는 분석한다. 즉 아카데미즘 속의 페미니즘이 사회활동이나 사회변화에 관심을 두기보다는 몸의 상징 등 여성 자신의 내면적인 문제에만 집중하는 경향이 짙어진다는 것이다. 이러한 현상은 페미니즘이 사회변화나 사회운동의 차원을 이론적으로 뒷받침하지 못한다는 사실을 드러낸다.

물론 나는 이러한 분석이 지금의 반反페미니즘적인 사회 분위기의 원인을 모두 포괄적으로 보여준다고 생각하지는 않는다. 우선 대중매체를 주도하는 사람들이 누구이며, 그것이 상업주의와 어떻게 연결되어 있는지는 말하지 않기 때문이다. 그러나 페미니즘 외부에만 책임을 돌릴 수는 없다. 비판적 자기성찰이 페미니스트들 안에도 있어야 하며, 그런 의미에서 페미니즘에 도전하는 《타임》지의 기사 내용을 좀 더 진지하게 받아들여야 한다고 생각한다. 페미니즘을 하나의 운동인 동시에 그 운동에 꾸준히 인식론적 틀을 제시하는, 또는 제시해야 하는 이론과 담론이라고 규정할 때, 운동으로서의 페미니즘이 일식日蝕 현상을 나타내는 것은 그 운동의 지속성과 확산에 가장 중추적인 역할을 하는 페미니즘의 담론화가 인식론적·이론적 전거를 마련하지 못한 데도 원인이 있기 때문이다. 따라서 '페미니즘의 죽음'이라는 현상에는 학문 영역의 책임도 있다고 보는 분석은 유효한 도전이다. 현대사회에서 페미니즘의 왜곡과 '죽음'의 징후를 고려하면서 나는 다음과 같은 물음과 함께 이 장을 열고자 한다.

- 페미니즘은 왜 모더니즘의 등장이라는 특정한 시대의 특정한 인식론적 변화를 통해 출현했는가?
- 모더니즘의 어떠한 인식이 페미니즘의 출현을 가속화했으며, 이러한 인식은 현대에 어떻게 연속성 또는 불연속성을 띠는가?
- 한국 사회에서 페미니즘은 어떠한 인식론적 전거로부터 출발해야 하며, 어떠한 장애를 안고 있는가?

가장 기본적인 것 같은 이러한 물음들로부터 글을 시작하려는 것은 현대 페미니즘의 시작, 지속적인 확산, 초기 페미니즘의 사회변혁적 전망을 더욱 분명히 하는 것이 페미니즘의 인식론적 토대를 이해하는 데 중요하기 때문이다. 이와 같은 맥락 아래 모더니즘에서 인간의 '자기 이해', 좀 더 보편적인 용어로는 '인간론'의 변화가 페미니즘의 형성에 어떻게 기여했으며, 페미니즘이 태동한 서구 사회에서 기독교는 어떠한 인식론적 틀을 제공했는지, 나아가 그러한 인식론적 이해가 한국 사회에 어떤 방식으로 전달되었는지를 분석하고자 한다. 이러한 분석을 토대로 페미니즘에 관심을 두는 이들이 페미니즘의 근원적인 인식론적 틀을 분명히 이해하고, 한국 사회에서 페미니즘의 변혁적 비전에 필요한 담론의 활성화에 개입할 수 있기를 바란다.

2. 기독교·근대성·페미니즘: 개체적 인간주체의 출현

1) 근대성의 출현과 근대 기독교 인간관

근대성modernity의 개념과 시기에 대해서는 다양한 논의가 있다.[5] 그러나 일반적으로 근대성이란 서구 역사에서 특정한 시간·공간과 연관되어 있다. 즉 근대성의 개념은 17세기 유럽이라는 시공간적 배경 위에 형성되었다. 근대성은 근원적인 사회변혁에 기여했으며, 인간 억압적인 제도와 가치구조에 대한 근원적인 저항과 해방을 향한 전망 속에 출현했다고 볼 수 있다. 근대성의 이러한 공헌은 현대의 근대성에 대한 포스트모던적 비판에도 불구하고 기억되어야 할 것이다. 근대성의 긍정적 공헌은 '경제의 평등한 재분배, 여성해방, 전제정치의 제거, 더욱 확장된 교육 기회, 과학과 예술의 발달 등'으로 규정할 수 있다.

모더니스트들은 성서에서 명시된바 신이 '모든 것을 새롭게 만들 수 있는 것'처럼 인간도 모든 것을 새롭게 할 수 있다는 고도의 낙관성을 담고 있었다. 낙관주의적 인간 이해에 근거하여, 모더니스트들은 진보된 사회를 창출할 수 있다는 변혁을 향해 강한 희망을 품었다. 현대의 포스트모더니스트들의 주장과 비슷한 것처럼 들리는 "모든 고정된 것은 사라졌다"는 모더니스트들의 주장은 상대주의적 좌절을 야기하는 것이 아니라, 오히려 새로운 변혁에 대한 강력한 희망의 원리가 되었다.[6] 변혁을 둘러싼 강한 희망은 그들이 몸담았던 이전 세계보다 훨씬 좋은 세계로 진보해 나아가는 것에 대한 강력한 낙관적 의지의 반영이었다. 그러나 근대성을 좀 더 깊이 들여다보면, 근대성은 다양한 영역에서 나름대로의 특성과 목적을 가지고 전개되었다는 점을 알 수 있다. 그것은 크게 사회적 근대성, 미학적 근대성, 정치적 근대성 세 가지로 분류된다.[7]

포스트모더니즘과 페미니즘의 비판을 받는 모더니즘은 '사회적 근대성'과 '미학적 근대성'이라고 할 수 있는 반면, '정치적 근대성'은 페미니즘의 원리를 창출한 근대성이라고 할 수 있다. 이 정치적 근대성은 민주적 혁명에 구현된 권리와 원리들에 연관된다. 정치적 근대성에서 이해되는 인간은 합리적이며 이성적인 존재이다. 이성과 합리성에 근거하여 행동하고, 자신의 미래를 주체적으로 구상한다. 그리고 자신의 결정과 행동에 책임지는 존재이다. 이러한 인간 이해는 인간을 지배하는 구조와 이념을 극복할 수 있는 인간의 능력을 계발하게 했다.

즉 정치적 근대성은 억압을 경험한 후 그것에 대한 저항과 그 억압으로부터의 해방을 추구함으로써 촉발된 인간의 능력을 근거로 한다. 인류의 역사에서 인간의 평등, 자유, 정의의 원리에 비로소 의미를 부여한 근대성의 개념이 바로 정치적 근대성이다. 이러한 맥락에서 하버마스Jürgen Habermas의 근대성 변호가 이어진다. 하버마스는 근대성을 '미완의 해방적 기획unfinished emancipatory project'이라고 규정하면서, 계몽주의의 결점은 좀 더 '심층적인 계몽'에 의해 극복될 수 있다고 보았다.[8]

17세기 이후 근대성은 민족국가와 조직적 자본주의적 생산이라는 뚜렷한 특성을 띠면서, 유럽의 경계를 넘어 전 세계 곳곳으로 확산되었다. 물론 이러한 근대성의 세계적 확산은 제국주의적 침략의 과정을 거침으로써 가능했다. 그럼에도 현대사회에서 '근대성'을 둘러싼 논의가 서구 유럽에 제한될 수 없다는 것은 이제 부인할 수 없는 역사적 사실이 되었다. 그러나 근대성 개념의 다양한 의미와 근대화 과정은 역사적 상황에 따라 국가마다 다른 양태로 나타나고 있다. 그러므로 서구적 근대성 논의를 한국 상황에 그대로 수용하는 것은 한계가 있다. 또한 근대성의 긍정적인 의미와 그 한계에서 드러난 부정적 차원이 한국 사회에 어떻게 전달되고 있는가에 대한 면밀한 분석은 근대성이 촉진한 인간해방의 과제를 더욱 분명히 설정하고 변화를 추구하는 데 중요한 과정이다.

서구 사회에서 근대의 출현은 여러 의미에서 과거와의 불연속성을 첨예화했다. 변화의 속도는 매우 빨랐고, 변화의 범주는 전 세계적이었으며, 다양한 사회제도에서 본질적인 변화가 일어났다.[9] 근대는 근대 이전pre-modern의 연장선 또는 연속성에서가 아니라, 급진적 불연속성의 차원에서 다양한 변화를 촉발한 것이다. 따라서 서구 문명의 형성에서 근원적인 메타포 역할을 한 기독교 내부에서도 근대는 근대 이전, 즉 중세와는 전혀 다른 신관神觀·인간관·세계관을 제시함으로써 예전과는 전적으로 다른 근원적 변화가 일어난 시대였다. 신학을 '기독교 신앙의 내용과 행위, 그리고 그 의미에 대한 지성적 성찰'이라고 규정할 때, 신학이 역사적이며 문화적인 특정한 정황 속에서 형성된다는 것은 분명한 사실이다. 그러므로 신학은 '상황적인 것'이다. 이러한 상황적 특성 때문에 신학적 담론은 신학의 주체인 인간이 살아가는 정황과의 끊임없는 연관성 속에서 형성된다.

서구에서 근대의 출현은 종교개혁을 통해서 제기된 중세 기독교에 대한 종교적 저항, 과학의 발달을 통해서 이루어진 중세 기독교의 우주관에 대한 도전, 르네상스를 통한 휴머니즘의 고양 등을 바탕으로 중세 기독교적 인간관에 본질적으로 도전하는 특성을 띠었다. 즉 근대의 기독교는 중세 기독교에 대한 이러한 저항과 도전을 신학적으로 새롭게 성찰했다. 이러한 신학적 성찰은 후대에 자유주의 사상에 근거한 '자유주의 신학'의 출현을 가능하게 했다.[10]

슐라이어마허Friedrich Schleiermacher를 선두로 하는 자유주의 신학자들은 기독교 신앙의 재구성reconstruction에 헌신했다. 그들은 계몽주의가 신학적 성찰에서 무시될 수 없다고 보았다. 그러한 계몽주의의 통찰을 토대로, 전통적 신앙에 대한 비판과 재구성이 그 시대에 요청되는 과제라고 보았다. 그들은 성서와 기독교의 '역사성historicity'을 분명히 인식했다. 신의 나라란 초월적인 것이 아닌 역사적-윤리적 사회라고 규정하면서, 계몽주의의 빛에서 신과 인간의 불연속성보다는 연속성을 강조했다. 이러한 자유주의 신학은 전통적인 기독교 신학이나 교리에 도전했다는 이유로 현재 교회 안에서 부정적으로 이해되고 있다. 이는 자유신학을 포괄적으로 이해하지 못한 데서 비롯된 부정적 이해라고 생각한다. 자유주의 신학이 제시하는 신관·인간관·세계관을 통하여 '이성의 시대'의 산물인 근대성의 도전 속에서 많은 이들이 자유와 해방을 경험하게 되었으며, 근대 이후 팽배하던 종교의 무의미성이나 불필요성의 논의에서 기독교를 적극적으로 변증하고 기독교에 의미를 부여하는 역할을 했다는 점에서 자유주의 신학이 공헌한 바를 평가해야 한다.

근대 기독교의 인간관이 중세 기독교의 인간관과 근원적으로 다른 점이 있다면, 이는 계몽주의의 인간관에서 드러나는 특성을 통해 그대로 찾아볼 수 있다. 즉 타율적 인간에서 '자율적 인간'으로, 죄인으로서의 인간이라는 비관주의적 인간에서 신의 형상으로 지음 받은 무한한 가능성을 안고 있는 고도의 '낙관주의적 인간'으로 바뀌면서, 인간관의 근원적인 패러다임 전이가 일어난다. 16세기의 종교개혁은 중세 기독교 교회의 절대적인 권위에 도전하면서 개인적 신앙을 강조하게 되었다. 이러한 종교개혁 정신이 그대로 드러난 것이 17세기 이후의 계몽주의 정신이다. 이성의 시대를 맞이하면서 이제 기독교는 이전과 전혀 다른 신학적 이해를 제시할 수밖에 없었다. 계몽주의는 역사의 중심에 신이 아닌 인간을 세워놓았다. 이러한 맥락에서 근대 기독교는 신을 하늘에서 인간의 세계로, 즉 '초월적 신'에 대한 이해에서 '내재적 신'에 대한 이해를 강조하게 되었다. 또한 '신의 형상'으로 창조된 존재라는 인간 이해는 인간 개개인의 존엄성에 대한 강조와 더불어 현대의 '인권' 개념을 비로소 가능하게 했다고 볼 수 있다.

'인권'의 현대적 개념은 유대-기독교와 그리스-로마 문화를 두 축으로 하는 서구 문명에서 발전했다. 물론 유교와 같은 아시아의 종교가 휴머니즘이라는 맥락에서 논의되기도 한다. 그런데 유교적인 맥락의 휴머니즘은 엄밀한 의미에서 현대의 인권 논의와 같은 선상에 있다고 보기는 어렵다. 인권을 둘러싼 논의는 언제나 긍정적인 의미의 '개인주의individualism'에서 출발하기 때문이다.

물론 '개인주의'가 무엇인지 규정하는 것은 아주 복잡한 문제이다. 일반적으로 개인주의는 크게 두 가지로 분류할 수 있다. 하나는 홉스주의적 개인주의Hobbesian individualism로, 개인과 사회에 파괴적인 것이다. 홉스주의적 개인주의에서 인간은 자아와 사회로부터 분리되는 '자기충족적self-sufficient 존재'이다. 홉스주의적 개인주의에서 말하는 인간이란 사회적이고 공동체적이며 상호의존적 존재가 아니기 때문에, 공동체적 사회를 이루는 데 파괴적으로 작동하는 개인주의라고 할 수 있다. 페미니스트들은 이러한 홉스적 개인주의에 대해서는 전적으로 비판적 시각을 취한다.

다른 하나는 '윤리적 개인주의ethical individualism'이다. 윤리적 개인주의에서는 무엇보다도 한 인간의 개체성을 존중한다. 윤리적 개인주의에서는 자기 자신에 대한 권리와 타자의 권리가 똑같은 의미를 부여받는다.[11] 즉 인간으로서 나의 권리가 인간으로서 너의 권리와 동등하게 중요하다고 전제하는 것이다. 이러한 윤리적 개인주의는 인간으로서의 자아실현, 선택의 자유, 인격적 책임성 등 긍정적인 측면을 지니고 있다. 이 윤리적 개인주의는 홉스주의적 개인주의와 양립할 수 없는 것으로, 근대의 인권 개념에 가장 근원적인 원리들을 제공한다.

그러므로 개인주의와 이기주의를 동의어로 받아들이는 것은 개인주의를 지나치게 단순하게 이해한 것이다. 개인주의의 긍정적인 의미를 간과한 채 유교적 '관계주의'를 강조하게 되면, 언제나 여성과 어린이 또는 권력을 얻지 못한 남성 등 한 사회의 약자들이 그 관계성의 강조에 따라 주체적 존재로서의 권리를 박탈당할 위험에 노출되기 때문이다. 이러한 예들은 특히 '관계성'을 강조해온 문화를 지닌 사회에서 쉽게 찾아볼 수 있다.

유교에서 한 인간이 어떤 권리를 갖는 것은 '개체적 존재'로서가 아니다. 개개인의 '역할'에 따라 권리를 부여받거나 박탈당한다. 아들로서, 아버지로서, 형제로서 갖는 권리이다. 그 권리는 어떤 특정한 위치나 사회계층에 맞아야 비로소 향유할 수 있는 것이지, 아무런 외적 관련이 없는 인간에게 주어지는 인간으로서의 보편적 권리가 아니라는 뜻이다. 따라서 유교문화에서 여성들이 아무런 사회적 권리를 주장할 수 없는 존재로 규정되는 것은, 유교의 인간 이해가 모든 가족적·사회적 관계 이전에 인간을 철저히 개체적 존재로 바라보는 윤리적인 개인주의적 개념을 결여했기 때문이다. 즉 인권의 보편성이 결여되어 있는 것이다.

이와 대조적으로 서구 문명의 근원을 이루는 유대-기독교는 가부장제적 전통에도 불구하고 모든 인간이 하나의 근원, 즉 신으로부터 창조되었고 신의 이미지를 따라 형상화되었다는 '평등적 창조론'과 그에 따른 '존재론적 평등의 원리'를 제공했다. 윤리적 개인주의의 종교적 토대를 마련한 것이다. 더 나아가 프랑스혁명은 1789년 8월 27일에 통과된 프랑스 인권선언서에 담긴 인권의 계몽주의적 개념을 바탕으로 인권의 원리를 법문화했다.[12]

중세에 억눌려왔던 인간은 계몽주의 이후 인간의 평등성에 대한 이해에 힘입어 다시 태어났다. 근대에 이르러서는 다양한 요인에 의하여 개체적 존재로서의 인간 이해가 고양되기 시작했는데, 이러한 고도의 낙관적 인간론은 계몽주의 이후 근대 기독교 인간관의 주요한 특성을 이룬다. 인간의 이성에 대한 강조와 함께 자율성, 자연, 조화, 진보에 대한 강조는 계몽주의의 가장 근본적인 원리를 형성했다.

이러한 변화 속에서 근대의 기독교는 성서와 교회에 의해 가르쳐진 종교, 즉 '계시종교 revealed religion'로서의 기독교가 아니라 모든 사람에게 알려진 신의 존재와 도덕법, 그리고 이성으로써 규명할 수 있는 '자연종교 natural religion'로서의 특성을 강조하게 되었다. 이러한 자연종교로서의 기독교를 강조함으로써 비로소 '기독교'라는 종교는 합리성을 추구하는 과학자나 철학자에게도 수용될 가능성을 시사했다. 종교의 가장 핵심적인 관심은 계몽주의의 대표자로 간주되는 칸트에 의하여 삶의 윤리적 차원으로 고양되었다. 근대 기독교는 기독교 교리보다는 인간과 사회의 도덕성에 관심을 두게 되었다. 이러한 근대 기독교가 특히 자유주의 신학을 통하여 제시한 인간관은, 19세기 미국의 노예제도 폐지 운동과 여성의 권리운동에 종교적인 원리를 제공해주었다.

2) 근대 기독교와 페미니즘

서구에서 근대 계몽주의의 출현은 정치적 차원에서 프랑스혁명을 통한 시민사회의 형성과 민주주의를 가능하게 했으며, 또한 현대적 의미의 페미니즘 탄생을 촉진했다. 프랑스혁명의 모토인 인간의 자유·평등·박애 정신은 혁명 주도자들이 바라보는 인간 개념의 범주가 협소했음에도 불구하고, 노예해방운동을 비롯한 인간해방운동에 이론적이며 실천적인 틀을 제시했다. 또한 프랑스와 미국에서 일어난 혁명으로 여성들은 비로소 '집단적'으로 동일한 이념에 따라 나름대로 사회변화 운동에 참여할 기회를 얻었다. 여성들은 집단적 모임과 행위를 사적인 영역에서 시작했지만, 이러한 사건들은 여성들의 집단적 행위의 가능성을 열어주었으며, 이러한 모임을 통하여 여성들은 비로소 자신을 고유한 개체적 인간으로 인식하는 계기를 마련하게 되었다.[13]

계몽사상가나 혁명가들의 '인간' 범주에 여성이 포함된 것은 아니었다. 따라서 그 혁명가들이 '인간해방'을 외칠 때 그 '인간'에 '여성'이 포함된 것은 아니다. 이처럼 계몽주의나 프랑스혁명이 '여성해방'을 의도하지는 않았지만, 개체적 존재로서의 인간에 대한 인식은 여성이 남성에게 딸린 존재가 아니라 독립적이고 개체적인 존재라는 인식을 가능하게 했다. 결과적으로 페미니즘이 탄생하고 확산되는 데 근원적인 원리를 제공하게 된 것이다.

이러한 맥락에서 볼 때, 페미니즘의 출현은 인간관의 근원적인 변화를 통해서 가능했다. 인간관의 변화는 근대 기독교 인간관의 변화와 함께 현대 서구 사회의 개인주의적 인간 이해에 초석을 놓은 것이라고 할 수 있다. 인간의 개체성individuality에 대한 인식에 근거한 근대 페미니즘은 개체적 존재로서의 여성에 대한 인식을 근원적인 출발점으로 삼아 이른바 '자유주의 페미니즘'을 꽃피우게 했다. 이후 다양한 강조점을 갖고 이전 논의의 약점과 한계를 극복하려는 다양한 페미니즘이 출현했다.

분류 작업은 필요하지만, 한편으로 보면 다양한 페미니즘의 다양한 인식이 확산되는 과정이나 강조점의 차이를 각각 다른 명칭으로 부르는 것은 한계를 안고 있다. 즉 통상 우리가 자유주의 페미니즘, 마르크스주의 페미니즘, 사회주의 페미니즘, 급진주의 페미니즘이라고 일컫는 전형적인 페미니즘 분류는 자칫 각각의 페미니즘 사이의 연속성을 인식하지 못하게 할 수 있기 때문이다. 모든 페미니즘의 기본적인 전제가 되는 자유주의 페미니즘의 노력, 즉 여성의 법적 평등과 교육 기회의 균등을 확산하기 위한 자유주의 페미니즘적 전제들은 다른 페미니즘과의 연속성을 인식하기 어렵게 한다. 자유주의 페미니즘의 한계를 인식하고 운동을 더 넓은 지평으로 확대하는 것이 곧 자유주의가 제시한 인간 개인의 법적·교육적 평등성에 대한 주장의 중요성을 무효화하는 것을 의미하지는 않기 때문이다. 따라서 페미니즘에는 다양한 분류 방식과 이름이 있지만, 페미니즘 간의 불연속성뿐만 아니라 연속성도 보아야 한다.

물론 계몽주의 사상가나 프랑스의 혁명가들 또는 근대의 자유주의 신학자들은 모두 남성이었으며, 그들이 여성을 보편적 인간의 범주에 포함시키지 않았다는 것은 부인할 수 없는 사실이다. 그것은 개개인의 특별한 남성중심적 인식의 결과라기보다는 당시 사회의 가치구조를 반영하는 것이기도 하다. 그들의 의도와는 상관없이, 인간의 개체성에 관한 그들의 주장은 그들이 보편 인간의 범주에 포함시킬 생각을 하지 못했던 여성들이 한 인간으로서의 인식과 자기긍정을 갖도록 촉매 구실을 했다.

한편으로 기독교는 여성을 남성보다 열등하고 더 나아가서 악의 근원인 위험한 존재로 부각하는 여성혐오사상misogyny을 통해 여성을 억압하는 역할을 했다. 그러나 다른 한편으로 여성도 남성과 평등하게 신의 형상으로 창조된 고귀한 존재라는 '존재론적 평등성'을 부각함으로써, 사회적 신분과 관습에 의해 억압을 경험하던 여성들이 새로운 고귀한 존재로서 자신을 이해하도록 해방적 역할을 했다.

기독교의 이러한 해방적 측면은 초기 기독교에서 여성들의 지도력을 활성화했다. 기독교의 가부장제화 역사를 통해서도 여성들은 그 속에서 새로운 존재론적 평등의 해방적인 의미를 찾아냈다. 결국 이러한 모든 존재의 평등성에 대한 관심, 그리고 불의에 분노하는 '정의의 신'이라는 기독교적 신관은, 여성들이 인종에 의한 인간 억압을 불의라 규정하고 노예제도 폐지 운동에 참여하도록 인식론적 원리를 제공했다. 특히 종교적 자유를 찾아 유럽을 떠난 기독교인들이 세운 미국에서는 여성운동이 노예제도 폐지 운동과 더불어 활성화했다.

기독교에 담긴 이러한 '정의의 신' 개념은 인간의 죄인 됨에 대한 각성과 함께 끊임없는 회개를 요구한다. 이 점에서 '정의의 신' 개념은 새로운 변혁을 추구하는 데 중요한 신학적 원리를 제공한다. 인간의 '죄성罪性' 인식'과 '회개에 대한 요청'이라는 측면을 결여한 종교는 현상 유지적인 보수성만 지닐 뿐, 한 사회에서 전적인 개혁을 추구하는 해방적 역할을 맡지 못하기 때문이다. '회개'라는 용어에 담긴 기독교적 색채를 철학적으로 바꾸자면, 인간 행위에 대한 끊임없는 '비판적 성찰'과 그에 따른 개인적·사회적 개혁을 의미한다. 인간의 죄성에 대한 인식과 그에 따른 회개는 해방을 향한 개혁과정에서 심오한 의미가 있다.

19세기 초 미국의 여성운동가들은 대부분 자유주의 전통에 선 개신교인들이었다. 이들이 사회변혁운동에 뛰어들기 시작한 계기는 노예제도 폐지 운동이었다. 당시 여성들이 집단적으로 모여서 자신의 의견을 표현할 수 있는 유일한 자리는 교회였고, 교회는 여성들에게 사회변혁에 참여할 수 있는 정신적 원리를 제공했다. 그렇기 때문에 미국의 여권운동이 1848년 처음으로 공식적인 모임을 마련한 자리도 뉴욕주 세네카 폴스Seneca Falls에 있는 '웨슬리 감리교회'였다는 사실은 우연이 아니다.[14] 특히 개신교 여성들은 노예제도나 인종적 편견이 신 앞에서 용서받을 수 없는 죄악을 범하는 것이라는 보스턴의 저널리스트 윌리엄 개리슨William Lloyd Garrison의 주장에 동조했다.[15]

여성들은 인종적 편견이 '죄악'이라는 확신을 품고 사회개혁운동에 뛰어들었는데, 대표적으로는 널리 알려진 앤젤리나 그림케와 세라 그림케Angelina & Sarah Grimke 자매를 들 수 있다. 그림케 자매는 1836년에 본격적으로 노예제도 폐지 운동에 참여했다. 그들은 남성과 여성이 모두 모인 공공장소에서 연설하는 것이 '비여성적이고 비기독교적'이라는 비판을 받자, 강연과 팸플릿을 통해 이를 다시 반박했다. 세라 그림케는 "신은 도덕적 존재로서 남성과 여성 사이에 아무런 구별을 두지 않았으며 …… 그렇기 때문에 남성들이 하는 어떤 일이 도덕적으로 옳은 것일 때는, 여성들이 그 일을 할 때도 똑같이 도덕적으로 옳은 것"이라고 주장했다.[16]

역시 노예제도 폐지 운동에 관여하다가 노예제도 폐지론자 남성들의 성차별을 경험한 여성들이 주축이 되어 1848년 뉴욕주의 세네카 폴스에서 개최한 '전국여권대회Women's Rights Convention'는 미국 여권운동의 효시가 되었다. 이 대회에서 채택한 〈여성독립선언서Declaration of Sentiments〉는 "남성과 여성은 창조주에 의해 평등하게 창조되었다"는 기독교의 창조론에 입각하여 여성의 자유와 평등의 권리가 신으로부터 부여받은 것임을 밝히고 있다.[17]

그 후 1895년과 1898년 두 번에 걸쳐 여성과 관계된 성서 구절에 주석을 단《여성의 성서》[18]를 편집·출간한 여성운동가이자 이론가인 캐디 스탠턴Elisabeth Cady Stanton은 성서 속의 여성 불평등구조에 대하여 비판적인 문제 제기가 제대로 이루어질 때 비로소 여성 평등을 위한 투쟁이 결실을 볼 것이라고 생각했다. 즉 여성과 남성의 평등에 관한 기독교의 성서적 이해가 분명해지지 않는 한, 여성의 평등을 위한 투쟁이 진정한 의미를 획득하기 어렵다고 본 것이다. 종교는 한 사회에서 살아가는 인간의 근원적인 가치관 형성에 중요한 역할을 하기 때문에, 비록 사회적·법적 평등이 이루어졌다 해도 종교적 인준이 없으면 사실상 그 평등성의 의미가 실천적 힘을 얻기 힘들다는 사실을 캐디 스탠턴은 인식한 것이다.

근대 이후 여성운동가들은 가정, 교회, 사회의 남성중심적 구조를 비판한다는 이유로 반反기독교적 급진주의자로 간주되곤 했다. 그들은 대부분 자유주의 개신교도였으며, 자신들의 투쟁을 '성스러운 동기The Sacred Cause'를 지닌 것으로 해석했다. 따라서 그들은 자신들의 여권운동을 "이 세계에 신의 질서를 회복하고자 하는 것"이라고 이해했다.[19] 또한 기독교의 창조론적 평등의 의미를 여성 평등을 위한 원리로 굳게 믿었다. 동일한 성서를 놓고 한쪽에서는 여성의 불평등적 구조를 강화하려

했다면, 다른 한쪽에서는 여성운동가들이 여성에게 가해지는 차별적 구조의 불의함을 비판하는 원리를 찾았다.

그런데 이렇게 초기 여권운동과 기독교가 맺은 밀접한 연관성의 의미가 현대 페미니즘에서는 간과되고 있다. 그리고 페미니즘 이론가들에게 기독교는 단순한 가부장제적 종교로만 남은 탓에 페미니스트 논의에서 종교는 주변화한 주제가 되어버렸다. 이처럼 페미니즘에서 종교가 외면당하는 이유는 대부분의 페미니스트들이 고등 종교의 가부장제적 구조에만 관심을 기울일 뿐, 그 동일한 종교가 역사에서 맡아온 해방적 역할은 보지 않기 때문이라고 생각한다. 그러나 페미니즘이 종교 문제에 무관심하면, 한 사회를 살아가는 인간의 가치관 형성에서 중요한 역할을 하는 종교에 대한 분석 역시 간과하게 된다. 페미니즘에서 종교 문제를 간과하면, 가치관이나 의식체계처럼 평등성을 향한 변혁에 필요한 주관적 조건들을 변화시킬 여지를 마련하지 못함으로써 페미니즘 스스로 한계를 지니게 된다.

기독교 전통에 담긴 신의 남성적 상징은 가톨릭교회를 비롯한 많은 교회가 여성들의 지도력을 수용하지 않게 된 근원적 요인을 제공했다. 313년 콘스탄티누스 대제가 밀라노 칙령을 공포한 이후 기독교가 제도화한 종교로 자리 잡아가면서 남성중심적 교리와 신학이 형성되었다. 결과적으로 기독교는, 여성이 '열등한 존재'일 뿐만 아니라 악의 근원으로서 '위험한 존재'라는 '여성혐오사상'의 근거를 확고히 하는 가부장제적 전통을 분명히 지니고 있으며, 이 점은 많은 기독교 페미니스트들에 의해 분석되고 비판받았다.

그러나 페미니스트들은 기독교의 가부장제적 구조를 비판하면서도 기독교에 대한 희망을 저버리지는 않았다. 가부장제적 구조와 남성중심적 가치는 기독교의 본질이 아니라 사회문화적 산물이라고 규정하면서, 기독교의 본질을 더욱 보편적인 가치에서 찾고자 했기 때문이다. 즉 기독교의 신은 불의를 심판하고 정의를 추구하는 '정의의 신'이라는 신 개념, 그리고 그 신은 자신의 형상을 따라 여성과 남성을 평등하게 창조했다는 창조론이 함축하는 '존재론적 평등성'의 인간관에 의해 새로운 평등사회를 향한 변혁적 원리를 찾는 것이다. 기독교의 이러한 인간 평등성 원리가 사회적으로 부각된 것은 계몽주의를 거쳐 자유주의 신학을 형성한 근대 기독교 이후라고 할 수 있다. 이와 같은 원리가 페미니즘의 해방적 원리를 형성하는 데 중요한 역할을 했다는 사실은 페미니즘 논의에서 더욱 분명하게 인식되어야 할 것이다.[20]

3. 근대와 기독교의 여성: 도구적 근대성과 해방적 근대성

1) 한국에서의 근대성 수용과 한계

19세기 한국 사회에 도입된 근대화는, 서구에서는 혁명의 과정을 거치며 자생적으로 형성된 것과 달리 외적인 힘들에 의하여 촉발되었다. 서구 여성들이 수십 년 이상을 투쟁하면서 획득한 참정권도 한국의 여성들은 아무런 투쟁 없이 얻었다. 그러나 이렇게 투쟁 없이 거저 얻은 권리는 오히려 한국의 여성들을 무력하게 만들었다. 투쟁의 부재는 여성 스스로 의식화할 기회를 마련하지 못했다는 것을 의미한다. 또한 이러한 의식화 과정의 생략은 여전히 성차별적 구조와 제도가 강력하게 작동하는 한국의 현실에서, 여성의 역할에 대한 고정관념과 차별을 넘어서기 위한 공동의 의식을 형성할 기회를 얻지 못하게 만들었다. 서구의 여러 나라에서는 1920년대를 전후하여 여성들이 비로소 참정권을 획득하기 시작했는데, 한국에서는 해방과 더불어 이러한 서구적 정치구조의 영향으로 남성과 동일한 참정권이 여성에게 주어졌다. 이로써 법적인 표면적 투쟁의 조건들이 사라져버렸다.

그런데 실질적으로는 여성의 삶을 제한하는 다양한 성차별적 구조가 여전한데도, 그것에 적절하게 반응하지 못하고 있는 것이 현대 한국 여성들의 상황이다. 가족과 국가의 이름으로는 뭉칠 수 있지만, 한 인간으로서 여성 자신의 주체적인 삶과 평등성을 위해 함께 투쟁하는 '위험한 기억'의 역사를 형성할 기회는 얻지 못했다.

한국에서 기독교는 서구 문명과 동의어로 인식되었으며, 근대성을 대변하는 종교였다. 그런데 한국 사회에 수용된 근대성은 계몽주의 사상과 프랑스혁명을 가능하게 한 '해방의 근대성'이 아니라, 산업혁명으로 촉발된 '기술의 근대성' 또는 '도구적 근대성'을 뜻했다. 그래서 1970~1980년대 한국 사회는 근대성에 담긴 해방과 저항의 특성을 경제적 차원의 근대화라는 이름 아래 억압한 정치권력에 맞서 대중적 저항이 일어난 시기였다고도 할 수 있다.[21] 즉 한 인간의 존엄성을 인식하고 그러한 인식에 따른 인간의 자유와 평등을 추구하는 서구 근대성의 해방적 인간 이해가 한국 사회에 도입되지는 못한 것이다. 예를 들어 한국의 공교육은 표면적으로 서구식 교육구조를 그대로 답습하여 이루어져왔다. 그러나 그러한 교육철학의 기본 전제가 되는, 인간으로서의 한 아이의 개체성에 대한 인식과 존중이라는 의미는 받아들이지 못했다. 또한 그러한 교육철학의 차이는 이른바 '한국적인 것'이라는 미명 아래 간과되어왔다.

그 결과, 외면적으로는 이른바 서구식으로 '근대화'한 교육을 하지만, 내면적으로는 여전히 인간을 전근대적으로 이해하는 교육이 이루어졌다. 교육받는 대상인 아이를 한 개체적 인격체로 대하는, '해방의 근대성'이 제시하는 인간에 대한 인식은 결여하게 되었다. 그렇기 때문에 교육자와 피교육자의 관계가 철저히 위계적으로 구조화해 있으며, 교육자 역시 상부구조에 종속되는 위계적 구조 때문에 독자적인 교육방식이나 철학을 펼치기 어려운 상황이다. 진정한 윤리적 개인주의, 즉 인간 개개인의 자유와 개체성에 대한 철저한 인식으로서의 개인주의적 사고에 의해 형성된 교육구조를 한국 사회가 외면적으로는 수용했지만, 내면적으로는 개인주의적이 아닌 집단주의적·위계주의적 인간 이해를 바탕으로 하는 기형적 교육을 하게 되었다. 중세에서 근대로 전이하게 된 바탕은 다양한 종류의 인간 억압에 대한 저항 원리, 억압으로부터의 해방 원리가 된, 인간의 개체적 존재에 대한 인식이다. 근대성을 추구하는 데서 가장 중요한 인식론적 출발점은 바로 인간의 존엄성과 자유의 인식이었던 것이다.

'기술은 서양이지만 정신은 동양'이라는 동도서기론東道西紀論적 논의는 아시아는 물론 서구에 대해서도 왜곡된 이해를 낳고 있다.[22] 이러한 동도서기론적 논의는 서양의 왜곡된 동양 인식인 오리엔탈리즘과 동일한 구조로, 동양의 왜곡된 서양 인식인 옥시덴탈리즘occidentalism을 반영한다. 그러나 오리엔탈리즘과 옥시덴탈리즘을 동격의 왜곡 담론으로 간주하는 것은 무리가 있다. 오리엔탈리즘이 서양의 동양 지배 담론으로서 자리를 굳건히 지켜온 반면, 옥시덴탈리즘은 결코 동양의 서양 지배 담론으로서 역할을 하지 않았기 때문이다. 옥시덴탈리즘은 동양인 스스로에 의한 무의식적 '재再오리엔탈화' 과정에서 산출되는 반동적

reactionary 서양 규정의 의미만 지닐 뿐이다.

한국 사회는 근대 이후 나타난 인간으로서의 권리에 관해 중요한 개념을 수용할 계기를 마련하지 못했다. 경제적인 차원의 근대적 발전을 목적으로 하는 도구적 근대성을 수용하는 과정에서, 도구적 근대성은 해방의 근대성과 대립적 구조를 취하게 되었다. 결과적으로 근대성의 가장 중요한 측면이었던 해방의 근대성은 경제성장이라는 미명 아래, 또는 근대성을 서구식이 아닌 '한국적 수용'으로 진행한다는 미명 아래 빛을 보지 못했다.

특히 아시아의 가족주의 윤리는 서구의 개인주의 윤리보다 우월한 것으로 간주되었다. 인간의 개체성에 대한 인식은 '서구적'인 것이며, 혈연 중심의 가족관계를 우선시하는 '한국적·아시아적'인 것보다 열등한 것으로 왜곡되어 해석되어왔다. 이러한 혈연 중심의 가족주의 윤리는 친인척이나 동문 등 이른바 '관계의 끈'을 함께 나눈 사람끼리의 유대나 정은 깊게 했을지 몰라도, 한국 사회의 병폐라 할 수 있는 지역주의와 학연·지연·인맥주의 문화를 낳았다. 특히 남성중심의 혈연제도는 개인과 사회에서 제도적으로 남성중심주의를 지속하고 강화해온 부정적 요인으로 자리 잡아왔다. 가장 위험스러운 것은, 그러한 '관계의 끈'에 매여 있으면 인간의 정의·자유·평등과 같은 보편가치나 인도주의적 가치를 사회적으로 실현하기 어렵게 만드는 가치관을 끊임없이 재생산한다는 사실이다.

한 대학에 '한국의 여성Women of Korea'이라는 연속 강좌가 있는데, 이 강좌는 한국에 와 있는 외국 여성들을 대상으로 제공하는 프로그램이다. 나는 몇 학기 동안 '한국의 여성과 종교'라는 강좌를 맡았다. 그런데 매 학기마다 수강생들에게서 많이 받는 질문이 두 가지 있었다. 하나는

"한국 여성들이 결혼 후에도 자기 성을 쓰는 것은 여성들의 독자성이 그만큼 인정받고 있다는 뜻인가"와 "왜 한국 사람들은 한국 고아들을 입양하지 않는가" 하는 질문이었다.

나는 이 두 가지 문제가 하나의 연원에서 나왔다고 본다. 즉 혈연 중심의 가족주의 관점에서 보면, 결혼을 통한 외적인 상황이 바뀌었다고 '피'가 바뀌는 것은 아니다. 따라서 한번 'O씨'이면 영원히 'O씨'이며, 생물학적 피가 섞이지 않은 사람은 진정한 가족 구성원이 될 수 없다. 그렇기 때문에 결혼을 해도 K씨가 P씨로 될 수 없다. 이런 혈연 중심주의 사회에서 피가 섞이지 않은 아이를 진정한 가족으로 생각할 가능성은 희박하다. 한 집안에서도 피부색이 각기 다른 아이들을 입양하는 가족을 볼 수 있는 서양과 달리, 한국에서는 같은 인종인 한국 아이를 입양해도 절대 비밀로 부치는 경우가 많다. 혈연 중심적 가족주의 때문에 한국은 '고아 수출국 세계 제1위'라는 불명예스러운 칭호를 얻었다.

이러한 가치구조 속에는 '인류애'라는 보편가치가 들어설 자리가 없다. 결혼한 여성도 남편 집안의 생물학적 피가 섞이지 않았기 때문에 남편 집안의 식구가 되지 못하는 것은 당연하다. 여성은 남편 집안에서 아들을 낳음으로써 비로소 남편 집안에 '제2등 가족'으로 발을 들여놓게 된다. 그렇기 때문에 자신의 독립성을 지키고자 의도적으로 결혼 전의 성을 쓰는 일부 서구 여성들의 '자기 성 지키기'와 한국 여성들의 '자기 성 그대로 쓰기'는 근원부터가 다르다.

따라서 '민주주의'와 같은 정치적 이상이 한국 사회의 다양한 영역에 깊이 뿌리내리기 어렵다. 한 개인의 개체적 판단의 중요성에 대한 인식에서 출발하여 그 개체적 존재들의 공동적 합의에 따라 지속되는 민주주의가, 어떻게 한 인간을 어느 특정한 관계망 속 구성원으로만 이해하고 그것을 한국 고유의 미덕으로 고양하는 가족주의 윤리와 만날 수 있을까. 나는 이 문제에 대해서 쉽게 낙관적인 전망을 품지 못한다. 이른바 '한국적·유교적 가족주의'는 울타리가 너무 좁아 자신의 직접적 이익과 관련되지 않으면 철저히 배타적인 태도를 보이며, 결국 이 땅 위에 정의와 평등의 신의 나라를 이루어내기 위한 기독교적 보편가치를 실천할 여지를 남기지 않는다.

페미니즘의 가장 근원적인 인식론적 틀을 제공해준 여성의 '한 인간으로서의 자기이해'는 한국 사회가 근대화하는 과정에서 수용되기 어려웠다. 많은 사람들은 무엇보다도 남성의존적·남성중심적·혈연가족중심적 삶을 사는 것이 '한국적 미덕'이라고 생각하게 되었다. 그래서 여성이 개체성을 지닌 인간이라는 페미니즘의 가장 기본적인 원리는 이른바 '한국적' 원리와 근원적 대립을 피하기 어려웠다. 더 나아가 이러한 개인주의에 대한 주장을 이기주의와 동일한 맥락에서 이해하는 부정적인 해석이 대중화했다. 이러한 왜곡된 의식, 즉 인간을 어떤 존재로 규정하는가라는 페미니스트적 전제에 대한 몰이해와 왜곡을 바로잡는 데 페미니즘 담론은 중요한 역할을 한다.

2) 한국의 근대 기독교 수용과 여성

서구 문명과 함께 한국에 들어온 기독교는 초기에 그 유토피아적 이상, 즉 남성·여성·양반·상민 모두가 신의 창조물이라는 존재론적 평등성과 누구나 구원받을 수 있다는 구속론적 평등성의 원리를 소개했다. 서양 선교사들의 언어적 한계에도 불구하고 신분과 성별에 상관없이 누구나 예수를 믿으면 '천당'에 갈 수 있다는 이야기는 많은 이들에게 혁명적 의미로 다가갔다. 그 이해는 구속론적 평등성을 표현하는 '예수 천당'이라는 네 글자 구호와 같은 단순한 교리 전달과 실천을 바탕으로 양반과 상민, 남성과 여성 같은 유교적 신분사회의 차별구조 속에 있던 한국 사회에 근원적으로 새로운 인간 이해를 가져왔다. 신분적으로 철저하게 분화한 계급사회에서 살아가던 사람들에게 신분이나 성별에 상관없이 사람은 누구나 고귀한 '신의 자녀'라는 인간 이해는 그 자체로 하나의 혁명적인 사고였다. 사회적 신분과 상관없이 모든 인간은 개체적 존재로서 고귀함을 지닌다는 것의 의미를 기독교 메시지를 통해 듣게 된 것이다.

특히 여성들은 기독교의 가르침을 통하여 유교적 억압구조의 삶에서 해방된 삶의 가능성을 부분적으로나마 경험할 수 있었다. 서구 문명과 함께 들어온 기독교는 여성들을 위한 학교를 설립하고, 성서 읽기를 위해 한글을 깨치게 함으로써 여성들에게 교육받을 기회를 제공했다. 교회의 다양한 모임을 통해 여성들이 사회적으로 활동할 기회가 주어졌고, 여성들의 지도력이 계발되기도 했다. 또한 의료 시설을 세우고 위생에 관한 지식을 전파함으로써 여성들의 구체적 삶에 다양한 변화를 가져왔다. 그래서 한국의 초기 기독교는 성이나 신분에 상관없이 신의 창조물로서 개체적 존재인 인간의 존엄성과 고귀함을 전달하는 역할을 했다. 이런 의미에서 보면 기독교는 한국의 초기 근대화 과정에서 여성들의 의식을 확장하는 데 중요한 공헌을 했다.

그러나 대부분의 많은 종교가 새로운 지역에 전파되는 과정에서 흔히 드러나듯이, 기독교가 한국 사회에 제도화한 종교로 자리 잡아가면서 그 해방의 요소들이 한국의 가부장적인 사회적 가치구조와 타협하기 시작했다. 예를 들면 기독교와 함께 들어온 근대 서구 문명의 한 부분인 공공교육의 확산을 통해 여성에게 공식적인 교육의 기회를 준 것은 해방적이었다. 그러나 그 교육의 목표는 한 인간으로서의 자기계발이 아니라 이른바 '현모양처 양산'이었다는 한계가 있었다.

교회는 철저히 남성중심적인 위계구조를 고착화하기 시작했다. 기독교가 한국 사회에 수용되던 초기, 여성들의 다양한 활동과 그에 따른 기독교의 급속한 발전에도 불구하고 기독교의 지도력은 남성들이 독점했다. 결과적으로 교회에는 여성들이 훨씬 많은데도 모든 결정과정과 기구에서 여성들은 배제되었다. 교회에서 여성들의 역할이란 집 안에서의 역할이 연장되는 데 불과해서, 사실상 기독교의 초기 해방적 역할이 점점 희석되었다.

무엇보다도 여성과 남성 모두가 신의 형상으로 창조된 존엄성을 지닌 존재라는 '존재론적 평등성'은, 사회정치적 의미가 아니라 '영적 차원'에서 해석되었다. 결과적으로 사회적·정치경제적 차원의 구체적 현실에서 여성이 독자적인 개체적 존재로 간주되는 의식과 연관을 맺지 않게 되었다. 즉 페미니즘의 기본적인 여성 이해인 동시에 기독교 창조론의 인간 이해인 '개체적 존재로서의 한 인간'이라는 인식을 한국 기독교는 결여하게 된 것이다. 여성은 한 사람의 개체적 존재가 아니라 남편이나 아버지에게 의존하는 존재로 간주되었다.

이러한 위계주의적 관계주의를 바탕으로 한 인간 이해는 교회 안에서도 아내의 위치가 남편의 위치보다 높으면 안 되며, 남편이 지도력을 행사할 때 아내의 지도력은 희생되어야 하는 현실을 자연스러운 것 또는 '한국적인 미덕'으로 인식하게 했다. 예를 들어 목회자의 아내는 교회에서 가장 많은 역할을 하지만 교회 구성원도 지도자도 아닌 중간적 존재로, 그가 하는 수없이 많은 일들은 아무런 인정도 보상도 받지 못한다. 자발적 희생이나 봉사, 관습적으로 강요된 희생이나 봉사의 경계를 구분하지 못하게 하는 이러한 사례들은 여성들의 삶에서 무수히 찾아볼 수 있다.

한국 기독교가 수용한 인간 이해는 근대 기독교 속 '개체적 존재'로서의 인간이 아니다. 오히려 남성의존적인 존재로서 '왜곡된 관계적 존재'인 인간이다. '관계적 존재'라는 말은 매우 이상적인 표현으로 들린다. 그러나 그 '관계'가 평등한 수평적 관계가 아니라, 남성중심적인 위계적 관계라는 것이 문제이다. 결과적으로 한국의 유교적 인간 이해인 혈연 중심의 위계주의적 '관계적 존재' 개념이, 근대 기독교의 인간관인 '개체적 존재' 개념을 대체하게 된다.

한국에 기독교를 소개한 선교사들은 대부분 보수적인 신학 교육을 받고 강력한 선교적 사명감을 품은 채 한국에 온 사람들이다. 그들은 종교개혁 이후 등장한 '정통주의 신학'의 세례를 받은 이들이었다. 정통주의 신학은 성서를 문자적으로 해석하는 탓에, 여성이 남성보다 더 많이 죄를 지은 존재라는 여성에 대한 부정적 이해를 넘어서지 못했다. 그래서 한국 교회의 여성들은 자신들이 남성들보다 더 많은 죄를 지었다는 죄책감을 안고 있는 것이다.[23] 한국의 기독교는 선교사들의 신학적 한계와 한국 사회의 유교적·가부장적 에토스가 결합하여 서구의 기독교보다 여러 측면에서 여성들을 배제하며 그 남성중심적 성향을 강화하고 있다.

한국 사회에서는 근대성의 긍정적인 의미를 어떻게 실현하고, 또한 근대성이 기독교적 인간관에 안겨준 긍정적 요소들을 어떻게 확산할 수 있는가? 또한 그것이 서구 사상의 한계로 지적되는 단자적이며 고립된 인간의 개체성이 아니라, 다른 존재와의 상호관계성에 대한 깊은 인식의 차원으로 연결될 수 있는가? 더 나아가 그러한 상호관계성에 대한 인식은 어떻게 한국 사회에서 '남성중심적 관계성의 윤리'에 담긴 여성 존재의 희생을 넘어 새로운 의미로 재개념화한 '평등적 관계성의 윤리'를 창출할 수 있는가? 이와 같은 문제들이 한국의 근대성과 기독교, 그리고 페미니즘의 문제를 둘러싼 성찰의 중심을 이룬다고 볼 수 있다. 이러한 문제들에 대한 성찰은 예민성을 요구한다. 흔히 '관계성'에 대한 강조를 '개체성'에 대한 강조와 대립하는 것으로 이해하는 왜곡된 이해가 페미니스트들 안에도 존재하기 때문이다.

페미니스트 그룹 안에서도 대안적 인간에 대한 복합적 이해가 결여될 경우 인간 이해에 대한 혼동을 보인다. 서구 페미니즘이 서구 사상의 단자적인 독립적 인간 이해가 지닌 한계를 인식하고 그 대안적 인간 이해로 '관계적 존재'로서의 인간을 추구하는 경향이 우세해지면서, 한국 사회에서도 개체적 존재가 아닌 '관계적 존재'로서의 인간에 대한 인식을 강조하게 되었다. 그런데 '관계성'에 대한 강조가 유교가 오랫동안 지녀온 '관계성의 원리'와 일치하는 듯 해석되고 있는 것이다. 이러한 혼동은 특정 용어의 역사적 정황과 맥락에 대한 복합적 성찰이 결여된 결과이다. 즉 유교에서 강조해오던 '관계적 존재'라는 의미와 서구의 인간 이해의 한계를 넘어서는 대안적 인간 이해로 추구되는 '관계적 존재' 사이의 근원적 상이성을 간과한 결과다.

다양한 학문 분야에서 이미 널리 논의된 바와 같이 인간의 성장 과정은 '의존적 존재 → 독립적 존재 → 상호관계적 존재'로 그려질 수 있다. 전통적으로 성숙한 인간을 두 번째 단계인 '독립된 존재'의 의미에서만 본 것과 달리, 진정한 성숙성은 그다음 단계인 '상호관계적interrelational 존재'에 대한 인식에서 이루어진다고 보는 관점이 형성된 데는 페미니스트들의 공헌이 크다.²⁴ 그런데 여기서 중요한 것은 두 번째 단계를 간과한 채 세 번째 단계만 강조하면 '평등적 관계성'이 아닌 특정 지배계층 중심의 관계가 전제된 '위계적 관계성'이 된다는 점이다.

우머니스트 신학자인 델로리스 윌리엄스Delores Williams는 독립성과 개체성에 근거한 상호관계성의 인식을 '관계적 독립성relational independence'이라고 명명한다.²⁵ '관계적 독립성'은 페미니즘의 인간 이해에 가장 핵심적인 원리를 시사해준다. 특히 남성중심적 '관계성' 속에서 평생을 살아온 한국 여성들에게 우선적으로 필요한 것은 '독립성'에 대한 인식이다. 그런데 이 독립성은 단자적 독립성이 아니라 개체적 존재로서의 자신에 대한 긍정적 정체성을 주는 것이다. 또한 그 독립성에만 머무르지 않고, 한 단계 더 나아가 다른 인간의 개체적 존재성을 동시에 인식하며 그들과의 '상호관계성interrelatedness'에 대한 인식을 얻는 것이다. 독립적 존재로서의 인간에 대한 분명한 인식 단계인 두 번째 단계의 결여는, 진정으로 성숙한 인간이 이루어야 할 세 번째 단계의 인식으로 나아가게 하지 못한다는 점을 기억하는 것이 중요하다. 특히 유교적 관계성 강조가 익숙한 한국 사회에서는 분명하게 강조되어야 할 측면이라고 본다.

한국 사회에서는 여성의 개체적 존엄성에 종교적인 인식론적 원리를 제공할 수 있었던 기독교의 해방적 요소들이 좀 더 활성화해야 한다. 기독교의 이러한 해방적 요소들은, 서구에서 근대의 시작과 더불어 출현한 페미니즘에 중요한 종교적 근거가 되었다. 이러한 해방적 원리를 확산하는 것은 한국 사회에서 기독교가 맡은 중요한 역할이다. 기독교는 자발적이고 규칙적인 모임을 통해 지속되는 종교이다. 이런 의미에서 한국 사회에서 기독교는 서구의 초기 여권운동가들이 집단적인 정치행동의 장을 교회에서 찾았던 것과 마찬가지로 변혁적인 역할을 할 수 있어야 한다.

다른 종교와 마찬가지로 기독교가 순수하게 '종교적'일 수만은 없다. 교회는 종교적 영역일 뿐 아니라 정치적·문화적·경제적 영역이기도 하다. 종교와 다른 영역들 사이의 상호연관성은 그 종교 안에 있는 지도자들이나 구성원들이 인식해야 하는 중요한 문제이다. 미국에서 초기 여권운동이 진행되는 과정에서 볼 수 있는 것처럼, 기독교 지도자의 성서 해석은 해석자의 의도와는 상관없이 '정치적 행위'이다. 여성과 관련된 성서 구절을 어떻게 해석하는가는 종교적인 의미뿐만 아니라 여성문제에 대한 정치적 의미를 함축한다. 즉 '가치중립적' 성서 읽기나 해석은 이미 불가능하다. 이런 의미에서 한국의 기독교는 종교적 집단으로만 머무르지 말고, 자발적으로 모인 여성들이 자기 의견을 자유롭게 표현하고 집단적 행동을 결정할 수 있는 긍정적인 의미의 정치성을 끊임없이 활성화해야 한다. 기독교 구성원의 다수를 이루는 여성들의 시간적·정신적·물질적 기여가 그 여성들의 구체적인 삶에서 새로운 변혁의 요소로 활성화되게끔 해야 한다는 것이다.

그렇다면 페미니즘이란 무엇인가?

대중적으로 회자되는 페미니즘의 의미는 "여성도 인간이라는 급진적 개념"이라는 것이다. 이 정의는 간결하면서 핵심적인 의미를 담고 있다. 이러한 페미니즘의 개념은 '인간이란 어떠한 존재인가'라는, 인간론에 대한 물음으로 이어진다. 근대성이 제시한 인간 이해는 신분이나 성별을 초월해 존엄성과 평등성을 지닌 존재라는, 인간 개체성에 대한 페미니즘적 인식으로 이어졌다. 또한 이러한 인간 이해는 페미니즘뿐 아니라 차별적 구조에 저항하는 여타 해방적 담론의 근저를 이루는 인간 이해로, 기독교의 가장 핵심적인 인간 이해를 담고 있다. 그런데 이러한 인간 이해는 한국 사회의 가치구조, 식민화 속에 진행된 한국의 근대화, 기독교의 급격한 성장과 확산 과정에서 수용되기 어려웠다. 결국 이러한 해방적 인간 이해의 결여는 한국 사회에서 페미니즘이 확산되는 데 근원적인 장애 요인으로 남아 있다.

4. 기독교의 미래: 평등세계를 향한 책임적 종교로의 전이

여느 운동이나 이론과 마찬가지로 페미니즘 또한 역사적 산물이다. 그렇기 때문에 시대와 문화를 초월한 이른바 페미니즘 '보편' 담론은 여러 측면에서 문제를 야기한다. 여성 억압과 해방에 관한 페미니스트 담론 형성에서 여성 경험의 '공통성'을 인식만 할 때는 보편 담론이 타당성을 지니는 듯했다. 그러나 1970년대 이후 인종, 사회계층, 종교 등에 따른 여성들 간의 상이성에 대한 인식이 두드러지면서 페미니즘은 딜레마에 빠졌다. 근대의 거대 이론grand theory에 대한 집착이 한계를 드러낸 것이다. 여성들 간의 상이성에 대한 인식은 페미니즘이 '여성 억압을 어떻게 규정하며, 그 억압으로부터의 해방을 어떻게 규정할 수 있는가?' 또는 '여성들 간 연대성의 의미를 어떻게 범주화할 수 있는가?' 등의 질문을 낳았다. 이러한 질문들은 페미니즘의 담론화 과정에서 여전히 부딪히게 되는 것들이다.

  그러나 이러한 딜레마에 빠진다는 것이 페미니즘 담론의 무효화나 무의미성과 연결되어서는 안 된다. 페미니즘 담론은 '보편 담론'과 '특수 담론'의 변증법적 균형을 추구함으로써 기존의 지식 형태와 권력 형태에 도전하고, 그 대안을 제시한다는 의미에서 변혁적 운동이며 이론이다.

이런 의미에서 근대성의 문제를 한국 상황에서 논의하는 것은 중요하다. 서구의 포스트모더니즘 논의가 획기적인 사상적 전환을 마련하고 있는 현대사회에서는 근대성의 의미가 빛이 바랜 것처럼 여겨질 수도 있다. 그러나 포스트모더니즘 논쟁이 활발하게 진행되는 서구의 사회 제도나 구조는 여전히 근대적 사유방식과 가치관에 근거해 있다. 근대성을 둘러싼 논의가 21세기에 들어선 지금도 중요한 인식을 가져다준다는 것이다. 한국 사회도 이러한 근대성의 긍정적인 의미와 부정적인 한계의 문제를 더욱 포괄적으로 이해할 필요가 있다. 근대성의 양면성을 올바르게 인식하는 것은 한국 사회가 지향해야 할 미래의 모습을 구성하는 데 중요하다. 그뿐만 아니라, 근대성의 긍정적 요소인 해방의 근대성의 산물로서 페미니즘의 확산에도 중요하다.

중세를 극복하는 과정에서 근대성은 인간 억압에 대한 끊임없는 저항정신과 그 억압으로부터의 해방정신을 바탕으로, 중세의 인간 억압적 제도와 가치구조에 항거하고 새로운 해방적 사회를 지향했다. 그러나 그 근대성의 이론들이 사회의 여러 분야에서 도구화하고 거대 이론화하면서 야기된 배타성의 경직된 논리들은, 특정 계층이나 범주를 배제한 백인·남성 중산층의 지식과 권력 구조를 낳았다. 페미니즘 이론은 근대성의 이러한 부정적 측면들을 그 긍정적인 요소와 함께 인식해야 한다.

근대성의 한계에 대한 인식이 곧 근대성에 담긴 저항정신과 해방정신의 무효화를 의미하는 것은 아니다. 근대의 이성중심주의의 한계를 비판하며 감성의 중요성을 부각하려 한다고 해서, 그것이 이성이나 합리성의 전적인 무효화를 뜻한다고 잘못 해석하는 것은 더욱 위험하다는 뜻이다. 근대성의 부정적 한계는 근대성의 '무효화'가 아니라 근대성의 더욱 철저한 '재개념화'를 통해서 극복될 수 있으며, 나아가 긍정적 요소들인 새로운 인간해방과 저항정신의 원리를 제공할 수 있다. 그것은 '급진화한 근대성radicalized modernity'[26]이며, '해방적 근대성의 철저화'이다. 이런 의미에서 볼 때, 하버마스에 대한 다양한 비판에도 불구하고 근대성을 '미완의 해방적 기획'으로 바라본 그의 통찰은 중요하다. 결국 한국 사회에서 페미니즘 담론을 형성하는 이들은 "한국 사회에서 어떻게 더욱 철저한 '중세 해체 작업'을 할 것인가?", "한국 사회에서 여성 억압적 요인으로 자리 잡고 있는 '중세적' 가치구조나 에토스는 무엇인가?"와 같은 근원적인 물음에서 출발해 분명한 담론화 과정으로 들어설 필요가 있다.

페미니즘이 모두 상식처럼 이해될 수 있는 분야라고 생각하는 많은 여성과 남성, 페미니스트라고 자처하면서 더 이상 연구하지 않거나 다양한 현실적 딜레마와 씨름하기를 멈춘 사람들, 또는 페미니스트라는 이름 아래 개인적 센세이셔널리즘에 도취되어 있는 이들은 인류의 역사만큼이나 다양하고 복잡한 페미니즘 논의가 한국 사회에서 질적·양적 성숙을 이루는 과정에 큰 걸림돌이 된다. 그들은 페미니즘에 노골적 적대성을 드러내는 사람들보다 오히려 더 큰 걸림돌이다. 그들이야말로 페미니즘을 왜곡해 재현misrepresentation하는 사람들이기 때문이다. 그들의 '반쪽 진리half truth' 때문에 그 재현의 왜곡성이나 몰이해가 인식되지 못하기 때문이다. 어떤 의미에서는 그들이 반反페미니스트들보다 더 위험하다.

페미니즘은 특정 분야나 사회에 대한 끊임없는 역사적 고찰과 구체적 상황에 대한 예민한 성찰을 바탕으로 그 다양성과 깊이를 꾸준히 반영해야 하는 역동적인 운동이며 이론이다. 페미니즘 담론은 사회의 급변성에 따라 지식·권력 체계가 어떻게 새로운 옷을 입고 가부장제적 지배의 가치를 재생산하는가에 대한 복합적인 성찰을 반영한 것이어야 하기 때문이다. 이러한 과정에서는 보편 담론이 요구되며, 또한 그 보편 담론이 담지 못하는 특수한 구체적 정황을 담아낼 수 있는 특수 담론들로 구성되어야 한다. 이런 의미에서 다양한 분야의 소서사와 대서사 사이의 끊임없는 긴장과 성찰이 페미니즘의 담론화 과정에서 요청된다. 그러지 않으면 억압의 단일화, 해방이론의 단일화, 정황의 단일화, 여성 경험의 단일화를 통하여 또 다른 의미에서 배제와 배타성의 담론으로 빠질 수 있기 때문이다.

근대성과 기독교, 그리고 페미니즘이 공유하는 것이 있다면 그것은 인종·신분·성별 같은 인간 외적인 조건들을 넘어 모든 인간 개개인이 지닌 개체적 인간으로서의 평등성과 존엄성에 대해 인식하는 것이다. 이 같은 인간 이해는 인류 역사에서 끊임없이 존재해온 배제와 차별의 가치구조와 사회구조에 저항하고, 더욱 보편적인 해방의 지평으로 나아가게 하는 인식론적 전제가 되어야 한다. 이러한 맥락에서 근대성과 기독교, 그리고 페미니즘 논의는 하나의 작은 해방담론을 형성한다. 그러한 담론 형성은 한국 사회와 기독교에서 모든 인간의 평등과 존엄성을 실천하려는 페미니즘과 페미니스트 신학의 정치적 전략을 다양하게 구성하는 데 그 의미가 있다고 할 수 있다.

종교란 '모든' 인간의 자유·평등·권리를 확장하고 실천하는 책임성에 관한 것이다. 현재 한국 사회에서 기독교는 이러한 책임적 종교로서의 역할을 하지 못하고 있다. 오히려 복음을 자본주의화하고 있으며, 다층적인 혐오의 정치를 확산하고 있다. 기독교가 제대로 역할을 하려면, 혐오의 종교에서 연대와 책임의 종교로 탈바꿈해야 한다. 그래서 젠더,

인종, 계층, 국적, 종교, 성적 지향, 장애 등에 근거하여 다층적 차별과 배제를 경험하는 주변부인들에 대한 책임과 환대를 확장해야 한다. 오직 그러한 책임적 역할을 할 때만 기독교는 진정한 평등과 정의로운 세계를 구축하면서 이 세계에 개입하는 '해방적 종교'가 될 수 있으며, 그러한 변화를 통해서만 기독교의 존재 의미가 드러날 것이다.

제5장

페미니즘과 생명윤리: 통전적 생명윤리 담론의 모색

1. 생명이란 무엇인가: 생명의 다차원성

'생명'이란 무엇인가. 자명한 것 같은 이 물음에 답하려는 시도를 하자마자 우리는 이 물음이 단순히 생물학적이거나 지적인 논의를 통해 규명될 수 있는 것이 아님을 알게 된다. 생명이 무엇인가라는 물음은 우선 '생명'의 범주를 어떻게 설정하는가, 생명의 시작과 끝은 어떻게 규정되는가, 또는 생명과 비생명의 근원적 차이는 무엇인가 등의 물음과 연결되어 있다. 이러한 다양한 물음에 하나하나 답하고자 할 때, '생명이 무엇인가'라는 물음은 논의의 복합성과 범주의 다차원성이 요청되는 개념이라는 것을 알게 된다. 또한 어떠한 학제적 관점에서 볼 것인가에 따라 생명을 둘러싼 다양한 개념이 형성될 수 있다는 것을 알게 된다.

문학적으로, 철학적으로, 정치적으로, 사회학적으로, 경제학적으로, 윤리적으로, 의학적으로, 생물학적으로, 종교적으로 접근하여 형성되는 생명의 개념은 각각 다른 차원을 드러내 보일 뿐이다. 즉 어떤 개념이라도 '생명'의 지극히 일부분을 드러내는 것이라는 '개념적 제한성'이 있다. 분석을 통해 언어화한 '생명'의 규정이란, 아무리 종합적인 시도를 한다 해도 다양한 생명의 구체성과 특수성을 모두 담아낼 수는 없기 때문이다. 그래서 생명의 개념이 무엇인가를 규정하려는 이론적 시도가 등장한다. 예를 들면 '기계론mechanism'과 '생기론vitalism', 그리고 이 둘의 한계를 넘어서고자 하는 제3의 대안적 이론으로 '유기체론organicism' 등이 있다. 그러나 이러한 이론들 역시 생명이 지니는 다차원성, 복합성, 신비를 모두 담아내기에 충분한 해명을 제공하지는 못한다.

생명이 무엇인가를 규정하려는 시도에서 기계론과 생기론의 논쟁은 고대 그리스 철학자들로부터 시작한다. 물리학이 과학적 사고의 모델이라는 주장의 기초를 만들어낸 원자론자들은 만물이 기계적으로 스스로 움직인다는 기계론적 가설을 바탕으로 생명이 무엇인가를 규정하려 했다. 플라톤은 형상form과 질료matter를 구분하는 '생기론'으로 생명의 개념을 규정하고자 했다. 이러한 생기론은 생명에 대한 과학적 접근에 반대하는 입장의 근거가 되었다.

그런데 생명에 대한 제3의 접근방식이라고 할 수 있는 '유기체론'에 따르면, 생명에 대한 물리학적 접근은 생명을 분화해서 분석하고자 하기 때문에 생명이 무엇인가를 전혀 드러내지 못하게 한다. 따라서 생명에 대하여 알기 위해서는 물리학적 분석방식을 전면 포기해야 한다고 주장한다. 그렇다고 만물을 '형상'과 '질료'로 구분해서 나눌 수 있는 것도 아니다. 유기체적 생물organisms은 스스로 온전성을 지닌 것이어서, 부분들로 나눌 수 없기 때문이다. 스스로 온전성을 이루고 있는 생명을 물리학적 분석으로 분절화할 경우, 그것은 이미 살아 있는 생명이 아닌

'비생명'이다.[1]

생명이 무엇인가를 규정하고자 하는 다양한 이론이 있지만, 분명한 것은 '생명 일반life in general'이란 추상적 개념으로만 존재할 뿐 실제적으로 존재하지는 않는다는 점이다. 즉 생명은 언제나 구체적이고 특정하게 살아 있는 실재living entity로 존재할 뿐이다. 그러므로 생명은 언제나 특수한 형태를 띠면서 구체적인 시·공간에 놓인 개별적인 것이고, 동시에 구체적이고 특수한 것이라고 할 수 있다.

생명의 이러한 세 가지 특성, 즉 개별성·구체성·특수성의 정황에서 볼 때 '생명이 무엇인가'라는 물음은 너무나 많은 것을 요청하는 동시에 사실상 아무것도 지시해줄 수 없는 지극히 추상적 물음일 뿐이다. 그래서 나는 '생명이란 무엇인가?'라는 물음은 '누가 생명인가?'로 대체되어야 한다고 생각한다. 예수가 "나는 생명을 가졌다I have life"라고 하지 않고 "나는 생명이다I am the life"(《요한복음》 11: 25)라고 한 것은 생명에 대한 중요한 이해를 보여준다는 해석이 가능하다. '생명'은 목적어로 사용되어 대상화·분석·소유될 수 있는 어떤 것이 아니라는 것이다. 즉 생명이란 존재 자체를 드러내게 하는 것이라는 사실을 암시한다.

"나는 생명을 가졌다"에서 "나는 생명이다"로 전이한 뒤에도 여전히 부딪혀야 하는 문제가 있다. 과연 생명에 대한 이해가 서술적인 것으로 가능한가, 가치 평가적인가, 또는 이 사실facts과 가치values의 두 차원이 모두 얽혀 있어서 분리·분석하기는 불가능한가 하는 점이다. 따라서 생명 담론을 더욱 포괄적으로 형성하기 위해서는 다양한 학제적 접근이 동시적·개별적·통합적으로 요청된다.

내가 생명에 관한 주제를 다루면서 생명 담론의 범주와 관련된 주제를 설정하는 것이 얼마나 다차원적이고 복합적인 논의를 요청하는 것인지 밝히는 이유는, '생명윤리'라는 이름으로 다루어질 수 있는 범주와 주제가 사실상 이렇듯 복잡하고 광범위하다는 점을 드러내기 위해서이다. 즉 이 장에서 논의하고자 하는 '생명윤리'의 범주가 '생명'에 대한 조명이 지닌 다양하고 복합적인 차원을 지극히 제한할 수밖에 없다는 한계를 분명히 하기 위해서이다.

생명윤리학적 분석은 인간 생명은 물론이고 동물 생명과 식물 생명 등 자연의 범주까지 광범위하게 다룰 수 있다. 그러나 이 장에서는 인간 생명만을 생명윤리적 분석의 주제로 삼을 것이다. 특히 의학적·생명공학적 문제들에 대한 윤리적 분석을 페미니스트 관점 아래 비판적으로 조명하고, 더 나아가 생명윤리 담론의 인식론적 재구성과 실천적 적용 범주의 확장을 모색하고자 한다. 이러한 모색을 토대로 생명윤리 담론의 통전성을 이루기 위해 갖추어야 할 구성 요건들이 더욱 구체적이고 실천적으로 제시될 수 있으리라고 생각한다.

2. 페미니즘과 생명윤리: 개념과 범주

어떤 논의에서 동일한 용어가 논자들에게 각각 다른 의미로 사용될 때, 그 논의는 방향성을 상실하기 쉽다. 특히 새롭게 부상하는 주제들을 나타내는 용어들은 각기 다른 의미로 이해되는 경우가 빈번하다. 이 장을 시작하기에 앞서 이 장의 핵심 용어인 '페미니즘'과 '생명윤리'를 내가 어떤 의미로 수용하고 있는지 그 기본 개념과 범주를 살펴보자.

1) 페미니즘이란 무엇인가

(1) 페미니즘의 최소 개념

페미니즘이 무엇인지를 규정하는 것은, 예전에는 19세기의 초기 페미니즘이 추구한 단순한 목적을 드러내는 것으로 충분했던 것과 달리 21세기에 들어와서는 아주 복잡한 문제가 되었다. 페미니즘의 개념을 제시하는 것이 복잡해진 이유는, 단적으로 말해서 19세기와 전적으로 다른 상황의 변화 때문이다.

19세기와 달리 21세기의 페미니즘은 간혹 대립적이기까지 한 시각의 페미니즘 이론들로 이루어진다. 또한 여성, 여성성, 여성의 경험, 가부장제, 여성과 남성, 차별, 억압 등 21세기의 페미니즘에는 19세기에 자명하다고 간주되었던 페미니즘 이론의 가장 기본적인 개념들에 대한 문제 제기가 출현한다. 이러한 개념들을 이해하는 데 상이한 시각들이 페미니즘 안에 등장하게 된 것이다. 이런 의미에서 페미니즘은 단수가 아니라 '페미니즘들'이라는 복수적 개념으로 이해되어야 한다.

나는 '페미니즘'을 한국어로 번역하지 않고 그대로 음역해서 쓴다. 페미니즘의 한글 번역인 '여권주의'나 '여성주의' 등은 근대 페미니즘의 의미를 적용할 때는 어느 정도 적절할 수도 있지만, 현대 페미니즘의 다양한 관심과 주제의 폭을 모두 드러내지는 못하기 때문이다.[2] 페미니즘 이론은 하나의 정형화한 이론이 아니며, 페미니즘의 다양한 시각들은 페미니즘 이론 간의 상충적인 논쟁적 이슈들을 바탕으로 지속적인 상호비판과 보완의 담론을 형성하고 있다.

세부적인 페미니즘 담론으로 들어가지 않고 일반적인 범주 안에서 서술한다 해도, 페미니즘은 시대에 따라서, 여성을 어떻게 정의하는가에 따라서, 그리고 문화적·정치적 상황에 따라서 다양하게 정의될 수 있다. 흔히 대중매체를 통해서 일반적으로 인식되는 '페미니즘'은 분리주의적 시각을 지닌 급진주의 페미니즘의 주장들로 대변되는 내용이다. 또는 미국의 19세기 부르주아 여성운동으로만 이해되곤 한다. 페미니즘에 대한 이러한 이해는 현대 페미니즘이 광범위하고 다양하게 이론화해 있다는 사실을 인식하지 못한 결과이다.

이러한 다양한 페미니즘을 총괄하는 '광의의 개념'을 구성하는 것은 다양한 견해를 취하는 여성과 남성을 수용할 수 있는 장점이 있다. 그럼에도 불구하고 이렇게 광의의 개념만 수용하는 것은, 페미니즘 이론의 인식론적 급진성과 복합성을 드러내지 못하는 한계를 지닌다. 그렇다고 해서 광의의 개념을 버리고 협의의 개념만을 취하는 것이 언제나 적절한 것은 아니다. 협의의 개념은 페미니스트 의식을 급진화한다는 장점이 있지만, 다른 한편으로는 페미니즘이 추구하는 대안적 사회구조를 위해 투쟁해온 다양한 변혁운동의 사상을 제거해버릴 뿐만 아니라, 여러 형태의 페미니스트 여성들과 남성들이 함께 연합할 수 있는 정치적 연대의 가능성까지 제거해버리는 한계가 있다.

페미니즘이 무엇인가를 일반화해서 규정하는 데 이러한 문제들이 있다는 전제 위에, 내가 이 장에서 수용하는 페미니즘의 정의는 '페미니즘은 여성도 인간이라는 급진적 개념'이라는 것이다. 페미니즘은 생물학적으로 구분된 성$_{sex}$과 사회적·문화적 구분으로서의 성인 젠더$_{gender}$를 핵심적인 분석 도구로 삼는다. 페미니즘 이론이 발전하는 과정에서 성과 젠더를 구분한 것은 페미니즘 형성에 중요한 의미가 있다. 보부아르는 1949년에 출판된 《제2의 성》에서 '젠더'라는 용어를 쓰지는 않았다. 그러나 "여성은 태어나는 것이 아니라 만들어진다"라는 선언을 통하여 페미니즘 이론에 중요한 이정표를 세웠다. '젠더'는 여성과 남성의 차이가 선천적인 것이라기보다는 사회문화적으로 구성된 것임을 드러내는 중요한 개념이 되었다. 여성과 남성 간의 분리가 선천적인 '자연스러운 것'이 아니라, 가부장제에 의해 구성된 체계라는 사실을 분명하게 드러냄으로써 중요한 인식을 하게 한 '혁명적 개념'이 바로 젠더이다.

이러한 '젠더' 개념은 비판적 언어 이론, 지식 체계, 과학적인 담론 모두에 나타나는 보편주의에 대한 페미니즘의 답이 되었다. 즉 '젠더'라는 개념으로 '상황 지워진 것situated', 즉 지식의 지역적 구조를 새롭게 강조하게 되었다. 또한 누구도 남성과 여성을 모두 포함하는 인간 전체를 대변할 수 없으며, 다만 보편가치가 아닌 지극히 한정된 가치를 주장할 수 있을 뿐이라는 사실이 명료하게 분석되었다. 물론 성과 젠더 문제를 각기 다른 별개의 범주인 것처럼 이분법적으로 접근하는 것은 위험하다. 다만 전통적으로 자연적인 것이라고 생각했던 것들이 사회문화적으로 구성되었다는 것, 따라서 변화가 가능하다는 인식이 중요하다. 페미니즘 안에서도 '젠더 이론가'와 '성차sexual difference 이론가'로 나눌 수 있는 상이한 관점이 1970년대 이후 논쟁을 이어오고 있다.[3]

페미니즘은 성과 젠더가 여성의 구체적인 삶이나 지식 생산에서, 그리고 정치·경제·사회·문화·종교 등 여러 영역에서의 권력 형성과 그 분배에 어떤 역할을 하고 있으며, 더 나아가 여성에 대한 억압을 종식하고 더욱 정의로운 대안적 사회를 이루려면 어떠한 정치적 전략이 있어야 하는지를 모색하는 작업이다.

여성들이 '여자'로 태어나면서 억압을 당하는 근본적인 이유가 무엇인가, 그리고 그 억압적 상황을 극복하기 위한 대안적 전략은 무엇인가를 놓고 페미니즘은 자유주의 페미니즘, 마르크스주의 페미니즘, 급진주의 페미니즘, 사회주의 페미니즘 등으로 나뉜다. 이런 다양한 페미니즘이 기본적으로 공유하는 인식이 있다면 그것은 다음과 같은 전제이다. 첫째, 여성은 사회에서 억압받아왔다. 둘째, 억압은 다양한 형태를 띤다. 셋째, 가부장제적 성차별주의에 의한 억압은 다른 형태의 억압과 서로 복합적으로 연결되어 있다. 따라서 어떠한 학문 분야에서 논의되건 페미니스트 이론에서는 기존의 이론과 전통, 그리고 현실에 대한 '옳고 그름'에 대한 비판적 판단이 무엇보다 중요한 출발점이 되고 있다.

(2) 페미니스트의 구성 조건

페미니즘의 위와 같은 기본적 이해의 맥락에서 보면 다음과 같은 사실이 분명해진다.

첫째, '여성'이라는 생물학적인 성이 '페미니스트'를 자동적으로 만들게 하는 것은 아니라는 점이다. 페미니스트는 무엇보다도 '가부장제'에 대한 이해, 여성이 그 가부장제에 의해 다양한 방식으로 억압되어왔다는 사실에 대한 인식, 그리고 그러한 현실을 개혁하는 데 참여하고자 하는 의식이 있어야 한다.

둘째, 단지 '여성'이 모여 하는 일이나 '여성'에 대한 관심이 있다고 해서 '페미니스트'라고 볼 수는 없다는 점이다. 여성들이 집단적으로 모여 일하면서 오히려 가부장제적 가치와 구조를 강화하는 경우는 얼마든지 볼 수 있으며, 또한 여성에 대한 관심이 표면적으로는 여성에 대한 호의적인 태도로 비칠 수 있지만 가부장제적 이데올로기를 은밀하게 재생산하는 경우가 빈번하다.

셋째, '페미니스트'가 되는 선결 조건이 생물학적으로 규정되는 것은 아니라는 점이다. 즉 생물학적인 여성만이 페미니스트가 될 수 있는 것은 아니다. 물론 생물학적으로 여성이 아닌 이들, 즉 남성에 의하여 주장되는 페미니즘을 '조형적plastic 페미니즘'이라고 비판하는 페미니스트 시각이 있다. 가부장제적 구분인 여성과 남성 간 생물학적인 차이를 존재론적으로 받아들이면서, 그 가치의 역전을 주장하는 이른바 '여성중심적gynocentric 페미니즘'은 페미니스트가 되기 위한 필수적인 구성 요건을 '생물학적 여성'으로 본다.

그러나 남성과 여성의 생물학적 차이가 존재론적 또는 인식론적 차이의 근거가 될 수 없다고 보며, 여성과 남성 간의 차이보다는 인간으로서의 공통성을 강조하는 '휴머니스트humanist 페미니즘'에서는 생물학적 성이란 페미니스트의 필수적 구성 요소가 아니다. 이 휴머니스트 페미니즘의 관점에서 보자면, 가부장제를 비롯한 다양한 배타적 차별주의의 억압적 현실과 그러한 현실의 불의성을 인식하고, 그것을 넘어서려는 대안적 사회에 대한 변혁적 사고를 이론화·운동화하는 사람이라면 생물학적 성과 관계없이 누구나 페미니스트가 될 수 있다.

초기 여성운동의 전략은 남성을 '적'으로 규정하고, 여성의 연대를 강조하는 것이었다. 즉 여성운동의 단일한 목표는 남성의 지배에 대항한 운동이며, 가부장제를 제거하기 위한 운동이었다. 그러나 여성운동이 이론적·실천적 영역에서 다양하게 전개되고 성숙하면서, 가부장제의 역사적 재생산 구조가 단순히 여성과 남성의 관계를 '남성은 여성의 적'이라는 대립적 도식으로 규정한다고 해서 극복될 수 있는 문제가 아님을 인식하게 되었다. 가부장제적 차별을 극복하는 새로운 대안적 현실의 구상은 궁극적으로 여성과 남성의 동료적 협동과 연대를 통해서만 가능하기 때문이다. 여성의 변화뿐 아니라 남성의 변화 또한 중요하며, 따라서 여성과 남성의 연대는 매우 중요하다. 페미니즘의 확산이 여성의 삶뿐만 아니라 남성의 삶도 통전성을 이루게 한다는 인식과 함께 페미니즘의 확산과 이론화에 깊이 관여하는 남성들이 모습을 드러내기 시작했다는 것은 고무적인 일이다.[4]

2) 생명윤리란 무엇인가

(1) 생명윤리의 적용 범주

'생명윤리'라는 용어는 영어로 두 가지로 표현된다. 하나는 'bioethics'이고, 다른 하나는 'life ethics'(또는 'ethics of life')이다. 물론 '바이오bio'란 '생명life'을 의미하기 때문에 내용적으로는 이 두 용어의 의미 차이가 없다고 할 수도 있다. 그런데 'bioethics'가 지나치게 의학적 주제에 집중되어 있다고 보면서, 더욱 광범위한 의미의 생명 주제를 다룬다는 의미로 'life ethics'라는 용어를 수용하는 경우도 있다.[5] 그러나 이 두 용어의 차이를 한국어로 나타낼 수 있는 방법은 없으며, 그 차이가 크게 의미 있는 것도 아니다.

'세계교회협의회WCC: World Council of Churches'에서는 '생명중심적 윤리life-centered ethics'라는 개념을, 로마 가톨릭계에서는 '일관된 생명윤리consistent life ethics'라는 개념을 차용한다. 용어상의 유사성에도 불구하고 이 두 기독교 기구가 각기 관심을 둔 주제는 매우 다른 것을 볼 수 있다.

WCC는 1998년 12월에 열린 제8차 총회에서 결의한 제안에 따라 WCC의 정의, 평화, 창조JPIC: Justice, Peace and the Integrity of Creation를 위한 작업을 인도해줄 윤리적 방향을 구성했다.[6] WCC의 '생명중심적 윤리'는 세계화가 소수에게만 부의 축적을 가능하게 하는 경제적 불평등, 권력의 집중, 사회적 배제, 생태계 파괴 등의 생명 위협적인 현실을 가져오고 있다고 전제한다. 이러한 '생명중심적 윤리'는 생명 위협적인 도전 앞에서 정의롭고 지속 가능한 공동체 속 존엄한 삶에 대한 갈망을 실현하기 위해 일할 것을 촉구한다. 이러한 인식에서 출발하는 생명중심적 윤리는 다섯 가지 윤리적 지침, 즉 공평equity, 책임accountability, 참여participation, 충족sufficiency, 보조subsidiary를 제시한다.

WCC가 '생명'이라는 주제를 공식적으로 부각한 것은 1983년 밴쿠버에서 열린 WCC 제6차 총회로 거슬러 올라간다. 물론 1983년 이전에도 핵전쟁, 인종차별, 성차별, 자연과학과 기술의 발달로 인한 자연 파괴, 경제적 불의의 문제 등 다양한 생명 위협적 현상에 대한 논의를 지속해왔지만, '생명'이라는 주제를 공식적으로 부각한 것은 아니었다. WCC 제6차 총회의 주제를 "예수 그리스도—세계의 생명Jesus Christ—The Life of the World"이라고 정함으로써 WCC는 '생명Life'에 대한 관심을 공식화하기 시작했다. 여기에서 전 세계의 무기 경쟁, 경제적 지배와 착취, 생태계의 위기 문제 등이 논의되었다.[7] 그 뒤로 JPICJustice, Peace and Integrity of Creation: Unit IH 프로그램을 통한 '생명의 신학Theology of Life'적 구성에 꾸준히 관심을 기울여왔다. 그런데 생명에 대한 WCC의 오래된 관심에도 불구하고 생명중심적 '윤리'라는 용어가 WCC 문서에 도입된 것은 1998년 제8차 총회 이후이다.

가톨릭에서 '생명윤리'라는 용어와 함께 논의되는 주제는 상당히 제한되어 있다. 그럼에도 1995년 3월 교황 바오로 2세가 '인간 생명의 가치와 불가침성inviolability에 대하여'라는 부제가 붙은 〈생명의 복음Evangelium Vitae〉[8]을 공포하면서 '생명윤리'에 대한 관심이 높아졌다. 예수 메시지의 핵심이라는 점을 강조하는 것으로 시작하는 교황의 '생명의 복음'은, 인간 생명의 고귀함과 존엄성은 어떠한 것에 의해서도 침해받아서는 안

된다고 거듭 강조한다. 이어서 인간 생명 자체를 거역하는 행위인 살인·인공유산·안락사·자살을 비롯해 인간의 존엄성을 해치는 인간 이하의 생존조건, 임의적 구금, 추방, 노예제도, 매춘 등을 전체 교회가 단호하게 정죄해야 한다고 촉구하고 있다.

그런데 여기에서 한 가지 문제가 되는 것은, 인간 생명은 거룩한 것이며 그 존엄성이 지켜져야 한다고 정언적으로 확인하는 교황의 '생명의 복음'을 구체적으로 실천하고자 전개되는 운동들이 정치사회적 보수주의를 재강화하는 극도의 신보수주의적 방식으로 나타난다는 점이다. 예를 들어 '생명권pro-life' 운동을 펼치면서 인공유산에 대한 경직된 반대 의견을 강화하는가 하면, 앨 고어Al Gore처럼 '선택권pro-choice'이라는 견해를 나타내는 대통령 후보에게 가톨릭 신자들이 절대 투표하지 말아야 한다는 등 정치적으로도 단순한 보수주의적 입장을 확대하고 있다.[9] 그들은 '생명권'의 입장을 강력하게 지켜온 미국의 역대 보수주의 정치가들이 오히려 세계 곳곳에서 정치적·군사적·경제적 권력을 가지고 제3세계 사람들의 생명을 다양한 방식으로 심각하게 위협해왔다는 사실에는 전혀 문제를 제기하지 않는다. 반면, 여성의 자율적인 판단과 선택의 중요성을 존중하는 의미에서 '선택권'을 지지하는 정치가들을 '죽음의 문화'를 확산하는 생명 위협적인 정치가라고 매도하고 있다.

이 같은 상황을 보면 정언적 의미로서 '생명은 고귀한 것'이라는 구호가, 정작 사회적·정치적·경제적 분석이 결여될 경우 구조적으로 생명을 위협하는 더 큰 불의를 보지 못함으로써 극도로 왜곡될 수 있다는 사실이 잘 드러난다. 결국 '생명윤리'라는 동일한 용어를 사용한다 해도, 때로는 각기 매우 상충적인 다양한 의미로 사용되고 있다. 따라서 '생명윤리'라는 용어 자체가 정당성을 담보한다고 보기는 힘들기 때문에, 이 입장에 담긴 윤리적 내용이 어떠한 적절성과 사회정치적 의미가 있는지에 대한 더욱 비판적인 분석이 필요하다.

'life ethics'가 아닌 'bioethics'로서의 '생명윤리'라는 용어는 1970년 미국 위스콘신대학교의 생물학자이며 암 연구가인 밴 렌슬러 포터Van Rensselaer Potter가 처음 사용했다. 그는 생명윤리 개념을 인류가 생존하도록 돕고 문명 세계를 개선하고 유지하는 데 도움이 되는 분야로 만들고자 했다. 이러한 맥락에서 'bioethics'를 과학과 인문학을 연결하는 것으로, "생물학적인 지식과 인간의 가치구조에 대한 지식을 병합한 새로운 학제"라고 규정했다. 그러나 앤드리 헬리거스Andre Hellegers와 그의 연구진은 'bioethics'라는 용어를 포터와는 약간 다른 의미로 썼다. 헬리거스는 1971년에 조지타운대학교에 '케네디 연구소Kennedy Institute of Human Reproduction and Bioethics'를 세운 생리학자이자 산부인과 의사이다. 헬리거스는 'bioethics'를 '의학과 생명의료 연구biomedical research의 윤리'로 규정했다. 'bioethics'에 대한 이러한 각각 다른 이해를 통해 다음과 같은 두 가지를 알 수 있다. 첫째, 'bioethics'가 관심을 둔 우선적 범주는 '의료윤리medical ethics'이며 다른 건강 관련 윤리이다. 둘째, 'bioethics'의 범주가 어떻게 설정될 것인가에 대한 일치된 의견은 없다.[10]

의료진들의 행동 방침과 윤리적 규칙에만 관심이 있던 '의료윤리'는 1960년대 말부터 사회의 건강과 질병의 윤리적인 측면을 포괄하는 것으로 바뀌기 시작했다. 이러한 변화는 전통적인 의료윤리가 새로운 생명윤리의 요소들을 포함하기 시작했다는 것을 의미한다. 즉 의료계 안에서 나타나는 윤리적 문제들에 철학적·다학제적으로 접근하기 시작한 것이다. 1970년대의 의료윤리와 생명윤리에 관한 논의는 1969년에 세워진 '헤이스팅스 센터Hastings Center'와 1969년에 세워진 '케네디 연구소 The Kennedy Institute'가 있는 미국을 중심으로 활발하게 전개되었다. 동시에 영국을 비롯한 유럽 여러 나라에서도 다양한 논의가 시작되었다. 의학, 신학, 철학, 법학 등 다양한 학제에 속한 생명윤리학자bioethicists들은 전통적인 윤리를 새로운 방식으로 전개하고 있다.[11]

(2) 의료윤리에서 생명윤리로의 전이

그렇다면 서구 세계에서 그토록 오랜 전통이 있는 '의료윤리'로 충분하지 않고 왜 '생명윤리'가 출현하게 되었는가. 약 2500년 동안 이어져온, "해를 끼치지 말라First, Do No Harm"로 시작되는 히포크라테스 선서는 의사들에게 선의성beneficence · 무해악non-maleficence · 비밀보장confidentiality 등의 윤리적 의무를 요구한다. 그런데 이러한 히포크라테스 전통이 그토록 오랫동안 유지되어올 수 있었던 이유는, 지금까지의 사회가 비교적 단일한 동질적homogeneous 사회였기 때문이다. 이러한 동질적 사회에서 개개의 사회 구성원들은 옳고 그름이나 선함과 악함을 거의 획일적으로 이해한다.

그러나 사회가 점점 복합적이고 다종적heterogenous 사회로 전이하고, 상대적으로 이전보다는 평등한 사회가 되면서, 사람들은 무엇이 옳고 그른가라는 윤리적 판단을 할 때 외적 권위를 맹목적으로 따르지 않게 되었다. 뿐만 아니라 얽히고설킨 복합적인 삶의 정황은 이전과 같은 단순한 윤리적 판단을 하기 어렵게 만들었으며, 또한 과학기술의 발달은 환자의 생명과 관련된 의학적 결정을 매우 복잡하게 만들었다. 따라서 의료윤리의 기초가 되었던 히포크라테스 전통은 단일사회에서 복합사회로의 전이, 기술과학의 발달로 한계에 부딪히게 되었다.[12]

이러한 사회적·의학적 변화는 이전의 의료윤리적 방식으로는 답을 찾을 수 없는 새로운 질문을 던지게 한다. 예컨대 "무엇이 이로운 것인가, 무엇이 해로운 것인가?", "누가 살아야 하는가, 누가 죽어야 하는가?", "값비싼 의료 자원을 어떻게 분배할 것인가?", "누가 결정권을 갖는가?" 같은 새로운 물음이 제기되기 시작했다.[13] 그런데 이러한 물음은 의학적 관점으로만 답을 찾기 어려운 복합적인 질문이다. 그리하여 결과적으로 신학·철학·법학·사회과학·심리학 등 다양한 학제적 개입을 요청하는 '생명윤리'가 출현하게 되었다. 이러한 배경 위에 다양한 학제의 상호개입을 바탕으로 형성된 생명윤리는 이전의 의료윤리적 관심 주제에서 출발한다. 그러나 의료윤리와는 여러모로 다른 접근방식과 다양한 주제를 바탕으로 전개되어가고 있다.

전통적으로 '의료윤리'는 주로 의사-환자의 관계와 의사들이 갖춰야 하는 덕목에 논의의 주된 관심을 기울였다. 반면, '생명윤리'는 더욱 포괄적인 주제에 대하여 비판적이고 성찰적인 작업을 한다. 따라서 의사-환자, 의사-의사 사이의 윤리적 차원에만 제한되지 않으며, 그러한 전통적인 의료윤리의 차원을 넘어선다.

의료윤리에서 생명윤리로의 전이 차원에서 의료윤리와 구분되는 생명윤리의 특성을 간결하게 규정해보자. 첫째, 생명윤리의 목적은 어떤 의료적 이슈에 대한 개념 설정이나 행동방식 자체보다 더욱 포괄적인 이해를 우선 모색한다. 둘째, 생명윤리는 의료윤리와 달리 윤리란 무엇인가, 생명의 가치란 무엇인가, 인간이 된다는 것의 의미는 무엇인가 등 더 깊은 차원의 철학적 문제에 관심을 둔다. 셋째, 생명윤리는 공공정책, 그리고 과학의 방향성과 통제에 관련된 주제를 포괄적으로 다룬다.[14] 이러한 주제나 접근방식에서 볼 때 생명윤리는 그 출발점이 의료윤리에 있지만, 의료윤리와는 다른 고유의 연구와 논의를 전개한다고 할 수 있다.

3. 생명윤리 담론에 대한 비판적 조명: 젠더 부재

페미니즘은 '지배와 종속'의 역사적인 양식에 우선적 관심을 기울여왔다. 한 인간의 생물학적 성과 사회적 젠더의 관계를 다층적으로 분석하고 그것을 담론의 주제로 삼으며, 또한 다양한 사회적 위계주의와 권력을 날카롭게 비판하는 작업을 하고 있다. 페미니스트 작업에 대한 이러한 기본적 이해를 바탕으로 생명윤리 담론에 대한 페미니스트 비판을 살펴보면, 그 비판의 핵심은 생명윤리 담론에서 '젠더'의 불가시성invisibility에 대한 것이다. 생명윤리적 주제에 접근하는 분석적 도구로서의 '젠더' 부재, 또는 그 윤리적 적용에서의 젠더의 불가시성은 담론 형성의 한계는 물론 여러 가지 구체적이고 실천적인 문제들을 빚어내고 있다. 이러한 비판의 배경이 되는 상황을 먼저 살펴보고, 과연 어떤 요인들이 생명윤리 논의에서 젠더의 부재를 가져오게 하는지 조명해보자.

　어느 문화에서나 의사와 가장 많이 접촉하는 것은 여성이다. 여성은 환자이기도 하겠지만 어머니, 아내, 딸, 간호사 등 다양하게 환자를 돌보는 우선적 역할을 하는 이들이다. 즉 남성보다는 여성이 의사와 훨씬 더 많이 접촉한다. 그런데 현대의학에서 의사의 다수를 이루는 것은 남성이다. 따라서 의료행위의 시혜자와 수혜자라는 관계의 패러다임은 '돌봄을 필요로 하는 여성과 전문가 남성'으로 규정될 수 있다. 그러므로 생명윤리 논의에서 의사들의 '퍼터널리즘paternalism'을 비판할 때, 비록 이것을 비판하는 윤리학자들은 의식하지 않았다 해도 이 용어는 문자적인 의미에서 여성-남성의 관계적 패러다임을 그대로 보여준다. 'paternalism'은 한국어로 '온정주의' 또는 '가족주의' 등으로 번역된다. 그러나 이러한 중립적인 뉘앙스의 용어들은 'paternalism'이라는 용어를 통해 담아내려는 위계적 권력구조에 대한 비판적 의미나, 그 권력의 중심에 'pater'라는 '아버지', '남성'이 자리한다는 함축적 의미를 드러내지 않는다. 이것이 내가 이 용어를 한글로 번역하지 않고 '퍼터널리즘'이라고 음역해서 쓰는 이유이다.

의사들은 '아버지의 세계'처럼 의료행위의 수혜자인 여성을 '지배하고 결정하는' 권력의 중심부에 있다.[15] 물론 여성이 산파 역할을 하거나 약초에 대한 풍부한 지식을 바탕으로 다양한 민간요법 등을 통해 가정이나 부락에서 '치유자healer'로 활발하게 활동하던 위치에서 물러나 어떻게 치료행위의 수동적인 수혜자가 되었으며, 남성이 어떻게 다양한 특권과 권력을 누리는 전문적인 직업인으로서 '의사'라는 치유의 주된 담당자가 되었는지를 역사적·문화적으로 조명해보는 것은 또 다른 논의를 필요로 한다.

그러나 이러한 문제의 근저를 이루는 하나의 핵심 요인을 찾아보면, '다수인 여성 평신도와 다수인 남성 종교 지도자'의 관계적 패러다임을 보여주는 종교에서와 마찬가지로, 권력의 문제와 밀접하게 연관되어 있다. 결국 환자들을 돌보는 우선적 임무를 다양한 역할 속에 수행하는 '돌봄 노동'의 주체 가운데 다수가 여성이라는 사실이 생명윤리적 논의에서 인식되지 않는다. 이런 이유에서 윤리적 논의의 배경이 되는 관점은 남성인 '의사'에 지나치게 초점이 맞춰져 있고, 간호사·어머니·아내·딸 등의 역할을 통하여 환자를 구체적으로 돌보는 여성의 경험과 관점은 철저히 주변화해 있다고 할 수 있다.

생명윤리가 어떻게 젠더 문제의 중요성을 간과하고 있는지 또 다른 측면을 살펴보자. 생명윤리적 논의에서 중요한 이슈 가운데 하나인 의료정책에 대한 분석에서도, 젠더가 지니는 심각한 요소들이 전반적으로 간과되어왔다고 할 수 있다. 예를 들어 생명윤리학자들은 가난한 사람들과 노인들에 대한 의료 혜택을 논의해왔다. 그런데 이러한 논의는 가난한 사람들과 노인들의 다수가 여성이라는 점, 또한 이들 의료 혜택의 수혜자 중에서도 여성은 특히 불리한 위치에 있다는 사실을 인식하지 못한다.[16] 병들고 노쇠한 남편 또는 부모를 돌보기 위해 퇴직하기 이전에 전업직을 포기하거나, 아예 직업을 갖지 못하는 여성이 많다. 그런데 정작 그들 자신이 노인이 되어 누군가의 돌봄을 필요로 할 때는 주변에 아무도 없다는 것, 또한 연금을 받을 만큼 오랫동안 전업직을 지키지 못해서 노후 복지문제가 심각한 위기에 빠진다는 사실은 노인문제에서도 예민하게 인식해야 할 문제이다. 특히 한국처럼 여성이 전업직을 갖지 못하는 것이 일상적인 사회에서는 여성 노인들이 가정학대와 빈곤의 주요 희생자가 되기도 한다. 이러한 상황을 살펴볼 때, 생명윤리적 분석에서 젠더 의식이 결여되면 그 윤리적 분석과 대안 제시가 구체적으로 한 사회의 의료정책을 결정하는 데도 심각한 문제가 될 수 있다.

그리고 페미니스트 생명윤리학자들은 지금까지의 생명윤리적 논의가 의학과 의료 복지제도 등을 둘러싼 다양한 페미니스트 비판들에 관심이 없다고 비판한다. 예를 들어서 근친상간, 강간, 가정폭력, 그리고 이른바 '여성의 병'이라고 간주되는 유방암이나 방광염 같은 문제들이 다른 종류의 문제에 견주어 충분한 연구 대상으로 간주되지 않는다는 것이다. 또한 여성 환자, 여성 간호사 또는 여성 의사에 대한 남성 의사의 성적 학대나 성희롱, 성폭행 등 의료행위 과정이나 기구 안에서 여성의 인권이 유린당하는 심각한 윤리적 문제가 생명윤리학적인 중요한 이슈로 부각되지 못하고 있다.[17] 의료계에 종사하는 여성이 그들의 다양한 위치와 역할 속에서 남성 의사들과 맺는 관계는 위계적 구조를 벗어나지 못하고 있다. 여성의 이러한 경험들이 생명윤리적 논의의 관심이 되어야 한다는 것은 분명하다.

어떤 의미에서 현대의 생명윤리 담론이 태동한 것은 사회적인 다양한 권리rights 운동과 맥을 같이한다. 즉 환자나 연구 대상자의 도덕적·법적 권리의 문제에 대한 생명윤리의 우선적 관심은, 여권운동이라든지 시민권운동 같은 다양한 권리운동과 그 맥을 같이하고 있다. 그리고 표면적으로 대리모 문제, 인공유산 문제, 태세포fetal tissue 사용 문제 또는 모태 관계 등 여성과 관련된 문제에 많은 관심을 기울여온 것으로 보인다. 그런데 정작 분석적 도구로서의 젠더 인식이 결여된 탓에 이러한 주제를 포괄적으로 논의하지 못하고 있다.

그렇다면 왜 생명윤리 담론에서 젠더에 대한 인식이나 관심이 결여되어 있는가? 우선적으로 페미니스트 윤리학자들은 생명윤리학 자체에 내재하는 몇 가지 성향이 젠더 문제에 무관심하게 만든다고 본다. 그 몇 가지를 살펴보면 첫째로 연역적 접근방식의 문제, 둘째로 자유주의·개인주의의 수용, 셋째로 생명윤리학이 대부분의 경우 정부·의과대학·병원 또는 의료 전문가들과 연계되어 전개된다는 구조적 문제, 넷째로 생명윤리학이 종종 페미니즘·비판이론·포스트모더니즘·포스트콜로니얼리즘postcolonialism 같은 현대의 주요 비판 담론들에서 분리되어 있다는 점이다. 이 네 가지 측면을 좀 더 구체적으로 살펴보자.

1) 연역적 접근방식의 문제

첫째, 연역적 접근방식의 문제점들은 최근 생명윤리 담론 자체에서 다양한 비판을 받고 있다. 비판의 대부분은 페미니스트들과 직접적으로 관련되어 제기된 것은 아니다. 이 비판들은 '하의 상달식 접근bottom-up approach' 방식인 귀납적 방식이 훨씬 우월한 학문적 빙식이라고 보면서, '상의 하달식 접근top-down approach' 방식인 연역적 방식에 대한 비판을 핵심으로 한다. 연역적 방식을 비판하는 입장에는 귀납주의, 원리주의principlism, 특수화한 원리주의specified principlism 등 세 가지가 있다. '원리주의'는 연역과 귀납 두 가지의 장점을 종합하고자 하는 입장이다. '특수화한 원리주의'는 원리주의보다 더 급진적인 시각을 취한다.[18]

페미니스트들도 이러한 연역적 방식이 안고 있는 문제점들을 다양하게 비판해왔다. 우선 연역적 방식에서 수용되는 보편적 도덕 규율들이나 원리들은 추상적이고 일반적인 인간을 가정하면서 형성되었기 때문에, 특정한 시·공간에서 살아가는 개별 인간의 젠더, 인종, 계층, 장애, 성적 지향 또는 그 밖의 다른 요소들을 고려하지 못하는 분명한 한계가 있다. 그렇기 때문에 몇 가지 원리를 상정하고 그러한 원리들에 따라 생명윤리적 담론을 구성하고자 할 때 젠더가 분석의 도구가 되지 않는 것은 자명한 일이다.

연역적 방식의 문제는 이미 다양한 학제들에서 다음과 같이 지적되어왔다. 첫째, 연역적 방식을 수용하는 학자들의 주장처럼 '중립적 관점'을 지킨다는 것은 불가능하다는 점이다. 둘째, 연역적 방식이 주장하는 보편성과 비당파성impartiality에 대한 요구에 따라 작동되는 윤리적 규율과 원리는 구체적인 인간의 삶에서 생기는 당파성partiality이나 구체적인 정황, 관계적 상호연관성의 중요성을 간과하게 된다는 점이다.

반면, 연역주의적 방식을 수용하는 입장은 오히려 중립성과 비당파성을 지닌 접근방식이 윤리학자 개인이 지닌 편견, 착각, 직관, 주장, 감정적 반응 등의 주관적인 부정적 영향에서 벗어날 수 있게 한다고 믿는다. 그래서 적절한 윤리적 규율이나 원리가 형성되면, 주관적인 가치나 편견에 치우치지 않는 중립적인 시각에서 그 원리에 따라 윤리적인 판단을 할 수 있다고 본다. 연역적 방식을 고수하는 입장은 예컨대 ① 죽이지 말라, ② 아프게 하지 말라, ③ 불구로 만들지 말라, ④ 자유를 박탈하지 말라, ⑤ 즐거움을 박탈하지 말라, ⑥ 기만하지 말라, ⑦ 약속을 지켜라, ⑧ 속이지 말라, ⑨ 법에 복종하라, ⑩ 너의 의무를 다하라 같은 윤리적 규율을 따르면 결과적으로 인간의 고유한 이익을 찾을 수 있다고 결론짓는다.[19]

그러나 이 연역주의적 접근방식은 결정적인 한계가 있다. 연역적 원리를 적용하는 그 과정 자체에 어떤 특정한 가치가 이미 개입된다는 사실이다. 결국 연역주의적 시각을 취하는 이론가들은 지식사회학이나 토머스 쿤Thomas Kuhn의 '패러다임의 전이' 같은 논의 등에서 다양하게 지적되어온 '가치중립적' 관점의 불가능성을 인지하지 못한다. 설사 가치중립적 관점이 가능하다 해도, 이러한 규율들이 담고 있는 주제, 즉 '자유'라든지 '의무' 또는 '즐거움' 문제 등에 대한 여러 지역적 해석local interpretation들이 서로 상충할 때의 딜레마에 아무런 해결책을 제시할 수 없는 한계를 드러낸다. '프로크루스테스의 침대Procrustean bed'처럼 여러 상황이 이미 규정된 연역적 원리에만 맞춰진 탓에, 일정한 틀로 탈바꿈하지 않고는 그 원리를 적용할 수 없게 된다. 즉 한 개인의 젠더, 인종, 문화, 계층, 성적 지향 등 인간 삶의 다양한 조건에 따라 '자유'나 '의무' 등의 개념이 서로 다르게 설정되는 것에 대하여 연역적 방식은 아무런 설명을 제공할 수 없는 한계가 있다. 이러한 상황에서 연역적 접근방식으로는 약자에게 우선적 관심을 두어야 하는 당파성이나 관계적 상호연관성의 인식, 그리고 개인의 구체적인 조건들이 지닌 다양한 윤리적 딜레마와 문제들을 진지하게 고려하기가 어렵다.

2) 협소한 개인주의의 수용

둘째, 자유주의 개인주의의 수용이 생명윤리 담론에서 어떻게 젠더의 부재를 초래했는지 살펴보자. 초기의 생명윤리적 논의는 환자와 연구 대상자의 권리를 강하게 부각함으로써 의사의 전통적인 퍼터널리즘, 그리고 연구 과제를 위해 연구 대상자 한 개인이 희생되는 것을 묵인하는 사회적 의식의 부당성을 날카롭게 드러내고 비판하는 데 중요하게 기여했다. 이러한 윤리적 공헌을 뒷받침하는 전제들은 인간은 하나의 개체적 존재이기 때문에 수단으로 이용되어서는 안 되며, 또한 자율성이나 자기규율의 권리를 부여받은 존재라는 개인주의적 인간 이해이다. 모더니즘의 인간 이해를 반영하는 이러한 개인주의적 인간 이해는 근대 페미니즘의 공식적인 출현을 가능하게 했다. 즉 인간의 개체성을 둘러싼 뚜렷한 인식은 근대 이후 정의나 평등 개념의 초석을 놓게 한 것이다. 여성이 생물학적 존재로만 규정받던 것에서 한 개체적 인간이라는 개체성을 자각한 것은 현대적인 의미의 인권과 평등성·정의를 요구하는 데 분명한 인식론적 기초가 된 것이다.

그러나 생명윤리 담론에서 이러한 개인주의적 인간 이해가 단자적으로 지극히 협소하게 적용될 때, 여러 문제를 낳는다. 우선 '단자적 개인'에만 관심을 집중함으로써 그 개인이 어느 특정한 그룹이나 문화공동체에 속한다는 연관성의 의미를 보지 못하게 한다. 결과적으로 그룹 또는 집단의 한 구성원으로서 그 개인이 안고 있는 문제를 간과하게 된다. 또한 개인주의가 강조하는 한 개인의 '자율성'이 종종 공공선common good과 상충함으로써 야기되는 문제들을 보지 못하게 한다. 물론 인간의 개체성에 대한 개인주의를 강조하고 그에 따른 권리와 자율성의 중요성을 부각하는 것은 다양한 권리운동과 해방운동에 중요한 기초적인 인식론적 틀을 제공했다. 그러나 그러한 차원을 넘어서는 인간의 상호관계성이나, 그룹 구성원으로서의 '사회적·공동체적 인간'을 분명하게 인식하지 못하는 한계를 보였다. 따라서 인간에 대한 이해에서 개인주의적 이해는 필요조건이지만, 충분조건은 아니라고 볼 수 있다.

이를테면 새로운 의약품을 개발하는 과정에서 그 약의 효과나 부작용을 연구할 때, A라는 어느 여성이 한 개인으로서 그 연구 대상에서 제외되었다고 이의를 제기할 근거는 없다. 그렇지만 A라는 개인이 속한 '여성 그룹' 전체가 연구 대상에서 제외되고 '남성 그룹'만을 대상으로 연구되어 그 결과가 모든 사람들에게 적용되는 사실로 발표된다면, 그것은 불공정하고 부정확한 사실이 된다.

예를 들어보자. 1988년 이후, 50세 이상의 남성이 아스피린을 이틀에 한 알씩 복용하면 심장마비를 일으킬 가능성이 40퍼센트 정도 줄어든다는 연구 결과가 나왔다. 그런데 이것은 연구 과정에서 2만 2701명의 남성만 대상으로 한 결과로, 여성은 단 한 명도 포함하지 않았다. 이 연구를 주도한 연구소에 따르면, 여성을 포함하지 않은 것은 50세 이상의 여성이 심장마비에 걸리는 경우가 매우 드물기 때문이라고 했다. 그러나 실제 데이터에 따르면 미국에서는 해마다 50만 명의 여성과 47만

5000명의 남성이 심장마비로 사망한다고 한다. 흔히 생각하듯 심장마비가 남성만의 병은 아니라는 것이다. 그런데 아스피린의 약효 연구에서 여성을 제외함으로써 호르몬이나 신체구조가 남성과 다른 여성에게 아스피린이 어떤 효능이 있는지 그 중요성이 배제된 것이다. 이 같은 사실은 한 의사의 심층적인 연구와 비판에 힘입어 밝혀졌으며, 여성을 대상으로 새로운 연구가 이루어져야 한다는 5년 이상의 집요한 요청이 받아들여진 끝에 비로소 연구 기금이 주어졌다고 한다.[20] 이런 맥락에서 볼 때 생명윤리 담론에서 기본적인 개인주의적 인간 이해는, 여성이 한 개별인으로뿐만 아니라 '여성'이라는 생물학적인 집단 범주에 들어감으로써 사회문화적으로 야기될 수 있는 다양하고 복잡한 '젠더' 문제를 보지 못하는 한계를 안고 있다.

3) 생명윤리 구성에서 구조적 정황의 문제성

셋째, 생명윤리 담론이 구성되는 배경 자체가 어떻게 젠더에 관심을 두지 않게 하는 구조인지를 살펴보자. 생명윤리는 진공 상태에서 형성된 것이 아니다. 즉 생명윤리가 모습을 드러내기까지의 과정은 생명윤리가 특정 그룹이 제시하는 물음들에 적절한 답을 제시하려는 목적으로 형성되기 시작했음을 보여준다. 생명윤리학자들은 대부분 어떤 특정한 연구소나 병원의 윤리위원회 위원 등으로 위촉받는다. 그러면서 그들이 우선적으로 만나고 답을 제시하는 대상은 의사, 연구기금을 제공하는 사람, 정부 관료 등 다양한 분야의 '전문가' 집단이다. 즉 생명윤리학을 구성하는 이들은 환자나 가족의 물음이 아니라 다양한 이해관계로 얽혀 있는 전문가들의 물음과 관련된 주제들에 우선적으로 연구의 초점을 맞추어왔다는 것이다.

이것은 생명윤리가 '누구를 위하여' 구성되는가라는 근원적인 물음을 제기하는데, 여기에 대해서는 생명윤리가 구성되는 '구조적 정황'을 살펴봄으로써 그 답을 찾을 수 있다. 물론 생명윤리 담론을 구성하는 사람들은 독립적인 연구소, 의과대학이나 대학교 연구소, 의료기구 또는 정부 소속 위원회 등 다양한 조직에 속할 수 있다. 그런데 어디에 속했건 이 생명윤리학자들이 과연 그들을 고용하고 전적으로 재정을 지원하는 기구들로부터 충분한 독립성과 거리를 유지하면서 독자적이고 비판적인 연구 작업을 수행할 수 있는가 하는 문제가 제기된다.

이러한 이유로, 예컨대 병원의 윤리위원회에 속한 생명윤리학자들이 환자를 위해 일하는가 아니면 병원을 위해 일하는가 하는 문제는 꾸준한 논쟁적 주제가 된다. 한 개인으로서 생명윤리학자들이 임상 사례에 대한 자문을 받아서 일할 때, 과연 자신은 누구를 대변하는 사람으로 있을 것인가. 의료기구인가 의료진인가, 아니면 환자들과 그 환자들을 사랑하는 이들인가 등의 물음을 끊임없이 던져야 하는 이유이다.[21] '누구의 입장'을 우선적으로 생각하느냐에 따라 윤리적 방향과 관심의 초점이 달라지기 때문이다.

또한 지금까지의 많은 생명윤리 담론은 비판적 능력을 상실했다는 비판이 제기되고 있다. 생명윤리가 '인간복제 같은 테크놀로지가 애초에 사용되어야 하는 것인가'와 같은 근원적인 물음은 피하고, 단지 '어떻게 사용되어야 하는가'와 같은 표면적인 물음에 머물고 있다는 것이다. 그래서 생명윤리학은 순수 '비판자'가 되기보다는 과학과 의학적 발전의 '촉진자'가 되고 말았다. 미국을 비롯한 많은 나라는 생명윤리 관련 연구소에서 연구되는 특정한 생명윤리적 주제들의 법적·윤리적·사회적 문제 연구에 막대한 비용을 투자하고 있다. 그런데 과연 이 연구소와 연계되어 일하는 생명윤리학자들이 재정적으로 엄청나게 지원해주는 단체들의 이익과 상관없이 독립적으로 비판적 연구를 할 수 있는지의 문제가 심각하게 제기되고 있는 것이다.

이처럼 생명윤리 담론이 구성되는 구조적 정황을 볼 때, 생명윤리가 사회의 권력구조와 직간접으로 연계되어 있으며, 전문가, 학자, 정부 관료 등 권력 있는 이들 사이의 관심과 대화가 담론의 배경이 된다는 것을 알 수 있다. 이러한 정황에서, 생명윤리 담론은 기존의 권력구조가 빚어내는 위계주의와 불평등적 구조를 근원적으로 비판하는 페미니즘에 관심을 두지 않게 된다는 것을 쉽게 유추할 수 있다. 생명윤리 담론은 이제 권력의 중심부에 있는 '전문가들'과 그 중심부 밖에 있는 '비전문가들' 사이에서 어떻게 더욱 정의로운 윤리적 담론을 구성할 것인가를 고민해야 한다. 생명윤리학이 권력의 중심구조와 밀착하는 관점을 취할 때, 그 권력구조를 끊임없이 비판하는 페미니즘을 수용하기는 어렵기 때문이다.

4) 권력 분석의 결여

넷째, 생명윤리 담론은 현대의 주요한 비판 담론들에서 스스로를 분리함으로써 페미니스트 이슈들을 간과했다. 전 세계적으로 페미니즘은 현대의 인문학이나 법에서 가장 광범위하게 논의되고 중요한 것으로 간주되는 20세기의 여러 지성적 사조 가운데 하나이다. 그런데 생명윤리 담론에서는 이러한 페미니스트 작업을 전반적으로 간과하고 있다. 페미니즘이나 포스트모더니즘 또는 탈식민 담론 같은 현대의 담론들은, 지배와 종속의 현실을 권력구조가 어떻게 다양한 형태와 방식으로 강화하고 지속시키는가에 대해 예리한 비판적 시각을 제공한다. 이러한 문제에 대한 무관심은 가부장제적 성차별 문제뿐만 아니라 정치·경제·문화 영역에서 드러나는 현대사회의 복합적인 '지배와 종속'의 현실을 제대로 보지 못하게 한다. 이러한 비판적 담론과의 연관성 결여는 생명윤리의 자기비판 결여로 이어진다. 결과적으로 생명윤리가 '누구를 위해' 존재하며 '어떻게' 도움이 되는가와 같은 기본적인 문제를 근원적이고 포괄적으로 검증하지 않게 되는 것이다.

4. 페미니스트 생명윤리

페미니스트 생명윤리가 전통적인 생명윤리 담론과 결정적으로 다른 점은, '젠더'를 그 분석적 도구로 삼는다는 데 있다. 전통적 생명윤리 담론은 가부장제적 성차별주의가 야기하는 다양한 양태의 억압구조를 암묵적으로 묵인하거나 강화하는 역할을 했다. 이러한 사실에 대한 인식이 페미니스트 생명윤리의 출발점이 되었다고 할 수 있다. 주로 공적 영역에서만 경험되는 인종차별이나 계층차별과 달리, 성차별은 친밀성의 공간인 사적 영역과 공적 영역 모두에서 경험된다. 그렇기 때문에 성차별에 대한 인식과 이를 극복하는 것은 사회를 구성하는 여러 제도나 기구에 대한 광범위하고 심층적인 검증 없이는 불가능하다.

상식적인 이해만으로 분석될 수 있는 차원보다 훨씬 더 복합적이고 미묘한 차별의 구조를 취하는 것이 성차별이다. 그런데 노골적인 성차별보다 더욱 심각한 문제가 되는 것은, 여성에게 호의적인 태도를 취하는 이들의 '무의식적 성차별'이다. 노골적인 성차별주의자는 그 태도가 외면적으로 드러나기 때문에 비판의 몇 가지 양식을 적용하기만 하면 그 성차별주의를 분석하고 비판할 수 있다. 그러나 성평등주의자라고 자처하는 이들의 무의식적이고 내면적인 성차별적 가치는 감추어져 있는 탓에 더욱 은밀한 양태로, 그러나 강력하게 작동할 수 있기 때문이다.

그렇기 때문에 페미니스트들은 생명윤리 담론에 대하여 다음과 같은 물음을 제기한다. 생명윤리는 억압의 존재양식에 긍정적인 영향을 주는가 아니면 부정적인 영향을 주는가? 이 물음을 제기하면서 페미니스트들이 인식하는 것은 생명윤리 담론의 핵심 토대를 이루는 역사에서 이른바 '큰 학제들Big Disciplines'로 간주되어온 신학·철학·의학·법학이 전형적인 가부장제적 전통을 이어온 분야라는 사실이다. 이러한 사실이 생명윤리 담론 형성에 어떤 방식으로 영향을 끼칠 것인가에 대하여 낙관적인 결론을 내리기 어렵다.

윤리가 다양한 방식으로 차별적 현상 유지를 지지하는 역할을 해왔다는 사실을 보면, '현대의 생명윤리 담론이 다양한 억압에 도전하는 담론으로 나아갈 수 있을 것인가'의 문제는 페미니스트 생명윤리의 핵심적인 관심사라고 할 수 있다. 페미니즘이 하나가 아닌 다양한 관점 속에 전개되는 것처럼, 페미니스트 생명윤리도 다양한 관점에서 생명윤리 담론을 구성한다. 또한 이것은 이미 완성된 것이라기보다는 새롭게 모습을 드러내는 분야이다.[22]

흔히 '돌봄의 윤리ethics of care'가 페미니스트 윤리의 동의어로 이해되는 경우가 많다. 그러나 그것은 페미니스트 윤리의 한 조류를 나타낼 뿐이다. 돌봄의 윤리에 대한 페미니스트 비판은 많은 논쟁을 거친 끝에 그 강점과 동시에 한계점을 평가했다. 페미니스트 윤리는 크게 '돌봄의 윤리'와 '정의의 윤리'로 나뉜다. 그러나 다양한 페미니스트 윤리를 이렇게 두 종류로만 나누는 것은 한계가 있다. 페미니스트 윤리 안에는 다양한 입장이 있기 때문이다. 페미니스트 생명윤리는 페미니즘 이론을 수용하는 방식에 따라 '절충적eclectic', '오토코이노모스autokoenomous', '위치적positional', '관계적relational' 생명 페미니스트 윤리로 구분하는 경우도 있다.[23]

그렇다면 페미니스트 생명윤리 담론의 구상은 무엇이며, 페미니즘은 생명윤리 담론의 심층화에 어떻게 기여할 수 있는가? 페미니스트 생명윤리 담론의 구상을 다음과 같이 네 가지 측면에서 살펴봄으로써, 페미니즘이 어떻게 생명윤리 담론을 더욱 확장하는 역할을 하는지 조망해보자.

1) 생명윤리 원리의 재개념화

전통적인 생명윤리 담론의 주류는 환자의 자율성autonomy, 치료자의 선의성benificence과 무해악성non-maleficence, 그리고 정의justice라는 네 가지 원리를 일반적으로 수용해왔다.[24] 그런데 이러한 원리들이 특수한 상황과 조건에 적용될 때 다양한 문제와 한계를 드러낸다는 점이 비판받고 있다. 이러한 원리들은 특히 젠더, 인종 또는 경제적 계층의 차이를 고려하지 않았을 때 생명윤리적 관심을 제대로 담아내지 못하기 때문에 그 개념들을 새롭게 다시 개념화해야 한다는 요구가 제기된다.

첫째, 자율성의 원리를 살펴보자. 자율성의 원리는 사실상 여성들에게 진정한 자기결정을 보장하는 원리로 적용될 수도 있다. 그런데 페미니스트들은 비역사적이고, 자족적이고, 원자적인 개인들의 이미지에 근거하여 형성된 자율성이라는 윤리적 모델이, 남성과는 다른 양태의 삶을 요구받아온 많은 여성에게 적용하기에는 적절한 원리가 되기 어렵다고 분석한다.[25] 즉 여성은 어느 사회에서든 일반적으로 아이들과 노인들과 환자들을 돌보고, 동시에 사적 영역이나 공적 영역에서 남성을 육체적·정서적으로 돌보는 역할을 일차적으로 담당하는 삶을 살아온 경험 때문에, 여성이 인식하는 세계란 '상호의존적인 관계들의 복합적인 관계의 그물'과 같은 것이다. 이러한 여성들의 도덕적 인식이란 다양한 관계에서 분리된 독립적 자율성이 아니다. 더구나 환자들의 삶 자체가 많은 주변 사람들의 돌봄에 의해 지속되고 있다는 사실을 볼 때, 환자들의 자율성 존중이란 그 원리에서가 아니라 원리의 실천에서 적절성을 상실하게 된다.

한 페미니스트 철학자는 단자적 인간 이해에 기초한 '자율성'의 대안적인 개념으로 '오토코이노미autokoenomy'라는 용어를 제시하는데,[26] 이것은 한국어로 번역하기가 쉽지 않은 새로운 개념이다. 참고로, '자율성'이라는 뜻의 'autonomy'는 그리스어로 자아self: auto와 통치rule: nomos의 합성어이며, '오토코이노미'는 자아self: auto와 공동체community: koinonia의 합성어이다. 그런데 '오토코이노미'를 '자율성'의 대안적인 윤리적 원리로 수용한다는 것은, 한 개인이 타자들과 상호의존적인 삶 속에 놓여 있다는 인간 이해에 근거하여 윤리적 결단을 내리는 것이다. 그러한 윤리적 결단은 '자율성'에만 근거한 것과는 다르다. 즉 자기 지향적self-directed일 뿐만 아니라 타자 지향적other-directed인 차원을 동시에 지니고 있다. 따라서 이러한 윤리적 결단은 자신에게 좋은 것이 자기 자신에게뿐만 아니라 자신과 관계하는 '타자들'에게도 좋은 것을 선택하게 한다.

둘째, 환자가 아닌 치료자의 윤리적 의무를 나타내는 선의성과 무해악성의 원리를 페미니스트 관점에서 조명해보자. 페미니스트들이 이 원리에 대하여 우선적으로 제기하는 물음은 '무엇이 선한 것/좋은 것이고, 또는 해로운 것인가'이다. 즉 선한 것 또는 해로운 것의 기준과 범주는 무엇이며, 그러한 내용을 결정할 수 있는 권한이 누구에게 있는가 하는 것이다.

예를 들어 출산을 앞둔 많은 여성들에게 심각하게 받아들여지는 의사들의 제왕절개수술 권고를 보자. 제왕절개수술이 '누구에게' 좋은 것인가 또는 해로운 것인가는 '누구의 관점'에서 보는가에 따라 각각 다른 답이 나올 수 있는 문제이다. 또한 인공유산 문제에서도 비슷한 물음이 제기될 수 있다. 인공유산에 대한 생명윤리적 담론은 대부분 '언제부터 태아fetus를 생명으로 볼 것인가'라는, 태아에 대한 관심에 초점을 맞추고 있다. 그러나 정작 그 태아가 '여성의 몸' 안에 있다는 중요한 사실은 별로 인식되지 않거나 논의의 주제로 삼지 않음으로써, 인공유산과 관련된 여러 가지 문제에 대한 포괄적 접근에 실패하고 있다. 결국 인공유산을 둘러싼 대부분의 윤리적 논의는 '태아'라는 '반쪽'의 현실만 반영할 뿐, 그 태아를 가진 '여성'은 보지 않는다는 뚜렷한 한계를 드러낸다. 이런 경우 인공유산에서 '무엇이' 선한 것/좋은 것이며 해로운 것인가, 또한 그것이 '누구에게' 해당하는 것인가에 대한 물음이 매우 중요해진다. 그러므로 선의성이나 무해악성이라는 윤리적 원리가 그 의미를 올바로 담아내려면 더욱 포괄적이고 확장된 재개념화가 요청된다.

셋째, '정의'의 윤리적인 원리를 살펴보자. '정의'란 사실상 페미니즘에서 가장 중요한 개념 가운데 하나이다. 그런데 이 '정의'의 원리가 함축하는 윤리적 의미를 페미니스트 관점에서 분석해보면, 그 한계와 문제점이 드러난다.[27] 예를 들어 널리 알려진 존 롤스John Rawls의 정의 개념

은 지나치게 추상적이어서 구체적인 현실에 적용하기가 부적절하다고 비판받는다.[28]

이에 대한 페미니스트의 비판을 좀 더 구체적으로 살펴보자. 첫째, 롤스의 정의 개념은 정의를 공적 영역에 속한 것으로 규정함으로써 사적 영역에서 일어나는 불의에 관심을 두지 않게 한다. 다른 차별과 달리 성차별은 공적 영역과 사적 영역 모두에서 경험되며, 사적 영역에서의 불의가 공적 영역에서의 불의 구조와 연관되어 있다. 둘째, 롤스의 정의 개념은 '분배적 정의'에 지나치게 집중함으로써 분배적 정의를 어렵게 하는 근원적 요인인 차별적인 사회제도와 구조 문제를 간과하고 있다. 사회정의의 문제를 자원·수입·부와 같은 물질적인 것의 분배나 직업 등의 할당에 대한 것으로 초점을 맞추다 보면, 그러한 정의는 분배 자체의 양식을 결정하는 사회구조나 제도적 정황을 보지 못하게 된다. 이러한 분배적 정의의 개념을 새롭게 확장하기 위해서는 결정권과 결정 과정, 노동 분업, 문화의 문제를 포괄적으로 함께 고려해야 한다.[29] 이상과 같은 여러 한계는 세 번째 문제로 이어진다. 롤스의 정의 개념은 현대의 불의 문제를 다루지 않으며, 결과적으로 현재로 이어지는 과거의 불의를 바로잡고 정의의 회복을 요청할 수 있는 윤리적 원리를 제공하지 못한다.[30] 정의가 생명윤리 담론의 핵심 원리가 되기 위해서는, 정의의 다차원적인 측면들이 새롭게 확장되고 재개념화해야 하며, 동시에 공적 영역과 사적 영역 모두에 적용되는 포괄적 정의 개념이 수용되어야 한다.

페미니즘의 중요한 공헌 가운데 하나는, 정의 개념을 급진화하고 확장했다는 점이다. 또한 다양한 형태의 '권력power' 문제의 중요성을 부각했다는 점이다. '권력'의 문제를 논의의 핵심 주제로 삼은 담론은 페미니즘 외에 포스트모더니즘과 포스트콜로니얼리즘이 있다. 페미니즘은 이 두 담론이 분석하는 '권력'을 둘러싼 논의에서 표면적으로 드러나지 않는 한계성을 짚어낼 수 있는 급진적인 분석적 도구가 된다고 생각한다. 페미니즘 이론의 이러한 특성이 생명윤리 담론을 새롭게 조명하고 확장하는 데 기여하는 것이다.

페미니즘은 다양한 학문적 영역에서 제기되는 물음 자체를 '재구성'하고, 기본적 개념이나 방법론을 '재개념화'한다. 이러한 재개념화를 토대로 페미니즘이 지향하는 바는 단순히 또 다른 하나의 이론적 구성이 아니다. 그 이론적 구성은 구체적인 현실의 변혁에 인식론적 틀을 제공해줌으로써 사람들의 구체적인 삶의 조건을 변화시키는 데 적극적으로 관여한다는 의미가 있다. 이러한 맥락에서 페미니스트 생명윤리 담론을 특수한 분야로 주변화하는 것이 아니라, 생명윤리를 첨예화하고 성숙하게 하고 확장함으로써 심층화하는 것으로 봐야 한다.

2) 생명윤리 주제의 확장

페미니스트 생명윤리는 젠더를 분석적 도구로 삼음으로써 생명윤리 담론이 간과했던 주제들을 새롭게 밝혀내고 있다. 이를테면 다양한 의료 행위에서 주로 남성인 의사가 그들의 권력을 환자와의 관계에서 어떻게 왜곡되게 활용하는가 하는 문제이다. 예컨대 의사가 환자와 맺는 성적 관계라든가 정신과 의사가 치료가 끝난 상담자와 지속적으로 성적 관계를 맺는 문제와 같은 주제는 생명윤리 담론의 주요 문제 가운데 하나인 '의사-환자' 관계에 대한 분석에서 주제로 부각되지 않았다. 그러나 이러한 성적 관계는 두 사람 사이의 권력 불균형 때문에, '부녀 관계'

의 근친상간처럼 가족 안에서 한쪽이 일방적으로 권력을 행사하는 경우인 퍼터널리즘의 구조를 그대로 지닌다. 이와 같은 측면은 생명윤리 담론에서 주제에 포함되지 못해왔다.

또한 여성의 몸과 직접 관련이 있으며 자연적인 현상인 임신·출산·생리·폐경 등이 병리적인 것으로 분류되고 '의료화medicalization'하여 '질병시'되었다. 페미니스트 생명윤리적 작업에 의해서 여성이 병리학의 대상이 되기 시작한 문제를 분석하면서, 그동안 생명윤리 담론이 간과했던 문제들이 밝혀지고 있다. 푸코가 '생체권력biopower'[31]이라는 용어로 명료하게 표현한 신체와 권력의 관계에서 드러나는 바와 같이, 여성의 신체는 특히 18세기 이후 남성의 권력을 행사하고 강화하는 데 사용되어왔으며, 여성의 신체가 '의료화'하고 병리학적으로 규정되어왔다는 것은 '산부인과'의 역사적 발전 과정에서 잘 드러나는 사실이다.[32]

생물학적 성과 문화사회적 젠더를 구분하는 페미니스트 접근방식이 문제들을 구체적으로 어떻게 예민하게 짚어낼 수 있는가의 예를 들어보자. 생물학적으로 육체적인 장애가 있는 사람이 직장을 가지고 일할 때, 그 직장의 작업환경이 어떤가에 따라서 그 사람의 생물학적 조건이 사회활동에 큰 장애가 되는지 아닌지가 결정된다. 즉 육체적인 약점이 있는 사람들이 활동하는 데 필요한 모든 작업조건을 갖춘 직장이라면, 그 사람은 자신의 생물학적 조건을 장애로 느낄 필요가 없다. 그러나 작업조건이 좋지 않을 때, 그 생물학적 조건은 결정적인 장애로 작동한다. 그래서 '불구disability'라는 사회적 범주는 조형적이다.[33]

'젠더'를 분석적 도구로 삼는다는 것은 '장애'와 비슷한 맥락에서 이해할 수 있다. 즉 여성의 생물학적 조건은 사회문화적 환경에 따라 각각 다른 의미를 띤다는 것이며, 사회문화적 젠더로 이해된 여성의 이미지나 개념은 결국 가부장제적 가치에 따라 형성된 '조형적 여성'이라는 사실이다. 이런 측면에서 보면, 페미니스트 생명윤리학자들이 현대에 놀라운 수준으로 발전을 거듭하는 유전공학에 대해 무엇을 염려하는지 이해할 수 있다. 페미니스트 생명윤리학자들은 유전적 지식의 놀라운 발견, 그리고 게놈 프로젝트에 대한 국제적 관심과 막대한 자금 투자가 과거에 존재했던 '생물학적 환원주의'의 위험성을 담고 있다고 비판한다. 특히 한 사람의 유전자 형태를 그 사람의 본질인 듯이 간주함으로써 그 사람의 사회문화적 조건과 정황의 중요성을 부차적인 것으로 보게 만들며, 생물학만이 인간에 대한 가장 본질적인 분석의 틀로 자리매김할 위험성이 있다는 것이다. 이런 점은 페미니즘이 이루어온 프로젝트를 가부장제적 '생물학적 결정주의'로 무효화할 수 있는 요소들을 담고 있다.

페미니스트 생명윤리가 어떻게 생명윤리 담론의 주제를 확장하는가의 또 다른 예로는 성형수술을 들 수 있다. 성형수술은 현재 의료계에서 막대한 수입원이 되는 분야이다. 그런데 성형수술을 받는 사람들은 주로 여성이며, 그 여성들은 대부분 의학적인 이유가 아닌 가부장제적 문화에 의해 유발된 동기로 성형수술을 받는다.[34] 경제적으로 만만치 않은 돈을 투자해야 하고 육체적으로 감수해야 하는 위험성이 큰데도 불구하고 성형수술을 받아야겠다는 생각을 하는 것은, 표면적으로는 개인적인 결정에 따른 자발적이고 자율적인 행위처럼 보인다. 그러나 더욱 근원적인 요인은 가부장제적 문화와 사회적 기제에 있다.

남성중심주의 문화의 왜곡된 미의 개념이 여성의 구체적인 삶에서 그 여성을 평가하는 유일한 기준으로 고착되었을 때, 사회에서 인정받고 성공하려는 여성들이 좀 더 유리한 조건을 갖추기 위해 선택할 수 있는 방법은 그리 많지 않다. 가부장제에 저항할 수 있는 힘을 갖추지 못할 때, 그리고 그러한 여성의 신체적 조건들에 대한 사회문화적 기준들이 사실상 남성중심적 기준과 범주에 따라 설정되었다는 사실에 대한 비판적 인식을 결여할 때, 성형수술로써 자신의 신체 조건을 향상하려고 노력하는 것은 그 여성들의 '생존 테크닉'이기도 한 것이다. 따라서 '성형수술'이라는 의료행위는 단순한 의료행위가 아니라, 사회문화적 편견과 왜곡된 차별구조에 연관된 윤리적 문제이기도 하다. 그러므로 성형수술에 대한 포괄적인 이해는 복합적인 페미니스트적 분석 없이 불가능하다. '젠더' 문제에 대한 인식이 없는 생명윤리 담론은 여성과 관련된 이러한 현실적인 윤리적 문제에 아무런 관심을 두지 않아왔다. 그러한 맥락에서, 전통적 생명윤리의 이런 한계는 분명히 개진되어야 한다.

3) 생명윤리 담론의 다차원적 민주화

페미니스트 생명윤리는 생명윤리 담론이 형성되는 과정의 조건들이 민주적 구조를 갖추지 못했다고 분석한다. '누가 지식의 생산자인가' 하는 문제는 중요한 주제이다. 지식을 생산하는 주체가 누구인가에 따라서 그 지식에 담고자 하는 가치관과 인간관, 세계관이 달라질 수 있기 때문이다. 인류 역사는 이러한 지식 창출 과정에서 철저히 여성을 배제해왔다. 그리하여 여성이 경험하는 세계는 그러한 지식에 반영되지 않은 반면, 남성이 경험하는 세계는 인류 보편의 경험으로 각인되어왔다. 따라서 페미니스트 생명윤리학자들이 생명윤리 담론을 산출하는 기구와 과정에 페미니스트 여성들이 어떻게 더 구체적으로 관여하며, 또한 그들 페미니스트의 생명윤리 담론을 산출하는 작업이 사회적·학문적으로 얼마나 중요한 비중을 차지하고 관심을 받는지 면밀히 분석해보는 것이 중요하다.

다른 학제나 담론에서와 마찬가지로 현대 생명윤리 담론을 구성해온 주체는 남성이었다. 또한 세계적으로 널리 알려져 있는 미국의 헤이스팅스 센터나 케네디 연구소를 비롯해 다양한 생명윤리 연구소와 대학 등 생명윤리 담론을 산출하고 가르치고 적용하는 기구들에서도 남성이 주류를 이룬다. 이러한 남성중심적 현실은 지식의 중심과 권력의 중심이 일치한다는 미셸 푸코의 비판적 분석에 의거해볼 때 아주 심각한 문제이다. 생명윤리 담론이 여성을 비롯해 주변화한 사람들의 관점이나 그들의 이익을 올바르게 반영하고 수용하는 것은 불가능하다는 현실을 드러내기 때문이다.

따라서 페미니스트 생명윤리가 제시하는 '생명윤리 담론의 민주화'는 담론 형성을 위한 구성원들, 담론의 산출, 그 담론의 재생산 과정 등에서 성·인종·계층을 망라한 사회의 다양한 집단이 어떻게 민주적으로 참여할 수 있는가, 또한 의사·학자·정부관료·기업가 등 '전문가'만이 아닌 환자, 간호사, 병자를 돌보는 이 등 '비전문가'의 경험과 물음이 중요한 것으로 진지하게 수용되는 민주화를 어떻게 이룰 것인가라는 어려운 과제를 제시한다. 나는 이것을 '다차원적 민주화'라고 일컫는다. 생명윤리 담론은 '민주화'라는 용어에 대한 일반적 이해가 지닌 객관적 차원 이상의 더욱 복합적이고 다차원적인 고려를 동시적으로 수용해야 하기 때문이다. 굳이 나눈다면 일반적으로 생각되는 객관적 조건들의 민주화만이 아니라, 그것과 더불어 주관적 조건들의 민주화가 동시적으로 이루어져야 한다는 의미에서 '다차원적 민주화'가 요청된다고 생각한다.

이러한 다차원적 민주화를 이루기 위하여 생명윤리 담론이 지녀야 하는 관점이 객관적이고 가치중립적일 수 없다는 것은 분명하다. 나는 생명윤리 담론 형성의 다차원적 민주화를 위해 페미니스트 인식론에서 '관점론standpoint theory'이라고 일컫는 관점이 요청된다고 본다. '페미니스트 관점론'은 사회에서 가장 불이익을 받는 사람들에게 지금의 현실에서 무엇이 윤리적으로 '옳지 않은 것'이며, 그것이 '어떻게 교정되어야 하는가'에 대하여 특별한 통찰을 지녔다고 본다.

페미니스트 인식론에서의 '관점론'은 여성, 민중, 가난한 자 등 사회 주변부인들의 '인식론적 특권'에 대한 논의와 같은 맥락에서 이해될 수 있다. 이러한 '관점론'을 과학에 적용한 샌드라 하딩Sandra Harding의 페미니스트 인식론은 중요한 페미니스트 이론적 통찰을 제공한다.[35] 여기에서 '젠더'란 누가 우리의 사회에서 이익을 받고 있는가 또는 불이익을 받고 있는가에 대하여, 그리고 하나의 관점 형성에 중요한 영향을 끼치는 변수라는 점은 분명하다.

이런 맥락에서 보면, 다차원적 민주화에서 구성되는 생명윤리 담론은 전문가들의 관점이나 그들 사이에서 교환되는 대화뿐만 아니라 '비전문가들'인 환자의 관점, 보통 시민들의 관점, 환자를 돌보는 사람들의 관점, 연구 대상자들의 관점을 반영해야 한다. 또한 다인종 사회의 경우, 소수민족 사람들의 관점 등 권력의 중심부에서 밀려나 있는 주변부 사람들의 경험과 그들의 관점을 진지하게 포괄하고 수용하는 것은 필수적인 조건이다. 이러한 페미니스트 '관점론'이 주는 인식론적 통찰이 생명윤리 담론을 형성하는 과정에서 수용될 때, 그 담론과 구체적 적용에 결정적인 변화가 일어날 것이다. 이런 의미에서 '페미니스트 관점feminist standpoint'을 수용하는 것은 젠더를 포함한 인종, 계층, 장애, 성적 지향, 나이 등 인간의 다양한 조건에 따라 그들의 삶이 어떻게 사회 중심부의 권력구조에 의하여 왜곡되고 주변화할 수 있는가에 대한 윤리적 예민성을 첨예화한다고 본다.

4) 생명윤리 담론의 급진화

페미니스트 생명윤리는 거시적 관점과 미시적 관점, 연역적 방식과 귀납적 방식의 적절한 균형과 조화를 어떻게 이룰 것인가, 전 지구적 문제와 지역적 문제들을 어떻게 포괄적으로 다룰 것인가, 그리고 이러한 문제들을 다루는 데서 '권력'구조가 주변부 사람들의 생명을 어떻게 다양한 방식으로 위협하고 있는가 등의 문제를 중요한 주제로 삼고 있다. 나는 이러한 문제의 해결에 충실하고자 할 때 생명윤리 담론은 본질적으로 '급진화'해야 한다고 본다.

'급진적'의 영어 표현인 'radical'은 이 급진화의 의미를 잘 드러낸다. 'radical'이라는 말은 '뿌리로 돌아간다 going to the root'는 의미를 함축한다. 즉 급진화는 기존의 구조 위에 몇 가지를 덧붙임으로써 이루어질 수 있는 것이 아니라, 가장 근원적인 '뿌리'로 들어가서 철저한 재검증과 변화를 요청하는 것이다. 기존 개념들의 근원적인 재개념화, 생명윤리 담론 주제들의 담론 형성 과정에서의 다차원적 민주화, 주제의 확장은 단순한 항목의 '첨가'가 아니라 생명윤리 담론 구성의 근원적인 패러다임 전이를 통해서 구체화할 수 있다.

5. 통전적 생명윤리 담론의 모색

슈바이처Albert Schweitzer의 생명 경외 개념은 생태 문제나 생명 문제가 공론화하기 이전에 이미 인간과 자연세계의 관계, 그리고 인간과 신의 관계와 관련해 중요한 통찰을 주었다. 슈바이처는 인간의 자아를 "살고자 하는 의지를 지닌 생명 한가운데서, 살고자 하는 의지를 지닌 생명"이라고 표현했다. 그에게서 윤리란 이러한 '삶을 향한 의지will-to-live'의 경험에 관한 사유를 바탕으로 형성된다.

슈바이처는 이 세계에 두 종류의 지식, 즉 '직관적 지식'과 '과학적 지식'이 있다고 보았다. 직관적 지식은 삶을 향한 의지의 내용에 대한 내적 성찰이다. 이에 견주어 과학적 지식이란 이 세계에 관한 지식으로, 도처에서 우리를 둘러싸고 있는 삶을 향한 의지를 지닌 신비한 것들에 우리가 관심을 기울이게 하는 지식이다. 이 두 지식을 통하여 삶을 향한 인간의 의지는 도처에 현존하며, 나 자신 속에도 있다는 사실을 알고 깊이 느끼게 된다. 그런데 이 두 지식조차도 과연 생명이 무엇인가를 설명해주지는 못한다. 생명은 소멸되면서 창출되고, 창출되면서 소멸하는 것이어서 언제나 수수께끼 같기 때문이다. 슈바이처의 생명 경외의 윤리는 절대적이고 보편적인 윤리로, 어떤 생명이라도 다치게 하거나 죽이는 것을 철저히 금한다. 하다못해 인간이나 동물의 몸속에 있는 박테리아를 죽일 것을 결정할 수 있는 도덕적 위계는 존재하지 않는다. "생명 경외의 윤리는 높고 낮은 것, 더 귀하고 덜 귀한 것을 구분하지 않는 것"이기 때문이다.[36]

그런데 이 우주에 존재하는 모든 존재물의 생명으로서의 고귀함을 강조하는 슈바이처의 생명 경외의 윤리가 지닌 한계가 있다. 첫째, 그에게서 이해된 자아란 철저히 단자적인 자아라는 점이다. 즉 사회적 자아로서의 개념을 담고 있지 못한 것이다. 이러한 단자적 자아 개념은 집단으로서의 인간이 경험하는 억압이나 존재의 위계적 경험에 관심을 두지 않는다는 심각한 한계를 안고 있다. 둘째, 슈바이처의 생명 경외의 윤리에서는 억압이나 정의의 문제가 전혀 다루어지지 않는다는 점이다. 슈바이처의 생명 경외의 윤리 개념이 주는 여러 가지 중요한 통찰에도 불구하고, 이러한 측면은 페미니스트 관점에서 볼 때 치명적인 결여가 된다. 셋째, 슈바이처의 생명 경외 윤리는 생명문제를 사회적으로 분석하지 않는다는 점이다. 슈바이처에게서 인간은 마치 자아성찰을 통해 생명을 경외하는 법을 배우기만 하면 되는 '몰역사적인 개체 인간'으로 이해된다. 결국 이 우주에 존재하는 모든 생명들에 대한 경외를 윤리적 원리로 삼고 있는 중요한 통찰에도 불구하고, 이러한 생명 경외의 윤리는 이 현대사회에서 복잡한 방식으로 생명을 위협하는 다양한 제도화한 억압의 문제에 적절한 윤리적 방향성을 제시해주지 못한다.

그러므로 슈바이처의 생명 경외의 윤리가 중요하긴 하지만 그 한계까지 들여다볼 필요가 있다. 생명윤리가 생명의 존귀함이나 신비함, 그리고 거룩함을 강조하는 것만으로는 충분하지 않기 때문이다. 이러한 몰역사적인 생명윤리는 다양한 종류의 복합적인 억압과 종속의 현실 속에서 실천적으로 적절한 윤리적 원리를 제공하기 어렵다. 이런 경우 페미니즘은 생명윤리 담론의 구성에서 그 생명윤리 담론이 더욱 포괄적인 분석적 시각과 도구를 가지고 형성되기 위한 지평을 여는 데 중요한 통찰을 준다.

나는 생명윤리 담론의 구성은 단순한 이론적 행위가 아니라 '정치적 행위'라고 본다. 가치중립적인 비당파성의 입장이란 불가능하며, 또한 어느 특정한 윤리적 입장을 취한다는 것은 이미 특정한 가치가 주입된 것이기 때문이다. 따라서 윤리 담론 구성은 '정치적'이며, 어떤 한 편을 위하거나for 그것에 반대하거나against 하는 입장에 서게 마련이다. 그렇기 때문에 통전적 생명윤리 담론을 형성하기 위해서는, 중립적 '비당파성'이 아니라 인간의 다양한 억압적 상황을 극복하고자 포괄적인 정의에 관심을 두는 '당파성'이 요청된다. 당파성은 '상대적'인 것이 아니라 '관계적' 관점을 제공한다. 이러한 포괄적 정의의 당파성을 갖출 때, 생명윤리는 권력의 중심부가 아니라 주변부에 있는 이들의 권익을 확장하는 담론이 될 것이다. 이런 의미에서 생명윤리는 언제나 이 윤리가 '누구를 위한, 그리고 무엇을 위한 생명윤리인가'라는 물음에서 출발해야 한다.

이러한 물음이 젠더라는 분석적 틀을 바탕으로 제기될 때는, 페미니즘 이론에서 말하는 '여성 질문woman question'이라는 용어로 표현될 수도 있다.[37] 새로운 생명윤리적 담론이나 그것들을 통한 의료정책 등이 형성될 때, 언제나 다음과 같은 물음을 제기해야 한다. 이러한 담론이나 정책은 여성의 이익과 복지에 어떤 영향을 끼치는가? 이러한 것들이 특정한 계층의 남성들뿐만 아니라 모든 남성과 여성, 그리고 모든 계층의 사람들에게도 동등하게 이익이 되는가? 이것은 남성과 여성의 사회문화적 삶의 조건이나 경험을 골고루 공평하게 반영하는가? 이와 같은 물음들이 부재할 때, 생명윤리 담론은 사회의 모든 영역에서 다양한 양태로 생명 위협의 현실을 조장해내는 인종차별주의·성차별주의·계층차별주의·자연차별주의·동성애차별주의·장애차별주의 등 생명파괴적 '차별주의'들을 인식하지 못한다는 결정적인 한계를 극복하기 어렵다.

그러므로 페미니스트 관점으로 전개되는 통전적 생명윤리 담론의 방향은 다음과 같이 전개되어야 한다.

첫째, 생명윤리 담론은 다양한 사람들에 대한 예민성을 갖춰야 한다. 이러한 '예민성'은 문자화하고 기록된 언어 세계를 통해서뿐만 아니라, 그들의 구체적인 삶의 경험과 세계관을 들여다볼 수 있는 다양한 매체들을 통해서도 지속되어야 한다. 이러한 표현은 산문적 서술 세계에서 시적 세계로 비약하는 듯한 느낌을 줄 수도 있다. 그런데 이 예민성에 대한 강조는 통전적 생명윤리 담론이 '은총으로서의 생명'에 대한 감수성, 그리고 '다양한 사람들'이 어떻게 사회의 불균형적 권력구조에 의해 그들의 '생명 됨'을 위협받고 있는가에 대해 총체적 관심을 기울여야 한다는 의미를 담고 있다. 이러한 '예민성'을 상실할 때 생명윤리 담론은 추상적이고 건조한 이론의 창출 이외에 다른 의미를 지니기 어렵다. 이러한 예민성을 지닐 때, 사회의 각 층에서 일어나는 권력의 불균형과 그에 따른 삶의 조건의 불평등성과 불의성이 생명윤리 담론에 의해 밝혀지고, 도전받고, 또한 극복되는 윤리적 대안과 정책들이 제시될 수 있을 것이다.

둘째, 생명윤리 담론은 지속적인 '비판의 공간'을 유지해야 한다. 생명윤리 담론의 '비판의 공간'이란, 인간이 한 개인으로서 또는 어느 특정한 집단에 속한 구성원으로서 지니는 생명 됨의 의미가 기존의 현실 구조 안에서 다양하게 위협당하는 차별적인 제도적 구조들에 대해 끊임없는 비판적 담론이 되어야 한다는 것을 뜻한다. 동시에 생명윤리 담론의 생산자들 스스로에 대한 지속적인 자기비판적 성찰의 공간을 의미한다.

이러한 통전적 생명윤리 담론이 궁극적으로 지향하는 바는, 기독교적 표현을 빌리면, '윤리적 하나님 나라'를 위한 구상이다.[38] 이러한 '윤리적 하나님 나라'를 위한 구상으로부터 비로소 가부장제를 비롯해 생명을 온전한 생명이지 못하게 하는 다양한 형태의 차별을 이 현실 속에서 극복하기 위한 '대항 헤게모니'가 생명윤리 담론을 통해 창출될 수 있을 것이다.

제6장

페미니즘과 목회:
페미니스트 목회의 패러다임

1. 여성 목회자는 '여성적 목회'를 하는가?: 개념적 재고

'여성과 남성은 각기 목회적 스타일이 다른가'의 문제는 여성 목회에 대한 관심이 부각되면서 제기되기 시작했다. 미국 개신교단의 남성과 여성 목회자들 517명의 목회 스타일을 다룬 사회학적 연구에 따르면, 목회에서 생물학적인 성의 차이가 목회 스타일을 다르게 만드는 경우는 거의 없다.[1]

남성과 여성의 목회 스타일을 평가하는 데는 두 가지 관점이 있다. 하나는 여성과 남성의 목회 스타일이 성별에 따라 완전히 다르다고 보는 '최대주의자 maximalist' 관점이며, 다른 하나는 여성과 남성의 목회 스타일에 성별에 따른 차이가 별로 없다고 보는 '최소주의자 minimalist' 관점이다. 최대주의자적인 관점에 따르면, 남성들에게서 보이는 이른바 '남성적 스타일 masculine style'의 목회는 자신의 권력을 다른 이에게 과시하고,

목회자적 위치나 개인적 권위에 관심을 두며, 과도한 합리주의적 성향을 띠고, 윤리적 딜레마에 봉착했을 때 율법주의적 태도로 접근하며, 목회자와 교인 사이에 방어적 거리를 둔다. 반면 여성들에게서 보이는 이른바 '여성적 스타일feminine style'의 목회는 평신도를 격려하며, 평등주의를 따르기 때문에 목회자로서의 권위를 내세우려 하지 않고, 따뜻한 접근방식으로 교인들을 대하며, 사회운동에 관여하고, 직관에 의존하며, 윤리적 딜레마에 봉착했을 때 그 문제에 관여된 모든 사람들의 안녕에 관심을 두고 문제를 해결하려 한다. 그러나 '최소주의자' 관점에 따르면, 남성 또는 여성이기 때문에 목회 스타일에 차이가 나는 경우는 상대적으로 매우 드물며, 그러한 미약한 차이도 선천적인 것이라기보다는 성별에 대한 사회적 개념과 사회적 합의에 따라 발생한다고 분석한다.

이렇게 각각 다른 상반된 관점 중에 어느 것이 실제의 목회 현상을 바르게 보는 입장인가를 연구하여 나온 결론에 따르면, 목회자의 목회 스타일은 성별보다는 그 목회자의 위치, 신학 교육을 받은 시기와 상황, 배우자 직업, 인종이나 성sex 등 다양하고 복합적인 조건들에 따라 각기 다르다. 여기에서 목회자의 성이란 이러한 복합적인 조건들의 단지 한 요소에 불과하다고 결론 내림으로써, 사실상 '최소주의자' 관점이 실제의 목회 현장을 더욱 적절하게 반영하는 것임을 보여주었다.

예를 들어 백인이 아닌 소수민족 목회자일 경우, 남성이든 여성이든 이른바 남성적 목회 스타일을 따르고 있다. 또한 교회에 고등교육을 받은 사람들과 고소득층 교인들이 많고 교회의 규모가 클 경우 남성이든 여성이든 '남성적 스타일'의 목회를 따른다고 한다. 또한 남성 목회자의 배우자가 사회적으로 지위가 높은 직업에 종사할 때는 남성 목회자라 해도 여성적 스타일의 목회를 하며, 배우자의 직업이 없는 여성 목회자의 경우는 남성적 스타일의 목회를 하고, 부부 목회자는 성별에 따라 각기 다른 목회 스타일을 적용하는 경우가 거의 드물다고 한다. 결국 다양한 목회 현장과 목회자의 상황에 따라 목회 스타일이 결정될 뿐, 여성 또는 남성이라는 단순한 분류에 따라 목회 스타일이 나뉘지 않는다는 것이다.[2] 이러한 사회학적 연구는 미국에서 행해진 것이지만 한국의 목회 현장을 분석하는 데도 적절하다고 생각한다.

나는 최소주의자적 관점이 여러 통찰을 준다고 본다. 좀 더 구체적인 논의를 위해 다음 두 가지 개념에 대한 우리의 통상적 이해를 재고해보려 한다. 하나는 '여성 목회'라는 용어이고, 다른 하나는 '여성 목회는 여성적 원리를 수용하는 목회'라는 일반적 이해이다.

첫째, '여성 목회'라는 용어는 우선적으로 '여성 목회자가 하는 사역women's ministry'을 의미할 수 있다. 또는 '페미니스트 관점을 지니고 하는 목회feminist ministry'를 지칭할 수도 있다. 그런데 이 두 가지 가능한 해석이 동일하다고 혼동하는 것은 문제가 있다. 우리가 분명히 인식해야 할 점은, 생물학적 여성이라고 해서 모두 저절로 페미니스트가 되는 것이 아닌 것처럼, 여성 목회자라고 해서 저절로 가부장제에 대한 비판과 극복을 지향하는 페미니스트 목회자feminist minister가 되는 것은 아니라는 점이다. 여성 목회자가 더욱더 가부장제적 구조와 가치를 수용하며 목회하는 경우를 얼마든지 볼 수 있으며, 여성이 남성보다 더욱더 강력한 반反페미니스트인 경우는 너무나 많다. 그렇기 때문에 여성들이 하는 목회가 자동적으로 페미니스트 의식을 바탕으로 한 목회를 뜻하지는 않는다는 점을 분명히 할 필요가 있으며, 이 글에서 '여성 목회'라는 용어를 쓸 때는 사실상 '페미니스트 목회feminist ministry'를 의미한다.

두 번째로 생각해봐야 할 문제는 '여성 목회=여성적 원리'라는 목회적 패러다임에 대한 통상적 이해이다. 우선은 돌봄, 이타성, 양육, 생명 사랑 등의 의미로 해석되는 이른바 '여성적 원리feminine principle'가 과연 여성에게만 귀속되는지 생각해봐야 한다. 그다음으로는 전통적으로 여성에게 규정되어온 '여성성femininity'을 '여성성의 원리'로 이상화하고 항구화했을 때 구체적으로 야기될 수 있는 문제를 비판적으로 생각해볼 필요가 있다.

이러한 '여성적 원리의 고양'이 나오게 된 배경은 이제까지 가부장제 문화에서 폄하되었던 것들의 가치를 새롭게 부각하며, 권력 집중적이고 위계적인 원리를 넘어서는 대안적인 것을 제시하려는 것이다. 이와 같은 여성적 원리의 고양은 지금까지 열등한 것으로 간주되어온 '여성성'에 가치를 부여해 여성들의 자기신뢰 회복이 가능해졌다는 점에서 긍정적인 의미를 찾을 수 있다.

그러나 여성 목회를 그저 '여성성의 원리를 적용하는 목회'라고 단순화하면 여러 문제점이 야기된다.

첫째, 여성 목회는 '목회'의 다층적이고 복합적인 차원을 아주 단순화할 수 있다. 둘째, 목회에서 여성 원리의 고양이란 '남성-남성성/여성-여성성'이라는 이분법적인 사회적 성 고정관념을 그대로 수용하여, 페미니즘이 극복하고자 했던 문제를 그대로 재생산할 수 있다. 셋째, 여성 목회자는 직관·감성 같은 사적인 영역에서는 강하지만, 이성적이고 합리적인 목회 차원의 공적 영역에서는 부적격자로 간주될 위험성이 있다. 마지막으로 넷째, 가부장제 사회에서 여성들에게 계발되지 못했던 성향, 즉 이성적·논리적·합리적 능력, 독립된 의식 등을 계발할 필요와 의지를 다시 억누르게 된다는 문제가 있다.

따라서 '여성 목회가 여성 원리에 입각한 목회'가 되어야 한다는 이해는, 그것이 부각하려는 긍정적인 측면에도 불구하고 목회의 다차원성에 대한 현실적 성찰을 결여할 수 있는 지나치게 단순한 이해이다. 오히려 다양한 자질과 특성을 지닌 여성 목회자 개개인들의 다양성을 단순한 양식으로 단일화함으로써, 결국 여성 목회자들의 역량과 역할을 축소하거나 왜곡할 위험성이 있다. 사실상 '돌봄의 원리'로 규정될 수 있는 '여성적 원리'란 여성들만의 독점물이 될 수 없다. 남성이 하건 여성이 하건 목회에는 이러한 돌봄의 원리가 가장 주요하게 적용되어왔으며, 앞으로도 그럴 것이다.

캐럴 길리건에 의하여 본격적으로 논의되기 시작한 '돌봄의 윤리'는 여성과 남성의 인식론에 차이가 있다는 전제를 바탕으로 전개된다. 남성과 여성의 인식론적 차이 때문에 여성에게는 개인보다는 '관계성'을, 분리보다는 '연관성'을 우선적으로 고려하는 성향이 있으며, 이것이 돌봄·양육·연관성 등의 특성을 띤 윤리적 형태로 나타난다고 본다. 캐럴 길리건 이후 이 '돌봄의 윤리'는 심리학, 교육학, 페미니즘 등 다양한 분야에서 여성과 남성의 차이점에 대한 논의를 다루는 데 중요한 주제가 되었다.[3] 다만 이제까지의 가부장제적 교회에서 이러한 '돌봄의 원리'가 남성중심적·계층차별적·위계적 성향을 띠고 왜곡되어온 풍토는 바뀌어야 하며, 이러한 측면은 목회에서 언제나 중요한 지적과 비판 역할을 할 것이다.

이와 같은 이해를 바탕으로, 그동안 종교적 지도자 역할에서 지속적으로 배제되어온 여성들이 목회자로서 역할을 수행하고 목회를 하게 될 때 어떠한 인식과 목회적 패러다임을 갖춰야 할지 살펴보자.

2. 여성 목회자가 목회 현장에서 마주치는 장벽들

남성들과 달리 여성들이 목회 영역에서 활동하는 것은 여러 의미의 장벽과 씨름해야 하는 과제를 안고 있다. 사람들은 '목회'가 전통적으로 남성의 영역이라고 간주해왔다. 이러한 고정관념은 '남성의 영역'이 뿌리내린 가부장제 구조에서 지도자적 역할을 하는 여성들이라면 활동 영역에 관계없이 거의 모두가 부딪히는 문제이다. 인류 역사에서 주로 남성을 보조하는 역할을 해오던 여성이 공적이며 독립적인 지도자적 역할을 수행한다는 것은, '내면적 장벽'뿐 아니라 '외면적 장벽'을 끊임없이 넘어서야 한다는 뜻이다.

목회 현장에서 일하는 여성 목회자들이 뛰어넘어야 할 장벽들을 다음과 같은 네 가지 영역으로 분류해보았다. 이러한 장벽들은 가부장제에 의해 야기된 것이라는 점에서 서로 연관된 문제들이기도 하다.

1) 여성 목회자 자신의 장벽

오랫동안 가부장제 사회에서 살아온 여성들은 정도의 차이가 조금씩 있을 뿐, 여러 열등감에 시달린다. 가부장제의 핵심적 가치는 여성은 남성보다 '열등한 존재'라는 의식이다. 이러한 의식과 가치관은 가정, 공교육, 대중매체, 사회적 기대와 관습 등 삶의 다양한 영역에서 남성뿐만 아니라 여성에게도 내면화한다. 즉 여성 스스로도 여성이 남성보다 '어쨌든 열등 somehow inferior'하다고 의식하는 것이다.

그래서 여성들은 의식적·무의식적으로 남성들에게 의존하는 사고를 하게 된다. 남성들이 결정권을 쥐는 것에 이의를 제기할 필요를 느끼지 않을 뿐 아니라, 동등한 목회자로서 동료적 의식을 갖기보다는 남성 목회자보다 자신이 열등한 목회자가 아닌가라는 자기 불신의 심리적 장벽에 부딪히게 된다. 그래서 여성 목회자들은 개인적이든 집단적이든 결정권이 있는 권력을 지니기보다는, 남성들을 보조하거나 그들을 위한 봉사로서 자신들의 목회를 이해하고 실천하려 한다.

물론 '자의적 봉사'는 목회에서 중요한 차원의 하나이다. 그러나 가부장제적 구조에서 '봉사'는 여성에게만 기대된다. 여성에게만 기대되는 이러한 의미의 봉사란 사실상 본인이 의식을 못한다 해도 '강요된 봉사'이지 '자의적 봉사'는 아니다. 사회적으로 여성들에게 '봉사'를 기대하는 것은 '봉사 이데올로기'로 작동하게 된다. '자의적 봉사'의 경우 대부분 권력이 없는 이들을 향한 봉사인 반면, '강요된 봉사'는 주로 이미 권력을 얻은 사람들을 향한 봉사일 때가 많다.

한 기구나 단체에서 결정권이 있다는 것은 그 기구나 집단이 올바른 방향으로 나아가게 하기 위해 중요한 문제이다. 또한 그 권력이 올바르고 공평하게 분배되며 사용되어야 한다는 의미에서 여성 목회자들이 더욱 적극적으로 접근해야 하는 문제이다. 개인적인 영달을 확장하기 위한 권력이 아니라 이렇듯 중요한 의미가 있는 권력 문제를 외면하는 것은 책임 있는 자세가 아니다. 나는 여성 목회자들이 자기 자신 속에 감추어진 내면적 열등감과 남성의존성을 극복해서 자기신뢰를 회복하고 당당한 책임의식을 갖는 것이야말로 목회에서 가장 중요한 첫 번째 관문이라고 본다.

2) 여성들에 의한 장벽

가부장제는 여성들 속에 남성의존적 의식, 남성우월적 의식을 다양한 방식으로 심어준다. 그래서 여성들은 자기 자신에 대한 불신뿐 아니라 다른 여성들까지 불신하는 의식을 자연스럽게 내면화한다. 이러한 의식은 여성의 열등성이 선천적인 것이라는 인식을 고착해버리는 결과를 낳는다. 그래서 남성들보다 여성들이 페미니즘의 적으로 나타나는 경우가 종종 있다. 여성 목회자나 여성 지도자를 향한 불신이 남성들보다 오히려 여성들에게서 더욱 노골화하는 경우가 생기는 이유이다.

그렇다고 해서 여성 목회자의 자질이나 능력과 상관없이 생물학적으로 같은 여성이기 때문에 무조건 지지해야 한다는 말은 아니다. 다만 여성 또는 남성이라는 성적 구분 이전에 목회자로서 평가하는 평가의 공정성이 여성 목회자들에게는 적용되지 않는 경우가 많다는 것이다. 이는 외면적으로는 여성 정치가를 지지하지 않는 여성들, 여성 목회자를 지지하지 않는 여성들 스스로의 문제로 보일 수 있다. 그러나 여성 지도자를 불신하는 여성들의 의식은 자생적인 것이 아니라, 여성은 남성보다 열등하다는 가부장제적 가치가 다양한 통로를 거쳐 여성들 자신도 의식하지 못한 채 내면화되고 각인되었기 때문이다.

여성 목회자는 목회 현장에서 다른 여성의 불신을 받을 때, 그리고 남성 목회자에게는 관대하면서 여성 목회자에게는 지나친 요구를 하는 이중적인 윤리 기준이나 목회 기준의 구조를 대할 때 더 큰 좌절감을 느끼게 된다. 이러한 정황으로 미루어 보건대, 여성들 간의 '자매성'이 여성이라는 이유로 저절로 생긴다는 기대는 허구적이다. 여성들 간의 자매성이 형성되고 그 지속성을 유지하기 위해서는, 여성들 스스로 부단한 학습과 자기 의식화를 통하여 자기 내부의 편견이나 특권 의식을 버려야 한다. 따라서 여성 목회자들은 가부장제가 여성들의 삶을 어떻게 다양한 양태로 지배해왔는지 분석하는 능력을 길러 여성들 속의 이러한 장벽을 넘어설 전략과 의식을 분명히 해야 할 것이다.

3) 남성들에 의한 장벽

가부장제 속에서 자라고 교육받은 사람들이 우선적으로 갖게 되는 여성 인식은 앞서 언급한 바와 같이 '여성은 남성보다 열등하다'는 사고이다. 이러한 의식은 사람마다 표현하는 방식이나 인식하는 정도가 다를 뿐 연령, 계층, 성별과 상관없이 사실상 거의 모든 이들의 사고 속에 깊숙이 각인되어 있다. 특히 이러한 인식은 남성들에게서 다양하게 나타난다. 자신과 똑같은 교육과 훈련을 받은 여성에 대해서도 '여성은 여자'라는 생물학적 성$_{sex}$에 우선적인 가치를 두며, 상대적으로 그 여성의 전문성이나 지성은 언제나 부차적인 것으로 생각한다. 그래서 아무리 전문직 여성이라도 그 여성을 평가하는 기준은 그 여성의 외적 조건이다. 그래서 목회하는 여성들은 교회에서나 목회자들의 모임에서나 목회자라는 전문인으로서가 아니라 여성이기 때문에 지녀야 하는 특정한 태도나 성, 즉 이른바 '여성적인 것'을 기대받는다.

여성 목회자들이 목회 현장에서 만나는 남성들은 남성 목회자에게는 기대하지 않는 것들을 여성 목회자들에게 요구하곤 한다. 그것이 긍정적인 경우도 있지만, 대부분 이중적인 가치판단의 기준이 적용되는 경우가 많다. 그 요구에서 벗어날 경우, 남성 목회자에게는 묵인될 수 있는 사항이 여성 목회자에게는 절대 용서될 수 없는 치명적 결점으로 남을 때가 허다하다. 이러한 편견과 이중적인 윤리적 기준 또는 기대 때문에 여성 목회자들은 고독한 목회의 여정을 가야 하는 사람들이 되곤 한다. 남성 목회자들은 여성 목회자들을 동료 목회자로 간주하지 않으며, 목회자들 모임에서도 여성 목회자들은 마치 '2등 목회자'인 것처럼 여겨지곤 한다.

남성들에 의한 이러한 장벽을 넘는 것은 물론 간단한 문제가 아니다. 그렇기 때문에 목회자들이 받는 신학 교육에서, 그리고 교단적인 차원에서 성차별 문제에 대한 꾸준한 교육이 무엇보다도 절실하게 필요하다. 이러한 집단적 대책과 함께 남성 목회자들의 개인적 대책이 병행되어야 한다. 한 사회에서 목회가 유의미한 것이 되려면, 한 사회에서 다양한 근거로 차별과 배제를 경험하는 이들에 대한 개입이 매우 중요하다. 목회자들 개개인은 꾸준한 자기학습을 바탕으로 현대사회에서 일어나는 다층적 차별 문제에 대한 인식을 확장해야 한다.

여성 목회자들 또한 스스로에 대한 신념을 굳히고, 실력 있는 목회자가 되기 위한 노력을 끊임없이 기울여야 한다. 그래서 희생자로서의 의식이나 태도가 아니라 당당한 전문 목회자로서의 의식을 굳건히 하는 것이 남성들에 의한 장벽을 넘어서는 첫걸음이다. 가부장제와 성차별주의가 한 개인의 인격과 가치관을 어떻게 왜곡하는지 분명히 인식할 수 있을 때, 여성 목회자들은 '희생자'로서의 자기이해나 태도가 아니라 남성 목회자들의 그릇된 인식을 바꾸는 데 필요한 역할을 할 수 있는 변화의 '행동주체$_{agent}$'로서 자세를 갖출 수 있을 것이다.

4) 제도적 장벽

한국처럼 고도의 가부장적 의식과 가치가 개인적이고 사적인 영역뿐 아니라 사회적이고 제도적인 영역에서 굳건히 자리 잡은 사회에서 여성들이 목회를 한다는 것은 참으로 힘든 일이다. 여성 목회자들에게는 개인적인 조건들마저 언제나 목회에 걸림돌이 된다. 결혼하지 않아도 문제가 되고, 결혼해서 남편이 다른 직업이 있거나 같은 목회자라 해도 걸림돌이 된다. 사실상 삶의 모든 조건이 대부분 걸림돌로 작용하는 현실에서는 제도적으로도 늘 여성들이 자신의 목회를 수행하기가 어렵다.

또한 개신교의 여러 교단에서 여성들의 안수가 허용되기는 했지만, 정작 목회 현장에서 남성 목회자들과 동등한 조건을 확보하고 대우받는 것은 참으로 요원한 일이다. 더구나 교회에 담임 목회자로 초빙되어 일정 기간 담임 목회를 해야만 목사 안수를 받을 수 있는 '청빙제도'가 있는 교단에서는 여성들의 안수조차 너무나 높은 장벽이 되고 있다. 여성을 자기 교회의 담임 목회자로 초빙하는 교회가 없기 때문이다. 이러한 목사 안수 제도부터 시작하여 단계적으로 진급하는 여러 과정이 여성들에게는 험난한 과정의 연속이다.

지난한 과정을 거친 끝에 여성들이 안수를 받았다고 문제가 해결되는 것이 아니다. 여성 목회자들은 목회 경험이 아무리 오래되었어도 대부분 초보 목회자의 조건들을 요구하는 목회지에서 일할 수밖에 없으며, 교단 차원의 지지를 기대하기 어려운 상황에서 목회를 해야 한다. 이것은 여성 지도력에 대한 '감추어진 저항 hidden resistance'[4]이 작동되는 현실로, 표면적으로는 여성의 지도력이 남성과 동등한 차원에서 수용되는 듯 보이는 교단이나 교회에서도 빈번한 현상이다. 이렇게 여러모로 불리한 제도적·사회적 편견과 장애를 넘어서며 목회를 하는 여성 목회자들에게는 강인한 자기긍정적 의식과 확신은 물론, 온갖 편견과 차별구조를 극복하기 위한 여성 목회자들 간의 집단적인 노력 또한 필요하다.

어느 한 사람이 경험하는 차별과 부당함은 한 개인의 문제만으로 머무르지 않는다. 자신이 받은 차별이 아니라고 해서 누군가에게 일어난 문제에 무관심해서는 안 된다는 뜻이다. 즉 여성 목회자 개인에게 가해진 차별이라 해도, 전체 여성 목회자에게 가해진 차별과 마찬가지라는 인식이 필요하다. 현대 페미니즘의 모토인 "개인적인 것은 정치적인 것"이라는 의미는 바로 이러한 맥락에도 적용할 수 있다. 여성 목회자들 간의 연대성을 굳건히 하려면 의식화를 위한 프로그램이나 서로의 경험과 목회 정보를 나누는 정기적인 만남을 결성할 필요도 있다. 이렇게 형성된 연대성을 토대로 제도적·사회적 장벽을 넘어설 구체적인 전략을 세우고 구체적인 노력을 기울여야 한다고 본다.

성차별주의를 극복하고자 하는 예민성과 가치를 품고 목회를 하는 페미니스트 목회에서 여성 목회자들 간의 우정과 연대성은 무엇보다 중요한 힘의 원천이며, 구체적인 변혁의 모체가 된다. 그 연대성은 "불평등과 불의함의 관계를 변화시키기 위하여 의식적으로 유발되는 행위를 필요로 하는 것"이며, "어떤 권력이 다른 이를 지배하고 통제하는 것으로 불의하게 사용될 때 생기는 분노감으로부터 자라는 것"으로, 곧 "사랑의 다른 이름"이다.[5] 이러한 여성 목회자들 간의 연대성은 다른 종류의 차별을 경험하는 사람들과의 연대를 가능하게 하는 더 큰 연대성의 영역으로 나아갈 것이다. 기독교란 결국 '연대성의 종교'라고 할 수 있으며, 연대성은 예수가 우리에게 요청하는 가장 중요한 핵심 윤리라고 할 수 있다.

3. 21세기의 통전적 목회, 다중적 패러다임의 구성

어떤 유형의 목회이건 목회에 직간접으로 관여해본 사람이라면, 목회 현장에서는 다양한 방식의 언어와 패러다임이 요청된다는 사실을 알게 된다. 우선 교회의 특성이 어떤가에 따라 다른 패러다임이 요청될 뿐만 아니라, 한 교회 안에서도 교인에 따라 각기 다른 방식이 적용되어야 한다는 것을 알게 된다. 감정적인 접근방식이 필요할 때가 있는가 하면, 지극히 논리적이고 이성적인 방식으로 목회를 해야 할 경우도 있다. 또 감정적인 방식의 목회적 돌봄이 필요한 교인이 있는가 하면, 이성적인 방식으로 신앙적 또는 실존적 물음에 성실하게 답해줄 필요가 있는 교인들도 있다.

일반적인 목회는 연령적인 측면, 사회계층적인 측면, 교육 배경의 측면 등에서 다양한 사람들과의 관계 속에 이루어진다. 이처럼 다양한 정황을 지닌 목회에 한 가지 목회적 패러다임만 적용하는 것은 현실적이지 않을뿐더러 무의미하다. 따라서 나는 21세기 목회에 수용해야 할 패러다임을 '다중적multiple'이라고 규정하려 한다.

1) '이중언어'의 패러다임

가부장제적 사회에서 여성으로서, 더구나 가부장제의 문제점을 인식하고 있는 페미니스트로서 목회를 한다는 것은 어떤 의미에서는 두 세계의 언어를 모두 구사할 수 있다는 것을 가리키기도 한다. 즉 '여성들의 세계'와 '남성들의 세계'가 지닌 언어들을 모두 이해하고, 그것들 각각의 장점과 단점 또는 한계점을 안다는 뜻이다. 내가 '이중언어bilingual'라는 용어에서 사용하는 '언어'란, 의사소통의 도구만이 아닌 문화·세계·가치구조 의식과 체계·인식구조로서 언어를 의미한다. 가부장제 사회는 여성과 남성의 세계를 이분화해서 각기 다른 언어와 세계를 창출하며 살아가게 한다. 남성과 여성의 관계가 평등한 사회일수록 남성의 세계와 여성의 세계 사이에 거리감이 훨씬 좁으며, 그 거리가 거의 사라지기까지 한다. 그러나 가부장제적 구조가 강하면 강할수록 남성과 여성 각각의 문화나 언어 사이의 거리가 더욱 벌어지며, 그렇게 양분화한 문화는 각기 다른 강점과 한계를 지니게 마련이다.

 페미니스트 목회를 한다는 것은 이 두 세계의 강점과 한계를 바라보면서 새롭고 독창적인 길을 가는 것이다. 여성이기 때문에 가부장제 문화가 갈라놓은 여성의 세계, 여성의 언어만을 구사해야 한다거나 그 반대로 생각하는 것은 21세기 사회가 요구하는 포괄적인 통전적 목회를 수행할 목회자의 모습을 갖추는 데 한계로 작용한다. 하나가 되어야 할 언어가 둘로 나뉘었다면, 이 두 가지 언어를 모두 구사하는 목회자가 될 필요가 있는 것이다. 여성 목회자들이 페미니스트 의식을 분명히 길러서 두 언어의 강점은 물론 한계를 올바르게 판단하고 각각의 강점들을 수용함으로써 제3의 새로운 언어를 창출하게 하는 '이중언어의 패러다임'은 21세기 목회의 중요한 기반을 다질 것이다.

2) '체현된 이성'의 패러다임

근대성에 대한 비판이 포스트모던 사상을 비롯한 여러 분야에 등장하면서부터 근대성을 이루는 핵심인 '이성'에 대한 비판과 그 '이성중심주의logocentrism'에 억눌려왔던 감성의 고양이 다양한 분야에서 고조되었다.

페미니스트 이론가들도 이러한 이성중심주의가 남성은 이성, 여성은 감성에 가깝다고 간주하는 이원론적 사고방식에 의거하여 감성적인 여성에 대한 경시로 이어졌다고 분석했다. 이러한 정황에서 근대 이성중심주의의 폐해에 대한 비판과 함께 감성에 대한 중요성이 강조되기 시작했다. 감성의 중요성을 강조하는 분위기가 고조되면서 이론적이고 논리적인 '산문적 언어'보다는 감성을 드러내는 '시적 언어'가 환영받고, 새로운 스타일의 의사소통 매체가 페미니즘계에도 등장했다.

그런데 이러한 움직임 역시 문제점을 드러냈다. 이성에 대한 지나친 절대적 신뢰는 '감성에 대한 경멸'과 그에 따른 '여성에 대한 경멸'이라는 폐해를 낳았지만, 그렇다고 해서 민주적인 의사소통과 합리적인 해명을 가능하게 함으로써 인간의 해방과 자유를 가져오는 데 중요한 기능을 하는 합리적 이성, 해방의 이성까지 제거하려는 것은 반대로 '감성중심주의'의 문제점을 산출하는 것이다. 여성 목회가 남성 목회보다 감성적이어야 한다든지, 언제나 부드러운 이른바 '여성성의 목회'여야 한다는 주장은 그 긍정적인 의도에도 불구하고 많은 위험성과 문제점을 안고 있다. 한 인간을 이원론적으로 바라보지 않는다면, 인간에게 얼마나 다양한 성향과 차원이 있는지 알게 되며, 다양한 부류의 사람들과 관계하는 목회야말로 한 인간이 지닌 복합성보다 더욱 복합적인 층을 이룬다는 사실을 인식하게 된다.

이런 의미에서 보면, 근대성의 한계에서 경험한 바와 같이 '감성이 제거된 이성'이 인간의 복합성을 드러내주지 못하듯, 마찬가지로 '이성이 제거된 감성'의 고양도 목회를 통전적으로 보지 못하게 하는 한계를 지닌다. 따라서 이 두 영역, 즉 감성과 이성이 더욱 적절한 균형을 이루는 '체현된 이성embodied reason'의 목회적 패러다임이 요청된다. 목회의 다양한 층에서 때로는 이성이, 때로는 감성이, 그리고 때로는 이 둘의 적절한 균형과 조화가 필요하다. 여성 목회자라고 해서 언제나 감성의 패러다임만을 수용한다면, 목회의 다양한 층을 올바르게 소화하지 못할 것이기 때문이다.

3) 급진적 포괄성의 패러다임

예수는 "누구든지 하나님의 뜻을 행하는 사람이 내 형제요, 자매요, 어머니이다"(〈마가복음〉 3: 35, 〈마태복음〉 12: 50, 〈누가복음〉 8: 21)라고 한다. 예수의 이 말은 부계적 혈연 중심의 가부장제 가족의 의미를 상대화한다. 나는 이것이 예수의 '급진적 포괄성'을 담고 있으며, 예수의 이러한 급진적 포괄성은 목회에서도 중요한 패러다임이 되어야 한다고 생각한다. 성차별에는 예민하면서도 다른 종류의 차별에는 전혀 개의치 않거나, 스스로 다른 종류의 차별적인 시각을 무의식적으로 지니면서 차별적 행동을 하는 페미니스트들이 있다. 이것은 여성운동의 역사에서 무수하게 일어난 일이다. 이러한 한계는 인간의 이기성이나 권력 지향성이 지닌 본성을 표출하는 것이기도 하다. 그렇기 때문에 여성 목회의 패러다임으로서 '급진적 포괄성'의 원리를 수용하는 것이 중요하다고 본다.

인간이 현실 속에서 경험하는 여러 차별구조 중에 성차별만이 유일한 차별은 아니다. 또한 여성 스스로 성차별과 억압의 희생자인 동시에 다른 종류의 차별구조에서 의식적·무의식적으로 억압자 역할을 하기도 한다. 예수의 급진적 포괄성은 여성들로 하여금 성차별뿐 아니라 여타의 편견과 차별의식을 버리는 목회를 하도록 돕는다. 목회에서 포괄해야 하는 기준은 표면적인 것이 아니라 '신의 뜻을 행하는 것'이 되어야 하기 때문이다. 이 급진적 포괄성의 패러다임은 성, 인종, 계층, 성적 지향 또는 관습을 넘어 모든 이들을 포괄할 수 있는 진정한 개방성을 띤 목회를 가능하게 한다.

기독교적 인간 이해의 가장 큰 특징 가운데 하나는 인간의 죄성을 예리하게 갈파한 점이다. 그래서 아브라함을 포함하여 성서 속에 나오는 모든 주요 인물은 전혀 영웅적이지 않다. 성서의 위대한 인물들도 인간으로서의 죄성을 여실히 드러낸 모습을 보여주는 것이다. 이러한 기독교적 인간 이해에서 본다면, 여성 목회자 역시 인간의 모든 욕구를 지닌 인간이며, 목회 현장에서 다양한 차별적 의식을 품을 수 있는 모든 성향이 있는 존재이다. 그렇기 때문에 모든 종류의 차별의식을 뛰어넘는 '급진적 포괄성'의 목회를 한다는 것이 가장 어려운지도 모른다. 그러나 이러한 급진적 포괄성의 의식을 잃지 않도록 끊임없이 노력하는 한, 그 목회는 진정한 통전적 목회holistic ministry가 될 것이다.

4) 해방과 개혁의 패러다임

성차별주의의 억압과 배제, 그리고 차별을 경험한 여성 목회자의 관점에 강점이 있다면, 끊임없는 '해방과 개혁을 향한 지향성'이라고 생각한다. 그렇지 않고 안정된 현상 유지만을 지향하는 목회라면, 여성들이 비판해오던 기존의 가부장제적 목회 방식과 다를 바 없기 때문이다. 21세기 페미니스트 목회는 성차별적 구조뿐 아니라 다양한 종류의 비인간화를 극복하기 위한 목회여야 한다. 그러한 목회를 위해서는 자신의 목회적 패러다임이나 교회구조를 끊임없이 개혁하려는 의지를 품고, 그 개혁을 통해 더욱 온전한 해방에 가까이 다가가는 목회적 패러다임을 수용해야 한다고 생각한다.

예수의 행적은 여성이든 남성이든, 부유하든 가난하든, 교육을 받았든 받지 못했든, 종교적 소속이 무엇이든, 장애가 있든 없든 한 인간의 온전성이 다양한 요인으로 파괴되는 것을 지양하며, 좀 더 신의 형상에 가까운 인간의 모습을 회복시키려는 것이었다. 각기 다른 정황에서 경험되는 비인간화 과정에 개입하여 그 다양한 이들이 다양한 통로를 통해 해방을 경험하게 하는 것이 목회의 최종 목표라면, 해방과 개혁의 목회적 패러다임은 참으로 중요하다고 할 수 있다.

5) 자기비판의 패러다임

페미니스트 목회의 마지막 패러다임으로 내가 제안하고 싶은 것은 꾸준한 '자기비판의 패러다임'이다. 이것은 내가 페미니스트 목회뿐 아니라 페미니스트 신학이나, 여타의 사회적·종교적 변혁운동에 적용하는 패러다임이라고 할 수 있다. 여성들은 성차별의 분명한 희생자로서 경험을 했기 때문에, 오히려 자신에 대한 비판적 성찰을 간과할 위험성을 지니기 쉽다. 즉 비판의 화살을 언제나 자신의 외부로 돌리는 것을 습성화하기 쉽다. 이런 의미에서 여성들은 자신의 정당성은 쉽게 찾지만, 자신을 점검하는 자기성찰과 자기비판에는 익숙하지 않을 수 있다.

언제나 자신의 정당성만 주장하는 목회, 비판과 새로운 도전의 여지를 모두 거절하는 목회는 여성들이 비판해온 가부장제적인 남성중심적 목회의 특성들이다. 무엇이든 절대화할 때, 즉 비판적 기능을 상실할 때, 이는 초기의 올바른 정신이 타락하고 왜곡되었다는 뜻이다. 이런 의미에서 21세기의 여성 목회는 비판의 대상에 외부뿐만 아니라 자기 내면도 포함시켜 자신을 꾸준히 점검하는 자기비판의 패러다임을 수용해야 할 것이다.

자기를 향한 비판과 성찰의 끈을 끊임없이 팽팽히 한다는 것은 몹시 어려운 일이다. 그러나 이러한 자기비판의 패러다임을 받아들이면 현상 유지에 만족하지 않고, 목회가 경직되는 것을 넘어 목회 초기의 아름다운 이상과 비전을 늘 새롭게 지켜 나아갈 수 있을 것이다. 또한 이러한 지속적인 자기비판의 패러다임은 여성 목회를 언제나 생동감 넘치게 만들 것이며, 새로운 변화와 도전에 개방적이도록 유도하고, 더욱 정의롭고 평등한 공동체를 이루는 통전적 목회를 가능하게 하리라고 생각한다.

4. 페미니스트 목회, '지도 없는 여정'

21세기는 이전의 가치관이 근원적으로 도전받는 세기이다. 생명공학의 발전이라든지 포스트모더니즘적인 문화와 담론에 의한 탈중심화와 탈제도화는 기존의 제도화한 종교에 근원적으로 도전하고 있다. 이러한 정황에서 새로운 목회적·신학적 패러다임을 구성하지 않으면 기독교를 포함한 모든 제도화한 종교들은 심각한 위기를 맞게 된다.

현대 세계의 목회자는 이러한 사회적·문화적 변화가 가져오는 가치구조에 진지하게 관심을 기울여야 한다. 이러한 사회문화 속에 목회자 자신과 목회의 대상인 교인들이 몸담고 있기 때문이다. 따라서 21세기에는 목회의 새로운 패러다임뿐만 아니라 새로운 목회자가 요구된다. 나는 그러한 목회자의 모습으로서 첫째로 인식의 확장을 위해 노력하는 목회자, 둘째로 신학적·목회적 고민을 멈추지 않는 목회자, 셋째로 새로운 변화와 도전·비판에 개방적인 자세를 갖춘 목회자, 넷째로 목회가 수단으로 전락하지 않게 하는 '인간의 얼굴을 지닌 목회자'를 그려본다.

21세기에 들어선 지금은 여성 목회자가 늘어나는 중이며, 신학자로 일하거나 다양한 자리에서 일하는 여성 지도자 또한 늘어나고 있다. 이렇게 변화하는 사회에서 단지 여성이라는 이유로 여성 목회자나 지도자를 단일한 틀이나 단일한 패러다임으로 제한해서는 안 된다. 성차별뿐 아니라 다양한 차별과 배제를 극복하는 목회야말로 여성은 물론 남성 목회자도 지향해야 할 목회이다. 이제는 여성들이 목회를 하는 것이 '특별한 일'이 아닌 것이 되어야 한다. 여성들이 특수 목회나 보조 목회자로서만이 아니라, 다양한 목회 현장에서 남성 목회자들과 진정한 동료로 일하며 함께 목회의 여정을 걸어야 할 것이다. 21세기에는 목회자가 '여성인가 남성인가' 하는 생물학적 성이 아니라, 현대 세계의 차별과 배제라는 문제에 목회적으로 개입하는 통전적 목회를 하는 목회자인가 아닌가로 목회를 판가름해야 할 것이다.

한국의 교회는 몸은 21세기에 두고 있지만, 성차별에 대한 인식의 시계는 19세기를 넘어서지 못하고 있다. 노골적인 차별도 있고, 때로는 성차별이 은근한 평등주의의 옷을 입고서 여전히 한국 교회 안에 굳건한 이데올로기로 자리 잡고 있다. 이러한 차별적 현실을 변혁하기 위해서는 제도 교회 '밖에서' 대안적 교회를 창출하는 변혁 전략과 동시에 제도 교회 '안에서' 주류를 변혁하려는 목회적 노력도 필요하다. 변혁을 이루기 위한 전략의 다중성과 구체적인 변화에 대한 예민성을 잃지 않으면서 여성 목회자들이 스스로의 목회적 패러다임을 구성하는 것은 분명 다중적일 수밖에 없다.

여성 목회자들이 지금도 경험하고 있고, 또 앞으로 경험하게 될 심각한 도전 가운데 하나는 페미니즘이나 여성 지도력에 대한 노골적인 반격이다. 이것은 한국뿐 아니라 세계적인 현상인데, 특히 페미니즘에 대한 보수주의 기독교회 지도자들의 반격은 나날이 노골화하고 있다.[6] 이런 분위기에서 페미니스트 의식을 지니지 않은 여성 목회자들이 환영받는다. 그러나 페미니스트 의식을 갖춘 여성 목회자들은 교회나 동료 목회자들에 의해 소외와 배제를 강하게 경험한다. 또한 결혼한 여성 목회자들의 자녀 양육 문제 등 사적 영역과 공적 영역의 노동을 병행하는 데 따르는 어려움, 그리고 페미니스트 목회자들 사이의 각기 다른 페미니스트 성향과 인식 차이에 따른 갈등과 긴장 등 21세기 여성 목회자들이 겪게 될 문제들은 여전히 산적해 있으며, 더욱 복합적인 양상 또는 새로운 양상을 띠고 등장할 것이다. 이러한 다층의 문제들과 씨름해야 하는 과제를 안고서 여성 목회자들은 페미니스트 목회를 향해 나아가는 것이다.

여성 목회자뿐만 아니라 페미니스트 신학자 등 다양한 현장에서 일하는 여성들은 동료나 역할 모델이 없는 길을 가고 있다. 여성 목회자들이 페미니스트 의식을 갖고 목회에 관여하기 시작한 것은 그 역사가 지극히 짧으며, 또한 여성 목회자들이 관여하는 목회의 현장도 너무나 다양해서 사실상 누가 길을 정확히 가르쳐주거나 그려줄 수가 없다. 그래서 여성 목회자들은 사실상 '지도 없는 여정journey without map'을 고독하게 씨름하며 걸어가는 것이다.

이 길은 '지도 없이', 그리고 '동료 없이' 가야 하는 외롭고 힘든 길이다. 그렇지만 새로운 지도를 그려내는 기쁨이 있을 것이며, 보람이 있을 것이다. 그렇게 힘들여 그린 지도를 나중에 그 여정을 택하는 여성들과 나눌 수 있다면, 그리고 고독하게 가는 여정에서 기쁨과 아픔을 조금이라도 함께 나눌 동료를 만날 수 있다면, 비록 지도가 없는 길일지라도 그 여정은 떠나볼 의미가 있는 것이다.

제7장
페미니스트 신학적 영성: 이론과 실천

1. 영성이란 무엇인가

현대에 들어 여러 분야에서 '영성spirituality'에 대한 관심이 높아지고 있다. 영성에 대한 관심이 증가한 데는 여러 가지 이유가 있을 것이다. 분명한 사실은, 제도화한 종교 안에서 의미를 찾지 못하는 사람들이 많아지고 있다는 점이다. 또한 고도의 과학기술문명의 발달이 인간의 삶에 정신적인 풍요를 안겨주지는 않는다는 사실을 경험하면서 현대인들은 인간의 근원에 대한 물음과 삶의 의미를, 제도화한 종교가 아닌 다른 통로를 통해 추구하게 된 것이라고 볼 수 있다.

그런데 일반적 영성에 대한 이해 또는 기독교 전통과 연관된 의미의 영성에 대한 이해를 좀 더 비판적으로 조명해볼 필요가 있다. 많은 이들이 관심을 갖는 '영성'이라는 개념은 불분명할뿐더러, 왜곡되거나 잘못 해석되는 경우를 많이 볼 수 있기 때문이다. 물론 영성이 시대를 초월하여 동일한 의미로 이해되어온 것은 아니다. 전통적으로 영성에 대한 이해를 드러내는 개념들은 타계성, 육체의 경멸, 쾌락의 부정, 가난, 훈련 등의 용어들과 연관되었다. 이런 이유 때문에 수도자가 아닌 평범한 삶을 살아가는 이들에게 영성이 복합적인 의미로 이해되기는 어렵다.

전통적인 영성의 한계가 인식되면서 '창조 중심적 영성creation centered spirituality', '구성적 영성formative spirituality', '페미니스트 영성feminist spirituality' 등 현대에 이르러 새로운 대안적 영성을 추구하고자 하는 움직임이 다양하게 나타나고 있다.[1] 또한 사회변혁을 위해 활동하는 교회나 정치적 관심이 있는 종교단체들은 정의를 위한 영성 계발을 위한 모임을 만들어가고 있다. 페미니스트들은 이러한 현대적 영성 계발에 가장 활동적인 그룹 중 하나이다. 페미니즘은 사회경제적 영역을 넘어 인식체계의 전적인 변혁과 전이를 요구하는 것이기 때문에, 새로운 영성의 계발이 요청되기도 한다. 또한 영성의 의미가 페미니스트 의식화 과정에 함축되어 있기도 하다.[2]

영성을 더욱 포괄적으로 이해하기 위해서는 다음과 같은 근원적인 물음을 성찰할 필요가 있다. 자명하다고 생각하던 이러한 물음들과 대면하는 것은, 영성에 대한 더욱 심층적이고 복합적인 이해를 가능하게 하기 때문이다.

- '영성'이란 무엇인가?
- 영성은 시대와 문화에 따라서 어떤 의미로 이해되어왔는가?
- 영성에 대한 개념 형성에서 '젠더'는 어떤 역할을 해왔는가?
- 영성의 추구와 개념 형성에서, 남성과 여성은 상이한 제한과 기대를 경험해왔는가?

- 현대사회에서 추구해야 할 영성에 대한 통전적 이해로서의 페미니스트 영성은 무엇인가?

이러한 물음들을 성찰하기 위해 이 글은 영성의 전통적인 개념을 이해하고, 페미니스트 영성 또는 페미니스트 신학적 영성의 출현 배경과 특성 등 전반적인 주제를 개괄적으로 조명하고자 한다.

2. 영성의 전통적 개념

'페미니즘'과 마찬가지로 '영성'이라는 용어의 개념은 단순하게 규정할 수 없는 여러 가지 의미를 담고 있다. 또한 영성 개념은 시대적 배경에 따라 상이한 강조점들을 지녀왔다. 전통적인 영성 개념의 가장 심각한 문제 가운데 하나는 정신-육체, 초월-내재 등 대립적인 이원론적 관점에서 형성된 영성 개념이다. 이 경우 영성은 초월적이고 개인적인 영적 문제로만 간주되었으며, 결과적으로 인간이나 현실에 대한 통전적 이해를 왜곡해왔다. 이분법적 사유방식으로 구성된 영성은 신비주의, 금욕주의, 기도, 경건한 신앙심, 수도원적 생활양식 등과 연결된다. 그러나 현대에 이르러 영성이 철학적·심리학적·종교적인 용어로 이해되면서 전통적인 영성 개념의 한계가 지적되고, 그 한계를 극복하려는 움직임이 활발해졌다.

기독교 영성을 간결하게 규정하자면, 예수 그리스도 안에서의 신 경험을 통하여 실현되는 것으로서 인간의 자기초월적 지식, 사랑, 헌신의 능력을 함축한다고 할 수 있다. 신의 영은 인간 공동체와 역사에서 분리할 수 없는 인간의 경험과 상징을 통해서만 인간에게 다가오는 것이기 때문에, 기독교 영성은 인간 삶의 모든 차원을 포함하는 것이라고 규정할 수 있다. 그렇지 않을 때 '영성'의 의미는 협소해지거나 왜곡될 수 있다. 그러므로 기독교적인 영성의 계발이란 순수한 '영혼'의 차원이나 배타적으로 기도와 덕목의 성취를 통해서만 이루어지는 것이 아니다. 포괄적인 의미의 기독교적 영성은 '통전적인 인간성의 추구'로 간주되어야 하는 것이다.[3]

이러한 맥락에서 볼 때 신비주의, 금욕주의, 수도원적 생활양식 등으로만 규정되는 전통적 요소들은 현대적인 의미의 영성 개념에 중요한 의미가 있다고 하기 어렵다. 실제로 이분법적으로 구성된 이러한 영성 개념의 요소들이 기독교 역사에서 어느 특정한 시기에는 '영적 생활'을 이루는 중요한 의미를 띠기도 했지만, 영성에 관심이 있는 현대인들 중에는 자신을 어느 특정한 종교와 연관시키는 사람도 있고 자신을 어느 특정한 종교에 소속시키지 않는 사람도 있다. 이들 모두에게 영성의 개념은 여러 가지 측면에서 확장된 의미를 담고 있다. 이처럼 확장된 의미의 영성 개념에서 핵심은 무엇인가를 다루는 연구가 다양하게 진행되고 있다.[4] 또한 영성은 '학문적 연구 분야로서의 영성'과 '경험으로서의 영성'으로 분류되어 연구되기도 한다.[5] 이렇게 두 분야로 나누어 영성을 조명하는 것은 영성을 분명하게 이해하는 데 도움이 된다.

1) 학문 분야로서의 영성

중세까지 모든 신학은 '영성신학'이었다. 즉 모든 신학은 영spirit 안에서의 삶에 대한 성찰이었으며, 수도원적 또는 목회적 배경에서 성서, 제의, 개인의 기도, 공동생활, 목회 등에서 나타나는 신앙적 경험을 전하려는 시도였다. 그러나 수도원이 아닌 대학이 신학의 본당이 되면서부터, 영적 경험에 표면적 근거를 두었던 신학은 그 신학적 근거를 점차 철학, 논리적 논쟁 등으로 옮겨가기 시작했다. 물론 종교적 경험에 대한 성찰은 수도원과 목회의 영역에서 계속 이루어졌지만, 그것이 학문적으로 인정받지는 않았다. 예를 들어 14세기에 줄리언Julian of Norwich은 삼위일체에 대한 자신의 경험을 수년간 성찰하고 그것을 《신적 사랑의 계시Revelations of Divine Love》에 서술했지만,[6] 이 성찰의 내용은 최근에 이르러서야 대학에서 연구되기 시작했다.

영적인 삶에 대한 조직적 측면은 사실상 공식적인 신학 밖에서 종교적 계율, 시, 설교, 자서전, 성서 주석 또는 영적 삶에 대한 충고의 편지 등 다양한 장르로 표현되어왔다. 영적인 삶에 대한 연구가 비로소 학문적으로 인정받은 것은 18세기와 19세기에 이르러서였다. 그런데 영적인 삶에 대한 연구는 도덕 신학이나 윤리의 한 분야로 다루는 것만 허용되었으며, 또한 교리신학과 스콜라적인 용어, 금욕적이고 신비적인 신학 등이 윤리의 한 분야로 등장했다.[7]

모든 분야의 연구는 문화를 반영한다고 볼 수 있다. 따라서 학문적 영성 연구의 초기 선구자들은 영적 단계의 위계구조에 대한 문화적 전제, 독신 수도자들에게 우선적으로 가능한 기독교 완전성의 개념에 담긴 엘리트주의, 신과 인간에 대한 교리적 결론에 대한 확신 등을 연구에 반영하고 있다. 가톨릭의 경우, 바티칸 제2공의회 이후 성서와 전통으로 돌아가야 한다는 요청이 강해지면서 영성에 대한 이전의 전제들이 부적절하다는 점이 분명해졌다. 기독교 영성을 갱신하고자 하는 공의회가 추진한 작업의 결과로 기독교적 영성뿐 아니라 모든 영적 경험을 연구하는 새로운 학문적 분야가 출현하게 되었다. 그것은 영성을 하나의 고립된 초월적 경험으로가 아니라 사회적·문화적·우주적 배경과의 복합적인 상호작용 속에 있는 구체적인 것으로 이해하고자 하는 목적을 지니고 있다.

하나의 학문적 분야로서의 영성에 대한 연구는 새로운 것이다. 하나의 학문 분야로서의 영성은 규범적인 것이 아니라 묘사적인 것이며, 또한 영성은 에큐메니컬하고 상호종교적interreligious이며 문화적인 벽을 넘어서는 것이라는 기본적인 특성을 띤다.[8] 또한 인간 삶의 다양한 분야의 상호연관성에 대한 이해를 전제하기 때문에 학문적 분야로서의 영성 연구는 간학제적interdisciplinary 방법론적 특성을 지닌다. '영성'에 대한 학문적 논의가 기여하는 것은 영성이 인간의 '통전성wholeness'에 초점을 둔다는 것이다. 흔히 영성은 영적 경험이기만 하다고 생각한다. 그러나 이러한 영성 이해는 영성에 대한 지극히 제한된 관점이다. 영성에 대한 학문적 연구는 인간의 영성은 영적인 측면만이 아니라 인간 삶의 모든 측면, 즉 육체적·심리학적·정치적·미학적·지성적·사회문화적 경험들과 연계되어 조명되어야 한다는 것을 강조한다.[9]

2) 경험으로서의 영성

'영적spiritual'이라는 형용사는 바울에 의해 처음 사용되었다. 바울은 성령에 밀접하게 연관된 사람이나 대상을 가리켜 '영적'이라고 표현했다. 따라서 '영적'인 사람은 특히 신의 영과 가까운 관계를 맺고 있으며, 일상생활에서 그것을 예증하는 삶을 살아가는 사람을 가리키는 것으로 이해되었다. '영적'이라는 용어가 종교적인 의미를 넘어서서 합리성이라는 의미를 함축하는 것으로 확장되어 이해된 것은 12세기 이후부터였다. 영적인 사람은 지성을 소유한 사람을 의미했으며, 이것은 창조에서 비합리적인 삶과 대조되는 것으로 이해되었다. 17세기는 영성의 황금시대가 시작되는 시기라고 할 수 있다. 영성은 내적인 삶과 개인의 신과의 친밀한 관계에 중점을 두게 되었다. 기독교인들은 신의 계명을 실천하고 도덕적 덕목을 실천함으로써 기독교인의 일상적 삶을 넘어서는 '완전성'을 추구하고자 했다. 이러한 완전성의 추구는 신적 영과의 신비한 합일을 예비하는 금욕적 실천을 포함하는 것이었다. 기독교인의 완전성 또는 영성의 추구는 신과의 합일을 향한 내적 성장에 초점을 두는 생활방식으로 이해되었으며, 평범한 일반 기독교인들에게 요구되는 것은 아니었다.

20세기 중반 이후 내면화하고 엘리트적인 영성의 전통은 더 이상 의미를 지니지 못하게 되었다. 현대적 영성 개념은 다음과 같은 네 가지 특성을 띤다. 첫째, 영성은 더 이상 로마 가톨릭이나 기독교 또는 종교적 현상 같은 배타적인 의미로 이해되지 않는다. 둘째, 영성은 개인적인 통전성과 초월을 향한 것으로 이해된다. 셋째, 영성은 더 이상 '완전성'의 문제가 아니라 통전적인 인간의 삶을 향한 '성장'으로 받아들여짐으로써 누구에게나 개방된 것으로 이해된다. 넷째, 영성은 이제 단지 '내적'인 것에만 초점을 두지 않고 인간이 된다는 것과 연관된 삶의 모든 영역을 통합하는 과정에 초점을 두게 된다.[10] 이러한 현대적 의미의 영성을 종합하여 영성에 대한 개념을 추출해보면, 영성은 자아의 통합을 의미하며, 이러한 자아의 통합은 자아를 넘어서서 신 또는 어떤 궁극적인 지평으로 파악되는 존재를 향한 운동을 통해서 이루어진다. 즉 현대적 영성은 '자기 변혁의 과정'에 초점을 둔다고 볼 수 있다.

20세기의 이러한 영성 개념은 상호의존성 또는 관계성의 세계관이 출현하면서부터 형성되었다고 볼 수 있다. 이것은 전통적으로 내적 세계/외적 세계, 자연/초자연, 물질/정신, 자아/타자, 인간/자연 등의 이원론적 이해구조를 넘어서는 움직임을 말한다. 이러한 이분법적 사고를 넘어서서 통전적 자아를 이루고자 하는 과정은 이제 전통적 의미의 '초월적인 것'과 연결될 필요가 없다. 자아는 이미 신, 그리고 세계와 연결되어 있기 때문이다. 20세기의 영성 개념은 이러한 상호연결성에 대한 깊은 인식에 도달하는 데 초점을 둔다.

3. 페미니스트 신학적 영성: 이론과 실천

1) 페미니스트 신학적 영성의 출현 배경

전통적인 기독교적 영성 개념은 여러 측면에서 그 한계와 왜곡이 지적되어왔다. 전통적인 의미의 영성 개념은 비판받거나, 또는 '인간의 통전성'을 추구하는 것으로 의미가 확장되었다. 그런데 여성들에게서의 영성의 의미는 여러 차원에서 남성들에게서와는 또 다른 한계를 안고 있음이 논의되기 시작했다. 페미니스트 신학적 영성 또는 페미니스트 영성은, 영성이 단지 '영적인' 차원만이 아니라 인간 삶의 '모든 차원'과 연관되어 있다는 인식을 배경으로 출현했다. 또한 여성들의 삶이 성차별주의적 가치와 제도에 의해 왜곡되어왔다는 사실에 대한 인식, 따라서 여성들의 영성 경험은 남성들과 동일할 수 없다는 인식에서 출현했다. 이러한 의미에서 '페미니스트 영성feminist spirituality'과 '여성들의 영성women's spirituality'은 그 출발점이 다르다.

예를 들면 여성 영성에 관한 논의에 많이 등장하는 힐데가르트 Hildegard of Bingen가 여성적인 신의 이미지를 구성했다고 해서 힐데가르트를 페미니스트 영성의 모델로 삼을 수는 없다. 페미니즘은 가부장제에 대한 근원적인 비판에서 출발하는 것이기 때문이다. 가부장제에 대한 비판 없이 단순히 여성적 신의 이미지를 구성했다든지 또는 여성이 주도했다는 것이 페미니스트 영성을 구성하게 하지는 않는다. 이러한 경우를 페미니스트 영성으로 분류한다면, 그것은 현재의 시각으로 끌어들이는 '현재주의presentism'라는 비판을 면하기 어렵다.[11]

페미니스트 신학적 영성이나 페미니스트 영성을 추구하는 다양한 움직임이 있지만, 가장 기본이 되는 전제는 가부장제와 성차별주의에 대한 분명한 비판과 그것을 넘어서고자 하는 대안적 사고이다. 가부장제와 성차별주의에 대한 인식 없이 전개되는 영성은, 여성들이 주도한다고 할지라도 페미니스트 영성 또는 페미니스트 신학적 영성으로 분류하기는 어렵다.

이러한 전제에 대한 이해를 바탕으로 페미니스트 신학적 영성이 출현한 배경을 좀 더 자세히 살펴보자.

무엇보다 먼저 지적할 수 있는 문제는 첫째, 기독교 역사를 볼 때 여성에게서는 성숙한 인간성 또는 성숙한 영성의 가능성이 지극히 제한되어왔다는 점이다. 인간 발달의 모델은 인간 성숙성의 척도를 독립성과 자율성으로 규정해왔다. 동시에 여성들은 이러한 독립성과 자율성을 이루기 힘든 존재로 간주되어왔다. 가부장제적 사회에서 대부분의 여성은 남성에게 종속적이고 의존적인 삶을 살아왔으며, 그 결과 인간의 성숙성을 판단하는 기준인 독립성과 자율적 능력이 사회적으로 제한되어 계발되기 어려운 상황이었다. 기독교 전통은 제도와 신학, 교설 등을 통하여 여성들의 이러한 종속적이며 의존적인 삶을 '거룩한 질서Divine Order'라고, 그리고 변할 수 없는 자연적인 것이라고 가르쳐오면서 그런 논리를 강화해왔다. 이와 같은 사실을 분명히 인식하기 시작하면서, 여성에게서 온전한 의미의 영성 추구가 어떻게 가능한가에 대한 문제가 제기되기 시작했다.

둘째, 전통적인 기독교의 교설이나 그 실천이 한 인간으로서의 여성의 성숙을 진전시키기보다는 그것을 제한하는 데 중심적인 역할을 했다는 점이다. 기독교 전통이 지녀온 가부장제적 구조는 여권운동의 출현과 더불어 지적되기 시작했다. 페미니스트 의식의 발달과 함께 전통적인 기독교 전통에 대한 비판적 조명이 시작되었다. 그 결과 기독교 전통이 여성의 인간으로서의 성숙과 발달을 지극히 제한했다는 사실이 문제점으로 제기되었다. 특히 기독교적 가르침에서는 기독교의 '자기부정self-denial'과 희생이라는 가르침을 여성들에게만 적용하면서, 여성들이 자아실현을 포기하고 희생하는 것이 기독교적 사랑과 희생을 실천하는 것이라는 왜곡된 이해가 전제되어왔다. 기독교의 종교적 경험의 '남성화'는 이러한 가부장제적 전제를 바탕으로 가능해진다. 이런 상황에서 여성들이 한 인간으로서의 자아실현을 위해 필요한 다양한 것들을 이루어나가기란 힘들 일이다. 여성들 스스로 부정적인 자기이해를 함으로써 기독교 전통의 가부장제적 구조는 여성의 온전한 인간성·영성을 추구하는 데 큰 장애가 되어온 것이다.

셋째, 전통적인 기독교 전통은 여성을 통전적인 인간이 아니라 남성보다 열등한 존재로 보는 인간론적 이해를 근거로 형성되어왔다는 점이다. 이러한 사실을 볼 때, 기독교적 영성이 과연 여성들에게 해방적이며 변혁적인 의미를 줄 수 있겠는지가 문제로 제기되었다. 기독교 전통이 그 성차별적 가치를 계속 유지한다면, 여성들이 온전한 인간으로서의 영성을 추구하는 데 큰 장애가 된다는 것이다. 기독교 전통이 남성우월적 인간 이해를 벗어나 포괄적이고 통전적인 인간 이해를 재구성하는 과제를 수행하지 않는다면, 여성들이 기독교 전통 안에서 온전한 인간으로서의 성숙함과 영성을 추구하는 것은 어려운 문제로 남게 된다.

각기 서로 연관되는 이러한 문제점들이 지적되면서 '페미니스트 신학적 영성' 또는 '페미니스트 영성'이라고 할 수 있는 새로운 분야에 대한 논의가 구성되었다. 전통적인 영성 논의와 구별되는 페미니스트 관점의 영성 논의는 여성들이 역사적으로 배제되고 사회적으로 억압받아 왔다는 인식에서 출발했으며, 이는 페미니스트 영성을 추구하는 출발점이 된다고 할 수 있다. 이것은 여성해방 의식이 고양되는 과정에서 생겨났으며, 페미니스트들의 관계성에 대한 인식과 경험에 영향을 주는 문화적 의식을 산출했다. 이러한 새로운 의식에서 가장 핵심을 이루는 것은 '모든 존재물은 서로 연관되어 있다'는 신념이다. 따라서 '페미니스트 영성'의 개념은 '모든 현실의 상호관계성'이라고 규정할 수 있다.[12]

이러한 문제점들에 대한 인식을 배경으로 '페미니스트 영성'이라는 용어가 출현한 것은 1970년대 이후 이른바 제2기 페미니즘이 등장한 이후라고 할 수 있다.[13] 기존의 제도화한 종교나 교회가 지닌 가부장제적 특성 때문에 초기의 페미니스트 영성은 어느 특정한 종교나 교회 안에서 출현하지 않았다. 여성들은 자신의 생물학적 성 때문에 경험하게 되는 사회적 억압의 문제를 인식하고, 또한 영과 육체를 대립적인 것으로 이해하는 전통적인 이원론적 사고가 여성을 육체에 속한 존재로, 남성을 영에 속한 존재로 왜곡해왔다는 사실을 인식하게 되었다. 그리하여 페미니스트 여성들은 이러한 전통적인 문제들을 극복하고 자신의 진정한 모습을 추구하기 시작했는데, 이것이 페미니스트 영성의 출발점이 되었다고 할 수 있다.

페미니스트 영성은 영과 육체, 하늘과 땅, 문화와 자연, 정치적인 것과 개인적인 것 등 전통적으로 이분화해 있는 것들을 재통합하려는 여성들에 의해 형성되었다. 전통적인 이분법적 사고는 여성과 남성을 대립적인 존재로 규정했으며, 남성의 여성 지배라는 가부장제적 가치구조를 강화하면서 영적 영역에서의 여성 배제를 자연적인 것으로 합리화해왔다. 결국 페미니스트 영성의 핵심은 역사에서의 이러한 여성 배제를 뛰어넘어 그동안 억눌려왔던 여성의 힘을 회복하는 것이다. 여성의 힘을 회복하는 데서 그동안 억눌려온 여성신Goddess의 모습을 재건하는 것은 페미니스트 영성에서 상징적·심리적으로 중요한 부분을 차지한다. 여성신 운동goddess movement이 최초로 가시화한 것은 1975년 보스턴에서 1800명의 여성이 모인 가운데 열린 '페미니스트 영성 회의Feminist Spirituality Conference'라고 볼 수 있다.[14]

2) 페미니스트 신학적 영성의 구성

페미니스트 영성의 논의에서 여성신에 관한 논의는 핵심적이다. 전통적인 신의 상징은 '남성신God'만을 대변하는 것이었다. 이러한 배타적 남성 상징은 여성들을 제도적으로 배제하고 여성은 남성보다 열등한 존재라는 가치관을 자연적인 것으로 만든 주요인이었다. 캐럴 크리스트Carol Christ는 〈왜 여성들에게 여성신이 필요한가〉라는 논문에서 여성신의 존재는 심리적이며 정치적인 효과가 있다고 분석한다.[15] 따라서 그동안 억눌려온 여성신의 모습을 재건하는 것은, 어떤 의미에서는 기존의 기독교 전통에 위협적인 것으로 받아들여지기 쉽다.

그러나 여성신에 대한 추구는 접근방식이 다양하기 때문에, 쉽게 단순한 평가를 내리는 것은 적절하지 않다. 어떤 의미에서 보면 기독교 안에서 여성신의 모습을 회복하려는 시도는 그동안 가려져온 신의 여성적인 측면을 발굴함으로써 기독교의 신 상징을 더욱 포괄적으로 만들고자 하는 시도이기 때문이다. 따라서 여성신에 대한 추구에서 다양한 시각을 조명하는 것은, 페미니스트 영성을 둘러싼 논의에 중요한 점을 제시해준다. 여성신에 대한 페미니스트적 수용은 두 가지 입장으로 나눌 수 있다.

첫째, 기독교 이전의 전통에서 여성신의 모습을 추구하는 것이다. 이러한 입장은 기독교의 범주를 벗어나서 여성신의 모습을 추구하며, 이들의 신학은 'Theo-logy'가 아니라 'Thea-logy'라고 일컬어진다. 'thealogy'는 여성신이라는 의미를 지닌 그리스어 'thea'에서 나온 말로, 유대인 페미니스트인 나오미 골든버그Naomi Goldenberg에 의해 만들어진 용어이다.[16] 본명인 미리엄 사이모스Miriam Simos를 쓰지 않고 위카Wicca 이름을 쓰는 스타호크Starhawk는 '여성신 중심의 영성'을 추구하는 데서 활발한 활동을 펼치고 있다.[17] 지혜를 상징하는 'Wicca' 또는 'Witchcraft'라는 이름으로 여성신 영성을 추구하는 이들은, 여성신 상징은 여성들이 자신을 거룩하게 느끼고 또한 자신들의 몸을 성스러운 것으로 느끼게 한다고 밝힌다. 그들에게서 여성신은 자신들의 강한 힘을 새롭게 느끼게 하고, 마음을 밝혀주며, 자신들의 감정을 승화함으로써 새로운 세계로 나아가게 하고, 온전한 통전적 자아가 되게 한다는 것이다.[18]

이렇게 여성신 영성을 추구하는 이들에게서 여성신은 외적인 아무런 권위를 행사하지 않는다. 여성신 영성을 추구할 때 어떤 의식이 자신의 영성 추구에 도움이 되면 받아들이고, 그렇지 않으면 수용하지 않는 태도를 취한다. 고착된 전통과 예식을 형성하면 그것은 또 다른 종류의 지배와 외적 권위의 구조를 낳기 때문이다.

여성신을 중심으로 모이는 위카 이론에 대한 비판은, 그것이 페미니즘이 비판하고 극복하고자 하는 전통적인 이원론적 구조를 그대로 수용하고 있다는 것이다. 예를 들어 스타호크는 우리/그들 we/they, 선한 종교/악한 종교 good religion/bad religion 등으로 구분하면서 기독교와 유대교를 지배와 통제의 가부장제로만 규정한다.[19] 그러나 이러한 아주 단순한 이분법적 방식으로 종교를 구분하는 것은 종교에 담긴 복합적인 의미를 무시한 채 단순하게만 규정함으로써 여성신 종교와 대립적인 구조로만 이해하는 것이다. 뿐만 아니라 '우리/그들'이라는 이분법적 사유방식은 그러한 종교와 연관을 맺고 있는 여성들과 여성신 영성을 추구하는 여성들의 관계를 약화하는 역할을 하기도 한다.

물론 기독교와 유대교 안의 성차별주의적 요소는 계속 비판받아온 문제이다. 그러나 그 종교들의 평등주의적 원리에 따라 그 안에서 동시에 해방적 요소들을 발견하고 여성해방의 원리를 찾는 여성들도 있다는 사실을 간과해서는 안 될 것이다. 그러므로 여성신을 통하여 그들의 영성을 추구하려는 여성들은 여성신에 대한 극도의 '낭만화'나 '이상화'를 통해 소수의 백인 중산층 여성들에게 호응받는 이미지가 아니라, 더욱 구체적인 역사적 정황 안에 뿌리내려서 성차별뿐 아니라 여러 형태의 차별구조에서 살아가고 있는 다양한 여성들에게도 다가갈 수 있는 이미지를 구성해야 할 것이다

둘째, 기독교 안에서 남성적 신 상징이 아닌 새로운 신의 상징을 모

색하고자 하는 입장이다. 이들은 영어로 남성신을 의미하는 'God'이 아니라 남성신과 여성신을 모두 포괄하는 의미에서 'God/dess'를, 또는 히브리 전통에서 찾을 수 있는 여성신적 이미지를 지닌 '소피아Sophia'를 추구한다.[20] 'God/dess'는 발음하는 것이 불가능한 용어이다. 의도적으로 발음 불가능한 용어를 만든 것이다. 이러한 입장들의 공통점은 성서 안에서 신의 여성적인 모습을 발굴하여, 기독교가 전통적으로 남성적 상징으로만 대변하던 신의 상징이 아니라 여성적 상징까지 포함하는 대안적 상징을 창출하고자 하는 데 있다.

이들은 또한 남성/여성의 구분을 넘어서는 의미로 'G*d'(역시 발음이 불가능한 용어이다)을 전통적인 남성신의 대안적 상징으로 수용하기도 하며,[21] '여성 교회Women-Church'를 형성하여 "지구적이며, 에큐메니컬 운동으로서" 연대성을 나누고 정의를 추구하는 신앙공동체를 이루는 여성들도 있다.[22] '여성 교회'는 미국의 가톨릭 여성들을 중심으로 시작되었다. 여성 교회는 공식적·비공식적으로 다른 단체와 연대하면서 가부장제적 요소를 넘어서는 평등주의적 기독교 공동체를 지향하고 영성을 추구한다. 여성 교회는 새로운 교단이나 남성 배타적인 교회가 아니라 가부장제적 구조를 넘어서서 평등공동체를 지향하고자 하는 여성 또는 남성을 모두 포용한다.[23]

기독교 역사를 볼 때, 여성들은 여러 차원에서 배제를 경험해왔다. 규범적인 종교적 경험은 남성들의 경험만 반영한 것이었을 뿐, 열등하고 위험한 존재로 규정받아온 여성들의 종교적 경험은 규범적 범주에 들어가지 않았다. 또한 목회적 차원에서도 여성들이 목회에 공식적으로 수용된 것은 오래전 일이 아니다. 공식적으로는 여성의 목회가 허용된 지금도 목회 현장에서의 여성들에 대한 차별과 배제는 여전히 여성들을

'보조적 봉사자'로 만들고 있으며, 이러한 배제를 끊임없이 경험해온 여성들은 스스로 자신을 무가치한 존재로 생각하게 만드는 것이다.

샌드라 슈나이더스Sandra M. Schneiders는 이러한 배제의 경험이 여성들을 덜 지배적인 존재로 만들었다고 분석한다. 여성들은 목회에서 남성들의 세계뿐 아니라 그 남성들을 보조하는 역할을 해온 여성들의 세계까지 알게 됨으로써 다양한 경험을 하게 되었다. 또한 남성이 여성과 일하는 것보다는 여성이 남성과 일하는 것을 더 잘하게 되었다고 본다. 또한 남성이 비공식적 역할, 즉 사적 영역에서의 역할에 적응하는 것보다는 여성이 공적 역할에 적응하는 것을 더 잘 해내고 있다고 밝힌다. 여성의 배제 경험을 통해서 비위계적 공동체를 상상하고 창조하기가 더욱 쉽다고 보는 슈나이더스의 분석은 자칫 여성들의 배제 경험이 그런 대로 여성들에게 긍정적인 역할을 하는 것으로 볼 수 있는 위험성을 지니기도 하다. 그러나 여성에 대한 '본질적인 이해'가 아닌 '현상적인 이해'로는 일부 타당성이 있다.[24]

또한 남성 사제나 목회자들에 의해서만 집례되는 성례전에 대한 경험, 결정 과정에 대한 참여보다는 무조건적 봉사로만 이해되는 여성의 교회 생활이나 목회 경험은 여성 스스로 무력감을 느끼게 하는 경험이다. 이러한 모든 경험은 여성들 스스로 신의 형상으로 지음 받은 존재라는 통전적 존재로서의 자아를 상실하게 하는데, 페미니스트 영성은 이렇게 균열된 여성들의 자아 상실의 경험으로부터 좀 더 온전한 자아를 되찾는 것을 우선적인 목표로 한다고 할 수 있다.

3) 페미니스트 신학적 영성의 특징

페미니스트 신학적 영성을 추구하는 데서 그 다양성 때문에 그 특징을 간단히 몇 가지로 규정하기는 어려운 일이다. 그러나 개괄적인 논의를 위해서 페미니스트 신학적 영성의 특징을 몇 가지로 살펴보자.

첫째, 페미니스트 신학적 영성은 페미니스트 신학이나 페미니즘과 마찬가지로 '여성의 경험'에 근원을 두고 있다. 여성의 경험에 대한 강조는 사실 새로운 것이 아니다. 전통적으로 신학이 인간의 경험을 반영한다고 하면서 남성의 경험만 대변해왔다는 사실에 대한 인식은 그동안 배제되어온 여성의 경험을 영성 추구에 중요한 근거로 삼게 된 동기가 되었다. 이것은 '페미니스트 영성'이라는 대안적 영성 추구를 촉발했다고 볼 수 있다. 여성의 경험은 전통적인 '여성 억압의 경험'과 그것을 극복하는 '여성해방적 경험', 즉 여성의 힘을 박탈당한 경험과 여성의 힘을 새롭게 재건하는 여성해방적 경험을 모두 포함한다. 이러한 특성 때문에 자신의 경험을 이야기하고, 그 이야기를 바탕으로 여성들이 다른 여성들과의 경험의 공통성을 발견하고, 그러한 나눔을 통해 서로의 통전적 모습을 추구해나가도록 서로 격려하고 서로의 의식을 고양하는 것은 페미니스트 영성에서 중요한 과정이다.

둘째, 페미니스트 신학적 영성은 가부장적 종교에 의하여 이분법적으로 이해되어온 것들을 재통합하고자 하는 특성이 있다. 그동안 이분법적으로 이해되어오던 정신-육체, 이성-감성, 초월-내재, 영적인 것-물적인 것 등을 상충적인 이분법적 구조가 아니라, 그 양쪽이 실제로는 분리할 수 없는 통전적 존재양식이라고 보는 것이다. 이분법적으로 구성되었던 것들을 재통합하는 과정에서 전통적으로 열등하다고 간주되어온 것들이 본래적 가치를 되찾고 두 요소들의 상호연관성이 발견되는 것이다. 페미니스트 영성은 특히 여성의 몸이나 섹슈얼리티에 대한 부정적 평가를 넘어서서 그러한 것들의 긍정적이고 중요한 의미를 부각한다.

셋째, 페미니스트 영성은 인간과 자연의 상호연관성에 대한 인식을 중요하게 생각하는 특성이 있다. 에코페미니즘의 분석에서 볼 수 있는 바와 같이, 남성의 여성 억압과 자연에 대한 억압의 구조가 지니는 유사성에 대한 인식은 여성으로 하여금 자연뿐만 아니라 아이들, 가난한 사람들, 나이 든 사람들, 병든 이들 등 '여성화'해온 것들과의 연대를 강하게 인식하게 했다. 그러한 연대의식은 열등하다고 간주되던 것들의 가치를 페미니스트 영성을 통해 새롭게 발견하는 것으로 확장된다.

넷째, 페미니스트 신학적 영성은 종교적 참여에서 논리적이고 추상적인 접근방식을 거부하는 특성을 띤다. 페미니스트 신학적 영성에서 미학적이고 원형적이고 육화하고 삶을 확장하는 즐거운 '예식$_{ritual}$'의 강조는, 비감정적이고 지나치게 추상적이고 위계적이고 지배적인 전통적 교회의 예식을 거부한다. 그리하여 페미니스트 영성에 개입된 이들은 목회, 예배 의식, 신학, 교수법, 공동체 형성, 교회 조직 등 다양한 분야에서 새로운 변화를 시도하고 있다.

다섯째, 페미니스트 신학적 영성은 개인의 성장과 사회정의의 정치학과 변혁 사이의 밀접한 관계를 분명하게 인식한다.[25] 이러한 특성은 여성들이 경험하는 것들이 단지 여성 개인의 문제가 아니라 사회적·정치적·종교적 차원과 연관성이 있는 문제라는 인식에서 나온 것으로, "개인적인 것은 정치적인 것"이라는 페미니즘의 기본적 인식과 맥을 같이 한다. 이러한 맥락에서 보면, 올바른 페미니스트 영성의 추구는 구체적인 사회적 변혁을 추구하는 것과 분리되어 생각될 수 없다. 또한 올바른 사회적 변혁은 개인적 변혁의 토대 위에서만 이루어질 수 있는 것이다. 이러한 페미니스트 영성의 특징은 전통적인 기독교 영성과의 분명한 상이성을 나타낸다고 할 수 있다. 전통적인 기독교 영성은 주로 개인적인 영적 차원의 문제로만 다루어져왔기 때문이다.

페미니스트 신학적 영성은 이처럼 다양한 특성을 띠고 있다. 페미니스트 신학적 영성을 둘러싼 논의에서 가장 핵심을 이루는 용어가 있다면 그것은 바로 '상호연관성'이다. '상호연관성'의 의미는 다양하게 논의될 수 있다. 우선적으로는 정신/육체, 이성/감성, 인간/자연, 남성/여성 등의 두 축을 대립적이며 위계적인 의미로 이해한 이원론적 사고를 넘어서서 그 두 축의 상호연관성을 지향하는 것으로 이해할 수 있다. 더 나아가 개인적인 것/사회적인 것, 개인적 변혁/사회적 변혁 등으로 분리되어 사유하는 사고구조를 넘어서서 그 두 차원의 비분리성과 상호관계성에 대한 인식을 나타내는 것으로 이해할 수 있다.

4. 영성, 통전적 인간성의 추구

나는 영성에서 가장 핵심적인 것은 통전적 자아의 회복을 통한 '변혁'이라고 본다. 이 변혁은 자아의 변혁과 주변 세계의 변혁 등 다양한 차원의 변혁을 의미한다. 따라서 진정한 변혁을 이루기 위해 요구되는 인식은 다음과 같다. 첫째, 모든 존재물의 상호연관성에 대한 인식이다. 둘째, 성, 인종, 계층, 성적 지향 등을 넘어서는 모든 인간의 평등성에 대한 인식이다. 셋째, 진정한 변혁은 어떠한 이유에서든 이러한 평등성이 파괴되는 상황을 변화시키기 위한 정의에 대한 예민성을 요구한다.

그런데 '모든 존재물의 상호연관성'이라는 의미가 개인의 개체성 함몰로 이해되어서는 안 되며, 이러한 의미에서 연관성이란 모든 것들이 하나로 함몰되는 것이 아닌 '구분된 연관성'이다. 이러한 재개념화한 개인주의는 인간의 존엄성과 평등성에 대한 인식에서 가장 근원적인 것이며, 상호연관성이나 상호관계성에 대한 이해로 나아가는 데 필수적인 인식의 단계라고 생각한다. 그런데도 이런 측면은 많은 경우 페미니스트 영성 추구에서 간과되어왔다.

특히 한국 사회에서의 영성 추구에는 기독교 사상의 전제가 되는 진정한 의미의 '윤리적 개인주의'에 대한 분명한 이해가 요청된다. 한국 사회는 오랫동안 가족·혈연 등 '관계성'을 강조한 나머지 한 개인의 개체적 존엄성이나 평등성을 억압해왔기 때문이다. 이러한 맥락에서 볼 때, 고립된 인간 이해를 야기한 개인주의의 한계에 대한 대안은 단순한 개인주의의 폐지가 아니라, 새롭게 재개념화한 개인주의이다. 이러한 인간 개개인의 존엄성과 평등성에 근거한 '진정한 자기 찾기'야말로 영성의 확장과 전개에 가장 중요한 단계라고 할 수 있다.

페미니스트 영성의 추구는 성차별주의와 가부장제적 전통과 역사에 의해 왜곡되고 분열된 여성들이 그러한 왜곡을 넘어서서 한 인간으로서의 진정한 자기를 찾는 것에서 출발해야 한다. 더 나아가 그것은 여성에 대한 낭만화나 이상화에 빠지는 것이 아니라, 역사적인 정황 안에서의 구체적인 변혁에 기여할 수 있는 것이어야 한다고 생각한다.

이런 의미에서 나는 여성신 중심적 페미니스트 영성 추구에 비판적인 입장을 취한다. 여성신 중심적 영성 추구는 여성이 신적인 힘과 모습을 자기 속에서 스스로 발견함으로써 새로운 힘의 부여를 가능하게 한다는 긍정적인 역할을 한다. 그러나 많은 경우 여성들의 생물학적 기능이나 역할에 대한 낭만화 또는 이상화에 빠지기 쉬운 탓에, 그 역사성과 구체적 정황에 뿌리내리는 것을 어렵게 만들 위험성이 있다.

그러나 여성들 또는 남성들이 전통적인 인간의 왜곡에서 해방되어 다양한 방식으로 진정한 자기 찾기와 변혁의 장으로 나아가는 데 어떤 역할을 하는 것이라면, 나는 페미니스트 영성 추구의 다양성이 존중되어야 한다고 본다. 이러한 현대적 영성 추구를 통해 여성과 남성이 자신의 왜곡된 모습을 극복하고 인간으로서의 통전적 모습을 회복하기 위한 희망을 끊임없이 갱신하는 것이야말로 진정한 영성 추구의 목표이며 과정이 되어야 할 것이다.

제8장

폭력의 세기, 폭력 극복의 세계를 향하여

1. 왜 폭력을 논의해야 하는가

지난 20세기는 '전쟁과 혁명의 세기'였으며 '폭력의 세기'였다고도 할 수 있다. 기술과학의 발달을 토대로 인간에게 조직적·집단적으로 해를 입힐 수 있는 폭력의 도구들이 속속 개발되었으며, 그렇게 기술과학적으로 고안된 폭력의 도구들을 가지고 치러진 전쟁과 혁명에서 수많은 인간과 자연이 파괴와 죽음을 경험했다. 그런데 그러한 20세기를 마감하고 21세기에 접어든 지금, 지난 20세기와 연속성과 불연속성을 지니며 이전과 다른 새로운 양태를 띤 폭력이 등장하고 있다. 20세기에 인류가 경험한 폭력이 가시적인 것에 초점이 있었다면, 21세기에는 '가시적 폭력'은 물론 쉽게 인지하기 어려운 복합적인 '비가시적 폭력'이 인간과 자연의 생명을 심각하게 위협하고 있다.

지금 세계에서는 크고 작은 전쟁과 무장전투가 끊임없이 벌어지고 있으며, 이 가운데 많은 경우가 내전이다. 제2차 세계대전이 끝난 뒤 전쟁이 줄어들고 있으리라는 일반적인 생각과 달리, 1945년 이후 해마다 평균 하나 이상의 전쟁이 이전 해보다 더 벌어지고 있는 실정이다. 예전과 비교해볼 때 다른 양상이 있다면, 군인과 민간인이 목숨을 잃는 비율이다. 제1차 세계대전에서 죽은 군인과 민간인의 비율이 20 대 1이라면, 제2차 세계대전에서는 1 대 5였으며, 베트남전쟁에서는 1 대 13이었다고 한다. 1945년 이후에 일어난 200여 건의 전쟁에서 희생자의 90퍼센트가 민간인이었는데, 이것은 3300만의 난민을 제외한 수치이다.[1] 폭력의 가장 전형적인 패러다임이 전쟁이라는 점을 상기해볼 때, 이렇게 전쟁이 날로 늘어가고 그 전쟁으로 인간과 자연의 파괴가 더욱 증가한다는 사실은 인류가 지금 얼마나 심각한 위기 속에 놓여 있는지를 말해준다.

 1914년 제1차 세계대전이 일어났을 때, 폭력의 대표적 형태인 전쟁은 낭만적으로 재현되기도 했다. 이러한 낭만화의 예는 영화에서 그려지는 군인들의 모습에서 찾아볼 수 있다. 환송하는 인파 속의 여성들이 건네준 꽃을 입에 물고 콧노래를 부르며 전쟁터를 향해 가는 나이 어린 군인들의 모습은, 자신들의 나라를 지켜내기 위해 '진짜 남자'가 되어 전쟁터에 간다는, 이타적인 듯한 명목으로 포장되어 있다. 이와 같은 '전쟁의 낭만화'는 전쟁에 담긴 극단적인 여러 폭력을 보지 못하게 가로막는 왜곡된 이미지의 전형적인 예이다.

 폭력의 낭만화는 비단 제1차 세계대전에서뿐만 아니라 지금도 도처에서 볼 수 있다. 텔레비전 등을 포함한 대중매체와 영화, 인터넷, 게임 등에서 보이는 폭력은 다양한 형태로 낭만화해 있다. 여기서 다양한 양태의 폭력은 '남자다움' 또는 '성공적인 사람'이 갖춰야 할 요소로까지 그려진다. 특히 군사주의 문화가 팽배한 사회에서는 남성우월주의적 과시를 위한 폭력이 여러 양태로 정당화되고, '남성다움'과 '폭력성'이 동의어로 간주되는 사회문화적 에토스가 만연한다.

1960년대 후반부터 1970년대로 이어지는 시기의 다양한 사회변혁운동 속에서도 폭력에 대한 일종의 낭만화가 이루어졌다. 즉 폭력이 불의한 구조를 극복할 수 있는 방법으로 간주되었던 것이다. '평화를 위한 전쟁' 이론이라든지 '폭력의 필요성 이데올로기' 등을 통한 폭력의 정당화는 사회변혁운동뿐 아니라 지금도 세계 곳곳에서 벌어지는 종교 간의 갈등 상황에서, 그리고 하다못해 스포츠 경기장에서까지 나타나고 있다. 폭력에 대해 면역된 영역이 없을 정도로 이미 우리 삶의 모든 영역에서 폭력은 더욱더 기세를 떨치고 있다.

물리적이고 가시적인 폭력 현상의 심각성은 비가시적인 폭력 현상과 겹쳐 중층의 복합적인 폭력 현상을 생산한다. 세계화와 신자유주의 같은 새로운 정치경제체제 등을 통해 경험되는 비가시적 폭력의 문제, 인권 유린 폭력의 문제, 언어와 상징체계 또는 신념체계 등을 통해서 벌어지는 억압기제 강화의 상징적 폭력의 문제 등과 함께 폭력 문제가 더욱더 깊어지는 것이다.

복합적인 폭력 형태로서의 '상징적 폭력symbolic violence'에 대한 피에르 부르디외Pierre Bourdieu의 통찰은 폭력에 대한 중요한 시사점을 던져준다. 권력은 '객관적인 절차'가 아니라 우리의 '인지체계'를 통해 작동한다. 따라서 지배자는 피지배자의 '오인의 메커니즘'을 통하여 자신들의 권력을 작동하고, 피지배자의 '자발적 동의'를 얻어낸다는 것이다. 부르디외는 권력이 '오인의 메커니즘'을 양산하는 '상징적 폭력'을 통해 강화되고 재생산된다는 점을 예리하게 분석한다.[2] 이러한 상징적 폭력 개념은 한국 교회와 사회에서 성차별주의를 경험하는 가부장제의 희생자인 여성들이, 어떻게 끊임없이 그 가부장제의 공모자 역할을 함으로써 가부장제적 권력의 작동과 재생산에 기여하는지 분석하는 틀을 마련해준다고 생각한다.

이제 폭력은 다양한 형태로 지구 위의 모든 생명을 위협하고 있다. 이렇듯 폭력이 삶의 모든 영역의 중심에 자리 잡고 있는 상황을 보면, "폭력은 우리 시대의 정신ethos이며, 현대 세계의 영성이다. 폭력은 종교와 같은 위치를 차지하고 있으며, 그것은 헌신자들에게 죽음에 절대적으로 복종할 것을 요구하고 있다"는 월터 윙크Walter Wink의 지적에 동의하지 않을 수 없다.[3] 그러므로 이 폭력의 문제에 어떻게 접근할 것이며, 이러한 폭력을 극복하기 위한 길은 도대체 어디에 있는 것인가는 참으로 어려운 문제일 수밖에 없다.

다양한 형태의 폭력이 모든 생명을 위협하고 있다는 심각한 위기를 인식한 WCC는 2001년부터 2010년까지를 '폭력 극복 10년Decade to Overcome Violence'의 해로 정하고, 10년 동안 폭력에 대한 복합적인 이해와 폭력 극복을 위한 다양한 프로그램을 마련한 바 있다. 현실세계에서 온전한 의미의 '폭력 극복'은 불가능하다. 그러나 나는 폭력이 '종교'의 기능을 하는 이 시대에, 이러한 '폭력 극복' 시도는 매우 의미심장한 모범적 시도라고 본다. 이러한 맥락에서 폭력에 대한 이해를 점검하고, 폭력의 복합성과 심각성에 대한 인식을 더욱 분명히 하는 것은 이 세계를 더욱 정의로운 곳으로 만드는 데 중요한 의미가 있다.

2. 폭력 개념의 이중적 상대성과 다의성

'폭력이란 무엇인가'에 대한 성찰은 한국 사회처럼 폭력 현상이 보편화해 있고 폭력 행사가 제도화한 사회에서는 더욱 어려운 문제이다. 폭력 현상이 보편화한 곳에서는 폭력에 대한 무감각과 무관심 또한 보편화해 있으며, 폭력이 거의 무의식적으로 행사되거나 고귀한 목적을 실천하는 수단으로까지 인식되기 때문이다. 한국의 학교에서는 학생들에 대한 교사들의 폭력이 오랫동안 공공연히 행해져왔는데, 학생들에 대한 교사들의 언어적 폭력과 육체적 폭력은 '사랑의 매'라든지 '스승으로서의 도리'라는 명목으로 변호되어왔다. 이제는 체벌이 공식적으로 금지되어 교육현장에서는 폭력 문제가 사라졌다고 생각할 수 있다.[4] 그러나 눈에 보이는 폭력만이 폭력은 아니다. 감정적 폭력, 언어적 폭력 등 다양한 '비가시적 폭력' 또는 '간접폭력'이 가정, 공교육기관, 기업, 종교단체, 시민단체 등 사회 곳곳에서 여전히 벌어지고 있다. 폭력에 대한 몰이해가 지속될 때, 폭력의 본질과 현상에 담긴 파괴적인 의미는 철저히 가려지고 만다.

1960년대 이후 "모든 것은 폭력이다"라는 명제 아래, 이제는 진부하게 여겨질 정도로 다양한 차원의 폭력에 관한 논의가 세계적으로 진행되어왔음에도 불구하고, 한국 사회나 교회에서는 폭력에 대한 성찰이 이루어지지 않고 있다. 폭력에 관한 논의는 법학·사회학·신학·심리학·인류학·철학·정치학 등 여러 분야에서 복합적으로 이루어져야 하는 주제이다. 물론 각 분야의 폭력 개념과 접근방식은 서로 다를뿐더러 일치된 합의가 형성되어 있지도 않다. 폭력이란 무엇인가에 대한 논의를 통하여 폭력의 개념과 범주가 언어화했다고 해도, 우리가 경험하는 미묘하고 복합적인 다양한 폭력 현상을 모두 포괄할 수 있는 것은 아니다. 그렇기 때문에 폭력에 대한 언어화 개념 속에 지나치게 집착하면, 그 개념이 담지 못한 폭력적 현상을 간과할 위험성 또한 존재한다.

따라서 폭력의 개념이나 범주 설정은 일회적인 것이 아니라 사회역사적 변화에 따른 지속적인 과제가 되어야 한다. 또한 폭력에 대한 예민성과 인식도에 따라 끊임없이 확장되고 심층화해야 할 문제이다. '폭력'을 눈에 보이는 물리적이고 육체적인 것으로만 이해하는 일반적·상식적 이해는 현대사회에서 경험되는 다양한 형태의 폭력을 인식하지 못하게 한다. '폭력'의 복합성과 다양성에 대한 이해를 조명하는 것이 필요한 이유이다. 폭력을 어떻게 이해할 것인가는 폭력을 어떻게 극복할 것인가의 선행적 단계이다. 폭력에 대한 분명한 이해 없이 폭력을 극복하는 방법을 찾기는 불가능하기 때문이다.

1) 폭력 개념의 이중적 상대성

폭력이 무엇인가는 자명한 듯하지만, 폭력에 대하여 말하고 평가하고 해석하는 사람이 누구인가에 따라 전혀 다른 것을 의미한다. 예를 들면, 지배자들은 자신의 지배적 권력에 대항하는 사람들을 '폭력적'이라고 생각한다. 지배자들의 폭력 사용은 제도적 장치, 즉 법과 같은 권력에 의해 정당성이 확보되기 때문에 지배자들 스스로 '폭력'이라고 하지 않는다. 그러나 피지배자들, 즉 권력이 없는 이들에게서는 지배자들이 그들의 권력을 통해 정당화한 강제적 힘을 사용하는 것이 '폭력'으로 인식된다. 이를테면 시위 현장에서 경찰이 시민에게 '물대포'를 쏘는 행위는 폭력이라고 하지 않지만, 시민들이 경찰을 막아내기 위해 물대포를 사용하는 것은 폭력으로 규정된다.

폭력의 본질은 폭력을 인식하는 정도에 따라서 변하며, 또한 현실세계에는 서로 다른 폭력의 개념들이 공존하고 있다. 사회적·시대적 변화에 따라서 과거에는 폭력으로 규정되지 않았던 것도 분명한 폭력으로 범주화하며, 폭력의 주체가 누구냐에 따라 폭력이 정당화되기도 하고 극복되어야 할 것으로 간주되기도 한다. 따라서 모든 폭력을 동등하게 보는 것은 개념적으로는 가능하지만, 현상적으로는 부적절하다. 그러므로 폭력의 '재발견'과 '재문제화'는 억압과 차별 등의 문제가 매우 복잡하게 얽혀 있는 현대사회에서 비판적으로 조명해야 할 중요한 주제이다.

폭력의 개념 형성에 대한 실증주의적 시도는 사람에 대한 육체적인 가해와 재산 파괴처럼 구체적이고 가시적인 것들에만 초점을 맞춰 폭력을 바라본다. 눈에 보이지 않는 구조적이고 제도적인 폭력은 간과하는 것이다. 이러한 실증주의적 개념은 '폭력의 양'을 측정할 수 있다는 생각으로 유도한다. 그러나 '정보의 근원'은 '권력의 근원'임을 고려해볼 때, 폭력적 현상에 대한 기록이 체계적으로 공정하게 이루어질 가능성은 없다. 예를 들어 체계적인 인종 학살이 일어날 경우, 한 공동체가 흔적도 없이 사라질 수도 있다. 이와 같은 폭력은 그 폭력의 강도와 현상을 객관적인 '수치'로 측정하기 어렵다. 중세 유럽의 마녀 화형의 경우처럼 정확한 역사적 통계가 불가능한 경우도 무수히 많다. 예컨대 마녀 화형에서 희생당한 여성의 수와 관련해서는 20만 명부터 900만 명까지 통계가 있다. 이러한 사실은 역사를 기록하는 사람들이 누구인가, 또는 그들로 하여금 중요한 것 또는 사소한 것으로 범주화하게 하는 기준은 무엇인가 등에 따라서 분명한 폭력적 현상이 아무런 실제 기록을 남기지 못하는 경우가 무수히 많다는 것을 보여준다. 이것은 인류의 역사에 산재한 이른바 '객관적 역사' 기록의 허구성과 불가능성을 잘 보여주는 예들이다.

이러한 맥락에서 폭력의 개념을 규정하자면 우리는 하나의 딜레마에 빠지게 된다. 즉 폭력이 무엇인가라는 폭력의 개념화를 시도하자마자, 그 개념에 포함되지 않는 다른 폭력들은 잊히거나 소멸된다는 것이다. 또한 폭력이라는 개념을 구체화할 때 '폭력'이라는 단어를 누가 쓰는가에 따라 그 개념은 많은 것을 말해주기도 하고 아무것도 말해주지 않기도 한다. 즉 폭력은 하나의 실체임이 분명하지만, 한 개인이나 사회가 폭력을 이해하는 것은 반드시 그 범주에서가 아닐 수도 있다는 '이중적 상대성'을 지닌다는 것이다.

따라서 폭력이라는 개념은 "전형적인 혼합 형태의 관념이며, 이 개념의 이해 기준은 서로 다른 사회적 가치 평가"일 수밖에 없다.[5] 이런 의미에서 폭력의 정의와 개념은 언제나 상대적이고 부분적이며 가변적이라고 할 수 있다. 똑같은 폭력이라도 개인이나 사회에 따라 각기 다르게 인식되는 이유이다. 또한 그 폭력 개념은 언제나 정치화 과정과 연관되어 있다는 점에서 '임의성'을 띤다.

폭력이 구체적이고 실증적인 것임에도 불구하고, 폭력에 대한 고정된 개념화는 언제나 갈등의 소지가 있다는 사실을 인지함으로써 폭력의 개념화에서 개방성을 지키는 것은 매우 중요하다. 그러지 않으면 우리는 폭력 개념을 고정하고 도그마화함으로써 오히려 다양한 양태의 폭력을 보지 못할 위험성을 갖게 된다. 폭력에 대한 분석을 늘 확대하고 복합화해야 하는 것은 바로 이러한 시점에서이다. 이와 같은 맥락에서 볼 때, 폭력의 개념을 객관화할 수 있다고 생각하는 것은 사실상 오류이다. 또한 폭력의 개념과 그 개념들의 실제적 현상이 언제나 일치하는 것은 아니라는 점은 분명한 사실이다. 폭력 개념의 구성은 언제나 사회적 가치 평가를 반영하기 때문이다.

예를 들어, 부모가 자녀에게 또는 교사가 학생에게 신체적 폭력을 가하는 것이 어떤 사회에서는 '폭력'이라고 간주되지 않는다. 그러나 그 동일한 행위가 다른 사회에서는 형사처벌을 받는 분명한 폭력이다. 한 사람의 자유를 박탈하는 것이 어느 사회 또는 개인에게는 적절한 처벌이라고 받아들여질 수 있지만, 동일한 현상이 다른 사회 또는 동일한 사회에서라도 어떤 개인에게는 참을 수 없는 폭력으로 인식될 수 있다. 이른바 사회적 부적응자에 대한 재교육 과정은 어떤 이들에게는 분명한 폭력의 경험이지만, 그 재교육 과정을 제공하는 측에서는 이를 이른바 '탈선자'들을 사회에 정상적으로 재수용하기 위한 목적을 띤 좋은 행위라고 간주한다. 여성들을 목사 안수나 신부 서품을 받는 구조에서 제도적으로 배제하는 것은 이전에는 폭력으로 인식되지 않았지만, 현대에 이르러서는 '제도적 폭력'으로 범주화된다. 또한 '성폭력' 같은 폭력에 대해서도 모든 시대, 모든 사회가 동일하게 폭력으로 인식하는 것은 아니다. 이러한 사례들은 폭력의 개념이 객관화하거나 단선적으로 구성될 수 있는 것이 아니라는 점을 보여준다. 분명한 것은 폭력이 갑자기 많아진 것이 아니라, 폭력으로 인식되는 일이 많아졌다는 사실이다.

이러한 다양한 예들을 통해서 다음과 같은 두 가지 측면을 알게 된다. 첫째, 폭력에 관한 논의에는 언제나 이러한 갈등적인 가치 평가가 개입한다는 점이다. 둘째, 폭력에 관한 논의는 폭력 그 자체보다는 그 폭력이 논의되는 사회의 정치적·문화적·종교적 가치와 제도에 관한 논의라는 사실이다. 따라서 우리가 폭력을 논의할 때는 그 언어가 '누구에 의하여' 사용되는가, '누구의 관점에서' 폭력인가, '어떠한 사회문화적 가치에 의해' 규정된 폭력인가라는 복합적인 물음에서 출발해야 한다. 이런 의미에서 '폭력 일반 violence in general'이란 불가능한 허구적 개념일 수 있다. 그렇다면 폭력은 우리에게 어떤 얼굴로 나타나는지 다음에서 살펴보자.

2) 폭력 개념의 다의성: 생명 부정의 폭력과 생명 긍정의 폭력

폭력의 개념을 설정하는 데서 제기되는 이러한 딜레마와 복합적인 문제들에도 불구하고 폭력을 논의한다는 것은, 폭력의 다양한 얼굴들에서 오직 일부분만 이야기할 수 있을 뿐이라는 한계를 안고 출발할 수밖에 없다. 분명한 것은, 전체주의 사회보다는 민주주의 사회에 '폭력'의 범주나 규정이 훨씬 더 많다는 점이다. 이러한 사실은 폭력이 무엇인가에 대한 중요한 통찰을 준다. 민주주의 사회에서 폭력의 문제가 더욱 활발하게 논의되는 이유는 민주주의 사회가 전체주의 사회보다 폭력이 많아서가 아니다. 민주사회는 시민들이 폭력에 도전하고 저항하는 자유를 존중하기 때문에, 폭력 문제에 대한 논의가 더욱 활발하고 복합적으로 이루어지는 것이 가능해진다.

현대에 이르러 폭력의 다양한 개념이 나타난 것은, 물론 사회적 변동에 따라 새로운 종류의 폭력이 출현했다는 의미로 해석될 수도 있다. 그러나 다른 한편으로 새로운 종류의 폭력 개념이 출현한 것은 이미 존재하던 행위들이 예전에는 폭력으로 인식되지 않았지만 이제는 새로운 범주와 기준에 의해 '폭력'으로 규정되는, 사회적 의식의 변화에 따른 것이라는 점도 주목해야 한다. 그러므로 다양한 폭력 개념의 출현이란 다양한 억압에 저항하는 인식의 출현이기도 하며, 그런 억압이나 압제에 대한 '탈신화화'를 뜻하기도 한다.[6] 이전에는 거부할 수 없다고 여겨졌던 압제적 권위를 거부하는 의식이 출현한다는 것은, 그러한 압박이나 압제에 대한 예민성이 다양한 통로를 거쳐 첨예화한다는 것을 의미한다.

아주 구체적인 예를 살펴보자. 성차별주의적 제도, 행위, 언설, 상징 등을 '자연적인 것'으로 여기던 시기가 있었다. 그런데 페미니즘과 페미니스트 신학이 등장한 뒤로 그러한 성차별주의적 구조는 비판되고 '폭력'으로 간주된다. 신적인 권위를 지닌 것으로 아무런 저항의 대상이 되지 않았던 남성중심적 제도나 전통, 종교적 상징체계들이 신이 아니라 남성중심적 가치구조에 의한 것이라는, 전통적 권위의 '탈신비화'가 이루어진 것이다. 이러한 '탈신비화' 과정에서 남성중심적 구성물들이 어떻게 여성들의 삶을 파괴하고 왜곡하는 '폭력'으로 해석될 수 있는가라는 새로운 폭력 개념들이 등장했다. 이러한 예는 성차별주의에 대한 예민성이 첨예화함으로써 나타난 새로운 폭력 개념이라고 할 수 있다. 전에 없던 폭력 현상이 새롭게 나타난 것이라기보다는 이미 존재하던 현상에 대한 비판적 분석과 인식을 통해 새로운 폭력 개념이 출현한 것이다.

폭력의 다양한 측면을 살펴보면 사실상 폭력을 일반적으로 규정하기란 불가능한 듯이 보인다. 이러한 '개념화 불가능성'에 대한 인식 때문인지 조르주 소렐Georges Sorel, 한나 아렌트Hannah Arendt, 르네 지라르René Girard 등 폭력 담론에서 빈번히 거론되는 이들은 정작 폭력이 무엇인가에 대해 '개괄적 정의'를 내리지는 않는다. 이런 측면에서 보면, 폭력을 개괄적이고 보편적으로 정의하기보다는 구체적인 정황에서 벌어지는 다양한 폭력 이해를 살펴보는 것이 폭력의 개념을 정의하는 데 좀 더 현실적이고 실천적인 시도라고 생각된다.

사회구조적인 측면에서 폭력을 살펴보면 크게 세 가지로 유형화할 수 있는데, 그 유형화는 폭력을 행사하는 주체가 누구인가에 따라서 이루어진다. 첫째, 지배계층이 사용하는 폭력은 '억압oppression'이라고 명명된다. 둘째, 이러한 억압에 반기를 드는 행위로서의 폭력은 피억압자의 '반역revolt'으로 범주화한다. 셋째, 피억압자의 항거를 제압하려는 지배계층의 폭력은 '진압repression'이라고 일컬어진다.

이처럼 폭력의 '주체'가 누구인가에 따라, 그리고 '누가' 그 폭력을 규정하는가에 따라 폭력에 대한 가치판단이 각각 달라진다. 그러나 어떤 폭력이든 목적이 다를 뿐, 폭력 자체의 양상은 동일하다. 아무리 고귀한 의도를 지닌 전쟁이나 혁명일지라도 그 공통적 요소는 폭력이다. 이런 의미에서 보면 "폭력은 정당화justification할 수 있지만, 결코 정당성legitimacy을 가질 수는 없다"는 지적은 여러모로 시사하는 바가 많다.[7]

폭력의 주체가 누구인가에 따라 폭력이 어떤 상황에서는 '정의'라는 저울대의 균형을 다시 맞출 수 있는 유일한 방법으로 평가되기도 한다. 폭력은 사실상 "원인들을 촉발하지 않으므로 역사도 혁명도 진보도 반동도 일으키지 않"지만, "불만을 극적으로 표현하는 데 도움을 줄 수 있고, 그래서 공적인 주의를 환기시킬 수" 있다는 점에서 혁명보다는 개혁을 위한 무기가 될 수 있다.[8] 권력이 없어 아무런 주목을 받지 못하던 이들이 폭력을 사용하면서 비로소 주목받는 경우가 있다. 폭력이 자기 존재를 사회에 알리는 매체로 사용되기도 하는 것이다. 폭력이 동반된 학생운동이나 시위를 통하여 개혁이 가능해지는 경우는, 폭력을 사용하여 새로운 구조의 수용을 가능하게 한다는 단기적인 의미에서 폭력 사용의 정당성을 부여받는 예이다. 즉 인간 생명을 억압하고 부자유로 이끄는 '반反생명적 폭력'에 저항하기 위한 폭력은, 불의를 넘어서는 '정의의 실현을 위한 도구'로 정당화되기도 한다는 것이다.

　피억압자들에 의한 폭력 사용에 대한 좌파 휴머니즘의 예찬은 특히 프란츠 파농Franz Fanon에서 극에 다다른다. 한계 상황에서 나타나는 피억압자들의 반란, 즉 파농의 용어로 '대지의 버림받은 자들'의 반란에서 '대지의 버림받은 자들'은 모든 한계를 넘어서는 치열함을 안고 필사적으로 전투에 몸을 던진다.[9] 《대지의 버림받은 자들》의 서문에서 사르트르Jean-Paul Sartre가 말한 바와 같이, 이들은 합리적인 계산에 따라 투쟁에 자신을 던지는 것이 아니다. 자신들의 삶이 극도의 한계에 도달했다는 인식과 거기에서 비롯된 철저한 체념을 통하여 분출되는 반란이다. 따라서 그 반란이 그들에게는 '최후의 존재양식이'며, 순간적으로 다시 찾은 '존엄성에 대한 절대적 긍정'의 의미를 띤다.

　이것은 계산된 폭력이 아니라 분노 속에서 새롭게 태어나는 폭력이며 '생명 긍정의 폭력'이다. 생명 긍정의 폭력은 "폭력수단을 사용하지 않아도 지배를 가능하게 해주는 적의 사악한 음모와 조작을 폭로하는 것", 즉 "진실이 드러날 수 있도록 절멸의 위험조차 무릅쓰고 생동을 촉구하는 것"으로 인식된다.[10] 사르트르는 이렇듯 레닌과 러시아혁명을 열광적으로 인정했던 조르주 소렐보다 더 강렬하게 피억압자들에 의한 폭력을 예찬한다.[11] 해방신학자들은 억압자들의 반反생명적 폭력과 생명 부정의 폭력에 항거하는 피억압자들의 폭력을 '예언자적인 것'으로 해석하기도 한다. 예를 들어 제임스 콘James Cone은 "불의한 사회에서는 누구도 비폭력적이 될 수 없다"면서, 다만 "누구의 폭력을 지지할 것인가"라는 문제만이 있다고 한다.[12] 폭력/비폭력에 대한 논의 자체가 잘못되었다고 지적하는 것이다.

　그러나 억압자에 의한 '반反생명적 폭력', 즉 '생명 부정의 폭력'이든,

생명 부정의 폭력에 저항하는 피억압자들의 '생명 긍정의 폭력'이든, 어떤 종류의 폭력에도 반대하는 자크 엘륄Jacques Ellul은 다음과 같은 이유에서 폭력에 대해 총체적으로 부정적인 입장을 취한다. 첫째, 일단 폭력을 사용하면 폭력에서 벗어날 수 없게 된다. 둘째, 폭력은 폭력을 낳는다. 셋째, 정당화할 수 있는 폭력과 정당화할 수 없는 폭력, 그리고 해방하는 폭력과 억압하는 폭력을 구분해내기는 불가능하다. 넷째, 폭력은 폭력을 낳을 뿐, 그 외에는 아무것도 없다. 다섯째, 폭력을 사용하는 사람은 언제나 그 폭력과 자기 자신을 정당화하려고 애쓴다.[13]

그런데 폭력을 전혀 수용하지 않는 정치라는 것이 과연 가능한가? 그리고 폭력에 의해서는 어떠한 선한 것도 나올 수 없다고 보는 것이 과연 억압과 그 억압에 저항하기 위한 피나는 투쟁의 역사를 지닌 인간의 구체적인 현실을 포괄적으로 조명하는가? 이러한 물음은 여전히 해결되지 않는다. 진정한 '비폭력'은 고도로 억압적인 상황에서는 가능하지 않기 때문이다. 또한 엘륄은 스스로 무정부주의자라고 자처하지만, 실제로 합법화한 폭력에 기초한 국가제도 속에 몸담고 살아가는 많은 사람들에게 모든 종류의 폭력을 거부한다는 것이 현실적으로 얼마나 가능한지는 여전히 딜레마로 남아 있다.

이처럼 폭력이 다양한 측면에서 각기 다른 의미를 띠는 것을 볼 때, 우리가 인지하지 못하는 폭력 현상들은 폭력의 개념이 얼마나 다의적으로 이해될 수 있는지를 보여준다. 신체적이고 물리적인 폭력은 물론 심리적 폭력, 언어적 폭력, 제도적 폭력, 문화적 폭력, 성폭력 등 폭력의 종류를 열거하자면 한이 없다. 폭력 논의에서 우리가 분명히 인식해야 할 것은, 폭력 개념이 이렇듯 다의적으로 형성될 수 있다는 점, 그리고 비억압적인 사회일수록 폭력에 대한 예민성이 더욱 첨예화한다는 점이다. 이러한 폭력에 대한 예민성을 갖출 때 비로소 폭력과 비폭력의 경계를 볼 수 있는 시각이 형성될 것이다.

3) 폭력의 일상화와 자연화

폭력은 어디에나 있다. 폭력의 개념과 범주가 확장될수록, 폭력이 사적 영역과 공적 영역을 포함한 모든 삶의 구석구석에 자리 잡고 있다는 사실이 드러난다. 폭력은 정치·경제·종교·문화 등 인간의 삶의 많은 영역에서 다양한 양태로 행사되고 있다. 또한 폭력은 언어, 물리적인 힘, 상징, 매스미디어, 경제력, 정치력 등 다양한 매체와 도구를 통하여 '보이는 실체'로뿐만 아니라 감지하기 힘든 양태의 '보이지 않는 실체'로 현대 인간의 삶을 속속들이 지배하고 있다. 이러한 '폭력의 일상성'은 오히려 폭력에 더욱 무감각해지게 만드는 결과를 낳고, 폭력에 대한 종합적 이해를 불가능하게 한다. 또한 폭력의 행사가 '나/우리'가 아닌, '너/그들'에 의해서만 이루어지는 것이라는 착각을 불러일으킨다.

여기에서 '목적'은 '수단'을 정당화할 수 있는가라는 구체적이고 현실적인 문제와 만나게 된다. '나'에 의하여 행해진 폭력은 언제나 좋은 '목적'으로 정당화된다고 생각하기 쉽기 때문이다. 아주 가까운 예로, 9·11 사태 이후에 미국이 아프가니스탄에 행사한 극도의 폭력은 '정의의 실현'이라든지 '테러리즘에 대항한 전쟁' 또는 '자유 수호를 위한 전쟁'으로 정당화되고 있다. 그러나 여기에서 어느 특정한 그룹이나 개인이 테러리스트인지 아니면 자유투쟁가인지는 누가 그 상황을 규정하는지, 폭력의 주체는 누구인지, 그 폭력이 어떤 목적을 위하여 사용되고 있는지에 따라서 동일한 현상이더라도 각각 다른 윤리적 판단을 내리게 된다.

여기에서의 '나'가 개인이든 집단이든 또는 한 국가든 간에 자신들이 설정한 목적은 다양한 폭력적 수단을 정당화하는 데 사용되며, 이때 폭력은 정당한 것으로 합법화된다. 이러한 경우 폭력은 통하기 때문에 좋은 것이라는 '매춘 정치porno-politics'가 일상화한다. 매춘 정치의 일상화 속에서 사용되는 폭력은 "정당하지 못한 목적을 위해 과도하게 사용되는 경우를 제외하면, 그 사용이 전혀 문제가 되지 않는 자연적 산물 또는 원자재"로 이해된다.[14]

폭력의 일상화는 폭력의 '자연화'를 조장한다. 즉 폭력이란 본래부터 있는 '자연스러운 것'이라고 생각하게 만드는 것이다. 이렇게 우리가 의식하든 의식하지 못하든, 폭력의 '일상화'와 '자연화'는 삶의 여러 차원에서 직간접으로 우리의 삶을 지배한다. 이런 의미에서 볼 때 막스 베버Max Weber를 비롯한 많은 학자들이 모든 국가란 폭력에 기초해 있다고 본 것은, 정치에서 폭력의 부재란 사실상 가능하지 않다는 사실을 재확인하는 것이다.

폭력적 구조를 통한 '매춘 정치'는 실제로 국제정치적 영역에서뿐 아니라 사실상 한국 사회 구석구석에서도 이루어지고 있다. 부부나 연인관계 같은 친밀성의 영역에서는 물론, 아이들 간의 폭력, 교회나 사찰 같은 종교집단에서의 폭력, 학교에서의 폭력, 국회에서의 폭력, 매스미디어를 통한 폭력 등 폭력이 일상화하고 자연화한 현장은 도처에 널려 있다. 이런 측면에서 보면, 목적 자체가 수단을 정당화해주지 않는다는 사실이 분명해진다. 예를 들어 선생 또는 부모가 아이를 '사랑하기에 성공시키려 한다'는 목적을 지녔다고 하자. 그런데 그 목적이 올바르다 해도, '아이에게 체벌을 가한다'는 수단이 잘못되었다면 그 목적의 정당성을 확보할 수 없다. 또한 공적 영역이나 사적 영역 모두에서 이른바 '고귀한 목적'을 이루기 위한 수단으로 이용되는 폭력의 문제점들에 더욱 예민한 촉각을 세울 필요가 있는 것이다. 국제적인 차원에서 일어나는 '거시폭력'의 문제뿐 아니라, 일상의 구체적인 삶에서 일어나는 무수한 '미시폭력'에도 진지한 관심을 기울여야 한다. 폭력이 누구에게 행해지든, 어떤 목적으로 행사되든, 그 폭력은 다양한 방식으로 인간 생명을 '온전한 생명'이지 못하게 하는 반反생명적 파괴력을 지니고 있기 때문이다.

3. 폭력과 기독교

1) 폭력을 둘러싼 다양한 입장

'폭력은 모두 나쁜 것'이라는 일반적인 견해와 달리, 폭력에 대하여 기독교가 한 가지 입장만 취하는 것은 아니다. 폭력에 대한 기독교의 전통적인 입장은 간략하게 다음과 같은 세 가지로 요약할 수 있다.[15]

첫째, '타협적 입장'이다. 대체로 폭력은 거부하면서도 어느 특정한 폭력은 용인하는 것이다. 이 입장에 대한 성서적 근거는 특히 〈로마서〉 13장에서 찾을 수 있다. 초대 기독교인들은 자신들을 박해하는 로마제국의 폭력을 부정적으로 경험하면서도, 동시에 로마제국의 국가로서 가치와 신적 기원을 인정하는 성서 텍스트에 근거하여 그들의 폭력 사용을 인정하는 입장을 견지했다. 즉 국가의 권위는 인간이 아니라 신으로부터 부여되었으며, 국가가 사람을 구속하고 사형을 집행한다든지 하는 행위는 결코 폭력을 행사하는 것이 아니라는 이해이다.

여기에서는 '폭력violence'과 '강제적 힘force'이 구별되는 개념으로 나타난다. 국가는 '강제적 힘'을 발휘하는 제도화한 기관으로, 국가의 힘은 신에 의하여 그 권위가 주어진 것으로 이해된다. 이 입장에서 문제가 되는 것은 국가가 항상 정의로운 것도 아니며 선한 것도 아니라는 사실이며, 그러한 정의롭지 못한 국가가 사형을 선고하고 집행하는 것은 오류에 기인할 수도 있다는 점이다. 결국 이 입장은 국가가 폭력의 첨예화 형태인 전쟁을 수행할 권리가 있다는 결론에 이르게 하는데, 그럴 경우 사실상 극도의 폭력인 전쟁까지 정당화해야 한다는 딜레마에 빠지게 된다. 또한 남편에게 자기 아내를 구타할 수 있는 '정당한 권위'를 부여하던 시대에, 이러한 입장은 아내에 대한 남편의 육체적 폭력을 폭력이 아닌 훈육의 의미로 인정하게 했다.[16] 그러므로 누가 폭력을 사용할 수 있는 '정당한 권위'를 지니며 그 기준은 무엇인가 하는 것이, 왜곡된 편견과 권력구조에 의해 구성될 위험성이 있다는 점에서 이 첫 번째의 입장은 분명한 한계를 드러낸다.

둘째, '평화주의적 입장', 즉 '비폭력 입장'이다. 이것은 '타협적 입장'과 정반대로, 어떠한 폭력 형태도 거부하는 입장이다. 이 평화주의적 입장은 초기 기독교 때부터 등장한 개념으로, 기독교 역사와 전통의 한 부분에 꾸준히 자리 잡고 있다. 이 '비폭력 입장'이 취하는 성서적 근거는 "네 원수를 사랑하라", "다른 뺨을 돌려대라", "살인하지 말라" 등 예수의 비폭력적 교훈이다. 이러한 입장을 견지하는 기독교인들은 병역을 거부했으며, 군복무 거부로 순교당하기까지 했다. 이러한 순교의 예로 많이 알려진 막시밀리아누스Maximilianus가 "나는 군인이 될 수 없다. 나는 악을 행할 수 없다. 나는 기독교인이기 때문이다I cannot be a soldier, I cannot do evil, because I am a Christian"라고 한 말은 이러한 비폭력의 입장을 간결하게, 그러나 분명하게 보여준다.[17]

이러한 관점을 취하는 이들에게 폭력이란 사랑의 반대이다. 선과 악, 또는 억압자나 공격자 등을 구별할 필요가 없다. 어떤 경우건 폭력을 쓰는 것은 부당한 일이기 때문이다. 이들은 인간의 마음을 변화시키는 것은 폭력이 아니라 신이라는 신념을 품고 있다. 이러한 비폭력의 입장을 취하는 이들은 신의 뜻이 폭력을 통해서가 아니라 인간의 순종과 희생과 무저항nonresistance을 통해 역사한다는 신념을 품고 있다.

그런데 이러한 비폭력 행위가 모든 상황에 적용될 수 있는지는 여전히 문제로 남아 있다. 예컨대 비폭력의 대표적인 사례로 간주되는 간디의 비폭력적 저항이 어느 상황에서나 유효한 것은 아니기 때문이다. 간디의 비폭력적 저항의 대상은 그의 비폭력 메시지를 이해할 능력이 있는 사람들이었다. 또한 영국의 기독교성은 강력한 비폭력의 설교를 모른 체할 수가 없었다는 점이 간디의 비폭력이 성공할 수 있었던 정황이었다. 인도에서의 영국, 그리고 알제리에서의 프랑스는 자신들의 식민주의적 욕구를 자제할 이유가 있었던 것이다. 영국 국민들이 간디의 비폭력적 저항에 동조하게 된 배경에는 그들의 '기독교적 자유주의'와 '민주주의 정신'이 있었다. 만약 간디의 비폭력적 저항의 대상이 영국이 아니라 스탈린이 이끄는 러시아라든가 히틀러의 독일 또는 일본이었다면, 그 비폭력적 저항은 탈식민적 독립이 아니라 대량학살이나 처절한 굴복으로 이어졌을 것이다.[18] 간디의 특수한 경우가 어느 상황에서나 보편적으로 가능하다고 생각하는 것은 절대적 평화주의를 주장하는 비폭력적 저항자들이 종종 범하는 오류이다. 이것은 사실상 국가나 권력집단에 대한 지나치게 순진하고 낙관적인 이해에 기인할 수도 있다.

셋째, '합법적 폭력 입장'이다. 이는 기독교 전통에서 공식적인 것은 아니지만 지속적으로 자리 잡아온 입장이다. 기독교 전통은 언제나 다양한 이유에서 폭력의 사용을 수용해왔다. 폭력이 합법적일 수 있다고 보는 이 입장을 취하는 이들에게 폭력이란, 죄인을 정화하는 의미에서의 폭력이다. 이 입장의 성서적 근거는 성전에서 예수의 폭력 사용이다. 예수가 성전에서 상인들을 내쫓을 때 폭력을 사용했다고 보는 것이다. '합법적 폭력 입장'을 취하는 사람들은 인간의 현실세계에 예수의 행위처럼 '정화하는 폭력purifying violence'이 요청된다고 본다.

이러한 입장은 혁명신학자들도 수용하고 있으며, 많은 경우 압제자에 대한 피압제자의 폭력 사용을 정당한 것으로 본다. 토마스 아퀴나스Thomas Aquinas가 가난한 사람이 필요에 의해 훔치는 것은 죄가 아니며, 따라서 교회가 그를 응징해서는 안 된다고 한 말은 가난한 자들의 폭력 사용을 정당화하는 신학적 근거로 받아들여지기도 한다.[19] 16세기에 이러한 기독교적 동기에 입각하여 평등한 기독교 국가를 꿈꾸던 토마스 뮌처Thomas Münzer는 자신이 주동이 되어 대반역을 일으켰다. 이 혁명 과정에서 폭력은 필요한 것으로 받아들여졌다. 고도의 억압적 상황에서는 진정한 비폭력이 사실상 불가능하다고 보기 때문이다. 그렇지만 그러한 폭력 자체가 과연 신 앞에서도 정당화할 수 있는 것인가 하는 문제는 여전히 남는다. 폭력은 언제나 또 다른 폭력으로 이어지는 '폭력의 순환' 구조를 끊임없이 재생산하기 때문이다.

초기 기독교 때부터 형성되어온 폭력에 대한 이와 같은 세 가지 입장은 지금도 공존하고 있다. 폭력을 사용하는 주체가 누구인가, 또는 폭력을 통한 저항의 대상이 누구인가에 따라 이 각기 다른 입장은 상호연관성을 지닌다. 이 세 가지 입장은 폭력을 지지하는 정당 전쟁just war의 입장, 폭력을 반대하는 평화주의pacifism 입장, 폭력을 최후 수단으로 인정하는 입장crusade 등으로 나눌 수 있다. 이 세 가지 입장 사이에는 상이성뿐만 아니라 어느 정도의 유사성이 있다. 또한 어떤 상황인가에 따라서 각기 다른 입장들이 한 개인 속에 또는 한 집단 속에 공존할 수도 있다.

이 세 가지 입장은 어떤 의미에서는 하나의 공통된 특성을 띤다. 그것은 현실 속의 어떤 문제를 해결하기 위한 방법을 모색하는 데서 '기독교적'인 해결 방책이 있다고 굳게 믿는다는 점이다. 종교가 지극히 주변화해가고 무력해지는 현실세계에서 모든 문제에 하나의 '기독교적 해결점'이 있다고 굳게 믿는 이 관점들은, 이 세계의 문제들에 대한 더욱 현실적이고 복합적인 성찰을 바탕으로 다원화되어야 할 것이다.

기독교 전통에서 생산되는 전통적인 폭력 담론들은 국가정치적 차원의 폭력을 우선적 분석의 대상으로 삼는다. 이런 측면에서 그러한 폭력 담론들이 제시하는 것을 일상 세계에서 벌어지는 다층적이고 복합적인 폭력 현상에 적용하는 것은 분명한 한계가 있다. 전통적인 기독교의 폭력 담론은 현대사회에서 경험되는 다양한 형태의 폭력, 예를 들어 인종, 성별, 계층, 성적 지향, 나이, 장애, 시민권, 종교 등에 근거하여 발생하는 다양한 차별과 폭력 현상과 구조에 적용하기 어려운 폭력이론이기 때문이다. 폭력에 대한 거대 담론은 공적 영역에서뿐 아니라 사적 영역에서, 그리고 정치적 영역뿐 아니라 종교적·사회적·문화적 영역 등에서 경험되는 다양한 미시 폭력에 대해서는 실제적인 지침을 제시하지 못하고 있다.

2) 폭력 극복의 시도들: 세계교회협의회의 경우

2001년 2월 4일, 독일 베를린의 카이저 빌헬름 기념 교회Kaiser Wilhelm Gedächtniskirche에서 1000여 명의 사람들이 모여 예배를 드렸다. 그 후 베를린 장벽을 무너지게 한 평화적 혁명을 기념하기 위하여 브란덴부르크 문까지 촛불행진을 하고, 세계 각국의 흙을 하나의 상자 안에 섞는 예식을 치렀다. 이 흙은 각 나라에서 벌어지는 다양한 형태의 폭력을 상징하는 것이었다. 독일 전역에 텔레비전으로 방영된 이 행사에서 WCC가 제8차 총회 때 정한 '폭력 극복 10년 2001~2010DOW: Decade to Overcome Violence' 프로그램이 공식적으로 막을 올렸다.

WCC가 이렇게 폭력의 문제에 관심을 품게 된 근원은 1934년으로까지 거슬러 올라간다. 1934년 덴마크의 파뇌Fanø에서 열린 에큐메니컬 모임에서 본회퍼Dietrich Bonhöffer는 그리스도의 이름으로 군사주의자들의 손에서 무기를 빼앗고, 전쟁을 금하며, 이 격노의 세계에 신의 평화를 선포하기 위한 대규모 에큐메니컬 협의회를 만들자고 호소했다. 히틀러 암살 시도가 실패하고 감옥에 갇힌 본회퍼는 나치에 대한 독일 교회들의 자세를 성찰하면서, 독일 교회들이 자신들의 죄를 고백하고 나치 시대에 기독교 교회들이 패한 데 대한 책임을 지라고 촉구했다. 본회퍼가 처형당한 뒤, 당시 형성 과정에 있던 WCC의 총무 후프트Willem Visser't Hoopft는 본회퍼의 제안을 받아들이면서, 1945년 슈투트가르트Stuttgart의 모임에 대표자를 보내 독일 교회로 하여금 1948년에 정식으로 출범한 WCC의 창립 멤버가 되게 했다.

1994년 남아프리카의 요하네스버그에서 열린 WCC 중앙위원회 예배에서 감리교 감독인 스탠리 모고바Stanley Mogoba는 WCC가 '인종차별주의 전투 프로그램Programme to Combat Racism'을 종료하고 이제는 '폭력 전투 프로그램Programme to Combat Violence'을 만들 때가 되지 않았는가 하는 제안을 했다. 폭력이 온 세계를 더욱더 강력하게 지배하고 있으며, 온 생명을 다양한 방식으로 파괴하고 있다는 인식 아래 중앙위원회는 모고바 감독의 제안을 받아들였다. 이것이 '폭력을 극복하는 프로그램Programme to Overcome Violence'을 만들기로 결정한 배경이다. 다만 '전투'라는 용어 자체가 폭력적인 의미를 담고 있다는 이유에서 '전투combat' 대신 '극복overcome'이라는 용어를 채택했다.[20] 1990년 서울에서 열린 '정의, 평화, 창조질서의 보전 JPIC: Justice, Peace, and the Integrity of Creation' 대회에서도 폭력 문제가 정의, 평화, 창조 보전의 문제와 직결된다는 사실을 다음과 같이 분명하게 확인했다.

> 우리는 하나님의 평화의 온전한 의미를 받아들입니다. 우리는 평화를 이루고, 적극적인 비폭력으로 갈등을 해결하면서 정의를 세우기 위하여 모든 가능한 방법들을 모색하도록 부름을 받았습니다. …… 우리는 우리의 모든 개인적 관계에서 비폭력을 실천하고, 갈등을 해결하기 위한 방법으로서 합법적으로 수용되는 전쟁을 단연코 금지하며, 국제적인 합법적 중재 규칙을 제정하기 위하여 정부들에 압력을 가하는 일에 헌신할 것을 다짐합니다.[21]

따라서 WCC가 정의, 평화, 창조 보전 작업을 해온 것은 '폭력 극복 10년'을 제정하는 데 결정적으로 중요한 배경이었다고 볼 수 있다. 폭력은 정의, 평화, 창조 보전에 가장 위협적인 요소라고 인식하게 했기 때문이다. 이 과정에서 구조적인 폭력과 경제문제, 생태문제 등이 새롭게 재개념화했다. 또한 교회들이 정당화해오던 다양한 폭력의 문제에 새로이 도전하게 했다. WCC의 '폭력 극복 10년'은 육체적 폭력뿐 아니라 감정적·지적·구조적 폭력 등 다양한 형태의 폭력이 극복되어야 한다고 강조했다.

여기에서는 국가들 간의 폭력, 한 국가 안에서의 폭력, 지역공동체 안에서의 폭력, 가정과 가족 안에서의 폭력, 교회 안에서의 폭력, 성폭력, 사회경제적 폭력, 경제적이고 정치적인 봉쇄의 결과로 야기된 폭력, 청소년들 사이의 폭력, 종교적·문화적 관례에서 생기는 폭력, 법적 구조 안의 폭력, 창조를 거스르는 폭력, 인종차별주의와 소수민족 혐오증에서 나온 폭력 등 13가지 형태의 폭력 극복을 주요 이슈로 삼고 있다.[22] 물리적 폭력만이 폭력을 구성한다는 일반적인 폭력 이해의 범주를 복합적으로 확장한 것이다. WCC는 교회들이 평화·정의·화해를 위하여 함께 일하고, 폭력에 대한 공모를 회개하며, 더 나아가서 폭력의 정신, 폭력 행위, 폭력 논리를 극복하기 위한 신학적 성찰을 도모할 것을 요청한다.

WCC의 '폭력 극복 프로그램'은 대도시에서 벌어지는 폭력의 문제가 전 세계 폭력 문제들의 축소판이라고 본다. 우선 브라질의 리우데자네이루, 남아프리카의 더반, 미국의 보스턴, 북아일랜드의 벨파스트, 스리랑카의 콜롬보, 자메이카의 킹스턴, 피지의 수바 등 일곱 개 도시를 선정하고, 그 도시들의 에큐메니컬 기구들과 연대하여 폭력 문제에 대한 의식을 고양하는 프로그램을 펼치면서 폭력 문제를 극복하기 위한 구체적인 사안을 마련하는 작업을 했다. '도시에 평화를Peace to the City'이라는 이 폭력 극복 프로그램은 권총 소지를 반대하고 지역의 공공정책에 대한 관심을 불러일으키는 데 우선적인 목표를 두고 다양한 활동을 펼쳤다.[23] 많은 나라에서 폭력 극복을 위한 프로그램이 WCC와의 연관 속에서 구상되고 진행되는데, 이러한 프로그램들은 여러 형태의 폭력에 대한 인식을 분명히 하고, 그 폭력의 근본 원인을 규명하며, 의식화를 통해 폭력을 근절하기 위한 대책을 마련하고, 더 나아가 이러한 폭력을 다룰 수 있는 적절한 기제나 프로그램을 개발한다는 목적을 세워놓고 있다.

WCC가 마련하는 다양한 프로그램을 통하여 우리는 각 나라들에서 폭력이 어떻게 다양한 양태로 나타나는지를 볼 수 있다. 예를 들어 아프가니스탄 피난민들을 수용하는 파키스탄 난민수용소의 아이들 이야기는 폭력이 구체적인 현실에서 어떻게 각기 다른 방식으로 행사되는지를 보여준다. 우리가 일반적으로 인지하는 폭력의 모습과 상황이 지극히 제한되어 있으며, 폭력이 어떻게 극도의 비인간적인 양태로 나타날 수 있는지를 보여준다. 아지말Ajmal이라는 14살짜리 남자아이는 다른 대부분의 아이들처럼 하루에 12시간을 카펫 짜는 일을 한다. 타비바Thabiba라는 12살짜리 여자아이는 세 살 때부터 카펫 짜는 일을 했으며, 한 번도 학교에 간 적이 없다.[24]

고도의 경제성장을 자랑하는 21세기 한국에 사는 사람들이, 이러한 종류의 폭력 속에서 가장 기본적인 교육의 기회도 누려보지 못한 채 일생을 살아가는 아이들이 있다는 사실을 상상하기란 쉽지 않다. 그렇지만 다양한 프로그램을 통한 구체적인 의식화 과정을 통해서 이러한 폭력적 현실이 너무나 다양한 양태로 세계 곳곳에 일상화해 있다는 점을 인식할 수 있다. 세계 각처에서 각기 아주 다른 형태로 존재하는 폭력의 현실을 분명히 드러내고자 하는 WCC의 프로그램은 이러한 의미에서 교회들이 폭력에 대해 새로운 인식을 할 수 있는 중요한 계기를 마련해 준다.

그럼에도 불구하고 한계가 있다. '세계기구'라는 구조적 특성상 WCC는 권력 담지자들이 자행하는 폭력의 문제에만 관심을 기울일 뿐, 그 억압적 권력에 저항하기 위해 동원되는 폭력의 문제는 언급하지 않고 있다. 즉 파농이 갈파한 '대지의 버림받은 자들'의 최후의 존재양식으로서의 '생명을 긍정하는 폭력'의 양태에는 아무런 관심을 두지 않는 것이다. WCC가 '폭력 극복 10년' 프로그램에서 이 '생명과 자유를 쟁취하기 위한 폭력' 문제에 어떤 입장을 보이는가는 중요하다. 반생명적 폭력을 극복하고자 하는 적극적 참여가 만일 폭력적인 양상을 띨 경우 어떻게 연대할 수 있는가에 대한 입장을 분명히 하는 계기가 될 수 있기 때문이다. 예를 들어 WTO의 세계적 폭력 행사에 저항하는 NGO들의 연대운동에서도 나타난바, 반생명적 폭력에 대한 저항과 연대운동은 폭력의 양상을 띠기도 하기 때문이다. 이러한 폭력의 복합적 문제에 응답해야 하는 것은 WCC가 수행해야 할 실천적 과제이다.

4. 진정한 '폭력 극복'의 세계를 향하여

폭력은 우리가 살아가는 이 시대의 '시대정신'으로 자리 잡고 있다. 많은 이들의 삶에서 중심이 되는 종교의 자리까지 다양한 폭력이 차지하고 있다. 이러한 비판적 자각은 폭력 문제에 대한 이해가 얼마나 중요한지를 시사한다. 우리가 매일 접하는 신문기사를 국내외적으로 범주화해보면, 폭력의 문제가 인간의 일상생활 속에 자리 잡고 있다는 사실을 알 수 있다. 더욱이 신문에 기사화하지 않은 수많은 폭력적 현실까지 감안한다면, 폭력의 반反생명적 파괴력이 인간의 삶을 극도로 황폐화하고 있다는 사실을 외면하기 어렵다.

폭력은 이 세계 도처에서 여성, 어린이, 가난한 자 등 약자의 생명을 가장 파괴적인 양태로 짓밟아왔다. 또한 폭력은 공적 영역에서뿐 아니라 '사랑과 위로의 자리'로 여겨지는 가정 같은 친밀성의 영역에서까지 일상화하고 있다. 두 차례의 세계대전을 겪으면서 '폭력의 세기'라고 명명된 20세기를 지나 21세기에 들어섰지만, 폭력은 약해지지 않고 더욱 복잡한 양태로 확산되고 있다. 이러한 파괴적인 폭력적 세기에 '비폭력의 '문화'를 창출한다는 것을 낙관적으로 생각하기는 힘들다.

폭력의 복합적이고 다양한 모습을 조명해보면, 폭력 논의는 여러 가지 딜레마와 대면하게 된다. 도대체 폭력은 '극복 가능'한 것인가? 폭력이란 인간의 삶에 피할 수 없는 요소로 자리 잡지 않았는가? 그렇기 때문에 '폭력 극복'이라는 개념 자체는 환상이 아닌가? 더 나아가서 폭력이 '너/그들' 속에서뿐만 아니라 '나/우리' 속에서도 행해지고 있다는 자각은, 인간의 본성과 죄성에 대한 비관적 이해에 빠져들게 한다. 또한 폭력이 '교회 밖'에서뿐만 아니라 '교회 안'에서도 다양한 약자들의 삶을 다양한 형태로 파괴하는 것이 우리의 현실이라는 자각은, '폭력 극복'의 가능성을 더욱 회의적인 결론으로 이끌어가기 쉽다.

그러나 나는 단순한 '낙관주의'보다 오히려 '회의주의'가 폭력적 현실을 변혁하기 위한 더욱 적극적인 책임의식을 고양하는 데 기여한다고 본다. 또한 '폭력 극복'이라는 개념은 인간에게 주어진 가능한 현실이라기보다, 지향해야 할 하나의 '비전'으로서 중요한 의미가 있다고 본다. 그러한 비전을 향한 여정에서 폭력에 대해 포괄적으로 논의하는 것은 매우 중요하다. 폭력에 대한 문제의식과 폭력 극복을 둘러싼 방법에 대한 논의는 지속적인 과정이 되어야 한다. 폭력에 대하여 말한다는 것은 그 폭력과 관계된 사회의 여러 영역에 대한 질문이며 고찰이다. 이런 의미에서 폭력 문제는 우리 주변의 다양한 현상, 제도, 상징, 신념체계, 법적 구조, 국제관계, 심리적 요인 같은 문제들과 연계해서 다루어야 할 과제이다.

'급진적' 폭력 이해는 뭔가를 '함으로써의 폭력violence by commission'뿐만 아니라 '하지 않음으로써의 폭력violence by omission'까지 분석하고 이해하는 것으로, 우리가 마땅히 해야 할 어떤 것을 외면함으로써 이미 폭력에 가담할 수 있다는 아주 근원적인 폭력의 구조를 드러낸다. '이웃을 사랑하지 않는 것', '길 잃은 아이에게 길을 가르쳐주지 않는 것', '목마른 아이에게 물 한 모금 주지 않는 것', '배고픈 이에게 아무것도 주지 않는 것', '다른 이의 인격을 훼손하는 것' 등 모든 것이 '하지 않음으로써의 폭력'이다.[25] 폭력에 대한 이렇듯 급진적인 이해의 예들은 예수의 '최후의 심판'(《마태복음》 25: 31~46)에서 열거하는 여섯 가지 '심판 기준'의 항목에서도 찾아볼 수 있다.

'폭력은 무조건 나쁜 것'이기 때문에 모든 폭력을 거부해야 한다는 '절대적 평화주의' 입장은, 그 이상에도 불구하고 다양한 형태의 폭력이 널려 있는 불의의 현실에서는 적절성을 띤 폭력 담론이나 평화 담론으로 차용되기가 쉽지 않다. 또한 폭력이 난무하는 현실에서 불의를 극복하는 데 과연 효과적인지도 단순하게 답할 수 있는 문제가 아니다. 지배 집단은 자신들의 권력을 자발적으로 포기하거나 그 권력을 이어가기 위한 폭력을 지양한 적이 없었음은 인류의 역사가 잘 보여준다. 이런 측면에서 보면, 남은 문제는 제임스 콘의 말처럼 폭력과 비폭력 사이에서의 선택이 아니라 '누구의 폭력'을 지지할 것인가일지도 모른다. 그럼에도 불구하고 폭력은 끊임없이 또 다른 종류의 폭력으로 이어진다는 평화주의자들의 주장 역시 받아들여야 할 측면이 있다.

이 두 가지 각기 다른 성찰을 통하여 폭력 문제의 복합성과 다중적인 의미가 더 분명해지고 폭력에 대한 예민성이 폭넓게 확산되는 것이 현대사회의 폭력 문제에 대해 포괄적인 시각을 구성할 수 있는 길이다.

폭력이 완전히 사라진 사회를 지향한다기보다 이전보다 '덜 폭력적인' 사회, 이전보다 '덜 불의한' 시대를 지향하는 것을 현실적 목적으로 삼는다면, 폭력 극복이 과연 가능한가에 대하여 부정적인 결론을 내리기보다는 각자의 정황에서 폭력을 극소화하는 방법을 분명하게 인식할 수 있다. 진정한 의미의 '폭력 극복'의 세계란 언제나 '다가올 세계'이며, 종교란 어떤 의미에서는 이러한 '다가오는 세계'에 대한 열정과 책임성을 의미하는 것이기도 하다.

제9장
페미니스트 신학과 에큐메니즘

1. 에큐메니컬 운동과 페미니즘

1960년대 이후 현대사회와 세계 신학계에 등장한 커다란 이슈 가운데 하나는 '페미니즘'이다. 물론 이 문제를 대하는 신학계의 인식은 신학자 저마다의 개인적인 신학적 관심의 깊이나 폭에 따라 아주 큰 차이가 난다. 그러나 개별적인 차이가 있음에도 불구하고, 페미니즘의 파격적인 문제 제기는 세계 곳곳에서 '세상을 거꾸로 뒤집는' 혁명적 의미를 지닌다.

페미니즘의 신학적 성찰인 '페미니스트 신학'이라는 분류 아래 쓰인 신학적 책들은 이전의 신학적 방법론, 신학적 내용, 신학적 주체, 신학적 이슈 등 신학의 요소들에 대한 가장 핵심적인 전면적 패러다임의 전이를 요구한다. 기독교 전통과 그 신학에 근원적으로 새로운 문제를 제기하는 것이다. 신학이 오래전부터 다루어온 주제들을 비판적으로 검증하고, 신학적 주제로 간주되지 않았지만 특히 여성들에게 중요한 주제들을 신학적 주제로 삼기 시작하면서, 페미니스트 신학은 하나의 유행 신학이 아니라 교회와 신학에서 '젠더 정의$_{\text{gender justice}}$'가 실현되는 것을 목표로 다양한 분야에서 전개되고 있다.

에큐메니컬 운동에서 이러한 페미니즘적 이해가 인식된 것은 에큐메니컬 운동이 본격적으로 펼쳐지기 이전부터였다. 1927년 '신앙과 직제 위원회' 모임에서 여섯 명의 여성들이 교회 내 여성의 위치 문제가 모임의 중심 주제가 되어야 한다는 성명서를 발표했다. 1948년 첫 번째 WCC 세계 총회가 열리기 전, 교회 안에서의 여성의 일과 교회 생활에 관한 정보를 모으기 위해 설문지가 배부된 적이 있다. 그러나 그것이 암스테르담 총회에서 분명한 실천적 결의를 유도하지는 못했다. WCC에서 페미니즘의 주제를 본격적으로 다룬 것은 1974년 베를린에서 '1970년대의 성차별주의$_{\text{Sexism in the 1970s}}$'라는 주제로 회의가 열리면서부터라고 볼 수 있다. 이어서 1978년에는 유럽의 기독교 여성들이 모여 페미니즘의 기독교적 이해에 대한 신학적 작업을 수행했다. 그 모임에서 규정한 페미니즘의 내용은 다음과 같다.

페미니즘이 모든 사람들에게 동일한 것을 의미하지는 않지만, 다음과 같은 점에는 최소한의 동의가 이루어지고 있다. 우리에게 페미니즘은 우리의 사고와 행동을 결정하는, 삶의 한 원리이며 전략이다. 여성들에게 첫 번째로 중요한 것은 여성으로서의 자기 자신을 스스로 발견하는 것이다. 여성들은 사회와 교회에 의해서 어떠한 존재가 되어야 하는지, 또는 어떠한 존재가 되지 말아야 하는지를 너무나 오랫동안 규정받아왔다. 그러나 이제는 여성들 스스로 자신들이 어떤 존재인지, 무엇을 생각하는지, 무엇을 할 수 있는지, 무엇을 하기를 원하는지 스스로 묻고 규정할 때가 되었다. 이러한 과정은 여성들이 살고 있는 사회와 교회의 구조에 대한 비판적 검증과 연결되어 있다. …… 교회와 신학은 이제 포괄적inclusive이어야 하며, 억압당하는 자들을 포함한 모든 인간을 동등하게 보아야 한다. 우리는 이러한 전략을 강조할 것이며, 이는 남성들에게 대항하는 것이 아니다. 우리는 해방을 향한 여정에서 남성들과 동료로서, 그리고 파트너로서의 우정을 나누는 삶을 살기를 원한다.[1]

1978년에 발표된 이 선언은 페미니즘이나 페미니스트 신학의 가장 기본적인 전제들을 나타내는 것에 불과하다. 그럼에도 이러한 기본적인 전제들은 아직까지 한국 교회에서 올바르게 인식되지 못하고 있는 실정이다. 그 뒤로 다양한 에큐메니컬 회의에서 이러한 여성문제가 꾸준히 제시되어, 에큐메니컬 운동에서는 포괄적 언어inclusive language의 수용 문제, 신 상징의 새로운 형태, 여성 안수 문제 등 페미니스트 신학적인 문제들이 꾸준히 제기되었다. 그러나 기독교 내부의 이러한 성차별 문제들이 해결되기에는 여전히 너무나 많은 무관심과 무지의 장벽들이 존재한다.

여성문제는 종종 아동이나 노인 문제와 같은 범주로 다루어지곤 한다. 그런데 단지 사회적으로 주변부에 존재한다는 이유만으로 여성문제가 아동이나 노인 문제 등과 함께 다루어질 경우, 성차별주의가 인류 역사에서 인류의 절반을 차지하는 여성을 어떻게 배제하고 차별해왔으며, 그것이 그들의 삶을 얼마나 왜곡해왔는가에 대한 문제의 심각성과 복합성이 제대로 드러나지 않는다. 페미니즘이 제기하는 문제는 아동문제나 노인문제와 같은 많은 문제 가운데 하나를 지적하는 것이 아니다. 페미니즘의 문제 제기는 가장 근원적인 인식의 전이를 요구하며, 구체적인 실천을 요구하는 것이다. 현대 에큐메니컬 운동에서 중요한 것은 페미니즘이 제기하는 문제들을 어떻게 수용하고 실천하는가이다. 에큐메니컬 관점을 지닌 페미니스트 신학은 에큐메니즘의 궁극 목표인 '인류의 하나 됨unity of humanity'을 지향하는 과정에 매우 중요한 신학적 초석을 놓는다는 점에서 의미가 있다.

2. 페미니스트 신학과 에큐메니즘

'페미니스트 신학이 무엇인가'는 어떠한 정황에서 답하는가에 따라 다양한 답이 나올 수 있는 복합적인 물음이다. 그것은 '신학이 무엇인가'처럼 다양한 답을 산출할 수 있는 물음이다. 내가 이 글에서 수용하는 '페미니스트 신학'은 조직신학, 기독교 윤리, 실천신학, 성서신학 등과 같은 신학의 다양한 영역에 새롭게 '첨가된 분야'로서의 '페미니스트 신학'을 뜻하지 않는다. 물론 페미니스트 신학을 이렇게 이해할 때는 페미니스트 신학이 잠정적으로 주목받을 수 있다는 점에서 장점이 있기도 하다. 그러나 페미니스트 신학을 이러한 '특수 분야'로 규정하는 것은 페미니스트 신학에 담긴 지속적인 변혁의 의미를 상실하게 할 수 있으며, 또한 엄밀한 의미에서 페미니스트 신학을 표현하는 것이 아니다. 더욱 명료한 의미로서의 '페미니스트 신학'은 남성중심적 신학적 패러다임의 전이를 요구하는, 전적으로 새로운 신학적 방법이며 관점이다. 즉 페미니스트 신학은 성차별은 물론 여러 차별문제를 둘러싸고 다양한 페미니스트 분석을 신학적으로 수용하여 전개하는 신학이라는 의미이다.

    페미니스트 신학을 신학의 한 특수 영역으로 간주할 때, 신학의 여러 분야에서 페미니스트 관점이 포용되고 확산되어야 할 필요성을 간과하기 쉽다. 또한 엄밀한 의미에서 페미니스트 신학이 신학의 한 특수한 분야로 간주되는 것은 정확하지 않다. 그것은 페미니스트 신학적 관점을 지닌 이들이 최소한의 공동 작업과 공동 합의, 그리고 페미니스트 신학적 관점의 확산에 필요한 연대성을 나누고 힘을 모으기 위해 요청되는 '잠정적 특수 분야'라고 볼 수는 있다.

그러나 페미니스트 신학의 개념을 정확하게 규정하지 않으면, 페미니스트 신학을 다양한 신학의 한 지류로만 생각하는 페미니스트 신학의 '협소화'가 빈번히 일어난다. 이러한 이유로 '신학하기doing theology'의 전적인 변혁을 요청하는 페미니스트 신학적 요구가 주변화하고, 사소해지고, 특수화함으로써 신학 전반에 걸쳐 일어나야 할 인식론적 패러다임의 전이가 불가능해진다. 이러한 맥락에서 보면 페미니스트 신학적 작업들은 다양한 전공 분야에 따라 신학적 주제가 각각 다를 수 있다. 여러 분야에서 차용하는 페미니스트 작업의 공통점은 성차별주의의 불의함과 그것을 넘어서는 더욱 평등적이며 포괄적인 관점의 신학적 수용에 대한 이해라고 할 수 있다. 이러한 전前이해를 바탕으로 페미니스트 신학과 에큐메니즘의 연관성을 살펴보자.

'에큐메니즘의 목표가 무엇인가'라는 물음은 끊임없이 제기되는 문제이다. 에큐메니즘의 목표는 '교회의 일치'라는 분명한 규정이 있다. 그럼에도 에큐메니즘을 논의할 때마다 목표에 대한 근원적인 물음을 제기하게 되는 이유는, 에큐메니즘의 역사에서 '일치unity'에 대한 이해가 끊임없이 상이한 양상과 해석을 낳았기 때문이다. 또한 그 '일치'의 내용을 규정하는 것은 다양하고 복합적인 주제와 문제를 함축하기 때문이다. 특히 페미니스트 신학적 관점에서 볼 때 이제까지의 에큐메니즘을 둘러싼 논의는 '일치'의 내용을 규정하는 데서 충분하게 포괄적인 관점을 반영하지 못했다. 에큐메니컬 운동의 가장 중요한 목표인 '교회(들)의 일치'는 과연 무엇을 위한 일치이며, 그 일치의 내용과 범주는 어떻게 규정할 수 있는가.

WCC의 전 총무였던 콘라트 라이저Konrad Raiser는 에큐메니컬 운동의 목표가 지닌 불확실성을 언급하면서 다음과 같은 질문을 던진다. 에큐메니즘의 목표를 '가시적 일치visible unity'라고 할 때, 그 일치는 교회의 일치unity of the church인가 아니면 교회들의 일치unity of the churches인가? 또한 '가시적'이라고 할 때 그것은 교회 역사에서 일어난 분열을 극복함으로써 깨어진 일치를 회복한다는 것인가 아니면 기독론적·삼위일체론적·종말론적 근거들에서의 일치에 대한 신학적 이해를 말하는 것인가? 라이저는 1970년대에 제기된 이러한 문제가 아직도 불분명한 채로 남아 있다고 밝힌다.[2]

결국 에큐메니즘의 목표를 재규정하는 데서 가장 중요한 문제는 '일치'의 내용을 규정하는 것이다. '일치'에 관한 문제는 결국 '교회'란 무엇인가라는 교회론적인 물음과 만나게 된다. 특히 페미니스트 신학적 관점에서 볼 때 일치를 추구하는 교회의 본래 모습이 무엇이며, 그러한 교회의 모습이 추구할 수 있는 일치에서 장애 요소들은 어떤 것인지가 중요한 안건으로 남는다.[3] 이러한 맥락에서 볼 때 '교회들의 가시적 일치'라는 에큐메니즘의 목표는 '정의와 평등의 실천과 확산'에 근거한 일치라고 볼 수 있으며, 이는 정의와 평등의 범주를 어떻게 설정하는가라는 더욱 심층적인 논의와 만나게 된다.

1989년 미국 보스턴에서는 450여 년 성공회 역사상 최초의 여성 감독이 취임식을 치렀다.[4] 이 취임식에서 55명의 남성 감독들이 최초의 여성 감독이 된 바버라 해리스Barbara Harris의 머리에 같이 손을 얹고 감독으로 인준한, 역사적으로 획기적인 일이었다. 그런데 이에 대하여 교황 바오로 2세는 여성 감독 안수가 교회 일치에 장애가 된다는 견해를 밝혔다. 또한 이 취임식에 참석했던 성공회 신부 한 명은 바버라 해리스의 감독 서품이 '교회의 가시적 일치'에 반대되는 행위라면서 강력한 반대 의사를 공식적으로 제기했다.[5]

그런데 여기서 이 성공회 남성 신부가 제기한 '교회의 가시적 일치'가 과연 무엇인지 묻지 않을 수 없다. 여성에게 지도적인 위치를 부여하는 것이 '교회의 가시적 일치'에 장애가 되는 것이라면, 또한 에큐메니즘이 그러한 왜곡된 교회의 일치를 지향한다면, 이러한 관점에서의 '일치'는 페미니스트 신학적으로 볼 때 많은 문제를 안고 있다.

여성의 사제 서품을 계속 부정하는 가톨릭교회는 WCC의 회원 교회는 아니다. 그러나 1965년 바티칸 제2공의회 이후 에큐메니즘을 긍정적으로 지지한다는 견해를 밝혔고, 여러 에큐메니컬 운동에 개입하고 있다. 이러한 사실을 고려할 때, 여성 안수가 교회의 일치에 장애가 된다고 보는 교황의 견해는 과연 에큐메니즘이 기독교 안의 성차별주의를 극복하는 데 적극적인 태도를 취할 수 있을까에 대한 우려를 품게 한다. 문제는 페미니스트 신학이나 페미니즘이 교회의 일치에 장애가 된다고 보는 것이 가톨릭교회나 보수적 개신교회의 관점만은 아니라는 사실이다. 교회의 양적 성장에 우선적인 관심을 두는 한국 교회들은 교파나 교단의 종류와 무관하게 많은 경우 공통적으로 여성의 지도력에 대해 몹시 부정적인 태도를 취하고 있다.

에큐메니즘에 대한 추상적 논의보다 우선하는 것은 과연 '일치란 무엇을 의미하는가'라는 근원적인 물음이다. 엄밀한 의미에서 '일치'란 성,

인종, 사회계층 등에 근거한 다양한 차별과 억압구조를 극복한 후에 가능한 일이다. 콘라트 라이저의 분석대로 교회의 일치란 궁극적으로 '인류의 일치'를 의미한다고 전제할 때, 한국의 에큐메니즘은 이러한 에큐메니즘의 목표인 '일치'의 내용을 더욱 분명하게 인식해야 한다. 따라서 에큐메니즘이 인종차별주의나 계층차별주의의 죄성을 인정하면서도 인류 역사상 가장 오래된 '성차별주의'의 죄성에 대한 인식은 회피한 채 '일치'를 말한다는 것을 이제 비판적으로 검증해야 한다.

특히 한국 기독교의 강력한 가부장제적·남성중심적 가치구조가 여성들의 다양한 지도력을 배제해왔다는 사실은 에큐메니즘에 관한 일반 논의로는 표현되지 않는 문제이다. 예를 들어 WCC는 오래전부터 성차별주의에 적극적인 관심을 기울이면서 성차별을 주제로 하는 프로그램을 진행해왔다. 그런데 WCC가 성차별주의에 대하여 이렇게 비판적인 입장을 표명하는 것이 곧바로 한국 기독교의 에큐메니컬 운동에 반영되지는 않는다. 따라서 한국 상황에서의 에큐메니즘이나 에큐메니컬 운동에 대한 총론뿐만 아니라, 매우 세부적인 각론이 페미니스트 관점에서 면밀히 다루어져야 한다.

라이저는 에큐메니즘의 기여에 대한 신학적 근거를 밝히면서 '인종차별주의와 성차별주의에 대항한 정의와 발전, 해방과 인권'을 '에큐메니컬 소명ecumenical calling'이라고 규정하고, 이러한 차별주의는 '죄'이며 '이단'이라고 지적한다.[6] 그런데 한국의 교회나 에큐메니컬 기구가 에큐메니컬 운동의 목표인 '교회의 일치'에 담긴 이러한 포괄적 입장을 과연 수용하고 지지할 수 있는지 조명해보면 긍정적인 답을 하기가 어렵다. 주변에 강하게 남아 있는 차별주의적 인식과 제도들은 그대로 방치한 채 교회의 일치를 추구한다는 것은 에큐메니컬 운동의 핵심을 상실하는 것이다.

따라서 페미니스트 신학적 논의가 에큐메니즘과 만날 때 가장 먼저 부딪히는 것은 '일치'에 대한 재규정과 재구성이다. 특히 한국 사회처럼 성차별에 대한 사회적·기독교적 인식이 미약하고, 가부장제적 가치구조가 여전히 강력하게 남아 있는 경우에는 이것이 무엇보다도 가장 중요한 주제이다. '일치'가 무엇인지 분명하게 규정하지 않은 채 에큐메니즘에 관한 페미니스트 신학적 논의를 한다는 것은, 또 하나의 추상적이며 비현실적인 논의를 첨가하는 것에 지나지 않기 때문이다. 인종차별주의·성차별주의·계층차별주의는 '억압의 악마적 심포니a demonic symphony of oppression'라고 할 수 있다.[7] 에큐메니즘은 이러한 차별이 지닌 죄성과 그것을 극복해야 하는 신학적 당위성을 꾸준히 논의해야 한다. 이와 같은 지속적인 논의에서 페미니스트 신학은 에큐메니즘에 다양한 신학적 근거를 제시하고 있다.

3. 에큐메니컬 페미니스트 신학

'에큐메니컬 페미니스트 신학'이 공식적으로 사용되는 용어는 아니다. 그렇지만 '에큐메니컬 페미니스트 신학'은 에큐메니즘과 페미니즘이 주장하는 내용을 신학적 관점과 방법으로 수용하는 신학이라고 규정할 수 있다. 에큐메니즘이 페미니스트 신학적 관점의 확산이나 여성 지도력 확산에 긍정적인 역할을 하는가에 대한 물음에는 다양하게 답할 수 있다. 에큐메니컬 운동이 신학적·교리적 전통이 다양한 교회들 간의 표면적인 합병이나 공동 작업이라는 의미로서의 일치만을 추구하는 것이라면, 에큐메니즘은 페미니스트 신학적 입장에서 볼 때 여러 가지 문제점을 드러낼 수밖에 없다. '일치'라는 이름 아래 성차별적 제도나 교리를 고수하는 교회들을 비판하거나 개혁을 요청할 수 없기 때문이다. 에큐메니즘을 이런 의미에서 이해할 경우, 가부장제적 전통을 지닌 교회들에 페미니스트 신학적 비판이 가해지면 사람들은 페미니스트 신학이 교회의 일치를 깨는 것으로 간주한다. 그러나 에큐메니즘이 정의와 평등의 확산을 통한 인류의 일치unity of humanity를 전제로 하는 것일 때, 에큐메니즘과 페미니스트 신학은 여러 측면에서 공통적 비전을 지닌다.

에큐메니즘과 페미니스트 신학이 공유하는 점을 몇 가지 들어보자.

첫째, 에큐메니즘과 페미니스트 신학은 진정한 의미의 '교회의 갱신'을 추구한다. '교회의 일치'라는 에큐메니즘의 목표는 교회 안의 여러 불일치 요소들을 극복하고 갱신할 것을 요청하며, 그러한 요청은 페미니스트 신학적 요청과 만나게 된다. 물론 에큐메니즘의 관심사와 페미니스트 신학의 관심사가 똑같지는 않다. 그러나 교회 안의 다양한 균열과 불균형, 불공정함을 시정하도록 요구하고 그것이 교회의 일치에 필연적인 과정이라고 간주할 때, 교회의 일치를 향한 교회 갱신과 개혁을 둘러싼 요청은 공동의 과제가 될 수 있다.

둘째, 에큐메니즘과 페미니스트 신학은 교회의 '성서 해석에 대한 비판적 검증'을 요청한다. 에큐메니컬 해석학은 성서 해석의 상이성 때문에 교회가 분리되어왔다는 사실에 대한 인식과 함께 출발한다. 즉 다양한 교회가 대화에 관여할 때, 성서나 기독교 상징 등을 해석하고 실천하는 데서 나타나는 상이성이 교회 일치보다는 교회 분열의 원인이 되어왔기 때문이다.[8] 또한 성서에 담긴 가부장제적 전통의 문자적 해석이 교회 안의 성차별주의를 강화해왔으며, 결과적으로 진정한 의미의 일치에 장애가 되어왔다는 페미니스트 신학적 비판은 전통적인 성서 해석에 대한 비판적 검증을 요청한다. 성서를 비판적으로 검증해야 한다는 에큐메니즘과 페미니스트 신학의 요구는 출발점이 각각 다르지만, 진정한 의미의 '일치의 추구'라는 점에서 공통된 과제를 지닌다고 할 수 있다.

그러면 이와 같은 맥락에서 에큐메니컬 페미니스트 신학의 형성에 기본이 되는 요소들을 찾아보자.

첫째, 에큐메니컬 페미니스트 신학은 각기 다른 교회와 교단이 사회와 교회 안의 성차별주의에 저항하고 이를 극복하기 위해 대안적 신학을 형성한다는 공동의 과제 아래 만나 연대성을 나눌 수 있어야 한다. 페미니스트 신학이 출현하면서 페미니스트 신학은 교회들 간의 벽을 넘어 여성들이 연대성을 나누고 공동의 작업을 하는 에큐메니컬 정신을 실천해왔다. 페미니스트 신학적 과제는 가톨릭교회와 개신교 사이의 일치뿐만 아니라, 개신교 내의 다양한 교파들 안에서도 공동 과제를 위하여 일하는 일치의 장을 마련해왔다.

그러나 페미니스트 신학적 관점에서 볼 때 교단의 상이성 때문에 야기되는 불일치의 문제보다 더 심각한 불일치의 문제가 있다. 같은 교회 안에서도 페미니즘을 긍정적으로 수용하는 이들과 그렇지 않은 이들 간의 분리 문제다. 따라서 에큐메니컬 페미니스트 신학적 관점을 확산하는 데서는 우선적으로 페미니즘에 대한 신학적 이해를 확산하고, 그 이해를 바탕으로 교회들 간의 일치를 추구하는 것이 훨씬 시급한 문제이다. 이런 시각에서 볼 때 에큐메니컬 페미니스트 신학은 개신교 사이의 장벽과 가톨릭교회, 정교회, 개신교회 간의 장벽을 넘어 더욱 정의로운 교회를 향한 공동의 과제 아래 모든 교회들이 일치를 이룰 수 있는 신학적 원리를 제시할 수 있어야 한다.

둘째, 에큐메니컬 페미니스트 신학은 기독교 내 교회들의 일치뿐 아니라, 기독교가 아닌 다른 종교들과의 일치에도 관심을 기울여야 한다. 그것은 각기 다른 종교들이 여전히 성차별주의적 문제를 안고 있다는 인식에 근거한다. 종교적 신앙과 신학은 달라도, 하나의 신앙체계로서의 종교들이 어떻게 여성 배제와 차별이라는 의식을 지니고 그것을 실행하고 있는지에 대한 공동의 연구와, 그것을 극복하고자 하는 연대성의 나눔은 각기 다른 종교들을 '성차별주의의 극복'이라는 공동의 과제 아래 모이게 한다. 물론 여기서는 기본적으로 각 종교들의 상이성이 존중되어야 한다. 그러나 '상이성의 존중'이라는 명분 아래 차별과 배제의 전통과 이해를 묵인하는 것은 '정의와 불의'에 관한 문제이다. 즉 상이성이 차별적 전제를 지닐 때는 그것에 대한 도전과 비판에 개방적인 태도를 취해야 하는 것이다.

셋째, 에큐메니컬 페미니스트 신학은 하나의 신학적 이론일 뿐만 아니라 운동으로서 교회와 사회의 변혁에 관여하는 실천적 지향성을 띤다. 특히 '교회의 가시적 일치'라는 에큐메니즘의 목표가 성차별주의의 극복 없이는 불가능하다는 사실에 대한 신학적 재구성이 요청된다. 이러한 재구성은 담론으로서뿐만 아니라 교회 안에서의 구체적인 변혁을 우선적 과제로 삼는 실천적 대안의 의미를 지녀야 한다. 이러한 재구성은 기독교의 신론, 기독론, 교회론, 기독교의 상징체계, 교리 등이 어떻게 차별주의적 전제들에 의해 형성되었으며, 이러한 전제들이 어떻게 궁극적으로 교회의 진정한 일치, 즉 교회 안의 남성과 여성의 진정한 일치에 장애가 되는지를 심층적으로 분석하고 그 일치의 방향을 신학화해야 한다. 이러한 에큐메니컬 페미니스트 신학의 요소들이 신학의 여러 분야에 확산되어 '교회의 일치'를 이루고, 더 나아가 '인류의 일치'라는 에큐메니즘의 목표를 이루는 데 신학적인 의미를 제공한다면, 이제까지의 제한되고 협소한 의미의 '일치'가 아닌 더 넓은 지평의 '일치'를 이루어나갈 수 있을 것이다.

4. 젠더 평등을 통한 진정한 일치를 향하여

한국에서 에큐메니즘이 본래의 목적을 이루어가기 위해 우선적으로 씨름해야 할 문제는 한국 사회와 기독교의 남성중심적 가치관이다. 한국 사회와 기독교는 '지도력의 남성중심화'를 강력하게 유지하고 있다. 페미니스트 신학적 관점에서 볼 때 한국의 에큐메니컬 운동은, 에큐메니즘의 목표인 '교회와 인류의 일치'로부터 너무나 멀리 떨어져 있다. 일치의 가장 기본적 요소인 여성과 남성의 평등한 하나 됨의 문제를 간과해왔기 때문이다. 한국 사회에서 이러한 '지도력의 남성중심화'를 넘어 어떻게 더욱 평등하고 정의로운 교회의 일치를 이룰 수 있을 것인가는 참으로 중요한 과제이다.

이러한 과제를 해결하려면 교회나 교단의 결정 기구와 과정에 페미니스트 관점을 지닌 여성들의 참여가 강화되어야 한다. 더 나아가, 젠더 문제를 인식하는 여성 지도자를 교육하는 다양한 프로그램과 제도적 장치가 마련되어야 한다. 여기서 '여성'의 참여란 생물학적 여성의 참여만을 의미하지 않는다. 예를 들어 일정한 수의 여성을 포함하는 '여성할당제' 같은 제도는 표면적으로 지도력의 성적 평등을 이루고자 하는 제도일 수 있다. 그러나 단지 생물학적 여성의 수가 늘어난다고 해서 기독교에 근원적 변화가 오는 것은 아니다. 그 생물학적 여성이 페미니스트 의식을 갖춘 '정치적 여성'이어야 한다.

빈번히 논의되는 여성 안수가 각 교회 안에서 법적으로 허용되어야 함은 물론이고, 실천적인 영역에서도 가능하게끔 제도적으로 뒷받침되어야 한다. 여성 안수가 법적으로 허용된 교단일지라도 실제로는 교회가 여성들을 초빙하지 않는 등 여성 안수가 참으로 어려운 현실을 감안하여 제도를 개선해야 한다. 법적 평등이 곧 실제적 평등으로 이어지지 않는다는 것은 어느 사회에서나 여성들이 경험하는 일이다. 세심한 제도적 배려가 뒤따르지 않는 한, 법적으로 마련된 여성 평등 법안은 외형적으로만 불평등 요인을 제거함으로써 투쟁의 목표를 상실하게 하는 탓에 오히려 여성들을 무력하게 만들 뿐이다.

교회의 진정한 일치는 다양한 교단이나 교회들 간의 외적인 연합 사업 또는 공동 프로그램만으로 이루어지지 않는다. 엄밀한 의미에서 교회의 일치는, 교회 내부 사람들의 일치가 이루어진 뒤에 가능한 일이다. 사람들 사이에 다양한 차별과 배제가 엄연히 존재하는데, 단순히 표면적으로 이런저런 프로그램을 공유한다고 해서 '일치'를 이루는 것은 아니라는 뜻이다. 교회를 구성하는 사람들의 일치란 다양한 사람들의 평등한 지도력 참여, 그리고 성·계층·인종 등에 따라 교회 안에서 소외되고 배제되어온 사람들에 대한 진정한 포용이 선행되어야만 가능하다.

한국 기독교의 경우, 개별 교회에서는 물론이고 에큐메니컬 기구에서도 지도력에 대한 참여가 공정하게 이루어지지 않고 있다. 신도들의 70퍼센트 이상이 여성인데도 교단이나 에큐메니컬 기구에서 지도력에 대한 참여는 거의 남성들이 독점하고 있다. 지도력 참여의 불균형이라는 문제를 문제로 바라보지 않는 한국 교회에서 진정한 에큐메니컬 정신이 확산되는 것은 요원한 일이다.

또한 지도력을 어떻게 이해하는지도 중요하다. 교단이나 에큐메니컬 기구에서의 지도력을 특권의 자리 또는 지배하는 힘으로 이해한다면, 그것은 진정한 지도력과는 너무나 거리가 멀다. 진정한 지도력이란 '섬기는 힘 또는 치유하는 힘'로서의 지도력이다. 진정한 지도력에 대한 철저한 재개념화가 이루어지지 않는다면, 교회의 일치를 말한다는 것은 무의미하고 소모적인 논의일 뿐이다.

이러한 근원적인 문제는 주변부에 있는 여성뿐 아니라 중심부에 있는 남성 지도자에 의해서도 과감히 제기되어야 한다. 그렇지 않으면, 여성들이 공정한 참여를 주장하는 것은 언제나 교회의 일치를 깨는 행위로 받아들여질 것이다. 또한 페미니스트 신학이나 페미니즘은 에큐메니즘과 만날 수 있는 공동의 장을 상실하게 된다. 한국의 기독교는 에큐메니즘 인식의 확장을 통해 지금까지와는 전혀 다른 구체적 변혁을 이룸으로써, 더욱 진정한 교회 일치를 향한 여정에서 힘차게 도약해야 한다는 과제에 직면해 있다.

제10장

페미니스트 신학과 가족: 비판과 재구성

1. '가족' 신화: 그 허상과 실상

가족이란 무엇인가? 아주 분명한 듯이 보이는 이 가족이라는 개념은 복합적인 이해를 요구한다. 일반적으로 생물학적인 관계에 근거한 가족 이해에서 가족은 흔히 삭막한 세상에서 찾을 수 있는 유일한 안식처이며, 삶의 에너지를 공급받는 곳으로 전제된다. 가족에 대한 일반적인 이해에 따르면, 가족 구성원 간의 이익이나 그 이익의 분담은 공평하고 동일한 것이다. 또한 가족 구성원들은 밀접한 연대성을 지니고 서로 사랑하는 공동체이다.

그런데 가족 담론과 관련하여 이러한 일반적인 전제들이 얼마만큼 현실적인 의미가 있는지를 두고, 현대에 이르러 다각도의 분석이 이루어지고 있다. 다음과 같은 근원적인 물음들을 생각해보자.

- 가족 구성원의 이익은 가족 구성원 모두의 이익이 될 수 있는가?
- 가족 구성원 간의 이익이 상충하는 경우, '누구의 이익'을 우선으로 하는가?
- 가족 간의 경험은 동일한 것인가? 즉 '가족 경험-일반'이란 가능한가?
- 가족 구성원들이 가족 간의 관계에서 경험하는 것이 그들 모두의 개별적인 삶에 지지기반이 되는가, 아니면 방해가 되는가?
- 가족 간의 다양한 권력 분배가 어떻게, 누구에 의해, 어떤 기준으로 이루어지는가?
- 가족 내 문제들의 결정권은 누구에게 있으며, 그 결정과정에 누가 배제 또는 포함되는가?

특히 페미니스트 관점에서 이러한 물음들에 비판적으로 접근하게 되면, 전통적인 가족에 대한 이해는 허구적이며 신화라는 점이 드러난다. '유일한 안식처'로서 가족이나, 밀접한 연대성과 사랑의 결속관계로서 가족은 규범적이며 이상적인 이해일 뿐이다. 구체적인 현실세계에서 가족 구성원 사이에는 큰 거리가 있기 때문이다. 전통적인 이상적 가족 개념이 신화라는 것을 드러내지 않는 한, 가족이라는 이름 아래 벌어지는 다양하고 다층적인 폭력, 차별과 배제, 권력의 남용 등 한 인간으로서 개별인들의 존엄성과 평등성이 훼손되는 현실을 외면하게 된다.

예를 들어 가정은 과연 안식처가 되고 있는가라는 문제를 들여다보자. 여러 통계에 따르면 여성과 아이, 노인이 육체적·성적·언어적 폭력 등 다양한 종류의 폭력을 가장 많이 경험하는 곳이 바로 가정이다. 한국에서 부부폭력 문제는 아주 심각하다. 남편의 61퍼센트가 한 번 이상 아내를 구타한 경험이 있다고 한다. 2016년 통계에 따르면, 부부폭력 비율은 41.5퍼센트나 된다. 이 폭력에는 신체적 폭력, 정서적 폭력, 경제적 폭력, 성학대, 방임 등 다양한 양태의 폭력이 포함된다. 가정폭력의 70퍼센트가 아내에 대한 남편의 폭력이다. 또한 아동학대와 노인학대도 심각한 문제이다. 청소년 가운데 심하게 매를 맞아본 경험이 있는 아이들은 96.4퍼센트나 된다고 하며, 아동학대의 25퍼센트를 차지하는 성적 학대의 주요 희생자는 여자아이이다. 또한 노인학대를 경험한 노인들 중 여성이 66.7퍼센트로 나타나, 결국 여성들은 부부간, 부모-자식 간, 노년층에서 여러 폭력의 주요 희생자가 되고 있다는 사실이 드러난다.[1]

가족의 이익은 공동적이며, 그 이익이 공평하게 분배되고 있다는 일반적인 이해가 현실을 반영하지는 않는다는 사실은 한국 사회에서 종종 벌어지는 '종중 재산 분배' 문제에서 여실히 드러난다. 가족 구성원들 간의 이익이 공평하게 분배되지 않아왔다는 직접적인 사례는, 아들에게는 결혼 여부와 상관없이 종중의 재산이 골고루 분배되는 반면 결혼한 딸에게는 아예 재산이 분배되지 않는 경우이다. 2000년에 최초로 여성들이 종중 재산 분배에 대한 소송을 냈다. 그리고 2005년에 대법원은 종중원 자격을 성년 남자로만 제한하는 것은 성차별이라는 판결을 내렸다. 그 뒤 여성들은 종중원 지위는 얻었지만, 재산권에서는 성차별을 받았다. 여성에게는 남성의 30퍼센트만 분배한 것이다.

어쨌든 표면적으로는 이 문제가 일단락된 듯하지만, 내면적인 차별 구조는 바뀌지 않았다. 종중원은 유사 단체를 만들어 여성들의 참여를 차단하고자 이런저런 시도를 하고 있다. 한국 사회가 고수하는 부계혈통주의에서는 여성들이 가족의 정식 구성원이 되지 못하고 있다. 이런 현실은 생물학적 단위로서 가족이 사랑의 안식처이며 협력과 연대의 자리라는 '신화'가 허구임을 여실히 드러내 보인다. 가정 또한 사회적 영역과 마찬가지로 가족 구성원들 간의 이익과 권력이 불공평하게 행사되는 자리이기도 한 것이다.[2]

가족 간 권력의 불균형과 그 구성원들 간의 불평등관계는 사회에서 불평등관계를 끊임없이 재생산한다. 가족이란 사적 영역에만 머무르는 것이 아니라 공적 영역인 정치적·경제적·문화적·종교적 영역과 상호연관성 속에 있는 것이기 때문이다. 그래서 전통적으로 가족을 사적 영역에 제한한 공·사 영역의 이분법적 이해가 사실상 현실에 대한 총체적 이해를 주지 못한다는 비판이 제기되고, 단일적 가족monolithic family이라는 이해의 허상이 드러나기 시작했다.[3]

가족을 사적 영역으로만 규정하고 가정 내에서 일어나는 문제와 사회적·정치적 상호연관성을 보려 하지 않는 경향은, 특히 한국처럼 유교 문화의 영향을 강하게 받은 사회에서 더욱 심각하게 나타나고 있다. 1996년 한국·중국·일본·대만 등 동아시아 7개국 민간 여성단체 대표들이 참석한 가운데 열린 '동아시아 여성포럼'에서 각국 대표들은 "여성에 대한 폭력은 유교의 영향을 받아온 동아시아 지역에서 특히 심하다"고 지적했다. 또한 "여성에게는 정절 이데올로기를 강요하고, 남성의 성에 대해서는 상당한 자유를 허용하는 유교적 성문화가 성폭력 상습범을 양산하고 있다"고 주장하면서, 유교 이념이 가정폭력의 희생자인 여성들에게 끼치는 부정적 영향이 심각하다고 분석했다.[4] 가족 구성원 간의 문제는 가장이 해결해야 한다는 가부장제적 유교 이념은 가정을 철저히 사적 영역으로 규정하고, 외부의 관여를 차단함으로써 가정폭력에 대한 사회적 개입을 부당하다고 간주하기 때문이다.

전통적인 가족구조 안에서 실제로 경험되는 문제들은 가족이라는 개념이 지나치게 이상화해 있다는 사실을 보여준다. 뿐만 아니라 현대에 이르러 예전과 다른 양상들이 나타나면서, 가족에 대한 논의를 더욱 복합적으로 만들고 있다. 요즘에는 결혼하지 않고 동거하는 사람들, 결혼 전에 일정한 기간을 같이 살아본 뒤에 결혼 여부를 결정하려는 젊은 사람들을 어렵지 않게 볼 수 있다. 동성애자들의 급증으로 서구에서는 오래전부터 많은 교회들이 동성 간의 결혼same-gender union을 주례해 줄지 말지를 고민하고 있으며, 실제로 그들의 결혼식 주례를 해주는 교회들도 상당수이다. 어느 교단은 이미 동성애자 목사나 사제에게 안수를 주기도 하는데, 미국의 주류 교단에서는 이 동성애자들에 대한 안수 문제가 해마다 열리는 연회年會 때 가장 중요한 논의 주제의 하나로 등장하고 있다. 세계의 기독교회들이 이러한 문제들을 진지하게 생각하는 것은 전통적인 가족 이해가 이제 더 이상 우리의 현실을 담아내지 못한다는 것, 새로운 가족 이해가 필요하다는 긴급한 상황을 보여준다. 가족이라는 이름 아래 벌어지는 많은 문제들은 매우 복합적인 접근과 분석을 통해서만 이해할 수 있는 것이다.

이전에는 가시적으로 드러나지 않았던 가족 문제들은 전통적인 의미의 가족 개념이 더 이상 작동하지 않는다는 것을 보여준다. 또한 가족에 대한 우리의 개념이 새롭게 확장되고 재개념화해야 한다는 시대적 요청이 더욱 분명하게 가시화하고 있음을 의미한다.

가족과 관련하여 생겨나는 이러한 다양한 현상을 조명하며 현대사회에서 제기되는 새로운 가족 문제들에 접근해볼 때, 가족을 생물학적 단위로만 이해하는 것은 분명한 한계가 있다. 즉 가족이란 생물학적인 단위로서만이 아니라 사회적이고 역사적인 단위로서 이해될 필요가 있다는 것이다. 동시에 가족의 개념, 범주, 역할 규정, 양태 등에 대한 인식을 새롭게 바꾸고 확장하도록 요청된다. 아름답고 이상적인 의미로서 가족의 이름으로 드러나는 표상이란 낭만화한 가족의 허상인 경우가 너무나 많다. 가족의 밝은 면과 어두운 면, 이 양면을 모두 들여다봄으로써 가족의 탈낭만화가 일어나며, 그 탈낭만화를 통해서 가족에 대한 새로운 이해를 확장할 수 있을 것이다.

우리가 흔히 생각하는 '전통적인 가족'도 고정된 개념이 아니다. 시대와 사회 환경에 따라 변화되어온 개념이지 과거부터 이어져온 고정불변의 개념이 아니라는 것이다. 따라서 전통적인 가족관계란 대대로 지켜야 할 불변의 보편적 가치를 지닌 것이 아니라, 새롭게 다시 규정해야 하는 한계성을 지닌 것이라는 사실을 분명히 인식할 필요가 있다. 동시에 가족이라는 이름으로 투사되어온 규범적이고 이상적인 이미지들이 실제 가족의 현실적인 문제들을 올바로 보지 못하게 한다는 점을 자각할 필요가 있다. 이러한 자각이 있을 때 비로소 산재한 문제들을 극복해나갈 수 있는 인식론적 바탕이 마련될 것이다.

이 장은 일반적인 가족 담론의 문제점을 짚어보며, 더욱 확장되고 포괄적인 가족의 개념과 범주를 모색해보는 것을 우선적인 목적으로 한다. 이 목적을 이루기 위해서 가족 개념의 허상과 실상을 조명하고, 더 나아가 현대에 들어와 더욱 강력하게 제기되는 신보수주의적 가족 담론의 위험성을 조명할 것이다. 그리고 마지막으로 가족에 대한 기독교적 이해는 어떻게 규정될 수 있는지 논의하며, 현대사회에서 가족의 의미를 어떻게 새롭게 모색할지 포괄적으로 살펴볼 것이다.

2. '가족 가치'의 부활: 낭만화한 가족의 위험한 덫

가족 담론은 시대를 막론하고 다양한 관심을 받는 주제이다. 특히 현대에 이르러 전통적인 가족이 '붕괴'한다고 보면서, 이 '붕괴'를 막고자 '가족 가치family value'를 새로운 모토로 내세우며 가족의 '부활'을 모색하는 이들이 늘어나고 있다. 그 동기가 어떠하든, 가족에 대한 관심의 증가는 이제까지 지속되어오던 가족구조에서 새로운 변화가 경험되고 있다는 사실을 보여준다.

새로운 변화는 동성애 가족, 무자녀 가족, 트랜스젠더 가족, 한부모 가족 등 다양한 가족 양태의 등장, 또는 부모로부터 단절을 요구하는 법적 소송의 문제라든가 가정폭력 문제가 심각한 사회문제로 인식되는 것 등 여러 요인들에 의해 촉발되었다고 할 수 있다. '가족의 위기'를 페미니스트 관점에서 조명해보면, 이혼율의 증가나 전통적인 가족 구성원들의 역할 변화, 특히 '안사람'으로서의 역할에서 벗어나 공적 영역에서 활동하는 여성들이 늘어나며 빚어지는 변화가 주된 내용이다. 더 나아가 현대에 이르러 동성애자의 수가 급격히 증가하는 현상 등을 심각한 위기상황으로 간주하며 사회기반이 되는 가족 자체가 붕괴되고 있다고 보는 신보수주의적 시각은, 서양에서 '가족 가치의 부활'로, 한국에서 전통적인 '유교적 효의 부활'로 나타나고 있다.

현대에 들어와 가족과 연관된 변화가 증가하고 자명하게 여겨졌던 가족 개념이 도전받으면서, 가족이란 도대체 무엇인가에 대한 근원적인 물음이 제기되기 시작했다. 이러한 위기의식 때문에 서양에서든 한국에서든 이른바 '전통적인 가족'으로 돌아가야 한다는 움직임이 늘어난 것이다. 한국에서는 유교적 효가 다시 강조·부활되어야 한다고 주장하는 사람들이 많다. 1998년에는 세계 어느 나라에도 없는 '효 대학원'이 창설되었으며, 2006년에는 세계 최초의 '효학 박사'가 배출되기도 했다. 기독교 목사가 창설한 이 '효 대학원'은 설립 정신을 '성경의 효'에 입각한다고 표현하고 있다. 그러나 그 교육 목표는 '하나님을 아버지로 섬김'이라고 규정하고 있다. 즉 형식은 기독교를 표방하지만, '아버지로 섬김'이라는 내용은 부자父子를 중심으로 하는 유교적인 효의 핵심과 동일하다고 볼 수 있다. 2009년에는 '세계효운동본부'가 출범하기도 했다. 출범식에서는 이 단체가 "우리의 미풍양속인 효를 적극적으로 실천해 전국적인 인간성 회복운동으로 확산시켜나갈 계획"이며 "우리의 전통인 효를 되살리는 실천운동을 …… 전국은 물론 전 세계적으로 확산해나가길 기대하고 있다"고 밝힌다. 이러한 '효' 확산운동에 앞서는 모임들의 사진에는 젠더가 남성인 사람들이 대부분 등장하는데, 이러한 사실은 시사하는 바가 크다.[5]

미국에서도 신보수주의 정치인들과 종교인들을 중심으로 '가족 가치'를 내세운 다양한 캠페인이 벌어지고 있다. 그런데 이와 같은 가족에 대한 강조가 왜 유독 신보수주의적 성향을 지닌 이들에게서만 주장되고 있는가, 또한 이러한 신보수주의적 가족의 부활은 어떤 의미가 있으며, 어떤 위험성과 왜곡된 시각을 안고 있는가 하는 문제를 페미니스트 관점에서 조명할 필요가 있다.

1970년대 이후 미국에서는 강도 높은 도덕적 보수주의가 기독교계와 정치계의 우파를 중심으로 등장했다. 그들은 '가족 가치'의 부활을 가장 핵심적인 목표로 삼으면서 다양한 정책 결정에 영향력을 행사해오고 있다. 특히 이러한 신우파New Right적 보수주의는 노골적으로 반反페미니즘적이며, 페미니스트를 비난하는 행위를 서슴지 않고 있다. 이들은 이른바 '전통적인 가정'이 회복되어야 한다고 역설하면서, 인공유산·이혼·혼전임신·동성애 등에 대한 보수적 입장을 강화한다. 전통적 가정의 회복을 통해서만 상실된 '가족 가치'가 회복되며, 이러한 회복을 바탕으로 미국 사회가 새롭게 태어날 수 있다고 주장한다. 신보수주의자들에 의한 '가족 가치' 부활론은 페미니즘 안에서 가족 문제에 대한 더욱 집중적인 논의의 필요성을 가져오기도 했다. 그런데 서구에서의 신보수주의적 가족 가치의 부활이나 한국에서의 전통적 효의 부활 시도에는 몇 가지 위험성이 은폐되어 있다.

첫째, 이러한 전통적 '가족 가치'나 '효'의 부활은 부부 사이에서 남성중심적 관계를 새로운 형태로 복원하려는 가부장제 이데올로기를 전제로 한다는 점이다. '가족 가치'를 복원함으로써 '전통적 가족'으로 돌아가야 한다는 이들의 주장에는 전통적인 부부의 성역할 분업, 즉 남편은 한 가계의 가장이며 아내는 그 내조자로서 아이들의 양육과 가사에 전념해야 한다는 생각이 근원적으로 전제되어 있다. 결국 여성은 남성에게 경제적으로나 심리적으로 의존적인 삶을 사는 것이 바람직하다는 가족 이데올로기가 재생산되는 것이다.

신보수주의적으로 재생산된 가족 이데올로기는, 공적 영역에서 이루어지는 여성들의 다양한 역할과 활동을 여전히 '비여성적unfeminine'이고 '반가정적anti-family'이며 바람직하지 못한 것으로 보는 가부장제적 가치를 반영한다. 전통적 가족의 부활을 주장하는 이들은 다양한 사회정치적 문제들에 대한 보수적인 정책 결정을 지지한다. 또한 인공유산이나 가족계획 정책에서 삶과 몸에 대한 여성 자신의 주체적 선택을 철저히 부정한다. 말하자면 여성들이 가정과 사회에서 경험하는 이런저런 차별과 폭력의 경험을 극복하려는 시도를 제도적으로 차단하려 하는 것이다. 따라서 인간의 사적·공적 영역에서 여성과 남성의 평등과 정의로운 관계를 지향하는 페미니즘은 이들에게 철저히 '반反가족'적인 것으로만 이해된다.

둘째, 이러한 신보수주의적 가족 담론의 부활은 미국에서는 남성중심주의 사상을, 그리고 특히 한국에서는 고질적인 남아선호사상을 필연적으로 만들 위험성이 있다. 오랫동안 문제가 되었던 한국 사회의 호주제, 동성동본 금지, 아버지 성만 따르기 같은 문제가 법적으로는 해결된 것처럼 보인다. 그러나 이러한 법적 평등이 실질적 평등으로 이어지는 것은 아니다. 현실적으로는 아직까지도 부계 혈통만이 정통한 것으로 인정받고 있다. 여전히 사회제도적으로 남성이 있어야 '온전한 가정'의 면모를 갖춘다고 여기는 한국 사회에서 전통적·유교적 가족제도 내 효의 부활이란, 결국 남성중심적인 가족구조와 사회를 강화하는 의미만 있을 뿐이다. 유교적 효의 개념에는 두 가지 모순이 있다. 하나는 유교적 효가 아들과 남성의 존재를 필연적으로 만든다는 점이다. 다른 하나는 효의 우선적 대상이 여전히 딸이나 아내의 부모가 아니라, 아들이나 남편의 부모와 조상이라는 점이다. 결국 '아들을 낳지 못하는 것은 조상에게 불효하는 것'이라는 맹자의 말을 21세기에도 충실하게 수용하도록 만든다.

셋째, 신보수주의적 가족 담론은 다양한 형태의 가족에 대한 극도의 배타주의를 강화한다는 위험성이 있다. 대부분의 사람들이 '정상적인 가족normative family'형태라고 보는, 양성의 부모와 아이들이 있는 이른바 '핵가족nuclear family'은 오랜 옛날부터 내려온 전통적이며 규범적인 가족형태가 아니다. 이러한 핵가족의 정상화는 산업사회의 등장과 더불어 고착되기 시작한 근대 부르주아적 가족 개념의 소산물이다. 이 '핵가족'

이 '확대가족extended family'의 약식이라고 간주하면서 이러한 핵가족형태를 인류 보편의 가족형태라고 생각할 수 있다. 그러나 인류학자들 사이에도 어떤 가족형태가 인류 '보편적인 가족형태'인가에 대해서는 공통된 합의가 이루어지지 않았다.[6]

'가족'이라는 용어가 시대와 문화를 초월해 동일한 것을 의미하는 것은 전혀 아니다. '가족'이란 아주 넓은 의미에서 혈족을 모두 지칭하는 것으로 쓰이기도 하지만, 때로는 혈족관계를 맺지 않았어도 종이나 노예 등 함께 사는 사람들을 모두 지칭하기도 한다. 즉 공간의 공유와 관계없이 그 가족의 범주가 확장되기도 하는 것이다. 인류의 역사에서 '가족'의 범주에 누구를 포함하고 배제하는가의 문제는 시대와 문화에 따라 다양한 양상을 보여왔다. 그러므로 어떤 양태의 가족이 가장 '정상적'이고 '전통적'인가 하는 문제는 그렇게 단순한 것이 아니다.

그런데 1970년대 이후 강력하게 모습을 드러낸 신보수주의의 가족 담론은 자녀를 둔 '이성애자 두 부모 가정heterosexual two-parents family'만을 의심의 여지가 없는 가장 정상적인 가정으로 규범화하고 있다. 결과적으로 이러한 '핵가족' 양태에 맞지 않는 한부모 가정, 독신 가정, 동성애 가정, 양부모와 사는 가정foster family, 자녀가 없는 가정, 이혼한 사람들이 결혼해서 그들의 아이들이 각기 다른 부모들을 두게 되는 다부모 가정poly-parents family 등 현대사회에서 볼 수 있는 다양한 양태의 가정을 '비정상적'이고 문제가 있는 가족형태로 바라보는 왜곡된 이해를 하고 있다. 그리하여 이른바 '비정상' 가정에 대한 사회제도적 차별과 편견을 정당화하고 강화하는 것이다.

한국 사회에서 나타나는 유교적 또는 유교화한 기독교적 가족 담론의 강화는 이렇듯 몇 가지 측면에서 심각한 문제를 안고 있다. 여성과 남성의 관계가 평등하고 정의로운 관계는 가족이 올바른 이상적 의미를 이루는 데 필수적이다. 위계적 관계, 불평등한 관계를 전제하는 가족 담론은 '한국적'이라든가 '아시아적'이라는 이름으로 정당화할 수 없다는 점이 분명하게 인식되어야 할 것이다.

3. 가족에 대한 기독교적 이해

가족 가치를 고양함으로써 '전통적인 가족'으로 돌아가자는 신보수주의적 가족 담론을 제창한 미국의 신우파는, 가장인 남성을 중심으로 아내인 여성과 자녀로 구성되는 핵가족을 가장 기독교적이고 성서적인 가족의 양태라고 규정한다. 그런데 과연 '성서적'이며 '기독교적'인 가족의 양태란 무엇인가는 쉽게 결론에 이르기 힘든 문제이다. 어느 특정한 규범적인 가족 양태가 무엇인지를 성서 안에서 찾는 것은 불가능하기 때문이다.

　신보수주의적 가족 담론에서 제시하는 '정상적인 가족'의 범주와 기준에서 볼 때, 예수는 오히려 '반反가족'적이다. 그는 무엇보다도 일정한 주거지나 사회제도적으로 규정된 직업 없이 여기저기 다니며 생활하던, 비혼非婚이며 독신이었다. 또한 부계 혈통 중심의 가족 개념을 근원적으로 상대화하는 언행을 했다. 돌로 죽일 수 있는 간통죄로 붙잡혀온 여성을 정죄하지 않았는가 하면(간통 현장에서 붙잡혀 정죄받는 것은 남성이 아닌 여성이다. 두 사람이 관여하는 관계에서 유독 여성에게만 적용되는 이러한 남성중심적인 이중적 윤리 기준 자체에 예수는 동의하지 않았는지 모른다), "신의 뜻을 행하는 사람이 형제요, 자매요, 어머니"(《마가복음》 3: 35)라고 함으로써 부계 혈연관계를 중심으로 구성되는 생물학적 가족의 범주를 거부한다. 예수의 이 말은 생물학적 가족으로부터 윤리정치적 가족으로의 전이를 가져오며, 새로운 가족 개념을 제시한다.

또한 예수를 따르기 위해서는 "부모와 처자와 형제와 자매와 자기 자신까지 미워해야"《누가복음》14: 26) 한다고 함으로써 사실상 흔히 생각하는 전통적 가족의 가치를 근원적으로 상대화하고 있다. 여기에서 유교와 기독교의 유사성을 '부자父子의 종교'로 보는 것이 얼마나 왜곡된 이해인지를 알 수 있다. 부계 혈통 중심주의의 이데올로기를 지금까지 철저하게 고수하는 유교와, 생물학적 가족의 의미를 근원적으로 상대화하는 예수 중심의 기독교 사이의 상이성이 확연히 드러나는 것이다.[7]

이렇듯《신약성서》에는, 예수를 통해 드러나는바 지극히 '반反가족'적인 요소들과 동시에, 〈바울서신〉에서 예시된 바와 같이 남성중심의 가부장제적 가족제도를 옹호하는 요소들이 모두 혼합되어 있다. 또한 《구약성서》에서 여성은 철저히 남성의 소유물이다. 즉 아내와 딸은 남편과 아버지의 소유물이다. 그뿐만 아니라 일부다처제 등을 포함한 여러 형태의 가족이 등장한다. 이처럼 성서 속의 가족은 매우 다양하기 때문에, 어떤 가족의 양태가 '성서적'인가를 찾기는 불가능하다는 것이다.

기독교 역사를 보면, 한때 이상적인 기독인의 삶의 양태를 미혼·독신·무자녀로 간주하여 결혼에 지극히 부정적이었던 초대 기독교의 전통도 있다. 신의 일을 하기 위해서는 독신 생활을 해야 한다고 생각하기도 했다. 이러한 생각을 바탕으로, 결혼한 사람들은 '제2등 기독인second-class Christians'으로 인식되고 독신인 성직자들은 결혼한 평신도들보다 높은 계급에 속하는 이들로 간주되기도 했다. 결혼은 16세기 종교개혁자들에 의하여 긍정적인 것으로 새롭게 조명된다. 독신보다는 결혼이 신의 질서에 더욱 바람직한 것으로 비치기 시작했다.[8]

그러므로 기독인들이 부모와 자녀로 구성되는 '이성애 핵가족' 양태가 가장 '전통적'이고 '이상적'인 기독교적 가정의 모습이라고 생각하는 것은 성서적이거나 기독교적인 근거에서 출발하는 것이 아니라는 사실을 알 수 있다. 무엇보다도 이러한 주장의 심각한 문제는 사회의 다양한 양태의 가정의 존재를 부정하고, 그 가정들이 비정상적이고 비非성서적이며 비非기독교적이라는 편견을 재생산하고 강화하며, 그들을 정죄하게 된다는 점이다.

실제로 현대에 양성인 부모와 자녀로 이루어진 가족형태로 살고 있는 이들은 극히 소수이다. 한국에서는 얼마만큼의 인구가 양성의 부모와 자녀로 구성된 가족형태를 이루는지 정확한 통계를 알 수 없다. 2013년 미국에서는 19퍼센트의 가정만이 양성 부모와 자녀로 이루어진 핵가족구조에서 살고 있다. 즉 전체 가정의 81퍼센트에 해당하는 다수는 다른 형태의 가족을 이루고 사는 것이다.[9] 이러한 현실은 현대사회에서 전통적인 가족의 개념이 더 이상 사회적 적절성을 지니지 못한다는 사실을 보여준다. 더욱이 21세기에 들어 모든 부문에서 사회변동이 급속하게 이루어지고 있기 때문에, 이전의 가족제도가 그대로 존속되리라고 보는 것은 지극히 비현실적이다. 따라서 가족 개념은 21세기에 다양한 영역에서 일어나는 변화와의 상호연관성 속에서 새롭게 구성될 것이다.

이러한 시대적 맥락에서 볼 때, 가족에 대한 기독교적 이해를 어떻게 새롭게 규정할 것인가 하는 문제는 아주 긴급한 시대적 요청이며 과제이다. 가부장제적 문화와 가치에 근거하여 형성된 과거의 가족 모델을 가장 보편적이고 이상적인 가족형태라고 주장하고 나아가 가장 기독교적 또는 한국적이라고 이해하는 것은, 과거 지향적이며 남성중심적인 가족구조를 벗어나지 못하는 퇴행적 이해이기 때문이다. 더욱 열린 가족 이해, 평등과 정의, 상호적 사랑과 배려에 근거한 가족 구성원들의 관계, 가족의 다양한 양태에 대한 개방적이고 긍정적인 이해가 기독교 공동체 안에서 구성되는 가족 담론의 요소로 자리 잡아야 한다.

4. 가족의 재개념화: 위계주의에서 평등주의 가족으로

가족주의적 세계관이 지배하는 사회에서는 대부분 여성이 남성에게 예속되고, 개인보다는 집단에게 우선적 가치를 두는 집단주의가 일반적 성향으로 나타난다. 가족 내 남편과 아내의 수직적 관계, 부모와 자식 사이의 수직적 관계, 시가와 처가의 수직적 관계가 사회로 확장된다. 학교에서는 선생과 학생의 관계로, 기업에서는 고용주와 노동자의 관계로, 교회에서는 목사와 평신도의 관계로, 국가와 정치 영역에서는 권력자와 국민의 수직적 관계로 확대되는 것이다.

"모든 정치적 기구는 가족에서 가부장의 위치를 왕으로 확장한 것"이라고 한 아리스토텔레스나 "제국의 근원은 국가에, 그리고 국가의 근원은 가정에 있다"고 한 맹자가 전제하는 가족의 개념은 철저히 가부장적으로 이해된 가족이다. 그 가족의 중심에는 남성이 확고하게 자리 잡고 있다. 가족의 다른 구성원들은 그 남성의 절대적 권위에 종속되는 존재들일 뿐이다. 따라서 가족 구성원들 중에 권력이 없는 여성들이나 아이들은 개인으로서의 개체적 권리나 존엄성을 인정받지 못하는 위계적 권력구조 속에 매몰되고 만다.

이러한 남성중심적·가부장제적 가족 이해는 현대에 이르러 표면적인 양태는 바뀌었을지 몰라도 사회적 제도와 가치 속에 그 남성중심성이 여전히 강력하게 자리 잡고 있다. 혈연적 수직구조의 관계적 특성을 띠는 이러한 가족 이해는 여러 측면에서 문제점을 안고 있다. 첫째, 수평적 평등의 관계를 형성하지 못하게 한다. 둘째, 개개인의 개체적 판단을 존중하는 민주의식을 차단한다. 셋째, 다양한 형태의 가족들에 대한 왜곡된 편견과 차별을 강화한다. 진정한 정의와 평등, 평화라는 인류의 보편가치를 실현해나가기 위한 기본 구조가 전혀 형성되기 힘든 가족 이해라는 것이다.

한국은 세계 고아 수출국 상위 5위 안에 꾸준히 포함되는 나라이다. 이 같은 사실은 부계 혈통 중심주의가 얼마나 인류 보편의 정신을 가로막는 장애가 되는지 보여준다. 부계의 피가 섞여야 진정한 가족이 될 수 있다고 믿는 것은 인류의 보편가치인 박애정신의 실천을 불가능하게 했을 뿐 아니라, 한국 사회와 기독교에 지연주의, 인맥 중심주의, 학연 중심주의, 교단 배타주의 등 왜곡된 '순수주의'의 폐해를 가져왔다. 이러한 맥락에서 볼 때 가족 담론은 정치·사회·문화·종교 등 여러 영역의 문제들과 밀접한 상호연관성이 있다고 하겠다.[10]

19세기 자유주의 페미니즘의 초석을 놓은 존 스튜어트 밀 John Stuart Mill은 이미 가족 내에서의 정의 family justice, 특히 남편과 아내 사이의 정의가 확립되지 않으면 정치사회적 영역에서 정의를 이룰 수 있는 희망은 없다고 보았다.[11] 이제 21세기 사회의 가장 핵심적인 기본 단위인 '가족'이 어떤 모습을 지녀야 하는가에 대해 진지한 반성적 성찰이 있어야 한다. 가족을 '사랑과 친밀성의 관계'라고만 전제하는 낭만적 가족 이해는 가족 구성원들 사이에 경험되는 다양한 불평등구조의 문제를 전혀 드러내지 못하고 감추게 만든다. '사랑과 친밀성'이 자동적으로 '정의'를 가져다주는 것은 아니다. 이러한 맥락에서, 지금까지 일반적으로 생각해 오던 가족에 대한 급진적 재개념화가 요청된다. 이 재개념화는 가족 구성원들 간의 수평적 평등관계와 구성원들의 이익 공유를 전제로 형성되어야 한다.

양성 부모와 자녀로 이루어지는 핵가족형태를 포함하여 동성 부모, 한부모, 다부모 가족 등 다양한 양태의 가족들이 그 '정상성'을 획득해야 한다. 그런데 가족의 '정상성'이란 가족 구성원과 그 구성원들의 역할이나 기능 같은 외면적 조건을 통해 얻어지는 것이 아니다. 한 가족의 '정상성'은 가족 구성원 간의 관계가 평등, 사랑, 돌봄을 나누는 정의로운 평등적 관계에 토대를 두었을 때 비로소 획득될 수 있는 것이다. 이처럼 새롭게 재개념화한 '정상 가족'은 전통적인 의미의 가족 이해를 넘어서는 급진화한 가족 개념이다. 여성, 남성, 어른, 아이, 청년층, 노년층 등 다양한 가족 구성원들로 이루어지는 가족관계에서 구성원들 간의 올바른 평등적 관계가 이루어지는 것이 무엇보다도 중요한 '정상 가족'의 필수 요건인 것이다.

가족이 가족 구성원의 개별적인 권리와 평등을 존중하지 않는다면, 사회정치적 영역에서 다양한 사회 구성원들의 평등한 민주적 관계를 희망하는 것은 불가능하다. 가족이 '사랑과 안식과 위로의 자리'라는 아름다운 이상을 실질적으로 이루기 위해서는 가족에 대한 철저한 재개념화와 비판적 성찰을 통한 인식의 확장, 그리고 구체적 실천에 대한 참여가 요청된다. 그럴 때 비로소 가족과 그 다양한 가족들로 이루어진 한 사회가 일상적 영역의 민주화는 물론 공적 영역의 민주화를 이룰 수 있다. 가족이든 사회든 구성원들의 평등한 관계, 상호 권리와 책임의 적절한 배분, 상호존중의 정신을 실천할 때 비로소 진정한 민주적 종교, 민주적 가족, 민주적 사회가 가능할 것이다.

21세기 한국 사회에서 우리가 모색해야 할 이상적인 가족의 모습은 전통적인 '유교적 효'나 가부장제적 구조에 매몰된 '가족 가치'의 복원에 근거하지 않는다. 전통적인 남성중심적인 가족의 개념을 급진적으로 재개념화하는 것이 우리가 지향해야 할 가족의 모습이다. 재개념화한 가족에서는 부모와 자녀, 배우자, 그리고 다른 가족 구성원 간에 수직적이 아닌 수평적인 관계가 형성되며, 다양한 권력과 이득이 공평하게 분배된다. 이러한 재개념화한 가족을 통해 사람들은 현대사회에 등장하는 다양한 형태의 가족을 자연스럽게 수용하고, 새로운 민주적 '가족 가치'가 급진적으로 재구성될 것이다.

제11장

기독교와 젠더: 억압과 해방의 두 얼굴

1. 기독교와 '기독교들': 차별과 평등 전통의 갈등

대부분의 종교가 새로운 것보다는 과거 전통을 통해 정당성을 재확인하는 특성이 있다. 그렇기 때문에 기존의 고등 종교는 대부분 보수주의적 시각을 지니고 있다. 특히 성차별주의는 같은 종교라도 가부장제 문화가 지배적인 사회에서 더욱 심각하게 나타난다. 이 장에서 나는 2000여 년의 역사를 지닌 기독교가 여성들에 대한 억압 또는 해방에 어떻게 관계했는지를 거시적인 관점에서 접근하여, '기독교와 여성'이라는 총론적 논의를 개괄적으로 소개하고자 한다.

물론 기독교와 여성문제를 조명하는 것은 간단한 문제가 아니다. 기독교를 어떤 관점에서, 어떤 측면에서, 어떤 사회적·문화적 정황에서 조명하는가에 따라 상이한 결론이 나올 수 있기 때문이다. 서구에서 경험되는 기독교, 아프리카나 아시아의 여러 나라에서 실천되는 기독교, 한국에서의 기독교는 동일한 종교로서 공통성에도 불구하고 각각 다른 독특한 상황을 만들어내고 있다. 그렇기 때문에 어떤 특정 문제에 대한 '기독교적 입장은 무엇인가?'와 같은 질문은 추상적인 질문이 된다. '기독교'라는 이름 아래 참으로 다양한 전통의 교회와 신학이 존재하기 때문이다. '기독교'라는 이름 아래 모인 교회들의 상이성 때문에, '기독교적 입장은 무엇인가?'라는 일반화한 물음에 대한 답을 찾으려면 얼마나 복합적인 분석과 성찰이 요구되는지 느끼게 되는 것이다.

이와 같은 맥락에서 볼 때, '기독교와 젠더' 문제를 조명해보자면 시대적·사회문화적·정치적 정황에 따라 각기 다른 결과가 나올 것이다. 또한 동일한 교단이나 교회라 할지라도 기독교 경전인 성서를 어떤 관점에서 해석하느냐에 따라 여성문제에 대하여 긍정적이거나 부정적으로 반응할 수 있다.

크게는 가톨릭과 개신교가 여성 지도력에 대한 입장이 크게 다르며, 같은 개신교라도 교단에 따라 다르며, 또한 같은 교단이라도 한국에 있는 교회인가 서구에 있는 교회인가에 따라 여성 지도력을 수용하는 태도나 성차별에 대한 의식이 크게 다르다. 동방가톨릭Eastern Catholic이나 동방정교회Eastern Orthodox처럼 여성문제에 극도로 보수적인 입장을 취하는 기독교 교회가 있는가 하면, 개신교 안에도 이른바 극보수주의적 시각을 수용하는 근본주의 신학적 입장부터 급진적인 페미니즘의 비전에 따라 형성된 '여성 교회' 등 다양한 입장의 기독교 교회들이 공존한다. 또한 여성이 남성과 동등하게 종교 지도자적 역할을 하는 교회가 있는 반면, 여성이 교회의 지도력에서 철저히 배제되는 교회가 있다. 성소수자를 목사로 임명하는 기독교 교회가 있는가 하면, 그들을 '지옥에 갈 죄인'으로 저주하는 기독교 교회도 있다.

똑같은 이름의 종교에서 이처럼 서로 다른 입장이 나오는 것은 인간의 '객관적·보편적·가치중립적 시각'의 불가능성을 재확인해주는 것이기도 하며, 또한 동일한 경전을 가진 동일한 종교에서 각기 다른 해석학적 관점이 극도로 상이한 신학 해석과 경전 해석, 그리고 그것들의 실천적 적용을 생산해내는 것을 보여주는 것이기도 하다. 이러한 맥락에서 보면, 기독교라는 이름으로 불리는 종교는 하나가 아니다. 경전이 동일하고, 동일한 종교적·신학적 개념을 차용한다 해도 기독교는 단수가 아니라 복수인 '기독교들'이라고 이해하는 것이 기독교를 오해하는 위험성으로부터 기독교를 보호하고 구체적인 현실을 반영하는 것이다. 페미니즘이 하나가 아니라 '페미니즘들'로 이해되어야 하는 것과 마찬가지이다.

따라서 기독교 안의 여성문제를 페미니즘적 관점에서 조명하는 이 장에서 나는 세부적인 문제보다는 큰 주제를 논의할 것이다. 지극히 당연한 전제이지만, 이러한 '일반적' 논의라는 것도 이 글의 '저자'인 나의 관점과 경험을 반영하는 것일 수밖에 없다. 그럼에도 불구하고 나는 이러한 '일반적' 논의가 기독교와 여성을 큰 맥락에서 조명하는 데 첫걸음을 내딛는 의미가 있다고 본다. 더욱 심층적인 논의를 위한 첫걸음은, 이러한 잠정적 '일반화' 과정을 거쳐야 비로소 가능해지기 때문이다.

이 장에서 나는 우선 여성들의 역할과 지도력을 평등하게 수용하던 '예수 운동'으로서의 초기 기독교 공동체가 조직화·제도화한 종교로 탈바꿈하면서 어떻게 여성들을 배제하는 가부장제적·위계주의적 구조를 지니게 되었는지를 조명하고자 한다. 또한 이러한 교회의 가부장제성에도 불구하고 어떻게 많은 여성들이 기독교 안에서 해방의 원리를 발견하고, 더 나아가 초기 여성해방운동의 동기를 찾았는지 살펴볼 것이다. 나는 이 글에서 단순히 기독교의 교리나 원리가 어떻게 여성 억압적 또는 여성해방적인가라는 '메타이론적 논의'만을 하지 않을 것이다. 오히려 구체적인 역사적 맥락에서 그 실천적 정황을 더듬고자 한다. 종교와 젠더에 관한 논의는 반드시 '프락시스에 대한 성찰'이라는 과정을 거쳐야 하기 때문이다.

우주론적 원리로 모든 인간의 조화와 평등을 말한다고 해도 구체적인 역사적 정황에서 평등의 원리를 실천한 적이 전혀 없다면, 그 종교적 원리는 탈역사적이고 탈정치적인 추상적 담론에 머무르는 공허한 것이다. 또는 '모든 인간'의 범주에 실제로는 '남성'만 포함시키는 은밀하되 노골적인 남성중심성을 배태하는 것으로 볼 수 있다. 나는 이러한 '프락시스에 대한 성찰'을 통해 기독교와 여성의 문제를 역사적·실천적 맥락에서 조명해봄으로써 기독교의 '억압적 구조'는 물론 그 '평등적 원리'를 밝혀내어, 기독교가 더욱 평등하고 해방적인 종교의 모습을 갖추기를 바라는 것이다. 이 논의를 바탕으로 바람직한 기독교는 어떤 모습이며, 더 나아가 기독교뿐 아니라 생명력 있는 종교의 역할은 무엇인가에 대한 비전을 세우고 구체적인 구상을 하게 되기를 바란다.

2. 초대 기독교와 여성

1) 예수와 여성

기독교가 여성과의 관계에서 어떤 종교로 평가될 수 있는지를 보려면, 무엇보다 먼저 기독교가 하나의 제도화한 종교이기 이전에 '예수 운동'

으로서 어떤 특색을 띤 공동체였는지를 보아야 한다. 예수는 유대인이었으며, 유대교가 지배적인 사회에서 활동했다. 유대인 남성은 신이 자신들을 '여성이 아닌 남성으로 태어나게 한 것, 노예가 아닌 자유인으로 태어나게 한 것, 이방인이 아닌 유대인으로 태어나게 한 것'에 대하여 매일 감사 기도를 드렸다. 이러한 단편적인 예에서 볼 수 있듯이, 유대 사회는 강력한 남성중심적 가부장제 사회였다. 여성은 노예와 아이처럼 부차적이고 종속적인 존재로, 공공장소에 대한 접근이 금지되었고, 교회 구성원으로서의 머릿수에도 포함되지 못했다. 여성은 법정에서 증인이 될 수도 없었으며, 유대교 경전인 토라를 배우는 것이 금지되어 있었다.

예수가 활동하던 시대적 배경은 '유대인-남성중심' 사회였고, 이방인이나 여성 또는 세리나 창녀 등 사회적으로 천시받던 직업을 지닌 사람들은 철저히 소외되고 주변화한 사회였다. 고도의 가부장제적 종교인 유대교 안에서 여성이 온전한 인간으로 인식되기란 참으로 어려운 상황이었던 것이다.

이와 같은 종교적·사회적 배경을 전제로 예수를 조명해보면, 예수는 당시 매우 파격적인 말과 행동을 보여준 존재였다. 그는 여성을 포함하여 세리, 창녀, 병자 등 사회적으로 배제되고 소외된 사람들을 온전한 한 인간으로 대했다. 그러한 예수와의 만남을 통하여 그들은 자신의 존재와 삶에서 새로운 의미를 발견했다. 사회에서 주변화하여 살아가던 사람들이 모여서 예수의 정신을 따르려는 공동체를 형성하게 된 것이다. 신의 사랑은 모든 것을 '포괄하는 사랑all-inclusive love'이라는 예수의 이해는 사회적으로 주변화한 사람들을 온전한 한 인간으로 받아들이는 것을 가능하게 했다. 예수는 "죄인을 용납하고, 그들과 함께 먹는다"(《누가복음》 15: 2, 〈마가복음〉 2: 16)는 비난을 듣는다. 사회적으로 죄인들이라고 간주되던 사람들, 그리고 성·인종·직업·종교·사회계층 때문에 소외된 사람들과 함께 먹고 마신 예수의 행위는 그들에게는 새로운 구원의 경험이었지만, 종교적·사회적으로 지도층에 있는 사람들에게는 기존의 현실 체제에 맞서는 도전적인 행위였다.

예수의 행적은 신이 인간에게 '모든 인간의 평등성과 연대성을 요구하는 신'이라는 사실을 말과 행위로 전한다. 예수의 신 이해는 그의 언행을 기록한 네 복음서에서 드러나는데, 이는 기독교 안에 모든 인간의 평등을 요구하는 '평등의 신학'이 출현할 수 있는 원리가 된다. 예수가 가부장제를 직접적으로 비판한 적은 없지만, 다양한 통로를 통하여 당시 가부장제적 가치관과 관습을 깨고 넘어서는 모습을 볼 수 있다. 유명한 논문 〈예수는 페미니스트였다〉에서 남성 신학자인 레너드 스위들러Leonard Swidler는 페미니스트를 "여성의 남성과의 평등을 지지하고 촉진하는 사람, 여성을 남성과 마찬가지로 한 사람의 인간으로 대하고 그러한 사고를 지지하는 사람"이라고 규정한다. 이 개념 규정에 따르면 예수는 페미니스트였다. 스위들러는 복음서에 나타난 여러 사건을 분석하면서, 고도의 가부장제적 사회에서 예수가 여성과의 관계를 통해 보여준 것은 예수가 '급진적 페미니스트radical feminist'라는 사실이라고 결론을 내린다.[1]

물론 예수가 페미니스트였다는 주장을 회의적으로 바라보는 견해도 있다. 예를 들어 예수가 12명의 남성만 제자로 택한 점, 가부장제를 직접적으로 비판하지 않은 점 등을 들어서 예수가 페미니스트라는 주장에 반론을 제기한다. 그러나 기독교의 경전으로 택해지지 않은 많은 역사적 사료들에 의하면, 예수에게는 12명의 남성 제자들뿐만 아니라 그 열둘에 포함되지 않은 남성들을 비롯해 많은 여성 제자들이 있었다.

즉 '12'라는 숫자와 '남성'이라는 성에 집착하는 것은 예수의 의도가 아니라 유대·남성중심적 시각을 벗어나지 못한 성서 편집자들의 의도라는 것이다. 예수를 따르던 여성 제자들과 사도들의 행적을 보여주는 다양한 사료가 경전을 채택하는 과정에서 제외됨으로써, 여성들의 활발한 활동은 가시화하지 못한 것이다.[2]

예수의 행적을 담은 네 개의 복음서에서 예수 복음의 핵심은 여성과 같은 사회적 소외계층에게 '기쁜 소식'으로서의 의미를 지녔다는 점이다. 따라서 복음의 비전은 기존의 종교적·사회적 질서를 새롭게 바꾸고자 하는 인습 타파적인 변혁의 특성을 띠고 있었다. 이러한 인습 타파적인 변혁적 특성 때문에 예수의 복음은 당시 종교적·사회적 지도자들에게 커다란 위협이었으며, 체제에 대한 저항으로 간주되었을 것이다. 이런 이유에서 예수가 죽음을 당한 것은 기존의 종교·정치체제를 계속 유지하고자 하는 지배계층의 강력한 욕구의 결과였다. 물론 이 복음서들이 성차별 문제를 특정한 문제의 범주로 삼지 않았다는 것은 분명하다.

그러나 "권세 있는 자를 내리치고, 비천한 자를 높이는"(《누가복음》 1: 52) 복음의 내용은 마리아와 같은 여성을 통해 전해졌다. 그 밖에 예수의 많은 비유들이 여성을 등장시킨다는 사실은 고도의 가부장제 사회인 유대 사회를 배경으로 하는 시대 상황에 비추어볼 때, 여성을 비로소 한 인간으로 존재하게 하는 여성해방적 메시지임이 분명하다. 가부장제라는 권력구조에서 '비천한 자'가 될 수밖에 없었던 여성들이 예수의 복음을 통해 '높여진다'는 것은, 결국 여성의 인간화인 여성해방의 차원으로 해석될 수 있다.

예수는 추상적인 원리가 아니라 다양한 비유와 이야기로 사람들을 가르쳤다. 그러한 이야기나 비유는 가부장제적 사회에서 여성에 대한 고정된 역할 이해나 관념을 넘어서는 예수의 탈가부장제적 가치를 분명히 보여준다. 예를 들어 두 자매인 '마르다와 마리아' 이야기(《누가복음》 10: 38~42)에 따르면, 예수는 당시 여성의 역할이었던 부엌일이 아닌 '배우고 토론하는', 이른바 '남성의 역할'을 택한 마리아에게 "참 좋은 몫을 택했다"고 말한다. 여성이 전통과 관습을 따르는 것이 아니라 스스로의 '선택'에 따라 자기 일을 결정하는 것의 중요성을 예수가 제시한 좋은 예이다. 또한 예수가 유대인이 아닌 이방인이며 창녀라고 일컬어지는 하층민 여성인 '사마리아 여인'(《요한복음》 4: 5 이하)과 장시간에 걸쳐 나눈 대화는 한 개인과 예수의 가장 긴 신학적 토론이었다고 할 수 있다. 유대인이며 남성인 예수가 이방인이며 여성인, 그것도 하층민인 사마리아 여인에게 말을 걸고 대화를 나눈 일은 당시 유대 사회에서는 불가능한 일이었다. 그래서 예수의 제자들마저도 예수의 이 같은 행동을 이해하지 못하고 '기이하게 여겼다'고 한다.

예수는 자신의 고향에서, 자신의 가족에게서, 종교 지도자들에게서, 자신의 남성 제자들에게서 버림받았다. 그를 따르던 남성 제자들은 예수가 죽음을 맞이하는 최후의 순간에 예수를 부인하거나, 예수의 비참한 최후에 좌절하면서 예수를 떠난다. 예수가 십자가에 못 박히는 최후의 순간까지 예수를 지켜보고 예수와 함께한 이들은 예수를 따르던 여성들이었다. 부활한 예수를 최초로 만난 사람도 여성이라는 사실은 예수의 삶과 그가 전한 복음이 여성에게 어떤 의미인지를 보여주는 중요한 점이다. 예수는 "지극히 작은 자에게 하는 것이 신에게 하는 것"이라고 한다. 즉 외적인 조건과 상관없이, 아주 비천해 보이는 인간일지라도 그들과 책임성·환대·연대·사랑을 나누는 것이 신에게 하는 것과 같다고 하는 예수의 가르침(《마태복음》 25장)은 인간의 평등성에 대하여, 그리고 종교의 존재 의미에 대하여 깊은 통찰을 준다.

신의 나라가 이 땅 위에 이루어지는 것은 모든 인간의 존엄성과 평등이 실현되어 '정의가 강물같이 흐르는' 정의로운 사회의 도래이다. 신을 믿는다는 것은 이러한 신의 나라를 건설하는 데 동참하는 것이다. 따라서 예수의 죽음 후에 형성된 초기 기독교 공동체는 당시 유대교회와 달리 여성을 동등한 구성원으로 받아들이는 '평등공동체'였으며, 예수의 제자가 됨은 '평등의 제자직'이었다. 이 초기 기독교 공동체에서 여성은 남성과 동등하게 예수의 가르침을 읽고 배우고 가르쳤다. 또한 성에 근거하여 역할을 구분하지 않고, 각자의 개성과 은사charisma에 따라 공동체 안에서의 역할을 분담했다. 여성도 남성과 마찬가지로 다양한 종교적 역할을 수행했으며(《사도행전》 2: 17 참조), 이러한 공동체는 모든 것을 함께 나누는 '나눔과 평등의 공동체'였다.

유대의 가부장제적 사고와 관습을 넘어서는 예수의 가르침과 행적을 보면, 예수 운동으로서의 초기 기독교 공동체가 당시 사회적·종교적으로 배제되고 소외되었던 여성을 동등한 구성원으로 포용하는 '평등공동체'를 형성한 것은 자연스러운 결과인지도 모른다.

예수의 죽음 이후 바울은 곳곳에 공동체를 형성함으로써 기독교 교회의 초석을 놓는다. 흔히 바울은 여성의 종속적인 위치를 정당화한 인물로 평가되기도 한다. 그러나 쉬슬러 피오렌자의 분석에 따르면, 다른 한편으로 역사적 바울historical Paul은 여성의 지도력을 수용하고 활성화함으로써 '포괄적 기독교inclusive Christianity'의 의미를 받아들이고 실천한 인물이다. 여성은 교회 지도자 또는 순회 복음 전도자로 활동했다. 교회의 지도자들에게 쓴 인사말에서 바울은 18명의 남성과 16명의 여성을 교회 지도자에 포함시킨다(《로마서》 16장). 이 점은 초기 기독교 공동체에서 여성이 지도자로서 역할을 수행했으며, 바울은 그 여성들의 지도력을 수용하고 인정했다는 것을 시사한다. 바울은 여성의 지도적 역할을 수용하고 "그리스도 안에서 남성과 여성이 하나"(《갈라디아서》 3: 28)라고 선언함으로써, 사실상 가부장제적인 성적 구분을 넘어서는 비전을 제시했다고 할 수 있다.

바울이 말했다고 전해지는 여성 종속적인 성서의 본문들은 바울의 모호한 태도를 보여주기는 한다. 그러나 실제로 이러한 성차별적 본문들을 실제로 바울이 쓴 것인지, 또는 후대에 첨가되거나 편집된 것인지는 아직도 논쟁으로 남아 있다. 그러나 분명한 것은, 바울 이후 기독교 교회는 대립적인 두 방향, 즉 가부장적 기독교와 평등주의적 기독교라는 두 방향으로 전개되었다는 사실이다.[3]

2) 초대 기독교 이후의 두 방향

바울 이후 초기 기독교 공동체는 각각 정통성을 주장하면서 두 방향으로 전개된다. 하나는 여성과 남성을 그리스도 안에서 모두 평등한 존재로 받아들이고, 하나님에게 받은 은사에 따라 각자의 역할을 수행하는 '평등주의적' 전통을 지켜가는 기독교이다. 다른 하나는 좀 더 제도화·조직화한 형태로, 교회 운영에서 카리스마보다는 제도화한 교회의 직제에 따라 역할을 수행하는 '가부장제적·위계주의적' 기독교이다.

평등주의적 전통을 고수하는 기독교는 점차 금욕주의적 양태를 띠게 되었다. 특히 여성은 기독교 신앙을 받아들이면서 가부장제적 억압과 권위로부터의 해방을 경험했으며, 당시 여성에게는 운명적인 것과 같은 결혼을 거부함으로써 가부장제적 제도들로부터 자유를 구가하는 삶을 살 수 있었다. 수도원 제도는 가부장제적 제도와 권위로부터의 해방과 자유를 인식한 여성으로 하여금 독립적인 수도자의 길을 추구하게 했다. 그 여성은 복음을 가르치고 전파하기 위해 자신의 집을 떠나는 자유를 누릴 수 있었다. 여성이 자신의 종교적 신념에 따라 독립적인 삶을 추구하도록 허용하는 기독교에서 여성은 가부장제적 제도를 벗어나 여성만의 수도원을 형성하기도 하고, 여러 영역에서 자신이 택한 봉사의 삶을 살기도 했다.

이렇게 여성과 남성의 지도력을 수용하는 평등주의적 교회와 달리, 제도적 권위와 조직을 강화함으로써 여성의 지도력을 배제하는 가부장제적 양태의 기독교도 있다. 이 기독교 교회에서 여성은 가르치는 일이나 어떠한 지도적 위치에서도 배제되었다. 이러한 여성 배제 전통은 《신약성서》의 〈목회서신〉이나 〈베드로전서〉에서 분명하게 나타난다. 여성은 아이나 노예처럼 가정에서 가부장제적 권위에 종속되는 존재이며, 가정에서 여성의 이러한 종속적 위치는 교회로까지 연장된다. "여자는 교회에서 잠잠하라"(《고린도전서》 14: 34~35 참조)라든가 "남자의 머리는 그리스도요, 여자의 머리는 남자"(《고린도전서》 2: 3)처럼 여성들의 종속적인 위치를 강화하는 성서 구절들이 실제로 바울이 직접 쓴 것인지, 후대 편집자의 편집인지 또는 다른 저자의 글인지는 여전히 논쟁적인 이슈이다.[4] 이런 구절은 후대에 첨가한 것일 가능성도 배제할 수 없다. 바울은 일찍이 여성이 교회 안에서 예언하고(《사도행전》 2: 17~18) 가르치는 것을 자연스럽게 인정했기 때문이다.

바울이 직접 언급했든 후대의 다른 저자가 첨가하거나 서술했든, 그자체가 중요하지는 않다. 중요한 사실은, 성서의 이러한 구절이 기독교 역사에서 여성의 종속적인 위치를 신적 질서Divine Order로 정당화하는 성서적 근거가 되었으며, 지금도 많은 교회에서 이러한 성서 구절을 근거로 여성의 부차적·종속적 위치가 자연스럽게 재생산되고 있다는 점이다. 예수를 중심으로 형성된 평등공동체가 하나의 운동으로서의 양태에서 점차 제도화한 종교 양태로 자리 잡아가면서, 기독교는 크게 급진적 형태의 평등주의적 기독교와 보수주의적 형태의 가부장제적 기독교로 양분된다. '기독교'라는 동일한 종교 안에서도 페미니스트 신학이나 해방신학처럼 급진적 평등과 정의를 요구하는 '평등주의 기독교'가 있는가 하면, 여성의 부차적 위치를 끊임없이 신학적·존재론적으로 정당화하려는 보수적인 근본주의적 '가부장제적 기독교'가 있는 것이다.

3. 교부 시대와 중세 속 기독교와 여성

어느 종교든 초기에 평등주의적 사상을 지닌 종교가 그 평등성의 원리를 꾸준히 수용하고 실천한 경우는 매우 드물다. 초기 형성 과정에서의 평등적·해방적 비전은, 그 종교가 제도화하고 사회에 안정적으로 뿌리내리면서 사라지거나 변질된다. 그 사회에서 안정된 위치를 확보하기 위해 종교는 그 사회의 가부장제적 관습과 구조와 가치를 수용하기 때문이다. 그 종교는 여성에 대한 지도력 배제와 남성 종속을 제도화하는 남성중심적 모습으로 경직되기 시작한다. 즉 초기의 유토피아적 이상이 제도화하면서, 남성의 특권과 권위를 지속하고 강화하는 가부장제적 사회의 가치를 수용하여 이데올로기화하는 것이다. 예수의 가르침과 윤리를 삶 속에 실천하며 살고자 모인 예수 공동체가 콘스탄티누스 대제 이후 제도적으로 공인받은 종교가 되면서, 기독교 역사에는 기독교를 변증하기 위한 교부教父: Church Father 신학이 등장했다.

기독교의 이러한 '신학화'는 기독교가 다양한 측면에서 제도적인 틀을 잡게 했지만, '예수 운동'으로서의 생동성과 개방성이 경직되고 왜곡되는 계기가 되기도 했다. 특히 여성문제와 관련해서 볼 때, 교부들은 여성이 남성보다 열등한 존재이며 남성을 죄에 빠뜨리게 하는 위험한 존재라는 여성혐오사상을 신학화하는 역할을 했다. 서구에서 여성혐오사상은 철학적이며 신학적인 기원을 두고 있다. 여성이 열등한 존재라는 여성혐오사상의 첫 번째 이해는 아리스토텔레스의 생물학에서 유추되었으며, 악을 불러오는 위험한 존재라는 두 번째 이해는 성서의 이브를 근거로 삼는 신학적 주장에 의해 형성된다. 여성혐오사상이 역사적으로 극대화한 경우는 중세 유럽의 '마녀사냥Witchhunting'에서 볼 수 있다.[5] 이와 같은 여성혐오의 신학화를 바탕으로, 여성의 종속적인 위치가 신의 창조질서이며 따라서 운명과도 같은 자연적인 섭리라는 사상이 체계화했다.

대부분의 교부들은 인간과 세계를 이원론적으로 이해했다. 이원론적 인간 이해는 남성을 고귀한 '정신'에 속한 존재로, 여성을 비천한 '육체'에 속한 존재로 간주하면서 여성에 대한 왜곡된 이해를 이론적으로 체계화한다. 즉 여성과 남성의 관계는 육체와 정신·영혼의 관계와 동일하다고 보는 남성중심적인 이원론적 관점에서 인간을 이해하는 것이다. 예컨대 대표적인 교부신학자 가운데 한 사람인 아우구스티누스Augustinus는 여성은 천국에서조차 남성에게 종속되어 사는 존재라고 믿었다. 남성을 가장 표준이 되는 인간의 전형으로 간주함으로써 여성을 열등하고 불완전한 타자, 즉 '제2등 인간'으로 고착시켰다. 또한 테르툴리아누스Tertullianus는 여성을 '악마의 통로Devil's Gateway'라고 지칭함으로써 여성

혐오의 극치를 보여준다.[6]

남성우월주의적인 이분법적 인간 이해는 중세에 들어와 토마스 아퀴나스 같은 신학자에 의해 더욱 본격화한다. 아퀴나스는 아리스토텔레스의 생물학적인 전제를 그대로 수용한다. "여성과 남성의 관계에서 불평등은 영원한 것"[7]이라고 한 아리스토텔레스는 생명 창출에서 인간은 남성의 정자에 의해 만들어지고, 여성은 남성에 의해 만들어지는 완전한 생명체를 담아주는 역할만 한다고 보았다. 그 완벽한 생명체에 결함이 있을 때 그것이 여성이 된다고 봄으로써, 여성은 '결함 있는 남성defective male'이라고 규정했다. 아리스토텔레스의 이 같은 생물학적 전제를 그대로 받아들인 아퀴나스는 아리스토텔레스와 마찬가지로 여성은 '잘못된 남성misbegotten male'이라고 전제했다. 여성은 생물학적·심리적으로 남성보다 열등한 존재라고 본 것이다.[8] 교부 시대와 중세의 철학과 신학을 거치면서 형성된 이러한 왜곡된 인간 이해는, 여성이 도덕적으로나 인식론적으로 남성보다 열등한 탓에 자기 통제력이나 합리적인 능력을 갖추지 못한 존재라고 규정했다.

여성과 남성의 평등성을 수용하는 '평등주의적 기독교'는 이 시대에 점차 주변화하면서 수도원주의의 양태로 간신히 남게 된다. 결과적으로 주류 기독교는 강력한 가부장제적 모습을 굳히게 되었다. 여성은 수도원 운동을 통해 남성중심적 결혼제도와 성적 요구를 거부할 수 있었다. 또한 독신과 금욕주의의 삶을 택함으로써 가부장제적 사회제도나 결혼제도를 거부하는 대안적 삶을 선택할 수 있었다. 그들은 예수가 곧 재림하리라는 종말론적 사상을 지녔는데, 이 종말론적 사상은 종말론적 평등성의 의미를 띠는 것이기도 했다. 예수 그리스도는 남성만의 메시아가 아니라 여성과 남성, 부자와 가난한 자 등 '모든' 인간의 메시아이기 때문이다.

적어도 12세기까지는 좀 더 자율적인 형태의 여성 수도원이 존속한 것으로 보인다. 여성 수도원은 여성이 모든 것을 스스로 주관하는 여성의 세계였다. 여성 수도원장은 지주계급의 직함과 권한을 갖고 그 지역 사람을 통치하고, 화폐를 발행하며, 군대를 만들기도 했다.[9] 또한 여성 수도원은 자체에 학교와 도서관을 갖춘 독립적인 교육기관 역할을 했으며, 여성은 이 수도원 교육을 통하여 신학적인 글뿐만 아니라 연극·시·의학 등 다양한 장르의 글을 펴낼 수 있었다.[10]

그러나 중세 말기로 접어들면서 여성 수도원의 독립성은 교회의 남성 지도자에게 통제받기 시작한다. 수도원 안에 있던 학교와 도서관이 공식 교육기관으로서의 대학으로 이전되면서 여성이 대학에서 배우는 것은 금지되었으며, 결과적으로 여성 수도원을 통한 여성의 교육이 쇠퇴했다. 또한 독립적인 형태로 유지되던 여성 수도원은 점점 남성 감독이나 신부의 통제를 받았으며, 결과적으로 여성 수도원의 독립성을 제한받게 된다. 여성 수도자들의 고해성사를 위해 남성 신부가 파송되고, 남성 신부들이 수도원의 재정에 개입하기 시작했다. 그리하여 여성 수도자가 교회의 남성 신부나 수도사에게 종속되는 위계적 제도가 강화되었다.[11]

독립성을 유지하던 여성 수도원에 대한 제한과 통제가 강력해지자, 중세 말기에 여성의 기독교 공동체들이 새롭게 등장한다. 이 새로운 공동체를 형성하는 여성은 도시 상인이나 노동자 계층에 속하는 여성으로, 간단한 서약을 거쳐 공동체에 가입하고 자신들이 육체노동을 해서 생계를 꾸려나가기도 했다. 교회의 남성 지도자들은 여성들만의 기독교 공동체를 이단으로 정죄하거나 의심했다. 어떤 공동체는 이러한 정죄와 저주가 두려운 나머지 남성 지도자들의 보호와 인정을 받기 위해, 독립적인 여성들의 공동체를 꾸리고자 했던 본래 취지를 수정하거나 스스로를 제한하기도 했다.

그러나 다른 한편으로는 더욱 자유롭고 예언자적인 기독교를 회복하려는 개혁운동이 대중적으로 나타나기 시작했다. 발덴지안Waldensians 같은 공동체는 여성과 남성의 평등공동체로, 여성들은 남성들과 똑같이 자신의 종교적 지도력을 행사할 수 있었다. 이 같은 남녀평등공동체는 여성과 남성 모두에게 설교하거나 가르칠 수 있는 역할 등 다양한 지도적 기능을 동등하게 인정하고, 단순성과 청빈의 삶을 추구함으로써 초기 기독교 정신을 회복하려 했다.

당시 여성에게 설교자 역할을 인정한다는 것은 가히 혁명적인 일이어서, 교회의 남성 지도자들이 어떤 공동체를 평가할 때 여성 설교자의 유무로 이단인지 아닌지를 판가름하기도 했다. 여성 설교자를 인정하는 '발덴지안' 같은 공동체는 기독교 주류에 의해 이단으로 규정되었으며, 이 '발덴지안' 공동체에 속한 여성 설교자들은 마녀로 규정되었다.[12] 종교적 집단이든 정치적 집단이든, 기존의 권력집단이 자신들의 권력구조를 강화하고 지속하기 위해 수단과 방법을 가리지 않았다는 사실은 이러한 인류의 역사가 잘 말해준다.

결국 중세 기독교는 가부장적이고 위계적인 제도를 확립한 주류 기독교와, 제도권 기독교로부터 이단시되는 소종파sect 형태의 대중적인 기독교 또는 수도원 형태를 띤 개혁운동의 기독교라는 두 형태로 양분되었다고 할 수 있다. 중세 말 종교개혁을 거치는 과정에서 개신교와 가톨릭으로 양분되고, 기독교 내의 소종파 운동이 더욱 소외되면서 또 다른 의미의 양분화 경향이 강해졌다.

4. 종교개혁과 여성

종교개혁이 여성에게도 개혁적이고 해방적이었는가는 단순하게 대답할 수 있는 문제가 아니다. 그러나 분명한 것은, 종교개혁이 기독교 여성의 독립적인 종교생활의 폭을 오히려 제한했다는 사실이다. 종교개혁이 일어날 무렵 여성은 교회적으로뿐만 아니라 사회정치적으로도 종속적인 위치에 놓여 있었다. 15~17세기에 걸쳐 민족국가가 탄생하면서 아이러니하게도 일부 여성이 봉건제도 아래에서 누렸던 경제적이고 정치적인 권리마저 상실하게 되었다. 더욱 단일화한 시민권 개념은 이러한 여성의 권리마저도 박탈했다.[13] 또한 경제적인 변화는 의술, 산파, 약제술처럼 여성이 독립적으로 활동하던 전문적인 직업에서도 여성을 제한하기 시작했다. 여성에게는 사적 영역인 가정에서의 삶만이 가능해짐으로써 여성은 점점 더 남성에게 경제적으로 의존하게 되었다.

무엇보다 큰 변화는 주류의 종교개혁 교회들이 초대 교회와 중세에 독립적인 여성의 영역이었던 독신주의와 수도원주의를 폐지했다는 점이다. 이런 과정을 거치면서 독립적인 삶을 추구하던 여성이 개신교 성직자 영역에서 수용되지 않았고, 결국 종교개혁을 통해서는 여성이 선택할 수 있는 독립적인 삶의 영역만 폐지된 것이다. 결과적으로 종교개혁 이후 개신교 기독교에서 여성에게 가능한 삶이란 오직 결혼해서 가정 안에 머무르는 것밖에 없었다.

특히 '오직 성서로만sola scriptura'의 원리로 교회의 절대적인 권위를 상대화한 개신교는 이전의 기독교 교회가 자리 잡고 있던 절대적인 권위의 자리에 성서를 대체했다. 그럼으로써 가부장적인 성서 해석이 절대적 권위를 누리게 되며, 여성은 오히려 '성서의 이름으로' 배제되고 종속되는 상황이 구체화하고 신학화하기 시작했다.

　신이 아담의 갈비뼈를 취하여 이브를 창조했다는 성서의 두 번째 창조론과 이브의 선악과 이야기는 여성의 종속적인 위치와 죄성을 주장하는 전형적인 예가 되었다. 성서의 첫 번째 책인 〈창세기〉에는 각각 다른 두 종류의 창조 이야기가 있다. 〈창세기〉 1장에 첫 번째로 나오는 창조 이야기에서 신은 남성과 여성을 자신의 형상대로 창조하는데, 이 과정에는 순서가 없다. 여성이 남성과 동등한 위치에서 신의 형상으로 지음 받은 존재로 나오는 것이다. 이 창조 이야기는 근대 여성해방운동에서 여성의 존재론적 평등성을 주장하는 인식론적 근거가 되었다. 그러나 2장에 나오는 두 번째 창조 이야기에서는 신이 남자인 아담의 갈비뼈를 취하여 여자인 이브를 창조하는데, 이 두 번째 창조 이야기가 여성의 종속적인 위치를 주장하는 성서적 근거로 사용되는 것이다.

　그래서 종교개혁을 주도한 마르틴 루터Martin Luther는, 천국에서는 아담과 이브가 본래적으로 평등했는데 인간이 타락한 이후 타락의 주도자인 여성은 종속적 위치로 전락하게 되었다면서, 여성의 종속성이 여성 자신의 죄성 때문에 야기된 것처럼 주장했다. 인간의 타락 이후 남편은 가정과 국가를 지배하고, 여성은 벽에 박힌 못처럼 집에서 집안일을 돌봐야 한다는 것이다. 루터는 여성이 집 밖의 일을 관할할 능력을 박탈당했으며, 이브는 이러한 방식으로 신에게 처벌받았다고 본다.[14]

　마르틴 루터나 칼뱅John Calvin 같은 종교개혁자들은, 독신보다는 결혼이 기독교적으로 더 바람직하다고 주장한다. 결혼은 출산을 위해서만 존재한다고 보았던 중세 기독교의 결혼관을 바꾼 것이다. 결혼은 종족을 보전하는 수단일 뿐만 아니라 인간의 다양한 욕망을 다루는 것이며, 서로에 대한 의무와 사랑을 나누는 것으로 이해되었다. 종교개혁가들은 결혼을 더 이상 성사聖事의 개념으로 다루지 않았기 때문에 개신교에서는 이혼이 가능해졌고, 가정에서 여성의 역할은 그 중요성이 더욱 강조되었다. 가사노동이나 여성의 역할을 신으로부터 받은 '소명calling'으로 절대화하여 해석하기 시작함으로써, 종교개혁 이후로는 여성들이 결혼하면 더더욱 사적인 영역에만 머물러야 한다는 가부장제적 이데올로기를 강화하는 데 적용되기도 했다. 이전에 '소명'은 성직자들에게만 적용되었는데, 종교개혁가들이 이러한 폐쇄적인 소명 개념을 확장하면서 가정의 일도 이 범주에 들어가게 된다. 결과적으로, 여성이 전통적으로 가정에서 주어진 일을 하는 것에 아무런 이의도 제기할 수 없게 만든 것이다.

여성의 수도원적 삶의 가능성의 폐지는 결국 여성의 자율적인 선택 영역을 차단했으며, 결혼을 여성에게 가능한 유일한 삶의 구조로 받아들이게 했다. 종교개혁 이후 개신교 여성은 극도로 이상화한 가정의 울타리에서 '소명'이라는 의미를 부여받은 가사노동과 양육 전담자로서의 삶만을 선택할 수 있었던 것이다. 물론 종교개혁은 여성에게 교육의 기회를 제공하는 긍정적 역할을 하기도 했다. '신앙의 학교'라고 간주되는 가정에서 '양육 전담자'인 여성은 동시에 '교육 전담자'가 되어야 하므로, 여성이 자녀들을 가르칠 수 있도록 교육을 받아야 한다는 요구가 강해졌다. 이와 같은 이유에서 여자아이도 남자아이와 마찬가지로 읽기, 쓰기, 산수, 교리 등을 배우기 위해 공공교육을 받도록 허용되었다.[15] 인간으로서의 자기계발이라는 교육철학에 의해서가 아니라, 이른바 '현모양처'가 되기 위해 교육을 받아야 한다는 전제 아래 여성에게도 공교육의 기회가 열린 것이다.

여성들은 이처럼 다양한 제약을 받았음에도 불구하고, 기독교의 평등주의적 원리들을 근거로 기존의 가부장제적 기독교의 제도에 저항하는 시도를 멈추지 않았다. 어떤 여성은 개인적으로, 어떤 여성은 새로운 평등공동체를 형성하여 집단적으로 이러한 가부장제적인 제약을 극복하고 기독교의 평등주의적 메시지를 삶 속에서 실천하고자 했다. 예를 들면 17세기 중반에 '퀘이커파Quakerism' 또는 '친우회Society of Friends'라고 불리는 기독교의 한 종파가 출현했다. 이 종파는 영적 측면뿐 아니라 공공 영역을 포함하는 제도적 측면에서도 여성과 남성이 동등하다고 보는 시각을 적용한 남녀평등적 교파라고 할 수 있다.

조지 폭스George Fox에 의하여 출발한 이 모임은, 나중에 그의 아내가 된 마거릿 펠Margaret Fell이 자기 집을 퀘이커교도들을 위한 집회 장소로 개방하고 이 종교운동을 옹호하는 글을 씀으로써 더욱 활발하게 확산되었다. 마거릿 펠은 《정당화하고, 입증되고, 허용되는 여성의 설교Women's Speaking Justified, Proved and Allowed》(1667)라는 책에서, 여성은 남성과 마찬가지로 신의 형상으로 창조되었으며, 그러므로 인간으로서의 평등·존엄성·가치를 지닌다는 '평등성의 신학'을 전개했다.

퀘이커는 여성 설교자를 허용했을 뿐만 아니라 교회 운영이나 결혼 등에서도 남성과 여성의 동등한 위치를 반영했다. 특히 퀘이커가 여성에게 설교를 하게 한 것은 무척이나 혁명적인 일이었다.[16] 또한 퀘이커는 여성이 글을 깨치는 것을 강조하고, 여성의 모든 모임은 자세한 보고서를 작성시켜 돌려봤기 때문에, 이런 훈련을 바탕으로 퀘이커 여성들의 상당수가 자신의 신앙을 변증하는 글을 출판하기도 했다. 그리고 여성 설교가로 활동하던 여성은 여러 분야에서 사회적·종교적으로 눈부신 활약을 펼쳤다.

여성과 남성의 동등한 독립성과 평등성을 확립하려는 기독교 내부의 운동들은 새로운 종파의 형태로, 또는 새로운 토론 모임의 형태로 다양하게 나타났다. 그들은 교회의 종교재판에서 이단으로 몰려 고문을 당하는 등 박해를 받거나 마녀로 몰려 죽음을 당하기까지 하면서도, 신에 의해 평등하게 창조된 여성의 권리와 자유를 종교적으로 실현하기 위해 투쟁했다.[17] 종교개혁 이후 근대 이전까지 기독교 안에는 가부장제적 교회 전통을 확고히 하려는 주류 교회들과, 이러한 왜곡된 기독교 이해에 저항하여 교회 제도와 조직, 설교, 신학에서 평등주의적 전통을 반영하고 실천하려는 소종파형의 여러 기독교 운동이 공존하면서, 집단적 여성운동이 가시화하는 근대로 이행하게 된다.

5. 근대 기독교와 여성

기독교 안에는 여성의 평등성과 관련하여 대립되는 두 가지 입장이 있다. 하나는 창조의 질서와 연관된 가부장제적 질서를 옹호하는 입장이다. 다른 하나는 여성과 남성이 신에 의해 평등하게 창조되었다는 존재론적 평등성, 그리고 그리스도 안에서 누구나 구원받을 수 있다는 구속론적 평등성을 강조하는 입장이다. 이러한 창조의 불평등성과 구속론적 평등성이라는 대립적 입장이 지닌 딜레마는 19세기 기독교 운동들에서 극복되기 시작했다고 볼 수 있다.

19세기의 기독교 운동들은 계몽주의에 의하여 창조신학과 가부장제의 연관성을 비로소 끊어내게 되었다. 계몽주의 사상은 '신의 형상 *imago dei*'의 창조론이 창조의 '본래적 질서'라고 강조함으로써 모든 인간은 신의 형상으로 평등하게 창조되었으며, 따라서 한 인간이 다른 인간을 지배할 아무런 근거가 없다고 보았다. 모든 인간은 인간의 본성인 이성과 자유의지를 동일하게 향유해야 하며, 모든 창조물을 통치할 권리가 있다는 것이다. 계몽주의의 이러한 '개체적 존재'로서의 인간 이해는 기독교적 인간 이해와 만나는 것이며, 모든 인간이 신에게 부여받은 똑같은 본성을 향유하기 때문에 인간의 권리도 똑같이 향유해야 한다는 자유주의 사상을 낳았다.

또한 계몽주의는 영적인 평등성만 주장하는 영지주의Gnosticism적 사고를 깨고 그 영적 평등성을 사회정치적 영역으로까지 확대함으로써, 인류의 죄가 이러한 평등성을 파괴하는 계층주의적 사회질서에 있음을 분명히 했다. 계몽주의 사상은 근대의 기독교인들이 그리스도 안에서의 구속과 평등성이라는 기독교적 관점을, 권리와 기회의 평등주의적 정의의 방향으로 사회질서를 개혁해야 하는 것으로 이해하게 했다. 구원이란 더 이상 하늘에서만 가능한 타계적인 것이 아니며, 또한 시민적 질서나 가족의 질서를 초월하는 소종파적인 종말론적 공동체에서만 가능한 것이 아니라는 것이다. 오히려 인간이 구원받는다는 것은 모든 인간이 정치적 권력과 경제적·문화적 기회를 균등하게 누릴 수 있는 사회적·가족적 질서를 향한 개혁으로 이해되었다. 이렇게 창조와 구원에 대한 이해를 둘러싼 신학적인 대전환은 19세기 자유주의 신학의 기본 출발점이 되었을 뿐만 아니라, 근대 페미니즘과 페미니스트 신학의 기본 전제가 되었다.

계몽주의 사상을 전제로 하는 자유주의 페미니즘의 줄기는 1830~1840년 미국에서 노예제도 폐지 운동을 기점으로 가시화한다. 특히 자매 사이인 세라 그림케와 앤젤리나 그림케, 루크레티아 모트Lucretia Mott, 엘리자베스 캐디 스탠턴, 수전 앤서니Susan B. Anthony 등의 여성들은 노예제도 폐지 운동으로부터 여성운동을 시작했다. 이들은 계몽주의 사상의 영향을 받은 자유주의 신학적 노선을 따르는 전형적인 기독교 페미니스트 신학운동가라고 볼 수 있다. 대부분 개신교도인 이들은 신의 형상을 따라 모든 인간이 창조되었다는 기독교 창조론을 바탕으로 흑인 노예와 여성의 평등성을 주장함으로써, 미국에서 근대 페미니즘의 초석을 놓았다.

당시 여성이 집단적으로 모여서 자신의 의견을 표현할 수 있는 유일한 자리는 교회였는데, 교회는 여성에게 사회변혁에 참여할 수 있는 정신적 원리를 제공한 곳이기도 했다. 그렇기 때문에 미국의 여권운동이 1848년에 처음으로 공식적인 모임을 개최한 장소도 뉴욕주 세네카 폴스에 있는 '웨슬리 감리교회'였다는 사실은 우연이 아니다.[18] 미국 여성운동의 효시가 된 1848년 '전국여성권리대회'에서 작성된 〈여성권리선언Declaration of Rights of Women〉은 기독교 창조론에 대한 자유주의적 해석에 기초를 두었다. 이 선언문은 미국의 〈독립선언문〉에 근거하여 만들어졌지만, 여성의 인간으로서의 권리를 분명히 밝힘으로써 여성의 인간으로서의 권리가 신에 의해 주어진 것임을 천명한다. 캐디 스탠턴이 초안을 작성한 〈여성권리선언〉은 다음과 같이 시작된다.

> 우리는 다음과 같은 사실들을 자명한 진리로 받아들입니다.
> 모든 남성과 여성은 평등하게 창조되었으며, 창조주로부터 생명, 자유, 행복의 추구 등과 같은 인간의 절대적인 권리를 똑같이 부여받았습니다.[19]

이 선언문은 교회 제단의 남성 독점을 하루빨리 폐지하라는 것을 마지막 결의항목으로 택한다. 그럼으로써 교회를 교육권·직업권·결정권과 같은, 여성의 인간으로서의 권리를 확장하기 위해 개혁해야 할 가부장제적 사회기구 중의 하나로 보았다. 교회에서 여성의 동등한 권리에 대한 이러한 요구는, 1853년 최초로 여성이 목사 안수를 받음으로써 실현되기 시작했다. 여성에게 최초로 입학을 허용한 신학대학인 오벌린 칼리지Oberlin College의 졸업생 앤트워네트 브라운Antoinette Brown은 회중교회의 목사로 안수를 받음으로써 미국 역사상 최초의 여성 목사가 된다.

그러나 19세기에 평등주의적 기독교는 여성과 남성의 상이성과 그 보충적 품성을 강조하는 또 다른 운동에 의해 혼돈을 경험한다. 여성과 남성의 상이성을 강조하는 이러한 인간론에 따르면, 여성은 결코 열등하지 않다. 오히려 여성은 여러모로 남성보다 우월하지만, 단지 남성과 다를 뿐이다. 여성성은 사랑·이타주의·영성·경건성과 동일시되며, 남성성은 합리성·힘과 동일시된다. 또한 여성적인 덕을 기독교적인 덕과 동일시하며, 기독교나 여성은 모두 공적 영역에서 벗어난 사적 영역에 있다고 본다.

이러한 관점은 점점 중산층 여성을 목적에 맞게 만드는 '길들임domestication'을 가능하게 했고 종교의 사유화를 조장했다. 이른바 '여성적 덕'의 고양을 통해 여성의 권리나 평등을 위한 사회적 운동은 부질없는 반反성서적인 것이라고 가르쳤다. 여성을 '가정의 천사'라고 예찬함으로써 교회의 남성 지도자들은 여성을 '낭만적으로 왜곡'한 것이다. 여성에 대한 이 같은 왜곡된 낭만화는 남성 목회자와 신학자뿐 아니라 가부장적 가치를 내면화한 여성 스스로에 의해서도 주장되어, 여성의 평등을 위한 사회적 운동이 기독교적으로 적절하지 못한 것으로 이해하게 했다.[20]

여성과 남성에 관한 논의에서 인간으로서의 공통성에 초점을 두는가 아니면 상이성에 초점을 두는가는 현대의 페미니즘에서도 여전히 논쟁적인 이슈이다. 19세기에는 이러한 논의가 기독교나 사회의 보수주의자들에게 역이용되어, 여성의 이타주의와 경건성이 공적 활동에 맞지 않는 것으로 주장되었고, 그 결과 여성이 가정에 머물러야만 한다고 정당화하는 주장으로 이용되었다. 여성이 남성보다 더욱 경건하고 덜 이기적이라는 찬양이 실질적으로는 여성을 공적 영역에서 배제하기 위한 가부장적인 이념적 기제로 이용된 것이다. 이러한 경향은 '여성성의 고양'을 주축으로 하는 현대 급진주의 페미니즘 담론에서도 여전히 위험한 덫으로 남아 있다고 생각한다.

흥미롭게도 '여성 기독교 절제회Women's Christian Temperance Union' 같은 기독교 여성운동단체에 속한 여성들은 보수주의적 관점을 넘어, 이른바 여성적 덕목이야말로 공적 영역에서 요구되는 덕이라고 주장하기도 했다. 이들 개혁주의적 기독교 페미니스트는 여성이 남성보다 도덕적으로 우월하다는 보수적인 전통적 주장을 이용하여, 그 전통적 주장을 여성 억압의 정당화가 아니라, 전쟁 폐지와 같은 사회개혁의 도구로 삼고자 한 것이다. 뿐만 아니라 인간으로서의 여성의 평등성과 여성으로서의 도덕적 우월성에 근거하여 여성의 권리를 주장했다.[21]

이상의 논의에서 조명한 바와 같이, 서구에서 19세기의 여성운동은 기독교의 창조론과 구속론에 근거하여 전개되었다. 19세기에 여성운동을 하던 여성들이 '페미니즘'이라는 용어는 사용하지 않았지만, 기독교 안에서 이와 같은 페미니즘 의식을 반영하는 개혁의 목소리를 꾸준히 내왔던 것이다. 그 결과 1853년에 여성의 지도자적 위치를 공식적으로 인준한, 여성의 목사 안수 허용을 필두로 여러 교단이 여성에게 안수를 주기 시작했다. 한국에서는 1931년에 감리교회가, 미국에서는 1956년에 감리교·장로교 같은 주류 개신교 교회들이 공식적으로 여성 안수를 허용했다. 또한 여성 안수의 문을 열지 않던 성공회가 1975년에 여성 안수를 허용함으로써 기독교 안에 새로운 개혁의 장이 펼쳐지기 시작했다. 보수적인 근본주의 개신교단들과 동방정교회, 그리고 로마 가톨릭교회만이 아직도 여성 안수를 허용하지 않는 기독교로 남아 있다.

여성에게 안수를 허용하는 미국 개신교 신학대학들에서는 여성과 남성 신학생의 비율이 같아지고 있으며, 보수적인 신학대학에서도 신학을 공부하려는 여성 신학생의 수가 급격히 늘고 있다. 이러한 현상은 결국 신학을 가르치는 교수직에서 페미니스트 신학자와 목회를 하는 여성 목사가 늘어나고 교회의 변혁을 요구하는 여성이 증가하는 현실을 의미하는 것으로, 기독교 내부에서 이미 다양한 변화가 일어나고 있는 것이다. 이 같은 변화는 그저 우연적으로 일어난 것이 아니라, 기독교 역사에서 여성의 무수한 개인적·집단적 저항을 통해 가능했다. 이러한 저항운동은 기독교의 평등적 원리를 인식론적 출발점으로 하는 기독교 페미니즘Christian feminism을 탄생하게 했으며, 1960년대 이후 기독교 안에 다양하게 확산되었다.

기독교 페미니즘은 기독교 안의 남성중심적인 언어, 평등적인 교회의 제도나 구조 문제, 또는 교회의 전통이나 신학, 설교, 성서 연구 등에 자리 잡고 있는 여성에 대한 왜곡된 고정관념을 바꾸는 문제 등과 관련해 다양한 이론화 작업을 하고 그에 상응하는 실천적 요구를 하는 운동을 펼치며 기독교 안에서 개혁적인 변화를 추구하고 있다. 남성과 여성의 평등성을 실천하는 기독교의 모습을 회복하기 위해 요구되는 변혁은 기독교의 법, 규율, 예배문처럼 눈에 보이는 객관적 차원의 변화만을 의미하지 않는다. 신학·교리 등을 바탕으로 형성되는 의식이나 가치관처럼 보이지 않는 주관적 차원의 변화가 동반되어야 하는 것이다. 기독교 내부의 이러한 변혁운동은 강조점과 목적에 따라 다양한 기독교 여성운동단체들을 등장하게 했으며, 또한 다양한 신학적 재구성을 시도하는 '페미니스트 신학'의 출현을 가능하게 했다.

6. 한국의 기독교와 여성

어떤 종교건, 종교는 그것이 뿌리내리는 곳의 문화와 밀접한 관련을 맺게 마련이다. 따라서 기독교와 여성에 관한 논의는 서구와 한국의 정황에서 볼 때 분명 유사성이 있음에도 불구하고, 아주 대조적인 상이성을 띠게 된다. 즉 한국의 기독교는 한국 사회의 가치관이나 문화 구조의 영향을 받아 서구와는 다른 양상을 띠는 것이다.

앞서 논의한 기독교와 여성에 대한 문제는 기독교가 여러 종교 중 하나로 존재하는 한국 사회가 아니라, 기독교가 가장 주요한 핵심 종교로 자리 잡은 서구 사회를 중심으로 조명했다. 기독교 내부의 이러한 변화 양상을 아는 것은 거시적인 관점에서 기독교와 여성문제에 대한 이해를 더욱 폭넓게 하며, 미시적 관점으로 한국 상황을 이해하는 데 주요한 도구가 되기 때문이다. 서구 기독교의 여성문제와 한국의 여성문제가 어떤 면에서 불연속성을 지니고, 어떤 면에서 연속성을 지니는가를 면밀히 살펴보는 것은 한국의 기독교와 여성문제를 좀 더 포괄적으로 살펴보는 데 요청되는 시각이다.

가톨릭교회를 선두로 하여 한국에 들어온 기독교는 한국 여성에게 여러 가지 의미에서 혁명적인 변화를 가져왔다. 조선의 유교적 가부장제 아래 억압받는 삶을 살고 있던 여성들에게 기독교의 복음은 우선 예수를 믿으면 '누구나 구원받고 천국에 갈 수 있다'는 '구속론적 평등성'과, 누구나 다 신의 자녀라는 '존재론적 평등성'의 측면에서 충격적으로 다가왔다. 더욱이 기독교의 전래와 함께 들어온 서구식 교육기관과 교육제도는, 교회 교육과 공공교육기관을 통하여 여성에게 교육받을 기회를 제공함으로써 여성이 해방을 경험하게 했다. 여성이 한국 역사상 처음으로 공공교육을 받게 된 것이다. 또한 '교회'라는 집 밖의 공적 영역에서 남성과 함께 예배를 보고 성서를 배움으로써 사회적이며 지성적인 차원을 계발할 수 있는 기회를 얻었다. '예수 천당'이라는 단순한 구호로 전도되던 기독교의 구속론적 평등성 교리는 여성뿐 아니라 적자/서자, 양반/상민 등 유교적 차별구조에서 억압받아온 소외계층에게도 똑같이 구원의 가능성이 주어진다는 놀라운 혁명적 의미를 띠었다.

가톨릭이 전파되던 초기에 여성은 독신생활이나 동정생활을 하는 여성만의 동정녀 공동체를 이루어 함께 살면서 당시의 강력한 가부장제적 결혼제도를 거부하고, 독립적인 삶을 선택할 수 있는 가능성을 열었다. 이렇게 독립적인 삶의 가능성이 열리면서 여성들은 유교적 가부장제의 억압적 구조를 기독교적 평등의 원리로써 극복하고자 했다.[22] 또한 누구의 아내, 누구의 어머니 등으로만 불리던 많은 여성들이 교회에 등록하면서 새로운 이름을 갖게 됨으로써, 자신의 고유한 이름을 소유하는 주체적인 경험을 하게 되었다.[23]

기독교를 자신의 종교로 받아들인 여성들은 다양한 사회개혁운동을 펼치기도 했으며, 공공의 영역에서 지도자적 역할을 하는 여성운동가가 되기도 했다. 그들은 여성 교육을 위한 교육운동, 민족을 지키기 위한 항일운동 등을 통하여 한국의 역사에서 수동적인 존재가 아닌 적극적인 참여자로 거듭났다. 물론 기독교 여성들의 역할을 한국 역사에서 모두 긍정적으로만 해석하기 어렵게 만드는 사실들도 존재한다. 이를테면 한국 여성 교육의 선구자라고 일컬어지는 사람들이 '위안부' 문제와 관련해서는 친일적 행위를 한 것 등은 더욱 비판적이고 성찰적으로 조명할 필요가 있는 문제이다.

한국 기독교의 첫 여성 지도자들은, 그들의 공헌을 공식적으로 인정받지 못한 '전도부인Bible Woman'들이라고 할 수 있다. 남녀유별의 가치를 중시하던 유교적 한국 사회에서 남성 선교사들이 여성에게 접근하기 어려울 때, 언어적·문화적으로 제약이 있는 선교사들이 도움을 필요로 할 때, '전도부인'이라는 직책에서 일하던 여성들은 한국 여성에게 기독교를 전파하고 선교사들이 한글을 깨치도록 도왔다. 그들은 무엇보다도 기독교 복음을 전도하기 위해 만들어졌지만, 위생교육을 하는 등 다양한 개혁운동을 펼치는 데 크게 공헌했다.[24] 많은 여성이 전도부인들을 만남으로써 자신의 삶에 새로운 변화를 경험하고, 수동적인 삶을 능동적으로 바꾸어나갈 용기를 얻을 수 있었다.

이렇듯 한국에 들어온 기독교는 한국 사회에서 여성해방에 중요한 기여를 했지만, 선교사들에 의하여 전래된 기독교는 이미 한계를 안고 있었다. 한국에 기독교를 소개한 선교사들은 미국 내에서 주로 보수적인 신학적 관점을 취하는 사람들로, 그들의 여성관은 가부장적 시각을 크게 벗어나지 못했다. 즉 근대 조선 사회의 정황을 배경으로 한다는 상대적인 관점에서 볼 때, 여성을 바라보는 선교사들의 시각과 여성의 삶을 변화시켜야 한다는 의지는 변혁적인 구실을 했지만, 근원적으로는 여성을 바라보는 보수적인 시각에 여전히 한계가 있었다는 말이다. 따라서 여성에게 공교육의 기회를 차단한 유교와 달리 한국 여성에게 새로운 공교육의 기회를 준 선교사들의 교육 목표는 "가정 내에서 더욱 합리적인 생활태도를 갖추고 남편의 반려자, 자녀들의 현명한 어머니가 되는 것"으로, 현대판 '현모양처'를 양산하는 것이었다.[25]

물론 선교사들에 따라 차이는 있겠지만, 대부분의 선교사들은 여성도 남성과 마찬가지로 신의 형상에 의해 창조된 '평등한 존재'라는 시각을 지니면서도, 한편으로는 여전히 여성은 남성에게 '종속된 존재'라는 이중적인 생각을 품고 있었다. 예컨대 이화학당의 제2대 사감인 프라이Lulu E. Frey는 "여성들은 아들들을 정의와 정직의 원칙 아래 국가나 사회에 이바지할 수 있도록 가르치는 일과, 딸들을 그들 남편의 진정한 반려로서 교육하는 넓은 지식을 가져야 한다"[26]고 했는데, 이와 같은 여성교육관은 여성에게 어떤 교육 목표를 적용해야 하는가에 대한 선교사들의 시각에 시대적·의식적 한계가 있었다는 사실을 드러낸다. 그럼에도 한국 사회에 들어온 기독교를 수용하고 선교사들이 만든 학교에서 공교육을 받은 여성은 교회·가정·사회에 여러 변혁을 가져왔으며, 그럼으로써 한국 여성의 자기인식이나 사회적 역할은 이전의 유교적 상황에 견주어 큰 차이를 보이게 되었다.

그런데 기독교가 한국 사회에 하나의 안정된 종교로 뿌리내리면서, 교회는 남성중심적이고 가부장제적인 구조와 제도를 확고히 하기 시작했다. 기독교인의 70퍼센트가 여성인데도 여성은 주로 남성을 보조하는 일을 하고 있다. 기독교 내에서 여성의 역할은 가정 내 역할과 비슷한데, 봉사와 희생에 대한 요구가 여성의 지도력을 배제하는 것이다. 여성이 남성과 똑같이 교인이 되고, 예배를 보고, 식사를 하고, 여러 개신교 교단에서 목사 안수를 받을 수 있는 객관적인 평등적 구조는 확보했지만, 실질적인 지도력은 거의 남성이 독점하고 있는 실정이다. 한 집단이나 사회의 남녀평등지수를 판가름하는 가장 중요한 기준 가운데 하나는, 결정 기구와 과정에 남성과 여성이 얼마나 공정하게 참여하는가이다. 한국 사회의 대표적인 결정 기구인 국회에서 2016년 여성 국회의원은 17퍼센트를 차지하고 있다. 물론 이는 20년 전보다 거의 6배가 증가한 수치이지만, 전 세계적 추세에 견주어보면 여전히 매우 낮은 비율이다. 2017년 '세계경제포럼'에서 발표한 〈젠더격차지수 보고서GGI: Gender Gap Index〉는 각 나라의 자원 분배나 기회 접근성에 대한 젠더의 차이를 보여주는데, 한국은 세계 144개국 중 118위로 경제 후진국에도 미치지 못하는 수준을 기록했다.[27]

한국 기독교 내의 결정기구에 여성이 얼마나 되는지 알 수 있는 공식적인 데이터는 없다. 그러나 사회 일반보다 더 향상된 상황은 결코 아닐 것이다. 예를 들면, 우선 가톨릭은 여성 사제를 허용하지 않는다. 사형제도나 다른 종교 문제 등에는 매우 진보적인 입장을 취하는 프란치스코 교황도 여성 안수와 관련해서는 2018년 여성의 사제 서품은 여전히 불가하다는 가톨릭교회의 전통적인 입장을 재확인했다.[28] 개신교의 여러 교단도 여성에게 목사 안수를 허용하지 않고 있다.

그러나 여성에게 목사 안수를 허용한 교단이라고 해서 여성과 남성의 실질적 평등을 이룬 것은 아니다. 안수 허용이라는 첫 관문은 통과했지만, 실질적인 평등을 이루어야 할 다양한 차원과 단계는 아직도 넘어서야 할 장벽으로 남아 있다. 예를 들어 1931년에 한국 최초로 여성에게 목사 안수를 허용한 감리교를 비롯해,[29] 여성 안수를 허용하는 다른 교단들에도 감독과 같은 최고 지도자급에는 여성이 없다. 교회나 교단의 지도력도 거의 남성들이 독점하고 있다. 소수인 여성 목사들은 주로 남성 목사들이 가기를 꺼려하는 교회에서만 담임자 역할을 맡는 실정이다.

또한 신학 교육기관에서 여성이 학장이나 총장으로 재직하는 경우는 거의 없다. 여성 신학생의 수는 점점 늘어나는데 그들에게 새로운 시각을 열어줄 수 있는 여성해방적인 의식을 갖춘 여성 교수들은 부재하며, 그 여성 신학생이 졸업 후에 활동할 수 있는 영역도 지극히 제한된 실정이다. 페미니즘은 여성 자아실현의 중요성을 가르치지만, 정작 여성 신학생이 자신을 실현할 수 있는 장은 없는 것이다. 한국의 기독교가 여성문제에서 끊임없이 보수주의적 태도를 유지하는 것은 이러한 신학 교육의 남성중심화, 교회 지도력의 남성 독점화에 따른 여성 지도력 부재 등을 통해 꾸준히 재생산·강화되고 있다. 유교적 가치와 결부된 성차별적 제도와 언행이 '한국 고유의 미덕'이나 희생과 봉사의 '기독교적 덕'으로 치부되는가 하면, 여성의 평등성을 요구하는 페미니스트 신학은 이단시되고 있는 실정이다.

한국 기독교의 이러한 남성중심화 현상은 실질적으로 한국 사회의 남성중심적 가치와 문화를 그대로 반영한다. 게다가 한국 기독교는 젠더 문제나 성소수자 문제에서 사회 일반보다 더욱 보수적인 관점을 지니고 있다. 새로운 사상을 향해 개방되기보다는 과거 전통에 더욱 집착하는 종교의 폐쇄적인 특성상 대부분의 한국 종교에서 목격되는 현상이다. 동일한 개신교회 교단이라도 미국에서보다 한국에서 더욱 강도 높은 남성중심화 현상이 나타나는 것은 종교가 사회와 불가분의 연관성을 맺고 있다는 사실을 보여준다.

한국 기독교의 이와 같은 강력한 남성중심성에도 불구하고, 한국의 많은 기독교 여성들은 다양한 단체를 결성해 활동하면서 한국 기독교를 새롭게 변혁하고자 노력해왔다. '여성신학회', '교회여성연합회', '여신학자협의회', '기독교여성평화연구원', '아시아 기독교 여성문화연구원' 등 많은 기독교 여성단체들이 각 교단별로 또는 초교파적으로 다양한 목적과 전략 아래 더욱 정의롭고 평등한 사회를 만들어가기 위한 활동을 펼치고 있다. 성차별주의를 비롯한 모든 종류의 차별에 저항하고 새로운 대안을 제시하고자 하는 기독교 여성운동은, 성·인종·계층과 상관없이 모든 인간은 신에 의해 평등하게 창조되었다는 기독교의 창조론에서 운동의 출발점을 찾는다. 또한 정의로운 사회의 구축이 이 땅 위에 신의 나라를 건설하는 것이라는 확신을 품고 더욱 평등한 사회를 향한 비전을 세우고 있다.

7. 평등과 정의 공동체로서의 기독교를 향하여

현대사회는 기술과학의 발달로 엄청난 변화를 겪고 있다. 외적인 삶의 조건뿐 아니라 인간의 가치관과 의식구조에도 큰 변화가 일어났는데, 문제는 이러한 안팎의 변화들이 인간이 지향하는 가치의 대전환을 불러왔다는 점이다. 이러한 상황에서 종교가 점차 주변화한다는 사실을 부인하기는 참으로 어렵다. '만져지는 가치'나 '보이는 가치'가 절대화하는 현대 자본주의 사회에서 정의·평화·사랑·평등 등 '보이지 않는 가치'의 중요성을 끊임없이 말하는 종교가 점점 그 설득력을 상실해가는 것이다.

이런 현실에서 종교가 성에 근거하여 여성을 배제하고 차별하기까지 한다면, 종교는 앞으로의 세기에 그 존재 의미를 얻기가 더더욱 어려울 것이다. 인터넷의 급격한 확산으로 문화적·지리적 구분의 경계는 이 이미 무너지고 있으며, 비민주적 권위나 차별에 대한 일반 대중의 비판의식도 높아졌다. 이 같은 상황에서 종교가 인류의 가장 오래된 문제 가운데 하나인 성차별 문제에 무관심하고, 성차별적 상황을 개혁해가고자 하는 의지가 없거나 성차별적 구조를 재생산한다면, 미래세계에 기독교가 설 자리는 없다. 다양한 양태의 차별을 포함해서 성차별주의적 가치나 제도는 교리적·신학적 의미에서뿐만 아니라 시대적·사회적 의미에서도 기독교를 포함한 모든 종교에서 사라져야 한다.

많은 이들이 21세기의 화두는 평화·인권·정의라고 말한다. 이 세 가지 중요한 주제는 서로 연관되어 있다. 그런데 진정한 평화를 위해서는 성차별의 문제가 한 인간으로서의 온전한 존엄성을 존중하는 인권 회복의 차원에서, 그리고 젠더 정의gender justice를 이루어나가는 차원에서도 우선적으로 해결되어야 할 것이다. 그렇다고 해서 다른 종류의 차별이 부차적이라는 것은 결코 아니다. 다만 '여성-남성'이라는 가장 기본적인 인간관계에서 평화·인권·정의 문제에 장애물이 있으면 더 큰 평화, 더 큰 정의를 이루기가 더욱 요원해진다는 것이다. 나는 앞으로의 세기에 종교들이 생명력과 의미를 지속적으로 지니려면, 그리고 기술과학적 가치가 종교적 가치를 대체하는 이 현대사회에서 그 존재 의미를 강화하려면, 먼저 '젠더'라는 가장 기본적인 인간관계에서 평등과 정의가 확립되어야 한다고 생각한다.

신학적 요청에 의해서나 실질적인 생존을 위해서나 이제 종교는 인류의 보편가치인 평화·인권·정의에 더욱 구체적이고 실천적인 응답을 내놓아야 한다. 뿐만 아니라 인류가 지향해야 할 더 나은 세계에 대한 비전을 제시할 수 있어야 한다. 그러기 위해서 기독교뿐 아니라 다른 모든 종교들이 자신들의 남성중심주의적 가부장제를 철저히 비판하고,

새로운 평등과 정의의 공동체를 이루어가기 위해 진지한 성찰과 변혁을 실천해나가야 한다. 이러한 비판적 성찰과 변혁은 21세기의 종교가 이루어야 할 가장 우선적이고 긴급한 과제 중의 하나이다.

더욱 평화롭고, 평등하며, 정의로운 세계를 향한 비전은 기술과학적 가치가 제공할 수 없는 고귀한 가치이다. 이러한 비전을 제시하는 한 그 종교는 생명력을 지닐 것이다. 예수를 따르는 이들은 급진적 페미니스트였던 예수의 페미니즘도 따라야 한다는 스위들러의 강력한 주장처럼,[30] 예수를 따르는 이들의 종교인 기독교가 참다운 종교로서 꾸준히 존재하기 위해서는 어떠한 차별도 용납하지 않는 종교가 되어야 하며, 인간에 대한 예수의 보편적 사랑의 의미를 구체적인 삶 속에서 실천하는 종교가 되어야 할 것이다.

제12장

기독교의 순종 이데올로기: 희생자와 공모자로서의 여성

1. 이중적 존재양식: 여성은 왜 가부장제의 희생자이며 공모자가 되는가

가부장제의 희생자인 여성은 종교의 가부장제적 구조 안에서 불평등을 끊임없이 견뎌오고 있다. 그뿐만 아니라 가부장제적 가치와 윤리를 확산하는 통로가 되고 있다. 이러한 문제는 여성이 가부장제의 피해자일 뿐만 아니라 가부장제를 유지하고 강화하는 데 기여한 공모자 역할을 해왔다는 사실과 연결된다. 그렇다면 여성은 왜 가부장제와 공모하면서 자신들의 해방과 자유에 등을 돌리게 되는가, 또한 무엇이 그들을 스스로의 억압자로 만드는가라는 근원적인 문제에 관심을 품을 수밖에 없다.

지금까지 대부분의 페미니즘 담론은 역사적으로 가부장제적 권력이 공적·사적 영역에서 어떻게 다양한 양태로 여성을 억압해왔으며, 그 가부장제적 권력의 담지자인 남성이 어떤 방식으로 여성을 억압하고 권력을 유지·강화해왔는지에 주된 관심을 기울였다. '남성-가해자/여성-피해자'라는 지극히 단순한 대립적 도식으로 가부장제 구조와 현상을 설명하면서 정작 여성이 어떻게 그 가부장제의 유지에 공모자 역할을 해왔는가 하는 문제는 외면해왔다.

이처럼 가부장제 속의 남성과 여성을 '남성-가해자/여성-피해자'라는 단순한 대립 구도 속에서만 이해할 경우, 특정한 지배 권력이 그 억압적 구조를 유지하는 데 무엇을 필요로 하는가라는 중요한 문제를 간과하고, 따라서 그 지배 권력의 근원적 해체를 위한 실천적 전략을 구상하지 못하게 된다. 이러한 맥락에서, 가부장제적 억압의 우선적 희생자인 여성으로 하여금 그 가부장제적 지배와 불평등구조를 당연시하게 하는 내면화 과정은 무엇이며, 특히 한 종교 안에서 어떤 기제들이 그러한 가부장제적 가치의 내면화 과정에 기여하는지 세부적으로 분석할 필요가 있다. 이러한 심층적 분석은 가부장제적 가치와 제도를 비판하고 개혁함으로써 새로운 평등적 가치와 제도를 확산하기 위한 필수적인 전초 과정이다.

카를 마르크스의 이데올로기와 허위의식 false consciousness, 피에르 부르디외의 상징 폭력과 오인의 메커니즘, 안토니오 그람시의 헤게모니, 미셸 푸코의 권력 개념 등은 지배자가 어떻게 권력을 유지할 수 있는지를 다양한 측면에서 보여준다. 지배자는 강압적 폭력이나 힘을 통해서가 아니라 신념체계나 가치구조 등을 조작하고 창출함으로써 피지배자의 '자발적 동의'를 얻어낸다. 그리고 피해자의 '자발적 동의'에 의존하여 억압적 상황을 정당화하고 유지한다. 즉 기존의 억압적 상황을 정당화하는 다양한 가치구조·지식구조·신념체계·상징체계 등의 생산을 통하여 피지배자는 자신이 억압당하고 있다는 사실을 인식하지 못할 뿐만 아니라, 오히려 억압적인 지배자의 권력을 그대로 받아들이며 지배구조의 재생산에 자발적으로 기여하게 된다는 것이다.

이러한 지배와 종속에 대한 복합적 분석을 한국 교회 여성의 상황에 적용해보면, 기독교인의 다수를 이루는 여성이 어떻게 그토록 오랫동안 교회 안의 가부장제적 구조에 순응해왔으며, 그 구조를 재생산하고 강화하는 데 공모해왔는지 볼 수 있다. 어떤 여성이 가부장제에 순응하면 그 여성은 '좋은 여성, 좋은 기독교인'이라는 보상을 받게 된다. 반면, 그러한 순응을 거부하는 여성은 '좋은 여성, 좋은 기독교인'의 범주에서 제외된다. '좋은 여성, 좋은 기독교인'의 범주에 들어가는 여성들은 그러지 못한 여성을 배제하고 소외시킴으로써 가부장제를 강화하고 재생산하는 데 공모자 역할을 한다.

이 장에서 나는 우선 기독교에서 가르치는 '순종'의 기독교적 덕목이, 왜곡된 가부장제적 해석에 따라 교회에서 가르쳐지고 실천될 때 어떻게 '남성 지배, 여성 종속'의 패러다임을 양산하는 이데올로기로 변모하며, 더 나아가 가부장제적 이데올로기의 유지·강화에 여성 스스로 어떻게 기여하게 하는지를 분석하려 한다. 이러한 분석을 바탕으로 여성 속에 내면화하고 각인된 가부장제의 여러 모습을 드러내고, 그 가부장제를 넘어서기 위한 새로운 저항공동체를 구성해갈 수 있는지를 모색하려 한다.

이러한 미시분석은 첫째, 지배 권력의 담지자인 남성뿐만 아니라 그 가부장제적 지배 권력의 의해 정서적으로 보상받고 거기에서 파생되는 특권을 누리는 가부장제적 여성을 드러나게 함으로써 가부장제 해체에 중요한 디딤돌이 된다. 둘째, 이러한 남성과 여성 간의 권력 문제뿐 아니라 여성과 여성 사이에 존재하는 권력관계에 대한 예민성을 첨예화함으로써 가부장제적 지배 권력의 다양한 모습을 분명히 인식하게 한다. 셋째, 어떻게 남성과 여성이 가부장제 아래 단순한 대립적 관계구조를 넘어 새로운 저항 헤게모니를 형성하는 협동자가 될 것인지를 모색하게 한다.

2. '순종'의 가부장제적 이데올로기화

1) '이데올로기화'의 의미

한 인간의 사고나 지식, 그리고 그 사람의 행동양식이나 사회 내에서의 존재양식은 어떤 관계가 있는가의 문제는 그러한 행동양식이나 존재양식을 구성하게 하는 개인적·사회적 지식체계가 어떻게 형성되는가와 밀접하게 연관되어 있다. 이 문제는 다양한 분야에서 논의되어왔으며, 지식사회학sociology of knowledge 담론에서도 매우 핵심적인 주제이다. 여기에서 '지식체계'란 종교적 신앙, 세계관, 철학은 물론 속담이나 사회문화적 가치관 등을 두루 포함하는 광범위한 개념이다.

    이러한 광범위한 의미의 '지식'은 대부분의 사람들에게 마치 존재론적으로 흔들릴 수 없는 객관성과 보편성을 갖춘 '가치중립적인 것'으로 여겨진다. 그렇기 때문에 이러한 '지식'들이 어떻게 한 사람의 행동양식과 삶의 태도를 규정하고 지배하는 데 결정적인 역할을 하는가, 그러한 지식들을 생산해내는 주체 역할을 하는 사람들은 누구이며 그 역할에서 배제된 이들은 누구인가, 동시에 그 지식 생산자들의 가치관은 어떻게 그 지식의 구성에 영향을 주는가라는 문제에 눈을 돌리지 못하게 한다. 즉 그 지식의 기초를 이루는 어떤 특정한 '가치의 개입'을 보지 못하게 하는 것이다.

여타의 권력구조나 제도는 기존의 신념체계, 정치·경제체계, 문화체계 등을 통하여 지배와 종속의 구조를 정당화하고 강화해왔다. 이러한 맥락에서 종교적 신념이나 교리 또는 전통이 어떻게 가부장제적 가치구조에 의해 형성되거나 가부장제화하는지를 살펴보는 것은 중요하다. 이는 여성은 가부장제화한 종교적 가치를 통해서 가부장제적 가치구조에 순응하는 것이 '신적 질서'를 따르는 자연스러운 것이라고 받아들인다는 것, 그리고 이를 충실하게 재생산함으로써 가부장제의 공모자 역할을 수행한다는 사실을 보여주기 때문이다.

지배와 종속의 관계를 정당화해주는 광범위한 의미의 '지식체계'는 지배자가 피지배자를 착취하거나 기만하는 수단으로 이용된다. 마르크스는 지배자에게 이용되는 왜곡된 이념들을 '이데올로기ideology'라고 규정짓는다. 마르크스가 개념화한 이데올로기는 중성적인 개념이 아니며, 이미 부정적인 의미가 함축되어 있다. 이데올로기 분석은 피지배자가 자신의 현실을 올바로 보지 못하게 하는 '허위의식false consciousness'에 어떻게 사로잡히는가를 설명해준다.[1]

마르크스의 '이데올로기' 개념은 지식체계와 행위의 관계, 그리고 그 관계 속에 감춰진 지배와 종속의 문제를 심층적으로 분석하는 데 매우 유용한 통찰을 준다. 마르크스의 분석에 따르면, 어떤 시대든 그 시대를 지배하는 이념은 '지배계층의 이념'이다. 지배계층은 그 이념의 지적 생산과 분배에 강력한 영향력을 행사한다. 그래서 특히 한 사회에서 지배계층에 있지 않은 약자들의 경험은 그 사회의 주류적 이념과 맞지 않으며, 오히려 상충적이다.

　마르크스의 분석은 여성이 한 사회의 지식을 생산하는 과정에서 배제되어왔으며, 결과적으로 여성의 경험, 여성의 이익, 여성의 세계관은 조직적으로 발전된 지식체계에서 배제되고 그러한 지식과 상충적이 된다는 페미니스트 논의를 뒷받침한다. 또한 마르크스적 이데올로기 개념은 성차별주의가 지배계층의 이익을 보존해주는 하나의 이념 또는 사상으로서 어떻게 여성의 남성 지배를 정당화하며, 사회의 모든 차원에서 남성 지배를 승인하고 지속하는가를 더욱 분명히 보게 한다. 즉 가부장제 사회의 지배계층인 남성은 다양한 지식을 생산함으로써 남성들의 지배적 가치나 구조를 정당화하는 이데올로기를 생산한다. 지식을 생산하는 과정에서 언제나 배제되어온 여성은 지식의 수동적인 수혜자가 되어, 그러한 이데올로기를 피동적으로 수용하고 습득하게 된다. 종교적 지식이든 사회문화적 지식이든, 여성은 그 어떤 종류에서도 지식의 생산자가 아니라 피동적인 소비자로서만 살아왔다.

　여성에게 수용된 이데올로기는 여성들 자신을 억압하고 차별하는 지배자의 세계관과 가치관을 스스로를 위한 것으로 받아들이는 '허위의식'에 사로잡히게 만들고, 결과적으로 여성 스스로 자신의 현실을 냉철하게 직시하지 못하도록 한다는 점에서 '허위의식'으로만 남는다. 여성 속에 내면화한 가부장제적 '허위의식'에 대한 분석은, 기나긴 가부장제의 역사에서 어떻게 여성이 가부장제의 '희생자'뿐 아니라 가부장제를 재생산하는 '공모자'가 될 수 있는지 잘 설명해준다. 허위의식을 수용한 개인은 우선 자기 자신이나 자신의 역할을 왜곡해서 이해한다. 따라서 자기 자신이나 세계와의 관계를 규정하는 현실을 철저히 왜곡해 이해하는 데 이른다. 마르크스에게 '이데올로기'란 '현실' 또는 '프락시스'와

완전히 대립되는 개념이다.[2]

이데올로기와 허위의식에 관한 이러한 논의의 맥락에서 종교적 가르침을 분석해보면, 가부장제와 여성의 관계에 대한 여러 중요한 사실이 드러난다. 종교적 교리나 덕목이 가부장제적 해석과 교설로 '이데올로기화'할 때 여성은 그 이데올로기를 자연적인 것으로 받아들이게 된다. 그리고 자신의 억압적 현실을 제대로 보지 못하고 허위의식에 사로잡히게 된다. 이 과정에서 여성들은 가부장제적 가치를 자신의 것으로 내면화하며, 가부장제적으로 규정된 자신의 역할을 무비판적으로 각인하게 된다. 이데올로기화한 기독교 덕목들을 통해 여성들은 가부장제 속에서의 '생존 테크닉'을 기른다. 그리고 동시에 가부장제를 재생산하게 된다. 그러면 기독교적 덕목의 이데올로기화를 '순종'이라는 개념을 토대로 조명해보자.

2) 순종 개념의 가부장제화

기독교는 '순종'이 기독교인으로서 갖춰야 하는 가장 근원적인 태도라고 가르친다. 기독교적 덕목으로서의 '순종'이란 신에 대한 순종이며 신의 뜻에 대한 순종이다. 이 순종은 예수가 그의 삶과 가르침에서 보여준, 인간을 향한 진정한 사랑의 삶을 따르겠다는 기독교적 삶의 약속과 명령에 대한 순종이다. 그 순종은 특정한 사람이나 권위에 대한 순종이 아니다. 그것은 '신적 정의Divine Justice'에 대한 순종, 즉 정의와 평화와 사랑을 이루라는 '신의 명령'에 대한 순종이다. 예수가 신의 뜻에 순종했다는 사실은 순종의 대상과 내용이 무엇인지를 잘 보여준다.

예수의 삶은 기독교적 '순종'의 의미가 어떻게 이해되고 실천되어야 하는지 명시적으로 보여준다. 그래서 제도화한 종교로서 기독교의 모체라 할 수 있는 '예수 공동체'에서 예수의 사랑과 나눔의 삶은 신의 뜻에 대한 순종의 모범이 되었다. 예수의 삶을 따르고자 모인 공동체에서는 당시 유대 사회에서 소외되고 버림받은 사람들이 비로소 신의 형상을 지닌 한 고유한 인간으로서 존엄성과 의미를 온전히 획득할 수 있었다. 그런데 신의 뜻에 대한 '순종'은 때로 이 사회의 불의한 권력에 대한 '불순종'과 '저항'을 의미하기도 했다. 기독교 역사는 정의를 이루라는 신의 명령에 '순종'하기 위하여 불의한 세력에 '불순종'함으로써 자신의 특권이나 생명까지 잃어야 했던 많은 사람들의 이야기를 간직하고 있다.

그러나 가부장제적으로 구성된 윤리는 온유와 겸손, 순종과 자기희생 또는 자기부정의 사랑 같은 기독교적 덕목을 내세워 여성의 자기주장과 자율성의 계발을 가로막는 역할을 했다. 이러한 온유와 겸손, 순종과 자기희생이나 자기부정의 기독교적 덕목은 여성들 스스로 순종적이며 수동적인 태도가 '여성다운' 모습이라고 해석하게 한다. 즉 이데올로기화한 기독교 덕목이 가부장제적 가치를 내면화시키는 통로가 되는 것이다. 더 나아가서 '기독교인 됨'을 구성하는 핵심 요소들 가운데 하나인 '순종'이라는 덕목은 아버지-남편-아들로 이어지는 가부장제적 권위에 대한 복종을 여성의 덕목으로 강조하는 한국의 유교문화와 결합한다.

순종 이데올로기는 한국 교회에서 여성들이 스스로에게 족쇄를 채우는 강력한 가부장제적 이데올로기로 왜곡되어 강조되어왔다. 한국 교회에서 '순종'은 순종의 대상이 누구이고 순종해야 할 내용은 무엇이며, 순종의 결과는 무엇인가 같은 가장 기본적인 이해조차 생략된 채, 대부분 더 큰 외적 권위에 대한 맹목적인 복종의 의미로 가르쳐지고 있다. 결국 여성들에게 각인된 기독교적 순종은 신의 뜻에 대한 순종이라는 그 본질적 의미가 철저히 왜곡된 채, 교회의 남성적 권위에 대한 맹목적인 복종과 무비판적 사고를 의미하는 것으로 해석되었다. 결과적으로 순종 이데올로기는 '좋은 여성, 좋은 기독교인'을 이루는 필수 요소로 이해되었다. 기독교의 순종이 여성 스스로 가부장제의 끊임없는 재생산에 기여하게 만드는 가부장제적 이데올로기로 변질된 것이다.

한국에서 여성의 교회 생활에 나타나는 왜곡된 순종 이해가 객관적으로 표출되는 현상 가운데 하나는, 크고 작은 교회 행사가 열릴 때마다 여성들이 한복을 차려입고 나란히 늘어서서 교회에 오는 손님들에게 인사하며 문을 열어주는 등 불필요한 서비스를 하는 모습이다. 교회 행사 때마다 남성이 아닌 여성만이 한복을 입고 남성들을 보좌한다. 여성들의 불필요한 봉사와 엄청난 인력 낭비는 순종이라는 이름으로 미화된다. 이런 활동이 끝나면 이 봉사대열에 참여한 여성들은 순종과 봉사로써 신에게 영광을 돌린 사람들이라고 칭송받는다. 교회 여성은 철저하게 남성중심적이고 가부장제적으로 구성된 '순종'과 '봉사'의 이데올로기의 세례를 받는다. 가부장제적 특성을 고스란히 지닌 교회에서 기독교적 덕목으로서의 순종과 봉사가 남성이나 여성에게 똑같은 의미로 실천되지 않는다는 것은 의심할 여지가 없다.

어떤 사회에나 '새것'과 '옛것'의 불연속성이 존재한다. 그 둘 사이에 갈등적인 요소들이 표출될 때마다 남성은 '새것'에, 여성은 '옛것'에 묶어두는 문화적 양상은, 대부분의 사람들이 인지하지 못하지만 철저하게 가부장적인 심리에 근거한다. 여성에게는 새로운 것을 계발하는 진취성이나 개방성이 아니라 변하지 않는 과거의 전통, 특히 가부장적인 전통에 수동적으로 갇혀 있는 '순종성'이 요구된다. 이러한 여성에게는 '여성

답다', '얌전하다', '신앙이 좋다', '역시 옛것이 아름답다' 같은 찬사가 주어진다. 그러나 새로운 것에 열정을 품은 여성에게는 '여자답지 못하다', '팔자가 세다', '서구 지향적이다'라는 등의 부정적인 평가가 내려진다. 그래서 '한복 입은 여성/양복 입은 남성'을 나란히 세워놓을 때의 의상적인 불균형도 아주 자연스러운 것으로 인식되곤 한다. 나는 여기서 여성이 모두 한복을 입지 말아야 한다거나 남성도 한복을 입어야 한다거나 하는 획일성을 강조하려는 것이 아니다. 다만 어떠한 특정 가치가 남성과 여성에게 다르게 적용되는 '가치의 이중적 적용'이 지배와 종속의 권력구조를 합리화하는 데 이용될 위험성이 있다는 점을 지적하는 것이다.

3) 가부장제의 재생산과 확산: 순종 이데올로기

가부장제가 지속되기 위한 가장 핵심적인 요소는 무엇일까. 엘리자베스 피오렌자는 자신의 개인적인 경험을 통해 가부장제의 핵심이 무엇인지 분명히 인식하게 되었다면서 다음과 같이 밝힌다.

> 내가 석사과정을 마치고 학위를 받는 데 필요한 시험들을 통과한 1963년에 있었던 일이다. 1963년은 제2차 바티칸공의회가 여성의 서품을 숙고해 달라는 청원서를 받은 해이다. 나는 뷔르츠부르크대학교University of Würzburg 의 신학 분야에서 학위를 받은 최초의 여성이었으므로, 교수단은 공의회가 그 청원을 받아들일 경우 내가 서품이 되도록 추천하겠다고 다짐했다. 그때 나는 외딴 마을 본당 신부가 될 소명을 지녔다고 생각하지는 않지만, 주교가 될 소명은 분명히 지니고 있다고 밝혔다. 그러자 학장은 "그런 일은 결코 일어나지 않을 것"이라고 단언했다. 내가 "왜 그렇습니

까?"라고 묻자 그는 이렇게 설명했다. "그렇게 되면 우리가 당신한테 의존하고 복종할 의무가 생길 것이기 때문이오."[3]

피오렌자가 자신의 경험을 바탕으로 예리하게 지적했듯이, 가부장제가 유지되는 데 가장 핵심적인 요소는 남성에 대한 여성의 '의존과 순종'이다. 간혹 여성에게 지도자적 역할이 허용되기도 하는 것은 남성에 대한 '의존과 순종'이라는 최후의 보루가 침해받거나 도전받지 않는 범주 내에서만이다. 이러한 최후의 보루가 위협받는다고 느껴질 때, 페미니즘에 대한 반동적인 공격이 여지없이 출현한다. 페미니즘에 대한 이러한 반격에 언제나 들어가는 항목은 페미니즘은 '반反가정적'이며, 교회를 파괴하는 '반反교회적' 견해라는 주장이다.

이 주장에서 사용되는 '가정'이나 '교회'란 철저히 가부장제적 관점으로 구성된 개념이다. 가부장제적 교회에서 여성의 역할은 가부장제적 가정에서의 여성의 역할과 매우 비슷하다. 즉 남성을 보조하고 뒷받침하는 순종적 아내의 역할만을 요청받는다. 이 역할에 충실할 때만 여성은 가정이나 교회의 '꽃'이요, 없어서는 안 되는 '중요한 사람'으로 칭송받는다. 그러나 이 정형화한 역할 규정에서 조금이라도 어긋날 때, 그리고 한 인간으로서 다양한 활동 의지와 독립적 자의식을 드러낼 때, 그 여성은 '신앙 없는 여성', '이기적인 여성', '가정과 교회에 해가 되는 여성'으로 낙인 찍히고 배제된다.

남성 목회자로부터 '좋은 교인'이라고 칭찬받지 못하는 여성이 어떻게 가부장제적 교회에서 생존할 수 있을지를 유추해보는 것은 그리 어려운 일이 아니다. 여성들은 가부장제에 철저히 순응하고 그것을 재생산하는 가부장제의 공모자가 될지, 아니면 가부장제에서 철저히 소외될 것을 감수할지의 갈등적 선택 앞에 놓인다. 이때, 교회를 유일한 공적 활동의 공간으로 삼는 대부분의 한국 교회 여성이 할 수 있는 선택이란 사실상 한 가지밖에 없다. 가부장제적 요구에 철저히 순응하는 것이 그 여성에게는 유일한 '생존 테크닉'인 것이다.

이러한 '순종의 여성'은 여성의 자리란 무엇보다도 가정이라고 굳건히 믿는다. 또한 교회에서의 봉사란 어떤 일이든 특권이며, 더 겸손한 여성이 더 거룩한 품성을 지닌 것이라는 가치를 내면화한다. 이러한 여성이 받아들이는 자기이해는 여성의 역할이란 부차적이고 보조적인 것이며, 침묵하고 순종적인 마리아야말로 교회에서 '훌륭한 여성'의 모델이라는 것이다. 이 '훌륭한 여성'은 목회자에게 질문하지 않고 무조건 '예'로 순종하는 것이라는 '허위의식'을 강력하게 내면화하면서, 이런 조건들에 부응하지 않는 다른 여성들을 부정적으로 평가하고 배제한다.

이렇게 해서 수많은 교회 여성이 오랫동안 가부장제적 구조에 순응해왔다. 가장 심각한 문제는 교회 여성들이 가부장제를 무비판적으로 수용하고 내면화하는 것이다. 표면적으로는 이 모든 일들이 여성의 '자발적 동의'와 결단에 따라 이루어지기 때문이다. 따라서 여성이 다른 여성 지도자를 불신한다든지, 독립적이고 비판적인 사고를 하는 여성들을 '이상한 사람'으로 배제한다든지 하는 현상의 근본 원인이 무엇인가를 보지 못하게 한다.

안토니오 그람시는 '헤게모니' 개념을 통하여 지배계급이 어떻게 피지배계급의 '자발적 동의'에 의존하여 자신의 권력을 유지하는지 예리하게 분석한다. 그람시의 분석은 가부장제적 권력 아래에서 피해자인 여성이 어떻게 '자발적'으로 그 가부장제에 흡수될 뿐만 아니라 그 권력의 유지에 공모하는지 잘 보여준다.[4] 그람시는 입센의 〈인형의 집〉을 다룬

비평에서 각각 다른 계층에 속한 여성에 대하여 흥미로운 분석을 시도한다. 그람시에 따르면, 〈인형의 집〉이 연극으로 공연된 뒤 부르주아 여성들은 노라에 대해 당황하고 귀 기울이지 않으려고 한 반면, 프롤레타리아 여성들은 노라의 행동을 전적으로 이해하고 거기에 동조했다. 프롤레타리아 여성들은 자신과 자신의 "창조성을 질식시키듯 억압하는 가부장적이며 부르주아적인 관습, 그리고 여성을 노예로 만들며 그들이 반항적이 된 듯할 때조차도 순종적으로 만들어버리는 관습에서 해방" 되고자 하는 노라의 결단과 투쟁에 전적으로 동조했다.[5]

그람시의 이러한 분석은 모든 여성이 가부장제적 권력을 동일하게 경험하거나 그 권력에 동일하게 반응하는 것이 아니라는 사실, 또한 개별 여성이 다양한 경험과 반응을 한다는 사실을 보여준다. 부르주아 여성들은 남편의 사회경제적 위치로 인해 프롤레타리아 여성들보다 남편에게 더욱 의존적이고 비저항적인 삶을 산다. 이러한 의존적 삶이 고착되어 그 부르주아 여성들의 해방의식은 무감각해져버린다는 것이다. 여성의 가부장제에 대한 '자발적 동의'는 동의하는 여성들과 동의하지 않는 여성들의 관계가 어떻게 나타나는지를 보여준다. 이런 방식으로도 여성들 간의 '권력관계'가 존재한다는 것이다.

남성-여성-권력의 연관성 속에서 남성과 여성을 '흑과 백'으로만 분리하는 급진주의 페미니즘이 한계를 드러내는 것은 바로 이 지점이다. 급진주의 페미니즘의 권력 분석은 여성들 사이에 매우 현실적인 권력관계가 존재한다는 사실을 외면할 뿐만 아니라, 남성과 여성 사이의 권력관계에서도 개별적 여성들이 어떤 사회계층인가에 따라 남성들의 권력축에서 매우 상이한 위치를 차지할 수 있다는 사실에 대한 복합적 분석을 결여하고 있다. 결국 가부장제는 오직 여성들의 공조에 의해서만 기능할 수 있다. 가부장제에 대한 여성들의 공조는 성별 간의 생물학적 차이를 사회적 기능과 역할의 차이로까지 확장한다. 그 확장은 종교적으로 교리화하는 방식, 교육적 박탈의 방식, 지식인 여성과 그들 역사의 부정의 방식, 여성들 간의 관계를 분리하는 방식, 여성들의 행동양식에 따라 '존중받을 만한 여성'과 '일탈자 여성'을 구분하는 방식 등 다양한 방식으로 유지되고 재생산된다.[6]

'신에 대한 순종'을 신학적으로 이해하자면, 현실세계에서 정의·평화·사랑을 이루기 위한 삶을 살라는 신의 뜻에 순종하는 것이다. 이러한 기독교적 '순종'은 심오한 신학적·사회정치적 의미를 담고 있다. 그런데 순종의 이러한 의미가 가부장제적 해석을 거치면 마치 남성 목회자의 권위에 대한 순종이나 남성들에 대한 맹목적 봉사의 의미로 왜곡되는 것이다. 이 같은 신학적 왜곡은 여성의 종교적 삶뿐만 아니라 교회의 존재 의미까지 왜곡한다.

여성이든 남성이든 대부분의 사람들이 성별 간의 평등 논의에서 가장 빈번하게 범하는 인식의 오류는, 여성과 남성 간의 '보충성complementarity'에 대한 주장이다. 남성과 여성의 평등을 인정하면서도 둘 사이의 생물학적 차이를 강조하는 사람들이 많다. 이들은 생물학적 차이 때문에 남성과 여성의 모든 역할은 다를 수밖에 없으며, 이러한 역할의 차이는 차별이 아니라 서로를 돕고 보충하는 것이라는 '보충성'을 강조한다. 즉 '평등하지만 다르다equal but different'면서, 이 다름 때문에 남성과 여성이 서로 '보충'하며 살아야 하는 것은 신이 정한 '신적 질서Divine Order'라고 하는 가부장제적인 신학적 해석을 한다. 많은 사람들은 이러한 결론을 반박할 수 있는 분명한 신학적·사회정치적 근거들을 찾기 어려워한다.

'반쪽 진리'가 전적인 '비진리'보다 위험한 이유는 이 때문이다. '반쪽의 진리'를 보임으로써(이 경우에는 '평등하다'는 진술), 다른 반쪽의 오류(생물학적으로 '다르다'는 진술을 통하여 그 차이가 차별이 되는 불평등의 합리화)를 미묘하게 은폐하기 때문이다. 즉 성별 간의 생물학적 '차이'가 어떻게 정치적·경제적·종교적·문화적 역할의 구분과 '차별'을 정당화할 수 있는 근거가 되는지에 대한 물음을 '평등'에 대한 주장으로 회피한다. 특히 교회에서 '상호성mutuality'이 아닌 '보충성complementarity'에 근거하여 남성과 여성의 관계에서 평등을 주장할 때, 대부분의 경우 남성은 언제나 지배적인 역할을 함으로써 여성을 종속적인 위치에 머물게 해왔다. 그리고 많은 여성들은 이러한 보충성에 대한 주장을 '신적 질서'에 대한 순종의 의미로 받아들여왔다. 결과적으로 여성들은 자신들이 가부장제적 권력에 의해 지배당하고 있다는 사실을 인식하지 못하는 '오인의 메커니즘'을 작동하게 되고, 가부장제적 권력의 효과는 이러한 작동에 따라 비로소 실질적인 효력을 얻는다.[7]

3. 가부장제 이데올로기의 파기를 위하여

여성이 차별과 주변화를 경험했다고 해서, 그 여성들이 자동적으로 다른 여성과 연대하리라고 생각하는 것은 큰 오산이다. 가부장제 아래에서 살아온 여성들이 생존할 수 있는 길은 그 가부장제적 구조에 순응하는 것이다. 이 과정에서 여성은 자신의 열등성을 내면화하고 남성에 대한 의존성을 제2의 본성으로 여기게 된다. 그뿐만 아니라 여성들은 다른 여성들을 신뢰하지 않게 됨으로써 여성들 간의 분열과 시샘이 일상화하는 가부장제적 메커니즘을 저항 없이 고수하게 된다. 그럼으로써 여성들은 새로운 변화에 대한 두려움, 가정·사회·교회 안에서 '훌륭한 여성'의 위치가 주는 칭송과 안정성을 상실할 것에 대한 두려움 때문에 가부장제적 구조를 비판 없이 포용하게 된다.

이러한 가부장제적 악순환의 고리를 어떻게 끊어버릴 것인가? 한국 교회에서 이러한 해체를 위한 실천적 전략은 결코 단순하지 않다. 교회의 변화란 교회가 자리 잡고 있는 사회적 현실의 변화와 긴밀하게 맞물려 있어서, 교회 내에서도 다양하고 복합적인 권력구조의 변화가 동시적으로 이루어져야만 비로소 조금씩 가능해지기 때문이다. 한국 사회의 변화와 상호연관성 속에 있는 한국 교회 내 가부장제적 악순환의 고리를 끊는 것은, 한국 사회의 뿌리 깊은 가부장제적 전통을 파기하는 것과 밀접하게 연결되어 있다. 이러한 복합성을 염두에 두면서, 가부장제의 악순환이라는 고리를 파기할 수 있는 방식을 생각해보자.

첫째, '문제의 지속적 공론화'이다. '문제'를 '문제'로 보기 시작하는 것에서 변화는 가능해진다. '순종의 가부장제적 이데올로기화' 문제를 비롯해 교회 안에 산재한 유사 문제들에 대한 급진적 '재문제화'가 꾸준하고 광범위하게 공론화되어야 하는 이유이다. 지속적인 공론화를 통하여 여성은 물론 남성도 자기 자신의 삶을 제한하고 왜곡하는 '허위의식' 또는 '오인의 메커니즘'에서 벗어나 가정과 사회 또는 교회 내의 가부장제적 현실을 분명히 직시하게 된다. 이와 같은 문제의 복합적 인식을 통해 비로소 한 인간으로서 자신의 올바른 역할과 자아 이해를 재구성할 가능성을 모색하는 노력이 구체화할 수 있다.

둘째, '지지의 공론화' 방식이다. 주류에서 벗어나 그 '주류'에 저항하고 문제를 제기하는 사람들은 언제나 소수이다. 교회 내의 가부장제적 헤게모니에 문제를 제기하고 저항하는 소수의 여성들이 교회 공동체에서 소외된다면, 변화란 불가능하다. 그러한 '주변적 삶'을 선택하는 용기를 지지하고 그러한 선택에 대한 긍정적 평가를 공론화해야 한다. 변화를 모색하며 행동하는 이들에 대한 지지는 개인적이고 사적인 장에서뿐만 아니라 공적인 장에서도 가시화해야 한다.

변화를 모색하는 이들을 지지하고 인정하는 '지지의 공론화'는 변혁에서 매우 중요한 '집단적 연대의 장'을 확보해준다. 가부장제에 저항함으로써 다수의 사람들에게 소외당할 것인가, 아니면 가부장제의 공모자가 됨으로써 그 다수에 포함될 것인가 하는 선택 앞에서 고민하는 여성들과의 연대성을 공론화하는 것이다. 이 '지지의 공론화'는 가부장제에 대한 저항의 근거가 신의 나라에 가까운 더욱 새로운 교회의 모습에 대한 비전이라는 점을 분명히 인식시킴으로써 새로운 변화에 대한 두려움을 극복하도록 돕기 때문이다.

셋째, '자기비판적 성찰의 확산'이다. 여성 스스로에 대한 비판적 자기 점검이 학문적인 차원에서는 물론 교회의 실천적인 차원에서도 면밀하게 이루어져야 한다. 즉 가부장제의 '희생자'로서만이 아니라 가부장제를 존속시켜온 '공모자'로서 교회 여성들의 역할에 대한 철저한 자기비판적 성찰과 점검이 사적 영역이나 공적 영역에서 골고루 이루어져야 한다는 것이다. 지금까지 대부분의 여성운동이나 페미니즘 담론은 비판의 주된 대상을 남성으로 삼아왔다. 그러나 비판적 성찰의 대상을 여성 '외부'뿐 아니라 여성 '내부'로까지 넓혀가야 한다. 또한 자기성찰과 비판의 폭을 더욱 급진화하고 심화해야 한다. 가부장제적 권력구조 아래에서 여성들 간의 권력 문제와 갈등의 문제를 세밀하게 검증하지 않으면, 매우 복합적이고 미묘한 양태로 작동하는 가부장제적 권력구조를 철저히 파기하는 변혁을 만들어낼 수 없기 때문이다.

넷째, '성차별 교육 프로그램의 확산'이다. 한국 사회와 교회 내에서 작동되는 가부장제와 성차별주의에 대한 더욱 철저한 인식을 대중적으로 확산하는 다양한 프로그램이 남성은 물론 여성을 대상으로 개발되어야 한다. '공동선'을 위하여 연대성을 나눌 남성과 여성을 발굴하는 것은 새로운 변혁을 이루는 데 필수적인 요소이다. 하나의 '큰 변화'가 이루어지려면 참으로 많은 '작은 변화'들이 필요하다. 따라서 교회 내 가부장제의 파기와 여성과 남성의 의식 변화를 위해서는 다양한 프로그램과 다양한 전략을 모색해야 한다.

이 점에서 나는 '단일한 전략'에 대한 환상을 품는 것은 대단히 비현실적이고 추상적인 것이라고 본다. 어느 한 전략이 다른 전략이나 프로그램보다 우월하다는 전략의 위계주의를 설정하는 것은 위험하다. 단일한 사고구조를 넘어 전략의 다양화, 프로그램의 다양화를 바탕으로 여성과 남성이 교회 내의 가부장제적 이데올로기를 파기하는 데 요청되는 역할을 다양화할 필요가 있기 때문이다.

다섯째, '토론 문화의 활성화'이다. 페미니즘 담론과 페미니스트 신학적 담론을 더욱 철저하게 토론하는 문화를 활성화해야 한다. 한국의 페미니즘, 여성운동 또는 페미니스트 신학계에는 이런 토론 문화가 없다. '우리 편-저편'이라는 단일한 편 가르기식 접근이 아니라, 다양한 입장에 대한 딜레마와 한계까지 논의하면서 글과 말로 토론하는 문화를 활성화해야 하는 것이다.

교회의 가부장제적 구조가 상징, 예식, 기도문, 성직제도, 성서 해석 등 여러 차원에서 어떻게 작동하는가를 포괄적으로 깊이 있게 보려면 페미니스트 신학적 분석이 반드시 필요하다. 따라서 페미니스트 신학적 토론 문화의 활성화는 학문으로서 신학적 담론의 심층화에 기여하는 것은 물론, 한국 교회의 다양한 가부장제적 권력 기능을 깊이 있게 분석하게 한다. 이러한 분석은 많은 이들의 분명한 의식화를 강화하는 데 기여할 수 있을 것이다. 이와 같은 토론 문화가 지속성을 유지할 수 있다면 한국의 페미니스트 신학을 성숙하게 하는 밑거름이 될 것이다. 그리고 더 나아가, 토론의 심층화를 위한 성실한 연구를 꾸준히 수행하는 것은 더욱 실천적인 변혁을 이루는 데 인식론적 토대를 마련하는 역할을 하게 될 것이다.

이러한 다섯 가지 측면뿐 아니라 다양한 정황에 따라서 이 항목은 첨가되거나 생략될 수 있다. 여타의 '전략'이나 접근방식은 언제나 '정황적'이기 때문이다. 따라서 이 다섯 가지는 하나의 시론적 제안이며, 가부장제의 해체를 위한 전략은 다양한 사람들에 의해 다양한 접근방식으로 수립되어야 한다. 어느 정황에나 통용되는 '절대적 전략'을 찾는 것은 불가능하며, 누가 그러한 '절대적 전략'을 제시하면서 강요하는 것은 인식론적 폭력으로 이어질 수 있다. 우리가 할 수 있는 일은 다만 가장 '최소한의 공통적 전략'의 원리를 함께 구성하는 것뿐이다.

기독교나 기독교 공동체인 교회가 비판받는다는 것은 아직도 희망이 있다는 뜻이다. 교회에 대하여 완전히 절망한다면, 그리고 모든 기대와 애정을 버렸다면, 한국 교회의 가부장제성을 비판하고 그 가부장제적 순환 고리를 끊고자 하는 파기의 전략을 모색하는 것이 아무 의미가 없기 때문이다.

나는 한국 교회에 '여성운동은 새로운 성령운동'이라는 인식이 확산되기를 희망한다. '성령'을 신학적으로 해석하자면, 인간의 삶을 '새롭게 변혁하는 힘'이라고도 할 수 있다. '성령'은 여성운동과 같은 다양한 변혁운동을 통하여 교회와 사회에 자유와 해방의 영을 확산하는 역할을 해왔다. 이러한 신학적 관점에서 보자면 여성운동은 분명히 '성령운동'의 하나이며, 성령에 대한 이러한 확장된 이해 속에서 한국 교회는 그 존재 의미와 미래의 희망을 찾을 수 있을 것이다.

제13장

기독교의 남성중심주의: ⟨십계명⟩을 중심으로

1. '인간'에서 배제된 성서 속 존재들

2000여 년의 기독교 전통에서 '남성은 누구인가'라는 남성 담론은 '인간은 누구인가'라는 보편적 인간론과 '당연히' 일치하는 것이었다. 반면, '여성은 누구인가'라는 물음은 보편적 인간론이 아닌 별개의 여성 담론을 통해 형성되었다. 기독교의 역사에서 모든 종류의 담론과 지식 생산에서 주도적인 역할을 한 것은 남성이었다.

여성은 생물학적·인식론적·존재론적으로 '규범적 인간'이라고 간주되어온 남성이 지닌 속성에서 벗어나는 품성과 속성을 지닌 '비규범적 인간'으로 간주되어왔다. 여성은 남성에게 속하는 존재이며, 남성에 의해 계몽되고 지도받아야 하는 '미성숙한 존재'라는 고도의 남성중심적 인간론은, 표면적으로 분명히 드러나는 성차별적 담론을 통해서 그려져 왔다. 여성은 남성과 '평등하지만 다른' 존재라는 은밀한, 그러나 강력한 성차별적 이해를 통해 결과적으로 여성은 언제나 남성보다 '열등한 존재'라고 규정되어온 것이다.

더 나아가 기독교의 인간 창조론이 남성중심적으로 해석되면서, 여성은 남성의 갈빗대로 지음 받은 존재이므로 남성에게 종속되는 '열등한 존재'라는 이해가 신학적 근거로 자리 잡게 된다. 동시에, 인류를 죄에 빠뜨린 하와의 후예로서 '위험한 존재'라는 고도의 부정적인 여성 이해가 기독교는 물론 다양한 분야의 여성 담론 형성에서 핵심적인 인식론적 토대가 되어왔다. 그뿐이 아니다. 기독교의 경전인 성서가 많은 성차별적 텍스트를 담고 있는 탓에, 여성에 대한 부정적인 담론이 기독교 전통 속에서 끊임없이 신성화하고 자연화해왔다.

18세기 이후 이론과 운동으로서의 페미니즘이 가시화하면서, 기독교 안에 있는 여성들이 우선 부딪힌 문제는 성서를 포함한 기독교 전통의 성차별주의와 가부장제적 가치관을 어떻게 해석해야 하는가였다. 기독교 안에 머물러 있는 이러한 여성들에게, 성서가 쓰인 문화사회적 배경에 국한된 상대적 가치를 담고 있는 텍스트와, 특정한 문화나 사회적 정황을 뛰어넘어 초시간·초공간적인 절대적 가치를 담고 있는 텍스트의 구별은 무엇보다 중요한 관건이 되었다. 기독교 공동체는 자신들의 신앙고백으로서 성서를 '신의 말씀 The Word of God'으로 받아들인다. 그러나 동시에 그 성서가 역사적 산물이라는 점, 즉 성서가 쓰인 시대의 문화적·사회적·정치적·경제적 구조와 가치를 반영하는 역사적 산물이라는 점을 인식하는 것은 성서를 포괄적으로 이해하는 데 아주 중요한 기본 시각을 제공한다.

기독교 교회는 성서가 지닌 이러한 요소들에 모호한 태도를 취하고 있다. 한편으로 돼지고기나 새우처럼 어떤 특정 음식을 먹는가 아닌가와 같은 경우에서는 문화적·사회적 요소가 담긴 성서의 텍스트를 상대화한다. 그러나 다른 한편으로 가부장제적이고 성차별적인 텍스트들의 경우 일점일획의 오류도 없는, 시공간을 초월하는 '신의 말씀'이라고 여전히 절대화한다. 이러한 일관성 없는 성서 이해는 남성중심적 여성 담론을 끈질기게 절대화해왔다.

성서는 가부장제적인 '억압적 전통'을 지닌 동시에, 그 가부장제적 전통을 비판할 수 있는 근거를 담은 '평등주의적 전통'을 지니고 있다. 성서의 이러한 이중적인 특성은, 어떻게 성서에 의해 여성운동가들이 해방의 의지를 촉발받기도 하고, 반대로 어떻게 그 동일한 성서에 의해 여성 평등의 요구가 극심한 반대에 부딪혔는가라는 역설적인 상황을 잘 설명해준다. 그러므로 성서를 근거로 형성되는 기독교 전통을 현대적인 시각에서 재조명할 때 생각해야 할 중요한 기준이 있다. 그것은 전통이 특정한 성서 텍스트가 담고 있는 가부장제적 가치를 그대로 수용하면서 형성된 것인지, 아니면 억압적 구조를 뛰어넘는 더 큰 평등주의적 전통을 고양하는 것으로 구성된 것인지를 분별하는 기준이다.

이와 같은 맥락에서, 기독교인들이 '신으로부터 내려온 계명'이라고 절대화하는 〈십계명〉은 현대에 어떠한 적절성과 의미가 있는지를 다시 조명해봐야 한다. 물론 〈십계명〉을 조명하는 문제는 결코 단순한 일이 아니며, 끊임없이 재해석되고 재규정되어야 할 중요한 문제이다. 예를 들어 제10계명에 나오는 "이웃의 아내를 탐하지 말라"를 어떻게 이해하고 해석할 것인가는 이 계명이 전해진 시대적 배경에 대한 이해를 요구한다. 특히 페미니스트 관점과 사회종교적 관점에서 제10계명을 조명하는 것은 기독교 전통에 대한 비판적 조명을 해야 하는 것을 뜻한다. 즉 기독교 전통과 어떠한 '연속성continuity' 또는 '불연속성discontinuity'을 규정하는가의 문제와 연결되어 있다.

나는 이 장에서 〈십계명〉 가운데 제10계명의 여러 한계를 먼저 조명하고, 그러한 한계들의 문제점을 분석하면서 기독교 전통에 대한 새로운 이해와 해석을 찾아보고자 한다.

2. "이웃의 아내를 탐하지 말라": 비판적 재조명

가톨릭교나 개신교 모두 〈출애굽기〉 20장 2~17절에 나오는 모세의 계명을 〈십계명〉 구성의 핵심으로 삼고 있다. 이것은 〈출애굽기〉보다 나중에 쓰인 〈신명기〉 5장 7~21절에도 등장한다. 잘 알려진 바와 같이 "이웃의 아내를 탐하지 말라"는 가톨릭의 제9계명은 〈출애굽기〉 20장 17절에서 나왔다. 이는 개신교의 〈십계명〉에서는 별개로 존재하지 않는 계명이다. 루터교는 17절에서 "이웃의 집을 탐내지 말라"를 제9계명에, 그리고 "이웃의 아내, 남종, 여종, 소, 나귀 등의 모든 소유를 탐내지 말라"를 제10계명에 넣고 있다. 반면 루터교를 제외한 개신교는 "이웃의 아내를 탐하지 말라"를 포함한 17절 전부를 하나로 묶어 제10계명으로 삼고 있다. 또한 개신교가 〈출애굽기〉 20장 4절을 근거로 제2계명을 구성한 반면, 가톨릭교회는 이 구절을 별개의 〈십계명〉 항목으로 포함하지 않는다.

〈출애굽기〉 20장과 〈신명기〉 5장에 나오는 〈십계명〉은 내용이 거의 비슷하다. 제10계명과 관련된 〈출애굽기〉 20장 17절과 〈신명기〉 5장 21절을 비교하면 약간의 차이를 볼 수 있다. 이 두 책에서 이웃의 소유를 탐하는 것을 금하는 내용은 동일하지만, 그 순서가 바뀌었다. 즉 〈출애굽기〉에서는 '네 이웃의 집'을 탐내지 말라는 것이 먼저 나오는 반면, 〈신명기〉에서는 '네 이웃의 아내'를 탐내지 말라는 것이 먼저 나온다. 〈신명기〉에서 이러한 순서의 변화가 아내를 그저 남편의 여러 소유물 항목에 포함시키지 않겠다는 〈신명기〉 저자의 여성 이해 전이를 드러내는 것인지, 아니면 〈출애굽기〉와 비슷한 맥락에서 이웃 남자가 소유한 항목을 나열하는 데 지나지 않는 것인지는 그 성서적 맥락을 좀 더 주의 깊게 들여다봐야 할 문제이다. 그러나 성서 텍스트적 서술의 의미에서 가톨릭교회가 "이웃의 아내를 탐하지 말라"는 제9계명을 별개의 계명으로 제정한 이유를 찾아본다면 〈출애굽기〉가 아닌 〈신명기〉에서 찾을 수 있다. 그런데 〈신명기〉나 〈출애굽기〉에서 〈십계명〉의 근거가 되는 텍스트에는 '이웃'이라는 말이 빈번하게 등장한다. 여기에서 '이웃'이라는 단어가 무엇을 시사하는지 보는 것은 〈십계명〉의 의미를 조명하는 데 중요하다.

1) '이웃'은 누구인가: '이웃'과 '비이웃'의 경계

현대를 살고 있는 기독교인들은 대부분 '이웃'이 인류 보편을 뜻한다고 이해한다. 그럼에도 이 '이웃'의 의미가 현실에서 과연 어떻게 규정되고 있는지에 대해서는 별로 주의를 기울이지 않는다. 그렇지만 실제로 기독교 전통에서는 지금까지 나/타자, 우리/저들, 이웃/이방인이라는 경계가 흔히 생각되듯 인류 보편의 영역으로 급진적으로 확장된 것은 아니다. 기독교와 아무 이해관계가 없을 때 '이웃'은 무한한 범주로 확장되기도 한다. 그러나 대부분의 경우에는 '이웃/이방인'의 경계가 아주 협소하고 분명하게 설정되어 지극히 배타적인 공동체를 구성한다.

〈십계명〉에 나오는 '이웃'의 의미는 히브리 종족 간의 연대성을 강화

하고 지속하는 데 아주 중요한 개념 중 하나이다. 〈십계명〉의 배경이 되는 시대는 같은 종족·혈족으로 맺어지는 '이웃'이 아니면, 그 밖의 사람들을 모두 '이방인'과 '적'으로 간주하던 시대였다. 소유나 경계를 잘 지키고 고수하는 것은 같은 종족 안에 있는 사람들 간의 분쟁을 막고 연대성을 강화하는 데 매우 중요한 일이었다. 이러한 시대적 배경을 고려할 때, '이웃의 소유'를 탐내는 것은 철저히 규제된다. '이웃의 소유'를 서로 침범하지 않는 것은 '우리 간'의 분쟁의 불씨를 막는 것이기 때문이다. 이러한 '우리 간'의 결집은 '저들'과 투쟁하는 힘을 모으는 데 필요한 생존의 전략이기도 했다.

그렇기 때문에 〈십계명〉에 사용된 '이웃'이란 철저히 히브리 동족 사람을 의미하는 것이지 보편적인 의미에서 인간 모두를 지칭한다고 보기는 어렵다. 이러한 사실은 성서 자체가 잘 보여준다. 예를 들어 〈신명기〉 14장 21절을 보면, "너희는 너희 하나님 여호와의 성민holy people이라. 무릇 스스로 죽은 것은 먹지 말 것이니 그것을 성중에 우거하는 객stranger에게 주어 먹게 하거나 이방인alien에게 팔아도 가하니라"라고 되어 있다. 여기서 '객'이나 '이방인'은 절대로 '이웃'의 개념에 들어갈 수 없는 사람들이다. '이웃'은 '성민'에 속하는 선택받은 민족인 히브리 종족에게만 적용되는 개념이기 때문이다.

히브리 전통에서 '이웃'과 '이방인'에 대한 구별은 참으로 엄격하다. 희년 사상의 텍스트인 〈신명기〉 15장에서도 이 점은 분명하게 드러난다. 〈신명기〉 15장 2절에 보면 '이웃'과 '형제'에게 꾸어준 것은 7년마다 면제하고 독촉하지 말라고 한 반면, 3절에서는 '이방인'에게는 독촉하라는 '배타적인 희년 법칙'이 제시되고 있다. 여기서 '형제'와 '이웃'은 동일한 선상에서 다루어지고 있다. 반면에 '이방인'은 그 면제 대상에서 철저히 제외되고 있다. 그렇기 때문에 〈레위기〉 19장 16절에서 18절에 이르는 '이웃'을 네 몸과 같이 사랑하라는 계명은, 히브리 전통의 맥락에서 보면 인류 보편적 이웃 사랑을 요구하는 윤리적 명령이라고 보기 어렵다. 오히려 히브리 종족 간의 연대성과 사랑을 강조한 것이라고 보아야 한다. 이것은 성서에서 노예제도를 합리화해주는 '이웃/이방인' 개념을 잘 뒷받침한다. 예를 들어 〈레위기〉의 다음 구절은 '이방인'을 노예라는 소유물로 취급할 수 있다고 규정하고 있다.

> 너희가 남종이나 여종을 두려면, 너희의 주변에 있는 여러 나라the heathern에서 남종이나 여종을 사들일 수 있다. 너희는 또, 너희와 함께 사는 외국인 거주자the strangers의 자손 가운데서나, 너희의 땅에서 태어나 너희와 함께 사는 그들의 가족 가운데서 종을 사서, 너희의 소유로 삼을 수 있다. 너희는 또 그 종들을 너희의 자손에게 영원한 유산으로 물려줄 수도 있다. 바로 이들은 너희가 종으로 부려도 된다. 그러나 너희의 동포 이스라엘 자손들끼리 서로 고되게 부려서는 안 된다.(〈레위기〉 25: 44~46)

즉 "이웃 사랑하기를 네 몸과 같이 하라"(〈레위기〉 19: 18)고 명하는 여호와는, 동시에 '이웃'이 아닌 '이방인'은 노예로 사고, 팔고, 영원히 소유할 수 있음을 허용하는 것이다. 이 밖에도 성서에서는 이러한 '이웃'과 '이방인'에 대한 엄격한 구분이 여러 군데에서 드러난다. 이 같은 맥락에서 볼 때, 제9계명에 등장하는 '이웃'은 그다음에 나오는 '아내'가 무엇을 의미하는지 분명히 규정해주는 핵심 개념이다.

그렇다면 히브리 종족 간의 연대성을 배타적으로 강조하는 '이웃'의 의미가 과연 〈십계명〉을 통해서 보편적 의미를 얻을 수 있을 것인가라는 아주 근원적인 물음에 직면하게 된다. 현대의 기독교인들은 이 〈십계명〉이 당시 히브리 공동체에게 주어졌던 배타적인 의미를 넘어 인류 보편적인 윤리적 지침을 주는 것이라고 해석한다. 또한 배타적 영역에서 이러한 보편적 영역으로의 확장과 전이는 예수 그리스도를 통해 완성되었다고 가르친다. 그럼에도 불구하고, 일상의 구체적인 현실에서 '이웃'의 의미를 이렇게 보편적인 영역으로 확대한다고 할 때, 우리는 아주 실질적인 물음과 직면하게 된다.

과연 '이웃'과 '이방인'의 경계는 어디인가? 예수 이후 이웃의 범주가 히브리 공동체의 배타성을 극복하고 인류 공동체로 확장되었다고 하면서도, 실제로는 히브리 공동체가 지녔던 것과 비슷한 민족적·종교적 배타성을 띤 '기독교 공동체'만을 '이웃'으로 규정하고 있는 것은 아닌가? 그렇다면 기독교가 아닌 다른 종교인이나 무종교인 등 인류의 70퍼센트 이상을 우리는 '이방인'으로 규정할 것인가? 기독교 공동체뿐 아니라 모든 인류, 즉 종교, 성별, 인종, 성적 지향, 계층 등의 구분을 넘어 '모든' 사람을 우리의 '이웃'으로 확장할 수 있을 것인가? 그렇다면 교회가 지니고 있는 구체적인 여러 배타적 경계들을 어떻게 할 것인가?

예를 들어 가톨릭교회의 경우 영세를 받지 않은 사람들은 교회에서 결혼식을 못하게 하거나, 이혼한 사람과 결혼하는 사람은 교회에서 결혼식을 올릴 수 없게 한다. 이러한 '이웃'의 배타적 경계들이 교리라는 이름으로 나뉘든 또는 전통이라는 이름으로 나뉘든 간에, "이웃을 내 몸같이 사랑하라"는 성서적 교훈에서의 '이웃'을 보편적 영역으로 확대할 때, 두 종류의 '이웃' 개념은 어떻게 양립할 수 있는가? 또한 '이웃'에게는 7년마다 빚도 탕감해주지만 '비이웃non-neighbor'인 '이방인'에게는 빚을 독촉해서 받으라고 한 것이나, '이웃'과 '형제'는 서로 자기 몸같이 사랑하라고 하면서 이방인은 노예로 사고팔고 영원히 '소유물'로 만들 수 있다는 성서 텍스트 속 지극히 배타적인 이웃 범주를 현대적인 의미에서 과연 어떻게 해석할 수 있는가? 이것은 교회 간 또는 종교 간의 다양한 분쟁과 질시가 인류의 평화를 위협하는 21세기에 기독교가 진지하게 씨름해야 할 문제이다. '이웃'이라는 개념에 담긴 이러한 문제점들을 생각하면서, "이웃의 아내를 탐하지 말라"는 제10계명에 좀 더 구체적으로 접근해보자.

2) '이웃의 아내': 성윤리의 문제인가 소유의 문제인가

개신교의 제10계명 가운데 한 부분을 담고 있는 가톨릭교회의 제9계명에 대하여, 가톨릭교회는 교리서 2514항부터 2533항에 걸쳐 가르치고 있다. 그 핵심은 "강렬한 육적 욕망에 대한 경고 against lust or carnal concupiscence"이다(2529항). 이러한 육적 욕망에서 벗어나려면 마음을 정결하게 하고 절제를 연습해야 하며(2530항), 마음의 정결을 위하여 기도, 정조, 의도와 비전의 정결을 훈련해야 한다(2532항). 그리고 이러한 마음의 정결함을 통하여 신을 보는 것이 가능해진다(2531항).[1]

그런데 "이웃의 아내를 탐하지 말라"는 계명을 성적 욕망에 대한 경고와 금지라는 일반적인 윤리적 교훈으로만 이해하는 것은 과연 그 의미를 제대로 드러내는 것인가? 또는 결혼제도의 신성함을 수호하기 위한 계명이라고만 해석할 수 있는가? 이러한 가르침을 최종적인 것으로 규정하기에 앞서 제10계명의 맥락을 다시 한번 세밀하게 살펴봄으로써, 제10계명의 의미를 재해석할 필요가 있다.

"이웃의 아내를 탐내지 말라"의 대상은 일반적인 '다른 여성'이나 또

는 '결혼한 여자'가 아니다. '이웃'의 아내이다. '아내'에는 두 종류가 있다. 이웃의 아내와 이방인의 아내. 그러므로 〈십계명〉에 나오는 '이웃의 아내'란 '아내-일반'이 아니라는 것이다. '이웃의 아내'는 '이방인의 아내'와는 전적으로 의미가 다르다. '이방인'은 노예로 소유할 수 있었으며, 그 노예의 아내는 그 남성 노예의 소유이기 이전에 노예 소유주의 소유물이다. 따라서 남성은 결혼한 여성일지라도 그 여성이 하녀이거나 이방인 여성이라면, 성폭력을 행사하든 성관계를 맺든 죄를 짓는 것이 아니다.

이러한 전체적인 맥락에서 볼 때, "이웃의 아내를 탐내지 말라"는 계명은 인간의 성적 욕망에 대한 보편적인 금기를 제시한다고 보기 어렵다. 오히려 '이웃의 소유'에 대하여 탐내는 것을 금지하는 데 우선적인 목적이 있는 것이다. 동시에 여성이 남성의 소유물로 간주되던 당시 히브리 부족 간에 지켜야 하는 연대성과 신의를 확고히 하기 위한 계명이었다. 더 나아가서 기독교 전통이 담고 있는 남성중심적인 인간 이해를 반영하는 것으로 읽어야 한다.

여기에 나오는 '탐내다'라는 말은 이 의미를 더욱 분명하게 해준다. '탐내다'의 히브리어는 'Chamad'이다. 이것은 영어로는 'covet'이라고 번역되어 있다(KJV와 NIV). 'covet'은 '소유하고자 하는 욕구desire to possess'를 뜻한다. 그런데 이 소유하고자 하는 욕구가 언제나 단순히 '성적 충동'과 연결되는 것은 아니다.[2] 이 소유하고자 하는 욕구를 품지 말아야 하는 것의 목록으로 〈출애굽기〉 20장 17절에서는 집, 아내, 남종, 여종, 소, 나귀 등을 차례대로 나열하면서 "이웃의 소유는 무엇이라도 anything that is your neighbour's" 탐내지 말라고 말한다. 〈신명기〉 5장 21절도 집과 아내의 순서만 바뀌었을 뿐, 그 목록의 내용은 똑같다. 이것은 분명 이방인이 아닌 '이웃'의 '소유물'을 탐내지 말라는 데 초점이 있으며, 따라서 '아내'

는 한 '인간'으로서가 아니라 '소유물'의 한 목록으로 간주되는 것임을 분명히 보여준다.

만약 이 계명이 남의 아내를 향한 성적 욕망에 대한 금기의 계명이라면, 결혼한 여자와의 성관계에만 엄격한 제6계명을 통해서도 충분히 드러낼 수 있다. 즉 제6계명의 간음에 대한 금기가 아내에 대한 남편의 지배권을 침해하는 행위와 가부장제적 결혼제도나 가족제도를 파기하는 행위를 엄격하게 금지하는 데 우선적인 목적을 두는 것처럼, 제10계명도 '이방인 남자'가 아닌 '이웃 남자'의 소유와 경계를 침범하는 것을 금기하는 것이다. 따라서 "이웃의 아내를 탐하지 말라"는 계명을 단순히 성적 욕망concupiscence에 대한 경고로 해석한다면, 제6계명에서의 가르침 이상을 넘어서지 못하는 것이다. 나는 여기에서 이 계명의 의미를 재조명함으로써 여성을 온전한 인간으로 간주하지 않는 남성중심적 인간 이해의 문제를 새롭게 인식하고, 이러한 남성중심적 인간 이해가 어떻게 기독교 전통 속에 아직도 다양한 양태로 남아 있는지를 성찰하는 것이 오히려 중요하다고 생각한다.

3. 기독교의 남성중심적 인간

1) 주체로서의 남성과 타자로서의 여성

기독교 전통에서 많은 신학자들은 '여성은 누구인가'를 규정해왔다. 그런데 가톨릭 전통이든 16세기를 지나서 형성되기 시작한 개신교 전통이든, 기독교 전통이 일반적으로 펼쳐온 여성 담론의 공통점이 있다. 첫째, 여성은 남성보다 '열등한 존재'이며, 둘째, 더 나아가서 '위험한 존재'라는 것이다. 여성을 이렇게 열등하고 위험한 존재로 보는 것은 여성혐오사상의 기본적인 전제이다.

첫째, 여성은 '열등한 존재'라는 이해는 여성이 육체적·인식론적·도덕적으로 남성보다 미성숙하고 열등하다고 보는 아리스토텔레스의 여성 이해에 인식론적 뿌리를 두고 있다.[3] 생명을 창출하는 과정에서도 여성은 남성 속에 있는 '극미인'을 일정 기간 동안 담아서 키워주는 역할만 할 뿐, 적극적이고 주체적인 역할을 하지 못한다. 여기에서 '정상적인 인간'은 남자아이로 태어나지만, 결함이 있는 '비정상적 인간'은 여자아이로 태어난다. 따라서 여자는 '결함 있고 잘못된 남자'라는 것이 아리스토텔레스의 여성 이해의 핵심이다.

아리스토텔레스의 이와 같은 왜곡된 여성 이해는 서구 전통의 부정적인 여성 이해에 기본적인 인식론적 전제를 제공해주었다. 그렇기 때문에 "여성과 남성의 관계에서 불평등은 영원한 것"[4]이며, "남자의 용기는 명령하는 것에서, 그리고 여자의 용기는 순종하는 것에서 나타난다"[5]는 그의 규정은 표면적인 형식만 바뀌었을 뿐 지금도 다양한 양태로 남성우월적 여성 담론의 지배적인 내용을 이루고 있다.

둘째, 기독교 전통에 자리 잡은 '위험한 존재'로서의 여성 이해는 부정적인 여성 담론을 더욱 강화한다. 이러한 부정적인 여성 담론의 근거가 된 것은 성서의 하와로, 하와는 여성 존재의 '위험성'을 증명하는 대표적인 예다. 테르툴리아누스는 여성을 '악마의 통로'라고 함으로써, 여성에 대한 명시적인 부정적 이해를 촉발했다. 이러한 여성혐오적 이해는 테르툴리아누스뿐만 아니라 여러 교부신학자들에 의해 재생산되었다. 교부신학자들의 부정적인 여성 이해는 기독교 전통에서 형식적으로만 변화했을 뿐, 인식론적으로는 본질적인 변화 없이 다양한 얼굴을 하고 현대까지 꾸준히 이어져오고 있다.[6] 서구 문명을 이루는 주요한 두 가지 메타포라고 간주되는 아리스토텔레스의 사상, 그리고 유대-기독교 사상에서 표면화한 이러한 여성혐오사상은 중세 유럽의 '마녀화형'에서 뚜렷이 그 모습을 드러내며 극치를 이룬다.[7]

마녀화형의 대표적인 문서가 된 〈말레우스 말레피카룸 Malleus Maleficarum〉은 1486년 하인리히 크레머 Heinrich Kraemer와 야코브 슈프렝어 Jacob Sprenger라는 두 명의 도미니크회 수도사들이 작성했다. 이 문서는 기독교 전통이 지닌 고도의 부정적인 여성 이해를 적나라하게 드러낸다. 이 문서에 따르면 여자들은 경박하고 변덕스러우며 지적으로 약해서 신앙이 동요되기 쉬우며, 따라서 마귀의 유혹에 쉽게 넘어가는 존재이다. 또 여자의 목소리나 걸음걸이조차도 남자를 유혹하여 죄에 빠뜨리게 하려는 것이다. 여자는 남자의 갈빗대인 굽은 뼈로 창조되었기 때문에 첫 창조부터 결함이 있는 존재로 태어났으며, 불완전한 동물로서 언제나 속이려고 한다. 그래서 여자들이 잘 우는 것은 남자들을 속이려 하는 것이라고 해석된다. 그렇기 때문에 세계는 여자의 악으로 고통받고 있으며, 아담은 사탄이 아니라 여자로부터 유혹받았고, 여자는 남자의 적이며 악마의 올가미보다 더 위험하다고 한다. 이 문서는 가장 노골적인 표현으로 여성을 비하하는데, 이러한 여성 비하는 육욕 carnal lust과 연결된다.[8]

이렇게 고도의 부정적인 여성 담론에 의거하여 정당화되며 행해진 '마녀화형'으로 희생당한 여성은 900만 명이라는 통계부터 20만 명이라는 통계까지 있다. 정확한 수를 확인하기 힘들다는 것이다. 13세기에 시작되어 약 500여 년 동안 이어지면서 1500~1700년에 가장 극에 달한 마녀화형에서 최소한 수백만 명의 여성이 마녀로 몰려 화형을 당하거나 교수형을 당했다고 추측될 뿐이다.[9] 왜 이런 일이 벌어졌는가를 두고는 흑사병, 종교개혁, 상업 문명의 발전 등에 따른 사회적 대변동의 희생양이라고 해석하기도 한다. 여러 가지 해석이 있지만, 분명한 것은 기독교 전통에 내재하는 여성혐오사상은 아주 뿌리 깊어서 현대에도 여전히 부정적인 여성 담론을 재생산하는 데 기여하고 있다는 사실이다.

물론 기독교 전통에서 여성들이 언제나 이렇게 부정적인 모습으로만 그려진 것은 아니다. 여성은 '가정의 천사'라고 예찬받기도 했으며, 도덕적 감수성이 남성보다 예민한 존재로서 이른바 '여성적 덕'을 칭송받기도 했다. 그런데 여성에 대한 지나친 폄하뿐 아니라 반대로 이렇게 낭만화하고 이상화한 지나친 극찬이 담고 있는 문제는, 극단적인 이 두 가지 여성 담론으로 인해서 여성은 다양한 특성을 지닌 '인간주체'로 그려지지 못한다는 점이다. '하와/마리아'라는 성서의 두 극단적인 여성 이미지처럼, '여성은 악녀이든가 성녀'라는 극단적인 여성의 이미지는 어느 것도 실제 인간으로서의 여성을 보여주지 못한다. 오히려 이러한 이해를 통해 여성들은 스스로를 끊임없이 죄인으로, 열등한 존재로, 남성들에 의해 계도받아야 하는 '미성숙한 존재'로 인식하게 된다. 동시에 다른 여성은 물론 자신에 대한 부정적 이해를 내면화하게 된다.

기독교 전통의 이원론적 사유방식은 인간을 육체와 정신/영혼으로 이분화해서 보게 했다. 이러한 이분법적 인간 이해를 통해 남성은 정신과 영혼에, 여성은 육체와 자연에 더 가까운 존재로 여기는 사고가 생겨났다. 결과적으로 기독교 전통에 담긴 육체혐오사상은 여성혐오사상과 인식론적 출발점이 같다. 즉 '반反육체' 사상은 '반反여성' 사상과 연결된다. 여성은 남성과 다른 생물학적 특성 탓에 정신이나 영혼보다는 육체에 더 가까운 존재로 이해되었기 때문이다.

2) 〈십계명〉의 청중은 누구인가: 생략에 의한 성차별

"만약 지금 남성과 여성의 상황이 완전히 바뀐다면, 당신은 어떻게 느끼겠습니까?" 미국 최초로 페미니스트 신학 강좌를 개설한 드루대학교의 넬 모턴Nelle Morton 교수가, 1973년 하버드대학교 공개 강연에서 청중에게 던진 질문이다. 모턴은 이 '상상으로 하는 실험'을 하면서, 다음과 같은 것을 상상해보라고 청중에게 권했다. 만약 신학교에서 들을 수 있는 목소리가 대부분 여성들의 목소리이고, 남자 교수는 아주 예외적으로만 있을 뿐 대부분 여자 교수들이며, 학생들도 대부분 여자이고, 사용하는 언어나 상징도 모두 여성적인 것이고, 모든 신학대학의 총장과 학장이 전부 여성이라면 당신은 어떻게 느끼겠는가? 남성이 신학교에 들어온 이유는 결혼해서 목회를 하는 여성 사제나 목회자를 잘 보필하기 위한 것이라고 대부분 생각한다면 당신은 남성으로서 어떻게 느끼겠는가? 남성인 당신에게 누가 와서 당신은 참 똑똑하지만 남성이기 때문에 사제로 서품 받을 수 없어서 정말 안됐다고 한다면 어떤 느낌일까?[10]

모턴의 강연에 참석한 많은 사람들은 이러한 '상상으로 하는 실험'을 통해서 남성중심적 가치구조나 언어, 제도와 기구들이 어떻게 여성들을 철저히 소외시킨 채 남성중심적으로 지속되어왔는지, 이러한 것들이 여성들의 구체적인 삶을 얼마나 왜곡하는지를 생생하게 느낄 수 있었다고 한다. 나는 모턴의 이 '상상으로 하는 실험'을 내가 가르치는 학생들에게도 이따금 권한다. 기독교 전통에서는 물론 많은 문화 속에서 등장하는 성차별은 누구나 알 수 있는 명시적인 것만 있는 것이 아니다. 표면적으로는 쉽게 '성차별'로 인식되지 않고 은밀한 양태로 이어져오는 성차별도 있기 때문이다. 모턴의 '상상으로 하는 실험'은 이렇게 은밀한, 그러나 인간의 삶에 큰 영향을 끼치는 성차별을 예민하게 인식하도록 돕는다.

성서 속에는 성차별적 텍스트가 너무나 많아서 여기에 일일이 열거할 수 없을 정도이다. 그런데 이렇게 노골적으로 드러난 성차별이 아니라 '생략에 의한 성차별'을 볼 수 있는 것이 있다. 그중 하나가 바로 〈십계명〉이다. 〈십계명〉의 제10계명을 조명하는 과정에서 가장 근원적인 물음을 생각해보자. 도대체 이 〈십계명〉의 청중은 누구인가? 이 청중에서 제외된 사람들, 생략된 사람들은 누구이며, 이러한 생략이 의미하는 가치구조는 무엇인가?

나는 이 글을 쓰면서 지금 내가 가르치는 영국 케임브리지대학교 신학부의 몇몇 학생들에게 다음과 같은 질문을 던짐으로써 '상상으로 하는 실험'을 해보라고 했다. 만약 제10계명에 나오는 구절이 "이웃의 아내를 탐하지 말라"가 아니라 "이웃의 남편을 탐하지 말라"라고 한다면 어떤 느낌이 드는가? 그러자 학생들은 이런 질문을 한 번도 받아본 적도, 생각해본 적도 없다면서, 이런 질문을 대하니 신이 말을 거는 대상이 완전히 달라진 것처럼 느껴진다고 했다. "이웃의 아내를 탐하지 말라"는 말을 들으면, 남성은 물론 여성도 신이 당연히 남성을 주된 청중으로 말한다고 생각하게 마련이다. 그럼으로써, 남성은 신이 말을 거는 존재이니 여성보다 훨씬 우월한 존재라는 남성우월과 여성열등 사상을 의식적·무의식적으로 내면화하게 된다.

그런데 왜 이것이 문제인가.

모두가 여성인 모임에서도 '형제들이여'로 시작하는 기도문이 낭송되며, 그 '형제들'에는 남성뿐 아니라 여성도 포함된다고 기독교 전통은 가르쳐왔다. 그리고 이런 점에 이의를 제기하면, 언어를 가지고 그렇게 문제를 제기하는 것은 불필요하고 '사소한 것'에 집착하는 태도이며, 우리는 더 '큰' 문제에 관심을 기울여야 한다는 충고를 받는다. 그런데 만약 모두가 남성인 모임에서 '자매들이여'로 시작하는 기도문이 낭송되고, 여기에서 '자매'에는 여성뿐 아니라 남성도 모두 포함된다고 가르친다면, 그것 또한 아무 일 아니라고 남성이 느낄 수 있을까. 언어란 단순히 의사소통의 기제가 아니라 강력한 지식체계이다. 언어란 분명한 가치관을 담고 있으며, 그 가치관을 꾸준히 반복적으로 사용함으로써 그 가치관을 재생산하고 영속화한다는 점에서 언제나 권력의 문제와 연결되어 있다.[11]

우리는 〈십계명〉의 청중이 누구로 규정되는가, 누가 생략되어 있는가 하는 문제를 지속적으로 제기해야 한다. 〈십계명〉의 배타적인 청중 설정, 여성을 그 청중에서 생략한 문제가 암시하는 남성중심성은 여성을 주체적이고 도덕적 결단을 내릴 수 있는 성숙한 '인간주체'로 그리는 것과 관련해 심리적·사회적·정치적으로 심각한 문제를 야기하기 때문이다.

시몬 드 보부아르는 《제2의 성》에서 '주체the Subject로서의 남성'과 '타자the Other로서의 여성'이라는 문제를 심층적으로 분석하여 현대 페미니즘에 이론적인 토대를 제공한다. 역사의 주체로서의 남성은 '제1의 성'이고, 그 남성에 의해 타자화한 여성은 '제2의 성'이 되었다는 문제 제기는 성서에도 분명히 적용될 수 있다. 신은 '아버지' 남성으로 표상되며, 예수도 남성이고 예수의 열두 제자도 남성이다. 성서의 주요 인물들, 예컨대 모세, 노아, 롯, 아브라함, 다윗, 여호수아, 삼손, 예언자들, 바울 등은 모두 남성이다. 몇몇 예외적인 경우를 빼면, 여성은 대부분 남성의 소유물이거나 하와나 델릴라처럼 남성들을 파괴하는 악한 존재로 등장한다. '의로운 자'라는 칭찬을 받은 롯은 천사로 보이는 자신의 남자 손님을 보호하기 위해, 폭도들에게 "내게 남자를 가까이 아니한 두 딸이 있노라. 청컨대 내가 그들을 너희에게로 이끌어내리니 너의 눈에 좋은 대로 그들에게 행하고 이 사람들은 내 집에 들어왔은즉 이 사람들에게는 아무 짓도 하지 말라"(《창세기》 19: 8)며 두 딸을 내준다.

폭도들에게 넘겨진 그 딸들, 그 여성들이 어떤 일을 당했을지는 자명한 일이다. 자기 집에 온 남자 손님을 보호하려고 딸을 내준 예는 다음에서도 볼 수 있다. 이 텍스트의 주인공은 "보라 여기 내 처녀 딸과 이 사람의 첩이 있은즉 내가 그들을 끌어내리니 너희가 그들을 욕보이든지 어찌하든지 임의로 하되 오직 이 사람에게는 이런 망령된 일을 행치 말라"(《사사기》 19: 24) 하고는 딸과 첩을 폭도들에게 물건처럼 건넨다. 또한 폭력에 희생당한 첩을 나중에 열두 도막으로 잘라서 이스라엘 사방에 두루 보낸다(《사사기》 19: 29). 이렇게 강간을 당하고 처참하게 죽어간, 이름도 없는 성서 속의 수많은 여성의 삶을 우리는 어떻게 해석해야 하는가. 자기 집에 온 남자 손님은 "이웃을 내 몸과 같이 사랑하라"는 가르침이 적용되어야 할 '이웃'의 범주에 들어가지만, 자기 딸은 가족임에도 불구하고 여성이기 때문에 그 '이웃'의 범주에조차 들어갈 수 없는 것이다.

종교가 사람들에게 주는 의미는 이성이나 논리를 통해서가 아니라 포괄적 의미의 상징, 즉 이야기·이미지·예식 등을 통해서 형성된다. 그렇기 때문에 다양한 의미의 종교적 상징이란 사람들에게 이 세계를 어떻게 인식하는가Weltanschauung 또는 이 삶을 어떻게 보는가Lebensanschauung에 대한 방향을 제시해준다. 인류학자 클리퍼드 기어츠Clifford Geertz의 분석대로, 종교란 인간의 '현실의 모델models of reality'이 될 뿐 아니라 지향적

'현실을 위한 모델models for reality'이 되기도 하는 것이다. 이런 맥락에서 성서가 담고 있는 이야기들, 신적 존재에 대한 상징들, 주인공들의 존재는, 구체적인 현실을 살아가고 있는 여성과 남성이 그들의 세계관과 가치관을 형성하는 데 여러모로 영향을 끼치고 있으며, 이러한 포괄적 상징들의 남성중심성은 종교적 영역에서뿐만 아니라 다양한 영역에서 남성중심적 현실의 강력한 모델이 된다는 의미에서 문제가 심각하다.[12]

여성은 남성의 소유물로, 경우에 따라서는 자기 딸이라도 언제나 다른 남성에게 강간당하도록 내줄 수 있는 것이 허용되는 히브리의 이러한 사회문화적 맥락을 고려하면서, "이웃의 아내를 탐내지 말라"를 다시 생각해보자. 이것을 인간의 성적 욕망에 대한 보편적인 금기의 교훈이라고 보기에는 무리가 있다. 오히려 이 성서 텍스트의 전후 문맥상, 결혼 전의 여성은 아버지 소유이지만 결혼한 여성은 남편의 소유물이라는 것과, 그 소유물을 탐낼 때 야기될 수 있는 히브리 종족 내 분쟁에 대한 금기사항으로 보는 것이 더 적절하다. 또한 이러한 교리적 가르침은 제10계명에서 '남의 아내'라고 함으로써 청중이 남성만이라는 것을 지시하는 '배타적 청중성'의 문제가 전혀 인식되지 않은 채 남아 있다는 점에서 문제가 된다.

더욱이 제10계명의 '남종' 또는 '여종'의 존재 자체와 관련해서는 교리서의 가르침에 신학적 물음을 제기하지 않는다. 이로써 인간이 다른 인간을 종으로 소유하도록 허용하는 노예제도의 근원적인 불의함에 대해서는 결과적으로 침묵하고 있다. 이와 같이 근원적으로 문제가 있는 계명들은 현대사회에 그대로 적용될 수 없다. 그 계명들을 현대사회에 적용하려면, 급진적인 재해석과 재교리화가 진행되어야 한다. 그러지 않으면, 이러한 계명은 현대를 살아가는 여성과 남성에게 신앙적 적절성을 지닌 것이라기보다는 상투적인 종교적 언어의 반복일 뿐이다. 성서적 텍스트가 현대인의 삶에 의미를 부여하는 '살아 있는 텍스트'가 아니라 '죽은 텍스트'가 되는 것이다. 결국 살아 있는 새로운 의미를 공급하지 못하는 죽은 텍스트가 될 것이다.

〈십계명〉에 나오는 "이웃의 아내를 탐하지 말라"는 항목이 현대사회에 줄 수 있는 의미가 있다면 그것은 무엇인가? 나는 이 계명이 인간의 보편적인 성적 충동에 대한 경고라기보다는, '탐냄'의 문제에 더 초점이 맞춰질 때 최소한의 의미가 있다고 본다. 현대사회에서 이 '탐냄'이란 개인적인 차원이든 사회적인 차원이든 여러 사회 불의의 문제와 연결되어 있기 때문이다.

자본주의의 세례를 받은 현대인들은 생존의 문제가 해결된 후에도 끊임없이 더 큰 것, 더 좋은 것에 대한 다층적 '탐냄'의 욕구를 품고 있다. 이와 같은 무한한 '탐냄의 문화'는 현대사회에서 사람들의 삶을 가장 파괴적인 형태로 흔들어놓는다고 할 수 있다. 이 '탐냄'은 자신과 다른 사람들을 무차별적으로 비교하면서 시작되는데, 그러다 보면 '신은 저 사람에게는 이것을 주는데 왜 나에게는 주지 않는가'라고 계속해서 묻게 된다. 이러한 '탐냄의 문화' 속에서는 신의 섭리나 축복도 철저히 개인의 무한한 욕심을 충족하는 의미로 자본주의화하고 왜곡된다. 이러한 신학적 왜곡은 개인적인 차원에서, 그리고 사회적인 차원에서 다양한 종류의 악과 불의의 온상이 되고 있다. 탐냄이 한 개인을, 한 교회를, 한 사회를, 한 나라를 사로잡을 때, 그것은 심각한 불의조차 불의로 보지 못하게 하기 때문이다.

4. 〈십계명〉의 급진적 재구성: 평등사상의 확장을 위하여

〈십계명〉은 기독교 전통 속에서 중요한 도덕적·신앙적 교설을 형성해왔다. 개신교 중에서 근본주의적 보수적 신앙 노선에 서 있는 이들은 〈십계명〉이야말로 기독교의 도덕적 우월성을 예시해주는 것이라며, 이 〈십계명〉에서 다른 종교에 대한 우월성을 찾기도 한다. 그러나 〈십계명〉이 생겨난 사회문화적 배경에서 조명해보면 여러 가지 심각한 한계가 드러난다.

또한 〈십계명〉은 무엇을 '하라'는 '적극적 윤리'라기보다는 '하지 말라'는 '소극적 윤리' 기준을 제시하고 있다. 그런데 무엇을 '하라'보다는 '하지 말라'는 메시지가 우선함으로써, 참으로 많은 문제가 널려 있는 이 현대사회에 폭넓은 종교적 지침을 제공하기에는 부족한 면이 있다. 따라서 무엇을 '함으로써'만이 아니라 적극적으로 해야 할 일을 '하지 않음으로써' 다양한 죄의 현실에 가담하게 되는 현대사회의 얽히고설킨 삶의 구조 속에서 하나의 뚜렷한 지침이 되기에는 분명히 한계가 있음을 인정해야 할 것이다. 특히 이 글의 중심 주제인 "이웃의 아내를 탐내지 말라"는 계명을 인간의 보편적인 성적 욕망에 대한 금기의 가르침으로만 보는 것은 문제가 있다. '이웃'이라는 범주 설정에 담긴 '종족 중심성'과, '아내'라는 개념 설정 자체가 지닌 남성중심성 때문에 근원적으로 한계를 안고 있는 계명이다.

성서를 어떻게 이해하고 해석할 것인가 하는 문제는 특히 '오직 성서로만' 원리를 강조하는 개신교에서 더욱 심각한 형태로 나타난다. 성서 속에 산재하는 여성 폄하적 텍스트들은 기독교 전통에서 여성 종속의 문화와 제도를 정당화하고 강화해왔다. 또한 여성과 남성이 '영적으로는 평등하다'고 가르치지만, 그 영적 평등이라는 교설은 여성들의 구체적인 사적·공적 영역의 삶과 연결되지 않은 채 여전히 '남성우월의 신학'과 제도들이 기독교 전통의 절대적 진리로 존속해오고 있는 실정이다.

생물학적 차이로 인해 여성과 남성이 '평등하지만 다른 존재'라는 것은 가부장제적 사회와 기구일수록 자주 사용하는 말이다. 그러나 이러한 '담론'은 '권력'과 연결되는 것으로, 성차별적 제도와 전통을 합리화하는 담론으로 오용되어왔다. 가부장제 사회를 벗어나 평등사회로 전이하는 사회·문화로 갈수록, 여성과 남성의 생물학적 차이라는 것은 남성과 여성이 다양한 일을 할 때 차별을 정당화하는 충분한 근거가 되지 못한다. 이 같은 사실은 벌써 다양한 차원에서 나타나고 있다.

인류의 역사에서 성, 인종, 사회계층 간의 '차이'에 대한 주장은, 그것이 권력을 쥔 사람들에 의해 강조될 때 언제나 '차별'로 이어져왔다는 역사적 사실을 인식할 필요가 있다. 그렇기 때문에 '누가' '왜' 특정한 그룹 간의 차이를 강조하는지가 여러 형태의 차별 담론을 분석하는 데 중요한 문제가 된다.

'이웃'에 대한 배타적 범주 설정은 기독교가 '평화의 촉진자'가 아니라 '평화의 방해자'로서의 종교로 작동하고 있음을 보여준다. 이 같은 배타성은 21세기에 들어선 지금도 여전히 곳곳에서 심각한 문제가 되고 있다. 이웃의 개념과 연관된 신학적 딜레마도 있다. '개인의 이득'을 최고 덕목으로 삼는 자본주의적 가치는 기독교가 말하는 '이웃 사랑'의 덕목인 '공공선common good'이라는 가치와 정면으로 대치된다는 것이다. '이웃 사랑'이라는 이름으로 행해지는 단순한 구제가 '정의가 강같이 흐르는' 사회를 실현함으로써 비로소 나와 이웃이 하나가 되는 진정한 '이웃 사랑'으로 나아가게 하는 것은 아니기 때문이다. 근본적인 문제에 관심을 두지 않는 구제행위가 구제의 시혜자에게는 심리적인 위로를 주고 수혜자에게는 잠정적인 도움은 줄지 모른다. 그러나 그런 구제행위가 요청되는 현실을 낳는 불의한 사회구조에 대해서는 침묵한다면, 사실상 그 불의의 지속에 암묵적으로 가담하는 행위가 된다고 할 수 있다.

이러한 다양한 문제와 딜레마를 용감하게 대면하지 않고서 기독교 전통이나 신학 또는 성서에 대한 맹목적인 변호와 이상화를 모색하는 것은 기독교를 생명력 있는 종교로 만드는 것이 아니라, 경직된 과거의 유산으로 머무르게 할 뿐이다. 신학자들은 교회와 신학 사이에서, 교권 magisterium과 신학적 물음 사이에서 끊임없는 긴장관계에 있을 때 비로소 신학자로서의 과제를 이루어갈 수 있다. 이러한 '창조적인 긴장'과 함께 교회는 2000여 년의 역사에서 끊임없이 변화해왔다. 21세기 기독교는 성서적·신학적 딜레마나 문제들과 진지하고 치열하게 대면함으로써 살아 있는 종교로서의 생명력을 지닐 수 있을 것이다. 〈십계명〉 자체와 그 해석에 대한 근원적인 비판적 재조명이 요청되는 이유는 바로 이런 맥락에서이다. 성서에 담긴 급진적 평등사상의 첨예화를 통해 성서가 쓰인 시대의 가부장제적·남성중심적 한계를 어떻게 비판하고 극복할 수 있는지가 〈십계명〉을 새롭게 이해하려는 시도의 궁극적인 목적이 될 것이다.

제14장

21세기 한국 교회에 대한 비판적 성찰

1. 상실의 시대, 무엇을 희망해도 되는가

지난 20세기는 인류 역사상 처음으로 대규모의 세계적 전쟁이 일어난 1914년부터 시작되었다고 할 수 있을 것이다. 세계대전은 근대인들을 사로잡고 있던 인간에 대한 고도의 낙관주의적 환상 또는 확신을 뿌리째 뒤흔들어놓았다. 대규모 전쟁으로 시작된 20세기는 '전쟁과 혁명'의 세기였다. 세계 곳곳에서 벌어진 내전, 아우슈비츠와 난징의 대학살, 베트남전쟁, 한국전쟁, 캄보디아의 킬링필드, 강제노동수용소와 문화혁명, 유고내전 등 정의의 실현 또는 선을 향한 의지라는 이름 아래 인간의 가장 폭력적인 모습들이 적나라하게 드러났다.

이러한 20세기를 지나면서 신학적 인간론에 큰 변화가 생겼다. 19세기 신학이 지녔던 고도의 '낙관주의적 인간' 이해는 고도의 '비관주의적 인간' 이해로 전이된다. 20세기에 기독교는 신의 이미지를 지닌 인간이라는 '낙관주의적 인간론'의 종국을 맞이했으며, 20세기가 21세기에 넘겨준 것은 진정한 휴머니즘의 상실이었다.

중세 종교전쟁의 주도자들부터 지난 세기의 공산주의자들에 이르기까지, 지상에 천년왕국을 세우려 한 위대한 기획자들은 표면적으로는 한결같이 정의를 향한 열정, 즉 선의를 품고 있었다. 그러나 그 시도들은 역사의 장에서 무수한 전쟁과 혁명을 통한 반反휴머니즘과 죽음의 자취를 남겨놓았다. 1989년 베를린 장벽이 무너지면서 인류는 사회주의를 통한 변혁이라는 위대한 기획의 막이 내리는 것을 목도했다. 그 무너짐 위에 남은 것은 무엇일까. 선이 악을 이겼다는 새로운 낙관주의가 다시 고개를 들 것인가.

그러나 현실은 이러한 역사적·도덕적 낙관주의에 제동을 걸 수밖에 없다. 이 무너짐 위에 새롭고 강력한 종교적·정치적 근본주의fundamentalism가 등장했기 때문이다. 특히 이른바 제3세계를 중심으로 부상하는 종교적·정치적 근본주의는 자신들이 규정해놓은 '이단'과 '악마적인 것', 그리고 자신들과 '다른 것'에 대한 살육과 파괴와 저주를 신의 일로 정당화했다.

그런데 자신들만이 오직 선하고 순수하다고 믿는 근본주의자들의 '파괴적 순수주의'는 21세기 한국 기독교에도 자리 잡고 있다. '파괴적 순수주의'는 한국 기독교인들의 단군상 파괴나 불상 파괴, 다른 종교에 대한 정죄와 저주, 대형 교회의 세습제, 성소수자 혐오, 이슬람 혐오 같은 외면적인 현상들에서만 나타나는 것이 아니다. 2000년이 넘도록 끈질기게 이어져온 남성중심주의적 가부장제의 가치와 구조가 전혀 변하지 않고 한국 기독교 안에 강화·유지되고 있는 모습 속에서 외피만 바꾼 '파괴적 순수주의'의 다른 얼굴을 볼 수 있는 것이다. 목회자의 말에 절대적으로 복종하고 자기를 희생하는 여성일수록 '순수한' 신앙을 지닌 '좋은' 여성이며, '아니요'라 말하고 물음을 제기하는 여성은 '불신앙'의 여성이며, 페미니스트 신학은 '이단'이라고 간주하는 한국 기독교는 분명 '파괴적 순수주의'의 특성을 고스란히 지니고 있다.

전쟁과 혁명의 시대로 표현되는 20세기를 지나 21세기로 넘어오면서 디지털혁명과 유전자혁명이 엄청난 사회문화적 변화를 가져왔다. 공간적·시간적 거리가 무의미해지는 이 21세기에, 한국 기독교에서는 맹목적 순종을 강요당하는 한국 교회 여성을 통해 인간의 자율성을 철저히 봉쇄당한 '중세적 인간'이 재현된다. 타율적 인간, 물음을 제거한 무비판적 신앙, 남성 성직자 중심의 교회구조 같은 것은 중세의 특징이다. 예전에는 상상조차 못했던 급격한 변화를 경험하는 이 21세기에 한국 기독교에서는 이런 요소들이 인간 삶의 다양한 차원에서 여전히 강력하게 작동하고 있다. 따라서 나는 '중세의 철저한 해체'—이것이야말로 21세기 한국 기독교가 직면한 가장 큰 과제 중의 하나라고 생각한다.

'중세의 해체' 후에 한국 기독교는 어디를 향해 가야 할 것인가. 기독교가 대면해야 하는 긴급한 물음이다. 나는 한국 기독교가 다양한 차원의 인간해방에 적극적으로 개입하고 행동하는 '해방적 프락시스'를 향해 나아가야 한다고 본다. 여기서 '해방의 프락시스'는 '제도화한 종교'와 '예수 운동'의 비판적 긴장 속에 구성되어야 한다. 한 사회에 새로운 종교가 태동하거나 새로운 종교가 소개될 때, 그 종교는 기존 사회의 억압적 구조에 맞서 대안적 세계를 제시한다. 즉 그 사회의 기존 질서와 삶의 양식을 넘어서는 '해방적인 유토피아적 비전'을 제시하며 등장하는 것이다. 이러한 의미에서 초대 기독교의 등장은 당시 유대 사회의 가부장제적이며 위계적인 삶의 조건들을 뛰어넘어 그 사회에서 주변화했던 이들에게 새로운 삶의 비전을 제시하는 것이었다고 볼 수 있다.

한국에 기독교가 소개되기 시작할 때도 기독교는 여성들과 가난한 이들, 상민계층 등 조선 말기 한국의 유교적 구조에서 철저히 주변화했던 사람들에게 자신들의 삶을 전적으로 다른 새로운 것으로 인식시켜 주는 해방적 종교의 의미, '해방의 프락시스'를 지녔다고 할 수 있다. 그리하여 한국 사회에서 주변부인으로 살아가던 사람들에게 기독교는 '해방적 종교'로 다가왔다. 비록 '예수 천당'과 같은 아주 단순한 구호를 통해서였다 해도, 철저히 '제2등 인간'이라고 규정되던 이들이 신 앞에서 모두 평등하며, 예수를 믿기만 하면 신분의 고하를 막론하고 모두가 구원받아 천국에 갈 수 있다는 '존재론적 평등성'의 가르침은 그들에게 분명 기존의 억압적 구조를 넘어서는 유토피아적 평등의 프락시스였다고 볼 수 있다.

그러나 한 종교가 그 사회에서 조직화하고 자리를 잡으면, 초기의 유토피아적 해방의 가치가 왜곡되고 더 나아가 상실됨에 따라, 그 종교는 내부에 위계적인 권위구조를 고착시키고 가부장제적 체계를 확립한다. 그래서 대부분의 고등 종교는 한 사회에서 안정된 종교로 자리 잡고 나면 보수주의적·가부장제적·위계주의적 구조를 여지없이 강화하는 종교가 된다.

나는 21세기 한국 교회들이 유토피아적인 해방적 프락시스를 심각하게 상실했다고 본다. 중세적 사유방식의 철저한 파기를 거쳐 해방적 프락시스로 나아갈 때, 한국 교회 기독교는 21세기에 살아 있는 종교로서 의미를 지니게 될 것이다. 그것은 20세기에 경험한 진정한 휴머니즘의 상실 후에 우리가 희망할 수 있는 새로운 프락시스이며, 이러한 해방적 프락시스를 통해 21세기의 한국 교회는 더 나은 삶을 바라는 우리의 희망이 실현된 미래를 향해 나아갈 수 있을 것이다. '아직 실현되지 않은 미래'에 대한 희망을 품는 것은 새로운 세계를 향해 한 걸음을 내딛는 것이다.

2. 한국 교회에 대한 비판적 성찰

현대 한국 교회는 사적주의privatism·개인주의를 통해서 변질되고 있다는 비판을 받는다. '개독교'라는 신조어의 등장은 한국 사회에서 기독교가 어떤 역할을 하고 있으며, 기독교를 대하는 사회적 시선이 얼마나 부정적인지를 잘 보여준다. 여기서 '개독교'라고 일컬어지는 기독교는 한국 사회에서 혐오정치에 앞장서는 보수주의 개신교회들을 가리킨다고 할 수 있다. 물론 한국 기독교에 대한 이러한 부정적인 대중적 이미지는 기독교 '전체'가 아닌 '일부'에만 적용되므로 큰 문제가 아니라고 생각할 수도 있을 것이다. 그러나 이 같은 대중적 이미지보다 더욱 심각한 문제가 있다. 대형 교회의 세습, 혐오정치, 신학적 왜곡, 사회정치적 극보수화가 한국 교회의 뿌리 깊은 질병으로 남아 있다는 사실이다.

교회들은 상담, 클럽 활동 등을 통해서 사적인 치료에 요구되는 것들만 만족시켜주는 수단이 되어가고 있다. 교회가 '기업'으로 변질되면서 교회는 구성원들을 만족시키기 위한 사적인 개인적 제의cult와 같은 기능을 하고 있다. 신의 축복이 물질적 번영과 동의어로 해석되면서, 교회는 자본주의의 세례를 받은 '부르주아 종교'로 변질해가고 있다. 교회가 사적인 개인적 제의로서의 역할만 할 때의 문제점은, '공적 영역'에서 교회가 물러남으로써 기독교의 비판적이고 예언자적인 힘을 파기하게 된다는 것이다. 사회정의를 향한 열정을 지속적으로 품고 있는 교회들도 종교를 개인적 경건성과 인도주의적 이상으로만 간주하는 경향을 띤다. 따라서 교회를 공적 영역과 완전히 분리하는 보수주의자들은 시대적 '적절성'을 상실하는 반면, 사회정의에 관심을 기울이는 자유주의자들은 종교가 지닌 '초월성'의 차원을 상실한다.

나는 이 장에서 '교회가 무엇인가'에 대한 전통적이고 메타이론적인 논의는 하지 않을 것이다. 일치, 거룩성, 사도성, 보편성 등으로 규정되어 온 '에클레시아'로서 교회를 이해하는 교회에 대한 전통적인 이해는 분명 교회에 주어진 '선물'인 동시에 교회가 이루어가야 할 '과제'이다.[1] 그러나 실제로 그러한 이해에 근거한 접근방식은 교회의 '지향성'을 보여주는 데는 적합하지만, '실제성'을 보여주기에는 한계가 있다. 이러한 이유에서 나는 한국 교회가 '어떤 상황과 위기에 직면해 있는가'라는 아주 구체적인 물음과 함께 교회에 접근하고자 한다.

흥미롭게도 교회를 지칭하는 '에클레시아ekklesia'라는 말은 복음서에 두 번밖에 나오지 않는 반면 하나님의 나라, 즉 '바실레이아basileia'라는 말은 약 100번이 나온다고 한다. 그래서 정작 '예수는 하나님 나라를 선포했는데, 나타난 것은 교회'라는 분석은 우리에게 '교회란 과연 무엇인가'라는 근원적 질문으로 다시 돌아가게 한다.[2] 과연 예수가 그렇게 외치던 '하나님 나라basileia'와 제도화한 종교로서 기독교의 표상인 '지금의 교회ekklesia'는 동일한 길 위에 서 있는가? 아니면 교회는 예수의 바실레이아 비전을 더럽히고 황폐화하고 있는가?

이러한 물음을 특히 한국 교회와 연관해서 생각할 때, 나는 긍정적이고 낙관적인 결론에 도달하기가 힘들다. 아주 소수의 교회를 제외한 대부분의 한국 교회의 모습은 모든 종류의 차별과 배제를 넘어서는, 그래서 정의가 강물같이 흐르는 바실레이아의 비전에서 점점 멀어지고 있다고 생각하기 때문이다. 한국 교회의 문제는 거창한 이론적 체계의 부재에서 야기되는 실패가 아니라, 아주 구체적인 크고 작은 실천들에서의 실패이다. 나는 이 장에서 한국 교회가 어떻게 바실레이아의 비전을 창출하는 데 실패하고 있는지를 구체적인 몇 가지 측면을 살펴봄으로써 비판적으로 성찰해보고자 한다.

1) 한국 교회와 여성: 가부장제의 희생자·공모자·저항자

(1) 여성 속의 가부장제

가부장제를 둘러싼 대부분의 논의는 여성 외부의 대상인 남성에게 비판적 기제를 적용해왔다. 여성은 가부장제의 우선적 피해자이며, 그 가부장제적 가치와 구조를 강화·지속해온 것은 권력을 지닌 남성이었기 때문이다. 그래서 왜 가부장제의 희생자인 여성이 교회와 사회의 가부장제적 구조 내 성적 불평등을 그토록 긴 역사 속에서 견뎌오고 있는지, 왜 여성들은 자신뿐 아니라 다른 여성들을 불신하는지, 왜 여성들이 페미니즘의 우선적인 적이 되고 있는지와 같은 물음들에 대해서는 사실상 진지한 논의가 없었다.

여성으로서 스스로에게 내적 비판의 기제를 적용한다는 것은 분명 고통스러운 일이다. 자신 속의 한계를 짚어내야 하고, 의식하지 못했던 자신 속의 '허위의식'을 들춰내야 하기 때문이다. 그러나 이러한 비판적 자기성찰과 분명한 자기인식을 통하지 않고서는, 여성들이 자신들을 옭아맨 다양한 양태의 억압들로부터의 해방과 자유를 추구하기 힘들다. 또한 이러한 비판적 자기 분석을 통해서만 왜 여성운동이 수많은 여성

들에게 외면받고 반대에 부딪히는가에 대한 적절한 답을 찾을 수 있고, 그 문제를 해결하기 위한 전략을 구성할 수 있다.

안토니오 그람시의 헤게모니 개념은 여성들이 인류의 역사 속에서 어떻게 가부장제에 공모해왔는가에 대한 통찰을 준다. 그람시에 따르면 '헤게모니'는 권위의 복잡한 본질을 포착하려는 개념이며, 강압적이면서도 복종을 강요당한 사람들의 '동의consent'에 좌우되는 개념이다. 그람시는 정치사회 또는 국가권력과 권위의 영역이 어떻게 시민사회의 신념과 태도의 체계를 조작하고, 창출하며, 유지하는지 예리하게 조명한다. 또한 지배계급은 어떤 방식으로 헤게모니를 창출하고 권력을 추구하면서 대중의 '자발적' 동의에도 의존할 수 있는지를 분석한다. 피지배계급의 '동의'는 사물의 질서를 무의식적으로 정당화하는 일상생활의 신념, 가치, 규범, 관습의 체계와 구조에 의해 유지된다.[3] 억압자의 권력이 작동되고 유지되려면 피억압자들의 '동의'가 있어야 가능하다는 안토니오 그람시의 '헤게모니' 이론은 한국 교회와 사회의 가부장제를 분석하는 데 중요한 단서를 제공한다.

'권력'에는 물론 질적 또는 양적 차이가 있다. 그럼에도 '권력'은 모든 개인들의 일상적인 삶에 다양한 양태로 존재한다. 노동자로 살아가는 사람들은 공장에서 성별, 나이, 직급에 따라 각기 다른 '권력'을 행사한다. 즉 권력 문제를 자본가-노동자라는 단순한 구도에서 바라보는 것은 권력의 복합성을 이해하는 데 한계가 있다는 것이다.

이런 맥락에서 보면 '남성-가해자/여성-피해자'라는 가부장제적 권력에 대한 흑백논리적 단순 이해는, 여성과 남성이 각기 구체적으로 경험하는 복합적인 현실의 정황을 포괄적으로 보지 못하게 한다. 동시에 여성들 사이에는 사회적 직급이나 나이에 따라, 그리고 가족관계에서 매우 현실적인 위계적 권력관계가 존재한다는 중요한 점들을 간과하게 한다. 권력과 관련해 이렇듯 이분법적으로 구성된 단순한 이해들은 여성해방의 의미와 목표가 무엇인가에 대한 구상을 왜곡할 위험성이 있다. 여성이 가부장제적 구조를 지지함으로써 어떻게 그들 자신의 억압을 강화하는가의 문제는 복합적인 논의를 필요로 한다. 그러나 분명한 사실은, 가부장제 구조가 남성들의 억압뿐만 아니라 여성들의 협조와 '공모'가 있을 때 작동되고 유지될 수 있다는 점이다. 물론 이 협조와 공모는 매우 다양한 방식으로 이루어진다.[4]

가부장제적 사회에서 태어나 교육을 받고 자란 사람들은 그 사회의 강력한 가치 기제인 가부장제적 권력과 제도의 지배를 받으며, 그 가부장제적 가치를 내면화한다. 이러한 내면화 과정은 여성이 남성보다 '어쨌든 열등'하고, 더 나아가 남성을 악이 이끄는 '위험한 존재'라는 '여성혐오사상'을 자신 속에 각인하게 한다. 특히 여성이 가부장제적 사회에서 살아가기 위한 '생존의 테크닉'은 그 사회가 종용하는 가치와 역할에 자신을 순응시키는 것이다. 여성의 이러한 '가부장제적 사회화'는 여성이 왜 교회와 사회의 가부장제적 구조에서 살아오며 그 구조를 더욱 강화하고 지지하는 사람으로 존재하는가라는 물음과 연결된다.

가부장제는 여성이 스스로 인식하지 못하는 사이에 여성의 내면에 깊숙이 침입해, 여성 자신은 물론 다른 여성의 해방과 자유를 가로막는 억압적 기제의 지지자가 된다. 이러한 내면화 과정은 성별에 따른 역할의 고정관념화, 남성이 여성보다 우월한 존재라는 '여성혐오' 가치의 사회화, 남성중심적 제도와 그 속에서 생존 기술의 반복적 학습, 종교적 상징과 지도력의 남성중심성 등을 통해 여성들이 어떻게 생각하고 행동하고 살아야 하는가라는 가부장제적 기준과 범주를 강력하게 지시해준다.

　한국 문화에서 여성은 무시당하고 미성년 취급을 받는다. 그리고 교회나 가정에서는 '모성'과 연결되어 비현실적으로 이상화되거나 낭만화되고 있다. 이러한 정황에서 여성은 생물학적으로는 성인이어도 독립적 인격체인 자유인으로서 모습을 인정받지 못한다. 특히 결혼한 여성들을 총칭하는 '아줌마'라는 이미지는, 남편과 아이들을 통한 대리적인 삶에 무분별하게 집착하거나 기껏해야 남자의 권한을 뒤에서 조종할 뿐 스스로 권력을 올바르게 행사하는 이성적 존재와는 거리가 멀다. 부엌과 가계부를 총괄하는 여성들은 사적인 영역에서는 뭔가 권력을 쥐고 있는 듯이 보인다. 그러나 공적 영역인 한 사회나 집단의 결정 기구와 과정에서는 배제되어 실질적인 공적 권력은 전혀 부여받지 못하는 무력한 존재이다. 이로써 여성은 스스로 의식하든 못하든 자신의 열등성을 내면화하게 된다. 동시에 다른 여성에 대한 불신과 열등성을 그대로 수용함으로써, 결국 가부장제적인 억압자의 표상을 스스로의 내면에 각인하는 전형적인 특성을 띠게 된다.

　이러한 맥락에서 마르크스의 이데올로기 분석은 여성에게 일어나는 가부장제의 내면화 과정을 분석하는 데 도움이 된다. 마르크스의 이데올로기 분석을 이 문제에 적용해보자면, 억압 이데올로기로서의 '가부장제'는 지배계층인 남성들의 사고와 가치체계를 그대로 수용하게 함으로써 피지배층인 여성에게 '허위의식'을 심어준다. 허위의식은 '자기 자신이 누구인가', 그리고 '자신의 역할이 무엇인가'에 대하여 정확하지 못한 해석을 하게 함으로써 자기 자신과 자신의 현실에 대한 철저히 왜곡된 해석을 절대적으로 자연적인 것, 본질적인 것처럼 받아들이게 만든다.

마르크스에 따르면 한 시대의 지배적 사고란 그 시대 지배집단의 사고이며, 그 지배집단은 지적 생산과 분배에 강력한 영향을 끼친다. 이 지배집단의 사고를 마르크스는 '이데올로기'라고 일컫는다. 이데올로기는 현상을 유지하려는 성향이 강하며, 지배계층의 세계와 경험을 반영한다. 결국 그 지배집단에 속하지 못하는 사람, 즉 피지배자의 경험은 그 사회의 지배적인 사상과 대립한다. 이런 측면에서 마르크스는 '이데올로기'란 다수의 대중을 기만하고 왜곡하는 것으로, 지배집단의 의해 수용되는 왜곡된 사상이라고 부정적인 규정을 내린다.[5] '이데올로기'는 하나의 '사상체계'라는 중성적인 의미로 쓰일 수도 있고, 마르크스의 경우처럼 '지배집단의 사고'라는 부정적인 의미로 사용될 수도 있는 것이다.

여성의 주변화와 가부장제 아래 억압의 경험이 여성들을 자동적으로 하나 되게 만들고 다른 여성들을 지지하게 하리라는 생각은 큰 오해이다. 이른바 '자매성'이 가부장제의 억압을 경험하는 여성들 사이에 자동적으로 주어진다는 생각 또한 오해이다. 여성들이 가부장제를 내면화하는 현실을 스스로 이해하지 못할 경우, 여성들은 가부장제의 희생자일 뿐만 아니라 동시에 가부장제를 지속하고 강화하는 공모자가 된다. 이런 측면에서 "가장 큰 비극은 기독교 안의 성차별주의적 구조를 가장 강력하게 지지하는 것이 여성이며, 그 여성들이 여성혐오자들이라는 사실"이라는 분석은 공모자로서 여성의 역할을 잘 드러낸다.[6] 그러나 나는 이러한 '비극'을 역사적 '사실'로만 규정하는 데 머무르면 안 된다고 생각한다. '그렇다면 왜 여성들이 자신에게서 등을 돌리는 여성혐오자가 되는가'를 묻는 것이 중요하다고 본다.

여성들이 '스스로의 적'이 되는 것은 가부장제 사회의 피지배자로서 여성들의 '생존 테크닉'이라고 할 수 있다. '남성들의 여성 지배'를 뜻하는 가부장제 사회가 규정해놓은 여성 이미지에 부합하지 않는 여성은 철저히 배제되며, 가부장제적 기대를 충족하지 않는 여성은 생존하기 어렵다. 여성들의 '생존 테크닉' 수용은, 아들과 딸을 차별하는 어머니, 며느리를 괴롭히는 시어머니, 손녀와 손자를 노골적으로 차별하는 할머니 등 가부장제적 여성들의 이야기가 21세기의 한국에서 여전히 대중매체를 지배하고 대중적 호응을 받는 배경이 된다. 여성들은 자기도 모르는 사이에 가부장제적 가치를 내면화하며, 가부장제적 기대의 충족을 최고의 목표로 삼게 된다. 이 모든 것은 결국 여성들의 생존문제와 연결되어 있다. 이 '생존 테크닉'은 여성 스스로 남성 지배에 '자발적'으로 동의하며 가부장제적 가치관과 생활양식을 재생산하게 한다.

(2) 저항적 공간, '헤테로피아' 창출
푸코가 강조하고, 또한 푸코와 그람시가 비슷하게 주장하는 바와 같이, 권력과 지배는 피지배자가 지배에 동의하는 한에서만 제구실을 한다. 즉 피해자의 동의가 없으면 어떠한 권력도 존재하지 못한다. 이런 맥락에서 볼 때 가부장제가 한 사회에서, 가정에서, 교회에서 끊임없이 존속해온 것은 피지배자인 여성들의 동의가 없었다면 불가능한 일이다. 여성들의 이러한 동의는 다양한 가부장제적 기제와 수단을 통해 끊임없이 재생산된다.

그러나 피지배자인 여성들이 지배에 저항할 때, 푸코의 용어로 '헤테로피아 heterotopia'라는 공간이 형성된다. 이 공간은 동질화하는 공간으로서의 '호모토피아 homotopia'에 대응하는 개념이다. '헤테로피아'는 기존의 억압적 현실을 근본적으로 뒤흔드는 '탈중심화의 공간' 기능을 한다. 나는 이제 여성들이 이러한 탈중심화의 저항 공간인 헤테로피아를 형성하려는 저항적 움직임을 강화하고 확산해야 한다고 본다. 푸코는 근대의 학문이 시간과 역사를 지나치게 강조한 탓에 공간과 지리의 중요성을 간과했다고 비판하면서, 공간의 재규정reordering과 '공간의 역사history of space'에 관심을 기울인다. 푸코의 '헤테로토피아' 개념은 바로 이러한 공간에 대한 관심에서 나왔다.[7] 이 저항 공간은 가부장제적인 현 상태의 유지에 도전하는 '대항 헤게모니'를 창출할 중요한 변혁의 공간으로서 의미가 있다.

한국 교회의 여성은 저항 공간인 '헤테로토피아'의 창출을 위해 다음과 같은 물음을 바탕으로 철저한 자기성찰을 해야 한다. 나는 가부장제를 지속시키는 데 어떻게 가담했는가? 교회와 사회에서 나는 나 자신과 다른 여성들의 억압을 촉진하는 데 어떤 역할을 했는가? 여성 속의 가부장제를 제거하기 위해 나는 어떤 일들을 할 수 있는가? 이러한 질문을 제기한다는 것은 여성이 가부장제와 결부된 스스로에 대하여 비판적으로 사고하기 시작한다는 뜻이다. 문제를 문제로 바라보면서 근원적인 물음을 던지는 것은 새로운 저항 공간 형성의 시작점이라고 볼 수 있다. 자신의 상황에 대하여 물음을 제기하고 성찰하기 시작하는 것은 분명 새로운 변혁의 출발점이다.

여성 속의 가부장제를 극복하려는 저항을 확산하기 위하여 인식하고 실천할 일들을 살펴보자. 첫째, 여성은 서로를 의식화해야 한다. 여성 스스로의 의식화는 개인적 또는 집단적 학습을 통해 가능하다. 둘째, 성차별의 불의한 상황에 대하여 '아니요'라고 말할 수 있는 시각과 용기를 갖춰야 한다. 저항은 자연적인 것이라고 간주되어온 것들에 '왜'와 '아니요'를 제기하는 것으로부터 가능하다. 셋째, 자신들이 남성과 평등한 존재라는 존엄성에 대해 분명한 자기이해가 있어야 한다. 이러한 평등한 존재로서의 자기이해는 기독교 전통에서 흔히 취해진 입장처럼 추상적이거나 영적인 차원만의 평등성이 아니다. 구체적·일상적·실천적 평등성으로 이어져야 한다는 분명한 의식을 확립해야 한다.

나는 여성이 억압 경험 때문에 '인식론적 특권'이 있다거나 어떤 특정한 존재론적 위치에 있다고 보는 일련의 페미니스트들의 주장에 동의하지 않는다. 아무리 억압을 경험했다 할지라도 그들 속에 비판의식이 자생적으로 형성되는 것은 결코 아니다. 또한 억압의 경험이 다양한 억압적 현실을 복합적으로 분석하는 시각을 자동으로 제공해주는 것도 아니다. 우리의 현실에 대한 페미니스트 해석은 가부장제적 해석과 마찬가지로 철저히 '역사적'이다. 즉 페미니즘 자체도 다층적 권력과 생존을 위한 투쟁을 반영하는 것이다.

이런 의미에서, 여성이 새로운 저항 공간을 창출하고 그곳에서 페미니스트 비전을 향해 일할 때는 분명한 역사의식과 분석에 근거해야 한다. 현실을 뛰어넘는 비전에 대해 지속적인 '자기비판적 성찰'을 하는 것은 가장 중요한 과제이다. 비전의 적절성에 대한 질문을 꾸준히 제기하는 것은, 한국 교회의 여성이 가부장제를 넘어서는 대안적 현실을 꿈꾸는 일이 비역사적·탈정치적·반이성적 태도를 취하는 것이 아니라는 사실을 항상 일깨워준다.

2) 한국 교회의 실천적 위기: 정의 불감증

한 사회나 집단 또는 종교가 얼마나 민주적이고 해방적인지 판단하는 중요한 기준 가운데 하나는, 여성의 온전한 참여와 지도력을 어떻게 인정하고 수용하는가이다. 그러나 더욱 심층적인 차원으로 들어가면, 단지 여성의 존재를 받아들인다는 것만으로 민주적이고 해방적이라고 판단하는 것은 한계가 있다. 즉 단지 여성이 아니라 '어떤 여성'을 수용하고 포함하는지를 봐야 하는 것이다.

가부장제적 제도와 사회에서 여성을 수용하는 경우는, 대부분 그 여성이 가부장제적 구조와 가치에 순응할 때이다. 기존 체제에 대하여 비판적·저항적 시각을 지닌 여성은 거부당한다는 뜻이다. 그래서 한국의 신학계나 교계에 여성이 몇 명이나 있는지 수치적으로 들여다보는 일보다 더 중요한 것은, 어떤 여성이 수용되거나 거부되는지 보는 것이다. 여성의 존재는 여전히 '구색 맞추기'나 하나 '끼워넣기'식의 '토크니즘tokenism'의 경우를 벗어나지 못하고 있다. 그러므로 여성 할당제에서처럼 여성이 얼마나 수용되고 있는가 하는 '외면적 수치'도 물론 중요하지만, '어떤 여성'이 그 기구의 결정과정에 수용되고 있는지의 '내면적 수치'도 동시에 살펴봐야 한다. 노골적인 남성중심성뿐 아니라 은밀한 남성중심성이 한국의 교계와 신학계를 여전히 지배하고 있다. 나는 이것이 한국 교회의 실천적 위기라고 생각한다. 교계를 봐도 신학계를 봐도 이러한 남성중심성이 여전히 강력하게 작동하고 있으며, 그것이 문제로 간주되지도 못하고 있다.

나는 대학원에서 강의할 때 한국의 여자 신학생들이 제출하는 글을 통해 그들이 교회에서 직면하는 암담한 현실을 빈번히 들여다보게 된다. 페미니스트 신학적 죄의 개념을 논의하면서 '자아실현을 부정하는 것'이 죄라고 가르치지만, 그 여학생이 자아를 실현하기 위한 현실의 장은 전혀 마련되어 있지 않다는 것이 한국 교회의 분명한 현실이다. 남자 신학생들은 이른바 '예비 목회자'로서 가족과 교회로부터 물질적·정신적·도덕적 지지를 받는 반면, 여자 신학생들은 고등교육을 받는 대학원에 들어가면서 더욱더 심각한 배제와 무관심을 경험한다. 사소한 일상의 영역에서 전혀 실천되지 못하는 '작은 정의'가 한국 교회의 과제로 무수히 쌓여 있는 현실에서, 더 '큰 정의'를 향해 나아가는 것은 불가능하다.

한국 교회 여성들은 또한 '희생과 봉사'라는 기독교의 덕목과 관련해 왜곡된 이해를 주입받는다. 자기 자신이 생각하는 것이나 추구하고자 하는 것을 완전히 희생하고 교회가 요구하는 봉사를 하는 것이 '신앙적 자세'라고 배운다. 그래서 무슨 행사 때만 되면 한복을 차려입고 웃음을 띠면서, 교회에 들어오는 남성들(목회자, 평신도 지도자들 등)에게 인사하며 문을 열어주고, 음식을 만들고, 식사를 차려주고, 커피를 타주고, 설거지를 한다. 반면 양복을 입은 남성들은 자리에 앉아서 한복을 입고 화장한 여성들이 가져다주는 음식과 과일과 커피 등등을 먹는다.

여성에게는 전통 의상이 장려되고 남성은 서구적인 옷을 입는 의복상의 불균형은 이른바 제3세계 나라들에서 빈번히 볼 수 있는 광경이다. 이는 남성이 시대의 요청에 따라 진보하는 '능동적인 실천적 주체'인 반면, 여성은 과거에 묶인 존재로서 전통을 보존하는 '수동적인 전통 보전자'라는 이미지를 반영한다. 남성과 마찬가지로 여성 또한 끊임없이 변화하는 이 시대의 '실천적 주체'로서 온전한 인간임을 무시하는 가부장제적 기제라고 할 수 있다. 아무리 시대가 변해도 여성은 과거 전통을 지키고 과거에 매여 있는 '고정된 존재'이다. 급변하는 시대에 대응하는 '변화의 주체'는 남성이다. 외국을 방문할 때 대통령의 여성 배우자는 전통적인 한복을 입기도 하지만, 남성인 대통령은 양복을 입는다. 한국 교회에서 행사가 열릴 때 남성은 양복을 입지만 여성은 한복을 차려입는다. 의상에서 드러나는 성의 불균형은, 표면적으로는 여성 스스로의 의지와 자발성에 따라 결정되는 듯이 보여도, 그러한 결정들의 내면에는 가부장제적 사회 심리구조가 반영된다.

'가정과 교회의 꽃'이라고 칭송받는 그 여성들이 정작 강단에서 설교를 하고, 회의를 주도하며, 예배를 인도하는 것은 진정한 '순종과 봉사'의 범주에 들어간다고 생각하지 않는다. 그리고 여성들이 도대체 자신은 누구이며, 진정으로 원하는 것은 무엇인가에 대하여 침묵하는 희생과 봉사는, 남성이 아닌 여성에게만 적용되는 '기독교적 덕목'이 되곤 한다. 교회만이 아니다. 가부장제 사회일수록 우정, 의리, 확신, 변혁, 능동성 같은 개념은 남성과 연결되어 있다. 반면 희생, 봉사, 질투, 시샘, 보존, 수동성 같은 개념은 여성과 연결되어 있다. 이는 가부장제 사회에서 남성과 여성을 바라보는 뿌리 깊은 고정관념의 가치체계를 드러낸다. 교회는 외딴 섬으로 존재하지 않는다. 한 사회 안에 자리 잡고 있는 것이다. 그러므로 한국 교회에서 벌어지는 현상을 사회에서도 비슷한 양태로 볼 수 있는 것은 당연한 일이기도 하다.

기독교의 '희생과 봉사'라는 덕목은 기존의 가부장제적 체계와 가치를 합리화하고 강화하는 이데올로기의 기능을 한다. 이러한 '희생과 봉사의 이데올로기'로 끊임없이 교육받은 한국 교회의 여성들은 가부장제적 구조를 더욱 강화하고 재생산하도록 길들여진다. 그 여성들은 '남성과 여성은 전적으로 평등하지만 역할이 다르다'는 오랜 가부장제적 허위 평등주의적 논의를 반박할 아무런 근거를 발견하지 못한 채, 교회에서도 가사노동의 연장인 일들만 해야 한다. 반면 남성들은 교회와 교단의 모든 결정과정과 결정기구에서 지도자 역할을 독점하고 있다. 남성과 여성의 생물학적인 차이가, 21세기에 어떻게 정치·종교·사회·문화 등 인간의 여러 활동영역에서 역할의 불균형적 차이를 정당화할 정도로 분명한 기반이 되는지 문제 제기조차 못하는 것이 지금 21세기 한국 교회의 현실이다.

한국 교회는 '희생과 봉사의 이데올로기', '감사와 순종의 이데올로기', '좋은 교인/좋은 여성 이데올로기'에 따라 여성의 다양한 역할을 '부엌'으로 제한하며, 결과적으로 교회의 70퍼센트를 차지하는 여성 기독교인들의 재능을 사장하고 있다. 인간으로서 여성과 남성의 진정한 상호성이라는 관계가 결여된 구조의 전형이 바로 교회인 것이다.

나는 21세기를 맞이한 지금 다음과 같은 물음들이 진지하게 제기되어야 한다고 생각한다. 교인의 다수는 여성들인데, 왜 그들의 지도자를 배출하기 위한 신학 교육은 거의 모두 남성이 담당해야 하는가? 왜 각 교단의 방향과 정책을 결정하는 상위 결정 기구와 과정에서 여성이 철저히 배제되고, 남성들이 그 지도력을 독점하는가? 왜 여전히 여성에게 목사 안수를 주지 않는 교단이 많으며, 그것에 이의를 제기하는 목회자들을 보기 어려운가? 목사 안수를 허용하는 교단에서조차 왜 여성은 '제2등 목회자' 같은 대우를 받는가? 여성들이 목회를 할 수 있는 현장은 어째서 이렇게도 제한되어 있는가? 올바른 질문, 그리고 반드시 제기되어야 하는 질문을 던지는 것이 중요한 의미가 있는 이유는, 역사는 새로운 '답'을 주는 이들에 의해서가 아니라 새로운 '물음'을 제기하는 이들에 의해 변혁될 수 있다고 보기 때문이다.

한국 교회의 가부장제성은 단지 여성을 배제한다는 측면에서만 문제가 있는 것이 아니다. 다양한 양태의 성차별이라는 현실이 존재한다는 것조차 인지하지 못한다면, 교회 안에서뿐만 아니라 교회 밖 사회에서 벌어지는 다른 종류의 배제와 차별 상황에 대해서도 변화의 주체로서의 역할을 할 수 없다. 이러한 '정의에 대한 예민성'의 부재는 한국 교회가 안고 있는 다양하고 복잡한 문제들의 가장 근원적인 이유가 된다. 한국 교회가 이러한 '정의에 대한 예민성'을 더욱 확장하고 첨예화하는 것은 21세기의 중요한 과제 가운데 하나일 것이다.

3) 한국 교회의 제도적 위기: 남성중심주의의 폭력

독일의 페미니즘 잡지 《엠마Emma》는 1991년 이후 여성에 대한 치명적인 폭력이 주기적으로 일어나는 가장 위험한 장소는 길거리가 아니라 가정이라는 사실을 구체적으로 문서화하여 예시하고 있다.[8] 여성이 남편이나 아들 또는 친척에게 죽음을 당하거나 다양한 물리적·성적 폭력을 경험하는 곳은 길거리보다 가정이 더 많다는 것이다. 미국 안에서 살해당한 10명의 여성 중 9명이 잘 아는 남성들에게 살해당했고, 살해당한 여성 5명 중 4명은 자기 집에서 살해당했다고 한다.[9] 흔히 행복과 안정의 공간으로 이상화되는 가정이, 실제로는 행복하거나 안전한 곳이 아니라는 것은 여러 구체적인 사실들이 보여주고 있다.

그런데 친밀성의 공간에서 이루어지는 여성에 대한 폭력은 가정뿐만 아니라 또 다른 친밀성의 공간인 '교회' 안에서도 빈번하게 벌어진다. 2018년에 공론화한 '미투 운동'을 통해 한국 사회 곳곳에서 남성들의 성폭력을 경험한 여성들의 수많은 사례가 드러나고 있다. 교회도 예외가 아니다. 더욱이 드러난 성폭력은 빙산의 일각일 뿐, 드러나지 않은 성폭력은 훨씬 심각한 상황일 것이다.[10] 그런데 성폭력처럼 드러난 폭력만이 심각한 것은 아니다. 사람들이 '폭력'을 어떻게 이해하는가에 따라서 한국 교회의 현주소에 대한 인식이 달라진다. '폭력'에 대한 아주 제한된 이해는 다양한 형태의 폭력이 존재한다는 사실에 무관심하도록 만든다.

'폭력'은 몸에 상처를 내거나 해롭게 하는 어떤 육체적인 행위라는 것이 폭력에 대한 가장 일반적인 이해이다. 그러나 육체적이고 물리적인 의미의 폭력뿐만 아니라 눈에 보이지 않는 다른 형태의 폭력도 참으로 심각한 문제이다. 이러한 인식은 공론화되지 않고 있는데, 페미니스트 이론들은 육체적 폭력뿐 아니라 다른 형태의 폭력도 여성의 삶을 황폐해지게 하고, 어떤 의미에서는 육체적 폭력보다 더 큰 상처와 고통을 가져다준다는 사실을 공론화했다.

독일의 정치철학자 한나 아렌트는 폭력을 다음과 같이 분석한다. 폭력의 가장 극단적인 형태는 "한 사람이 모두를 적대하는 One against All 폭력"이며, 이때 지배자가 피지배자보다 수적으로 더 많아야 할 필요는 결코 없다. 그 지배자는 다만 '권력의 최고기구'를 소유하기만 하면 된다."[1] 아렌트의 폭력 이해는 한국 교회의 남성중심성을 이해하는 데 매우 중요한 통찰을 준다. 한국 교회에서 여성 신도가 남성 신도보다 훨씬 많다는 사실이 지도력의 여성 배제를 극복하는 데 결정적 역할을 하지는 않기 때문이다.

또한 푸코가 지적했듯이, '공공 담론의 통제력'을 얻는 것이 권위와 권력을 유지하는 데 가장 필수적이라는 점을 상기해볼 때, 한국의 신학계와 교단의 기구들을 남성들이 주도하고 있다는 것이 한국 기독교에서 가부장제의 지속과 재생산에 어떻게 중요한 기제로 작용하는지를 볼 수 있다. 신학 교육에서 교수권 teaching power, 교회에서 강단권 preaching power을 행사하는 자리야말로 한국 기독교의 '공공 담론'을 생산하는 현장이기 때문이다. 이런 측면에서 볼 때 한국 교회에서 여성의 삶을 황폐화하는 폭력의 가장 결정적인 형태는, 교단이나 교회의 '권력 최고기구'와 신학대학에서 남성들에 의한 '공공 담론'의 통제력 독점 등을 통해 지속적으로 재생산되는 '제도화한 폭력' 속에서 전형적으로 드러난다.

이러한 '제도화한 폭력'은 다양한 양태의 폭력, 즉 해석학적 폭력, 신학적 폭력, 상징적 폭력, 심리적 폭력 등을 합리화하고 강화하면서 여성들에게 경험된다. 예컨대, 성서에 나오는 성차별적 텍스트를 여전히 절대적 진리로 간주하면서 여성의 종속적 위치를 정당화하는 설교나 성서 연구는 '해석학적 폭력'이다. 이 같은 폭력은 신학 담론의 형성에서도 여실히 드러난다. 신학이 여성의 경험이 아닌 남성의 경험만으로 구성되어 있으며, 그러한 편중적 구성이 인류 보편적 의미를 지닌 것으로 가르쳐질 때, 이것은 '신학적 폭력'이다. '사랑과 용서'가 여성에게 불의한 것에 대한 묵인과 침묵을 의미하는 것으로 가르쳐질 때, 그것 또한 신학적 폭력이다. 기독교의 기도문, 예배문, 찬송, 성서에서 남성중심적 상징과 여성 배타적인 언어를 무비판적으로 거듭 사용할 때, 그것은 '상징적 폭력'이다.

이와 같은 비가시적 폭력은 어떤 의미에서 육체적 폭력보다 더 심각한 피해를 야기한다. 눈에 보이지 않는 탓에 이 폭력의 가해자나 피해자가 폭력이 벌어지고 있다는 사실조차 인지하지 못하기 때문이다. 더구나 육체적 폭력은 형사처벌을 받지만, 제도적 폭력을 통한 다양한 형태의 비가시적 폭력은 여성의 삶에 치명적인 피해를 입혀도 아무런 처벌의 대상이 되지 못한다는 점은 제도적 폭력의 문제점과 그 심각성을 더욱 가중하고 있다. 한국 교회는 여성에게 가해지는 이러한 제도적 폭력의 심각성에 대해 진지한 공론화 과정을 거치지 않아왔다.

다종교 상황에서 교회를 성장시켜야 한다는 의지는 강박관념처럼 한국 교회를 지배하고 있다. 또한 한국 사회의 위계적 가치체계는 평등과 정의에 대한 예민성을 결여하게 한다. 이러한 이유들에서 교회의 내면적 성숙이나 기독교의 보편가치 확산에는 무관심한 채 외면적인 성장에만 관심을 기울이게 되는 것이다. 교회의 양적 성장에 대한 집착은 등록 교인의 수나 헌금액수 또는 교회 건물의 크기 등 '보이는 수치'를 목회의 '성공과 실패'를 판가름하는 기준으로 만들었다. 이제 한국 교회는 목회적 방향과 관심을 '내면적 성숙'으로 돌려야 한다. 그러지 않으면 다양한 인식적·실천적·의식적 변화가 요청되는 이 새로운 세기에 한국 교회가 생명력 넘치는 종교의 표상으로 설 자리는 없어지며, 교회의 존재 의미는 사회적 적절성을 상실하게 될 것이다.

4) 한국 교회의 인식론적 위기: 비판적 사유의 부재

한나 아렌트는 1961년 예루살렘에서 열린 독일의 유대인 학살 전범 오토 아이히만Otto Adolf Eichmann의 재판을 참관한 뒤, 아이히만은 전혀 사악해 보이지도 않았고 유대인 학살Holocaust이라는 "그 행위는 괴물 같은 것이었지만 그 행위자는 너무나 평범한 사람이었다"며 놀라움을 금치 못했다.[12] 아렌트가 아이히만에게서 발견한 것은 예상과 달리 사악하거나 미련한 것 같은 모습이 아니라 평범성banality이었다. 그 평범성을 지닌 사람에게서 아렌트는 인간의 가장 부정적인 모습, 즉 '사유 없음 thoughtfullessness'을 본다. 아이히만은 어디에서나 볼 수 있는 지극히 평범한 모습의 사람이지만, 비판적인 사유를 하지 않음으로써 극도의 악적 행위에 가담하게 되었다는 것이다.

아렌트의 이러한 통찰은 악에 대한 전통적 논의에 근원적인 문제를 제기한다. 즉 타락한 천사 루시퍼Lucifer에서 볼 수 있는 것처럼 악이 도덕적 의지의 나약함, 질투, 증오 같은 동기에서 행해진다는 악에 대한 전통적인 이해는, 나치의 유대인 학살이 어떻게 대대적으로 일어나게 됐는지를 설명해주지 못한다는 것이다. 아이히만의 평범성을 대면한 아렌트는 '우리 속에 있는 아이히만'에 대하여 말하면서, 수없이 많은 아이히만들이 차이성을 드러내는 것은 '비판적 사유능력'이 있는가 없는가의 문제라고 지적한다. 아이히만을 유대인 학살이라는 극도의 악에 가담하게 한 것은 그의 잔인함이나 악한 성품이 아니라 비판적 사유능력을 결여한 '맹목적 순종'이다. 아렌트에 따르면, 소크라테스와 플라톤 이후 우리가 일반적으로 생각하는 '사유'란 '나와 나 자신 사이 침묵의 대화'이며, 이 사유능력은 전문 사상가들에게뿐 아니라 모든 이들에게 가능한 것이다.[13]

나는 아렌트의 '악의 평범성'에 대한 통찰, 그리고 악을 '비판적 사유의 부재absence of critical thinking'라고 규정한 악의 정의에서 한국 교회가 직면한 심각한 위기의 한 측면을 본다. 한국 교회는 교인들에게 '비판적 사유능력'을 전혀 훈련시키지 않는다. 오히려 그런 능력을 갖춘 이들을 불순종·비신앙의 사람들로 만든다. 이러한 현상은 한국 사회 전반에 퍼져 있는 문제로, 한국 교회에 심각한 인식론적 위기를 가져다준다. 맹목적 순종을 가르치는 교회에서 훈련받은 이들은 비판적 사유를 결여함으로써, 극단적 상황이 벌어졌을 때 아이히만처럼 극도의 비인간적인 악의 현장에 가담할 가능성이 있다. 유대인 학살 같은 극단적인 현실이 언제나 우리 주변에 있는 것은 아니다. 그러나 여러 형태의 '악'에 끊임없이 무비판적으로 가담하고 있는 것이 한국 교회의 얼굴이다. 사회정의 문제에는 침묵하지만, 성소수자 혐오, 난민 혐오, 이슬람 혐오 등 다양한 차별과 배제 문제가 불거질 때마다 등장하는 것이 교회이다. '개독교'라는 말을 듣는 이유이다.

한국 교회의 '악'은 무비판적 교회 성장주의, 맹목적 반지성주의, 복음의 자본주의화 등의 양태로 확산되고 있으며, 비판적 사유능력의 부재는 대형 교회의 세습제, 크고 작은 권력의 자리에 오르는 데 막대한 물질이 요청되는 점, 교계와 신학계의 철저한 남성중심성과 여성 배제 같은 악의 현실을 '악'으로 보지 못하고 오히려 가담하게 한다. 사회적 책임을 다하지 않는 것 또한 직간접적으로 '악'에 개입하는 것이다. '죄'에는 어떤 일을 '함으로써의 죄$_{\text{sin by commission}}$'도 있지만, 그 악의 현실에 무관심함으로써 또는 그것에 대해 '아무것도 하지 않음으로써 짓는 죄$_{\text{sin by omission}}$'도 있다는 사실을 한국 교회는 진지하게 생각해봐야 한다.

이제 한국의 신학 교육은 비판적 사유능력을 갖춘 목회자들을 길러내야 하며, 교회는 비판적 사유를 하고 물음표를 제기하는 기독교인들을 만들어야 한다. 그러지 않으면, 의식하든 못하든 한국 기독교인들은 크고 작은 무수한 악의 행위에 직간접으로 가담하고 공모하는 종교인으로 남을 것이다. 또한 여성들은 가부장제의 공모자로, 남성들은 가부장제의 주도자로 남아 정의와 평등의 '하나님 나라'의 실현에서 점점 멀어지는 억압적 교회의 모습을 벗어나지 못할 것이다.

3. 희망은 어디에서 오는가?: 21세기 한국 교회의 미래

인류의 역사에서 지배와 종속 구조를 넘어서는 새로운 변화는, 기득권과 특권을 지닌 이들에게서 자동적으로 온 적이 없다. 그렇다고 해서 아무런 기득권과 특권 없이 피동적으로 살아가는 다수 피해자들의 의식 속에 변혁을 향한 의지가 자생적으로 형성되기를 기대하기도 어렵다.

그들을 변혁의 모체로서의 '비판적 대중critical mass'으로 탈바꿈하게 한 것은 지배와 종속 구조의 불의함을 경험하고 인식한 이들, 그리고 비록 초기에는 소수일지라도 그것을 극복하려는 변혁의 열정을 품은 이들이었다.

한국의 교계와 신학계에는 이러한 변혁의 열정을 지닌 여성들과 남성들이 '비판적 대중'으로 형성되어야 한다. 변혁의 주체로서의 '비판적 대중'은 예수의 복음에는 충실하지만, 가부장제적 전통과 현실에는 반역하는 '충실한 반역자'이다. 이 '충실한 반역자'야말로 21세기 한국 교회에서 희망의 근원이다. 여성들과 남성들은 가부장제적 조류에 역행하는 '반反성차별주의적 페미니스트 운동'을 통해 21세기 한국 교회가 더욱 정의로운 교회로 거듭나는 데 기여하는 희망의 근원이 될 것이다.

1) 성령운동으로서의 페미니스트 운동

19세기와 20세기에 걸쳐 인류 역사에서 일어난 가장 큰 운동이 있다면, 페미니스트 운동이라고 할 수 있다. 인류의 절반을 차지하는 여성이 자신은 누구인가에 대한 근원적인 물음을 제기하고, '발화의 객체spoken object'로만 살아오던 여성이 비로소 '발화의 주체speaking subject'로 등장했기 때문이다.

페미니스트 운동은 사회적·정치적·종교적·경제적·가정적 차원 등 인간의 모든 영역에서 성차별적 구조에 문제를 제기했다. 이 세계를 거꾸로 뒤집는 '혁명적 사건'으로서 인류 역사에 획기적인 변화의 획을 그었다. 페미니스트 운동은 인간 삶의 모든 영역에 새로운 '패러다임의 전이'를 요구했다. 인간에 대한 이해에 근원적인 변화를 요구했으며, 인간 관계의 정의 문제와 생태 문제에 대한 깊은 통찰을 제시했다. 인류 역사에서 일어난 그 어느 운동보다에서도 다양한 층의 사람들이, 인간 삶의 크고 작은 모든 영역을 총괄하는 여러 영역에서, 가장 장기적으로 진행하는 운동이 되었다. 그렇기 때문에 페미니스트 운동은 총체적으로 잘 정리되고 다듬어진 윤곽을 갖춘 운동이라기보다는, 구체적인 역사의 현장에서 많은 여성들의 복합적인 관심·전략·이론을 끊임없이 창출해내는 역동적인 역사적 운동이라고 할 수 있다. 페미니스트 운동은 모든 국가에서, 모든 종교에서, 모든 문화에서 생성·발전되고 있다.

페미니스트 운동은 기독교 안에서도 신학과 목회 차원에서 기독교의 경직된 구조를 새롭게 변혁하고, 더욱 평등하며 정의로운 기독교 공동체의 창출을 추구한다. 분명한 것은, 서구의 페미니스트 운동이 여성해방의 인식론적 원리를 〈창세기〉 1장 27절이 명시하는 기독교의 '존재론적 평등성'이라는 구조에서 찾았다는 사실이다. 페미니스트 운동이 기독교의 이러한 평등성 원리에서 여성해방은 물론 모든 인간을 위한 정의와 인간 존엄을 위한 근거를 찾았다는 것은, 기독교의 희망의 근거가 무엇이어야 하는지에 대해 중요한 단서를 제공한다.

나는 미래의 기독교와 21세기 한국 교회의 희망의 근원 중에서 아주 핵심적인 위치를 차지하는 것은 여성운동, 좀 더 분명한 용어로 규정하면 '페미니스트 운동'이라고 본다. 물론 페미니스트 운동의 출발점은 '여성'이었지만, 성차별뿐만 아니라 다양한 형태의 지배와 종속 구조에 저항하는 해방의 메시지를 담고 있기 때문이다. 이런 의미에서 보면 페미니스트 운동의 사명과 목적은 '모든' 인간의 평등·자유·정의·평화를 향한 복음의 해방적 비전과 일치한다.

하비 콕스Harvey Cox는 여성들의 이러한 운동을 그동안 '억눌렸던 것들'이 성령의 역사에 의해 현대사회에 복귀하는 것으로 해석했다. 하비 콕스는 지난 1996년 8월 26일 연세대학교 100주년 기념관에서 열린 '성령과 교회 갱신'이라는 주제의 학술세미나 강연에서 이 말을 했다. 그때 강연의 통역을 맡았던 나는 하비 콕스의 이러한 통찰력 있는 지적과 분석을 그 자리에 참석한 모든 참석자들이 전혀 언급하지 않은 점을 아쉽게 생각했으며, 하비 콕스도 나중에 이 점을 언급했다.[14]

성령이 무엇인가에 대해서는 신학적으로 다양한 해석이 나올 수 있다. '성령'을 우리 속에 내재하는 신적인 힘, 변혁하는 힘, 해방하는 힘으로 이해한다면, 인간을 자유하게 하고 모든 억압적 기제로부터 해방하려는 '신의 영의 현현으로서 성령운동'은 분명 페미니스트 운동을 통해서도 이루어진다. 성령운동에는 언제나 '죄에 대한 회심'이 요청된다. 여성들은 자신들이 역사 속에서 가부장제에 동조한 것, 성차별의 불의함에 단호하게 '아니요'라고 하지 못한 용기 없음과 인식의 결여에 대해 회심해야 한다. 그리고 남성들은 가부장제의 우선적인 주도자 역할을 한 것, 성차별주의의 죄성을 인식하지 못한 것에 대하여 개인적으로뿐만 아니라 집단적·제도적 차원에서 회개해야 한다. 기독교는 역사에서 기독교가 행한 반유대주의, 노예제도, 인종차별주의 등과 같은 죄들에 대하여 집단적·제도적으로 회개했다.[15] '회개'나 '회심'은 기독교적 용어이지만, 이 용어들을 철학적 용어로 전환하자면, 아렌트의 표현과 같은 맥락에서 '비판적 사유와 성찰'이라고 할 수 있다. 이제 21세기의 한국 교회는 성차별주의가 죄임을 고백하고, 그 성차별주의가 개인과 제도적 삶에서 극복되도록 구체적인 변혁운동·갱신운동·성령운동을 확산해야 하는 과제 앞에 섰다.

기독교 안의 페미니스트 운동은 가부장제와 성차별주의에 저항하는 것이 기독교의 복음에 충실한 행위라고 확신하는 여성들에 의해 전개되어왔다. 기독교 페미니스트 운동은 '여성'에 대한 새로운 이해, 여성과 남성의 관계에 대한 새로운 이해, 인간과 자연의 관계 또는 인간과 신의 관계에 대한 새로운 이해와 패러다임을 제시해왔다. 뿐만 아니라 페미니스트 운동은 성, 인종, 계층, 육체적 조건, 성적 지향 등 인간의 생물학적 조건에 근거한 모든 종류의 차별과 배제가 신의 뜻을 거스르는 죄이며 불의라는 점을 이론적·실천적으로 선포해왔다. 이런 의미에서 페미니스트 운동은 기독교 복음정신을 확산하는 운동이며, 여성과 남성을 다양한 형태의 억압에서 자유롭게 하고 해방하는 성령운동이다. 나는 이 같은 복합적인 의미의 페미니스트 신학적 운동이 21세기 한국 교회의 희망의 근원이 된다고 본다.

2) 가부장제적 조류에 역행하는 페미니스트 남성들

가부장제에 관한 논의가 대부분 남성을 가해자로, 여성을 피해자로 그려내는 것은 페미니스트 운동에서 일반적인 전략이 되어왔다. 현대 페미니스트 운동의 초기 단계에서 이러한 '남성-가해자/여성-피해자'라는 대립적인 이분법적 규정은 남성을 '여성의 적', 여성을 '절대적 피해자'로만 규정하고, '모든 여성'을 가부장제에 대항하는 사람들로 함께 묶으려는 전략을 세우게 했다. 물론 이러한 이분법적 분석은 가부장제에서 여성들의 억압적 현실을 극복하고자 하는 것이 우선적 관심사였던 초기 여성운동에서는 당연한 접근방식이었다.

그러나 여성운동이 점점 성숙해가면서, 그리고 다양한 차원의 이론적 분석이 진행되는 가운데 남성은 가부장제 아래에서 특권만이 아니라 억압도 경험한다는 사실이 심층적으로 분석되었다. 또한 성차별주의를 극복하기 위한 변혁의 과정에는 여성뿐 아니라 남성의 참여와 연대도 절실하게 요청된다는 점이 강조되었다. 이러한 발견은 여성뿐만 아니라 남성 속에서도 나타나기 시작하여, 우선 미국 안에서는 성차별주의에 저항하는 '남성 운동Men's Movement'이 등장했다. 여성과 남성은 각각 다른 방식으로 가부장제의 '피해자'라는 인식이 확산되었기 때문이다.

가부장제 아래 성차별주의로 남성이 경험한 억압은, 물론 우선적 피해자인 여성이 경험한 억압과는 매우 다른 양태를 띤다. 그러나 성차별주의 사회에서는 여성뿐 아니라 남성도 한 인간으로서의 통전적 모습이 왜곡당한다는 점에서 그 '피해자성'이 있다. 가부장제 사회에서 남성으로 산다는 것은 감성적 측면을 억누르면서 공격성, 강인함, 맹목적 책임성을 갖춰야 한다는 것을 의미한다. '남성다움'이라는 이미지는 수많은 남성들이 정서적 영역에서 자기 왜곡, 사적 영역에서 소외, 사회적·가정적 책임을 혼자 떠맡아야 하는 강요된 책임성 등을 경험하게 했다. 성차별주의에 따른 피해 경험은 가부장제가 여성뿐 아니라 남성의 삶도 억압하는 기제가 된다는 사실을 발견하게 했다.

가부장제에서 나타나는 성차별은 계층차별이나 인종차별과 근원적으로 다른 측면이 있다. 성차별은 공적인 영역은 물론 친밀성의 관계인 매우 사적인 영역에서까지 경험된다는 점이다. 예를 들어 동일한 계층과 인종에 속한 아내와 남편 사이에는 계층차별이나 인종차별이 존재하지 않지만, 성차별은 계속 존재한다. 즉 계층차별이나 인종차별은 주로 공적 영역의 경험인 반면, 성차별은 공적 영역뿐 아니라 사적인 친밀성의 영역에서마저 경험된다. 이 점에서 성차별은 다른 어느 종류의 차별보다도 근원적이고 포괄적인 차별이다. 성차별 경험의 이러한 측면은, 페미니즘을 접하기 시작한 여성들이 우선적으로 갈등을 느끼는 공간이 바로 사적 영역이라는 사실을 보여준다. 교회는 사적·공적 영역의 구조를 모두 갖춘 특수한 영역이다. 따라서 교회는 여성들이 아주 다양한 형태의 성차별을 경험하는 곳이 된다.

성차별주의에 저항하는 페미니스트 남성들은 오래전부터 존재해왔다. 《조류에 대항하여Against the Tide》라는 제목의 책은 남성 페미니스트들의 글을 모아놓은 방대한 책이다.[16] '가부장제'라는 시대적 조류에 역행하는 이러한 페미니스트 남성들은 한 인간으로서 여성들의 권리와 참여를 지지하기 위하여 많은 현장에서 구체적인 행동과 결단을 보여주었다.

뉴욕시의 성공회 주교 폴 무어Paul Moore 신부는 성공회 역사상 처음으로 여성을 신부로 서품했다. 20년 동안 하버드대학교 법학전문대학원의 교수로 재직했던 데릭 벨Derrick Bell이라는 흑인 남성 교수는 흑인 여성 교수를 평생직 교수로 고용할 때까지 무급 휴직을 했다.[17] 이 페미니스트 남성들은 여성의 권리와 참여를 지지하는 이유가 "개인적인 이익의 문제가 아니라 단순히 그것이 옳고 필요하기 때문"이며, 그것이 "사회의 향상에 관계되기 때문"이라고 말한다.[18] 이들은 예컨대 '성차별주의에 대항하는 전국 남성 기구NOMAS: National Organization for Men against Sexism' 등을 조직하며 성차별주의를 지양하기 위한 다양한 활동을 하고 있다. 또한 가톨릭 평신도·종교인·성직자로 구성된 '평등을 위한 사제들Priests for Equality'은 바티칸에 여성 사제 서품을 위한 청원서를 계속 제출하고 있을 뿐 아니라, 포괄적 언어inclusive language와 의미가 반영되도록 《신약성서》를 개정한 《포괄적 언어로 된 신약성서The Inclusive New Testament》를 1996년에 처음으로 출판했다.[19]

18세기부터 존재해온 이러한 페미니스트 남성들의 글·강연·조직·활동이 이제 다른 나라에서뿐 아니라 지금 21세기의 한국 안에서,

좀 더 구체적으로는 한국 교계와 신학계 안에서 볼 수 있기를 나는 희망한다. 한국 사회와 기독교의 가부장제적 조류에 역행하는 목회자들, 평신도들, 신학자들이 점점 늘어가야 한다. 그들이 개별적·집단적 연대를 통한 조직을 구성하고, 성차별주의를 분명히 인식하기 위한 워크숍을 열며, 불평등한 제도와 규칙을 개선하기 위한 운동을 전개하고, 성차별주의가 반反복음적이라는 사실을 다른 남성들에게 일깨워주는 등 구체적인 행동으로 옮기고 신학을 만드는 남성 페미니스트들이 한국 교회 안에 모습을 드러내야 한다.

또한 나는 페미니스트 남성들이 성차별주의의 극복은 여성들에게뿐 아니라 남성들에게도 한 인간으로서의 통전성을 회복하는 길임을 페미니즘을 통해 분명히 인식할 수 있기를 희망한다. 그리하여 21세기 한국 교회에 새로운 개혁의 바람을 불러일으키기를 희망한다. 이것은 '성령의 바람'이며, '성령의 역사함'이다. 아직은 모습을 분명히 드러내지 않은 한국 기독교의 '잠재적 페미니스트 남성들'과 페미니스트 여성들은 21세기 한국 교회의 희망의 근원이 될 것이다.

4. 21세기 한국 교회의 해방적 프락시스를 꿈꾸며

페미니스트 신학이나 페미니즘이 본래적으로 추구하는 바는 남성과 '똑같이' 되려는 것이 아니다. 또는 남성이 차지하는 것을 여성도 차지하겠다는 식의 '권력 나누기'가 아니다. 페미니스트 신학이나 페미니즘이 가장 우선적으로 제기하는 것은 남성과 여성 간의 '관계 왜곡' 문제이다. 그 왜곡된 관계가 이원론적·차별적·남성중심적·위계주의적 구조에서 비롯되었다는 점을 문제 삼는 것이다.

이러한 문제를 바로잡기 위해서는, 여성과 남성이 생물학적 성 이전에 먼저 한 인간으로서 존엄성과 권리를 지니고 있다는 분명한 평등성을 인식할 필요가 있다. 페미니즘은 그러한 평등성의 인식에 근거하여 새로운 방식의 관계 구성 추구를 모색한다. 이러한 평등적 관계를 통해 교회는 물론 이 세계에 평등과 정의의 가치가 확산되고 실천될 수 있기 때문이다. 이러한 페미니스트 통찰은 여성과 남성 간의 관계뿐 아니라 인종 간, 계층 간의 관계들 또한 '지배의 논리'에 따라 형성되어왔다는 점을 자각하게 하고, 다양한 억압구조들의 상호연관성에 눈뜨게 한다. 이와 같은 인식론적 자각은 인간 사이의 여러 관계구조와 권력에 대해, 그리고 우리가 만들어갈 교회와 세계에 대해 새로운 이해를 제시한다.

페미니스트 신학은 인간관계란 인간의 상호성과 상호연관성에 근거하여 형성되어야 한다고 제시한다. 그리고 여러 차원에서 권력은 사실상 '지배하는 권력'이 아니라 봉사하고 깨어짐을 '치유하는 힘으로서의 권력'이 되어야 한다고 주장한다. 이러한 페미니스트 신학적 이해는 전적으로 새로운 권력 이해와 관계성의 패러다임을 제시한다. 즉 〈갈라디아서〉 3장 28절에 나오는바, 계층과 성을 넘어서는 인간의 '하나 됨'의 기독교적 비전이 교회 안에서 실천될 것이라는 희망을 품게 한다. 그것은 '해방의 프락시스'이며, 기독교 공동체가 끊임없이 지향해야 할 실천적 비전이다.

이런 의미에서 나는 지금의 한국 교회를 보면서 느끼는 절망을 넘어서는, 다가오는 미래에 실현될 수도 있는 공동체를 꿈꾸는, '아직 아닌 것'에 대한 희망을 품는다. '아직 아닌 세계'를 향한 희망의 꿈은 해방적 프락시스를 향한 꿈이다. 그러한 꿈이야말로 현재 교회들의 실패를 뛰어넘어 새로운 교회를 향해 변혁하려는 용기를 품게 한다. 나는 해방의 프락시스를 가능하게 하는 기본 요소들은 첫째로 비판적 사고능력을 갖춘 교회, 둘째로 신학과 목회를 근원적으로 재구성하는 교회, 셋째로 항상 유토피안 비전, 즉 예수의 바실레이아 비전을 지니는 교회라고 생각한다. 이와 같은 기본 요소들을 갖춤으로써 한국 교회는 성, 계층, 인종, 성적 지향 등을 넘어 모든 인간의 해방에 관여하고 헌신하는 해방적 프락시스를 회복하는 교회로 거듭날 수 있을 것이다.

주

개정판 머리말

1 Stan Van Hooft, Cosmopolitanism: *A Philosophy for Global Ethics*, Montreal & Kingston: McGill-Queen's University Press, 2009, p.1.

1장

1 담론을 둘러싼 다양한 이해에 관해서는 다음을 참고하라. Margaret Wetherell, Stephanie Taylor, Simon J. Yates, eds., *Discourse Theory and Practice: A Reader* (London: Sage, 2001).

2장

1 최원식, 《생산적 대화를 위하여: 최원식평론집》(창작과비평사, 1997), p.102.
2 Alison Jaggar, *Feminist Politics and Human Nature* (Totowa, NJ: Rowman & Allanheld, 1983), pp.46-47.
3 Linda Nicholson, "Interpreting Gender," *Signs: Journal of Women in Culture and Society*, 20 (Autumn 1994): p.80.
4 Cf. 자크 라캉, 〈남근의 의미작용〉,《욕망이론》, 민승기 외 옮김(1994: 문예출판사, 2000), pp.258-73, 그리고 Gayatri C. Spivak, "French Feminism in an International Frame," *In Other Worlds: Essays in Cultural Politics* (New York and London: Routledge, 1988), pp.134-53.
5 Cf. Elizabeth Spelman, *Inessential Woman: Problems of Exclusion in Feminist Thought* (Boston: Beacon Press, 1988).
6 대표적으로는 Rosemary Ruether의 *Sexism and God-Talk* (Boston: Beacon Press, 1983)를 들 수 있다.
7 이러한 주장에 대해서는 다음을 참고하라. Mary Daly, Gyn/Ecology (Boston: Beacon

Press, 1978); Elisabeth Schüssler Fiorenza, "The Will to Choose or to Reject: Continuing Our Critical Work," in *Feminist Interpretation of the Bible*, ed. Letty M. Russell (Philadelphia: Westminster Press, 1985); Schüssler Fiorenza, *Bread Not Stone* (Boston: Beacon Press, 1984); 그리고 Rosemary R. Ruether, "Feminist Interpretation: A Method of Correlation," in Russell, *Feminist Interpretation of the Bible*.

8 Rosemary Radford Ruether, *Sexism and God-Talk: Toward a Feminist Theology* (Boston: Beacon Press, 1983), 18; 그리고 Schüssler Fiorenza, "The Will to Choose," 128.

9 Mary Daly, Gyn/Ecology, 그리고 *Pure Lust: Elemental Feminist Philosophy* (Boston: Beacon Press, 1984). 특히 데일리의 "심층 기억deep memory"에 관한 논의를 참고하라.

10 Ruether, "Feminist Interpretation," 117f; Letty Russell, *Household of Freedom: Authority in Feminist Theology* (Philadelphia: Westminster Press, 1987), p.71; 그리고 Sallie McFague, *Models of God: Theology for an Ecological Nuclear Age* (Philadelphia: Fortress Press, 1987), p.27. 전통의 이러한 '해방적 핵심'에 대하여 쉬슬러 피오렌자는 훨씬 더 회의적인 시각을 나타낸다.

11 Schüssler Fiorenza, "The Will to Choose," p.129; 그리고 Ruether, "Feminist Interpretation," p.115.

12 Elsa Tamez, "Women's Reading of the Bible," in *With Passion and Compassion Third World Women Doing Theology*, ed. Virginia Fabella and Mercy Amba Oduyoye (Maryknoll, N.Y.: Orbis Books, 1988), p.179.

13 포스트모더니즘의 개념이나 그 적용에 대해서는 너무나 다양하게 분석한 책들이 많이 나와 있다. 포스트모더니즘과 페미니즘의 문제를 아주 포괄적으로, 그리고 정밀하게 분석한 것으로는 다음의 두 책이 도움이 된다. Jane Flax, *Thinking Fragments: Psychoanalysis, Feminism, and Postmodernism in Contemporary West* (Berkeley: University of California Press, 1990); Linda Nicholson, ed. Feminism/Postmodernism (New York: Routledge, 1990).

14 Jacquelyn Grant, *White Women's Christ and Black Women's Jesus: Feminist Christology and Womanist Response* (Atlanta: Scholars Press, 1989), p.195.

15 Cf. Katie Geneva Cannon, *Black Womanist Ethics* (Atlanta: Scholars Press, 1988); Delores S. Williams, *Sisters in the Wilderness: The Challenge of Womanist God-Talk* (Maryknoll, N. Y.: Orbis Books, 1993); Letty Russell, et al, eds., *Inheriting Our Mother's Garden: Feminist Theology in Third World Perspective* (Philadelphia: Westminster Press, 1988); 그리고 Ada Maria Isasi-Diaz, *En la Lucha/ In the Struggle: A Hispanic Women's Liberation Theology* (Minneapolis: Fortress Press, 1993).

16 Sheila Greeve Davaney, "The Limits of the Appeal to Women's Experience," *Shaping New Vision: Gender and Values in American Culture*, eds. Clarissa W. Atkinson, et al. (Ann Arbor, Michgan: UMI Research Press, 1987), p.46.

17 Julia Kristeva, *In the Beginning Was Love: Psychoanalysis and Faith* (New York: Crossroad, 1989).

18 젠더를 분석적 개념으로 수용하는 데 대한 문제점을 체계적으로 논의한 것으로는 Judith Butler의 *Gender Trouble: Feminism and the Subversion of Identity* (New York: Routledge, 1990)를 참고하라.
19 Nancy Hartsock, "Foucault on Feminism / Postmodernism," p.163.
20 Cf. Stephanie Genz and Benjamin Brabon, *Postfeminism: Cultural Texts and Theories*, second edition (Edinburgh: Edinburgh University Press, 2018); Nichola Rivers, *Postfeminism(s) and the Arrival of the Fourth Wave: Turning Tides* (Basingstoke, UK: Palgrave Macmillan, 2017).
21 Linda Alcoff, "Cultural Feminism versus Post-structuralism: The Identity Crisis in Feminist Theory," *Signs*, 13, no. 3 (Spring 1988): p.434.
22 Catherine Keller, "Seeking and Sucking: On Relation and Essence in Feminist Theology," *Horizons in Feminist Theology: Identity, Tradition, and Norms*, eds., Rebecca Chopp and Sheila Greeve Davaney (Minneapolis: Fortress Press, 1997), pp.33-53.
23 Cf. bell hooks, "Postmodern Blackness," *Yearning: Race, Gender, and Cultural Politics* (Boston, MA: South End Press, 1990), pp.23-31.
24 Cf. Rebecca S. Chopp, Saving Work: Feminist Practices of Theological Education (Louisville, Kentucky: Westminster John Knox Press, 1995).
25 포스트콜로니얼 페미니스트들의 글로는 Gayatri C. Spivak의 *In Other Worlds* (London & New York: Routledge, 1988); *The Post-Colonial Critic* (London & New York: Routeledge,1991), Trinh T. Minh-ha, *Woman, Native, Other* (Bloomington: Indiana University Press, 1989), 그리고 Irene Gedalof, *Against Purity: Rethinking Identity with Indian and Western Feminisms* (London & New York: Routledge, 1999) 등이 있다.

3장

1 Cf. Sheila Greeve Davaney, "The Limits of the Appeal to Women's Experience," *Shaping New Vision: Gender and Value in American Culture*, ed. Clarissa W. Atkinson, et al. (Ann Arbor, Michigan: UMI Research Press, 1987).
2 Virginia Fabella, ed. *With Passion and Compassion: Third World Women Doing Theology* (Maryknoll, NY: Orbis Books, 1992), p.72.
3 Letty Russell, "Minjung Theology in Women's Perspective," *An Emerging Theology in World Perspective: Commentary on Korean Minjung Theology*, ed. Jung Young Lee (Connecticut: Twenty-Third Publications, 1988), p.83.
4 Chung Hyun Kyung, *Struggle to be the Sun Again: Introducing Asian Women's Theology* (New York: Orbis, 1990), p.23.
5 Chandra Talpade Mohanty, "Under Western Eyes: Feminist Scholarship and Colonial Discourses," *Third World Women and the Politics of Feminism*, ed., Chandra Talpade Mohanty, Ann Russo, and Lourdes Torres (Bloomington: Indiana University Press,

1991), p.56.

6   권력에 대한 심층적 논의는 미셸 푸코를 참조하라. Michel Foucault, *Power/Knowledge*, ed. Colin Gordon (New York: Pantheon, 1980).

7   Henry A. Giroux, "Introduction: Modernism, Postmodernism, and Feminism: Rethinking the Boundaries of Educational Discourse," *Postmodernism, Feminism, and Cultural Politics*, ed., Henry A. Giroux (New York: State University of New York Press, 1991), p.54.

8   Cf. bell hooks, *Talking Back: Thinking Feminist*: Thinking Black (Boston, MA: South End Press, 1989), pp.108-112.

9   Edward Said, *Orientalism* (New York: Vintage Books, 1978).

10 Albert Memmi, *The Colonizer and the Colonized* (Boston: Beacon Press, 1967), p.85.

11 Dorothee Sölle, *Beyond Mere Dialogue: On Being Christian and Socialist, The 1977 Earl Lectures at the Pacific School of Religion* (Detroit, Mich.: American Christians Toward Socialism, 1978), p.34.

12 Karl Mannheim, *Ideology and Utopia: An Introduction to the Sociology of Knowledge*, trans., Louis Wirth and Edward Shils (1927; New York: W. E. Norton & Company. 1972), pp.196-99.

13 Paul Ricoeur, *Lectures on Ideology and Utopia*, ed., George H. Taylor (New York: Columbia University Press, 1986), p.16.

14 http://www.pewforum.org/2017/04/05/the-changing-global-religious-landscape.

15 Cf. Sheila Greeve Davaney, "The Limit of the Appeal to Women's Experience," *Shaping New Vision: Gender and Values in American Culture*.

16 Edward Said, *Culture and Imperialism* (New York: Vintage Books, 1993), xxv.

17 Linda Hutcheon, "Circling the Downspout of Empire," *The Post-Colonial Studies Reader*, ed.,Bill Ashcroft, Gareth Griffiths, and Helen Tiffin (London: Routledge, 1995), p.135.

18 Cf. Naoki Sakai, "Modernity and Its Critique: The Problem of Universalism and Particularism," *Postmodernism and Japan*, ed. Masao Miyoshi and H. D. Harootunian (Durham: Duke University Press, 1989), pp.113-14.

19 Cf. Christina Hoff Sommers, *Who Stole Feminism? How Women Have Betrayed Women* (New York: Touchstone, 1994), pp.54-55; 그리고 Judith Plaskow, "The Coming of Lilith: Toward a Feminist Theology," *Womanspirit Rising: A Feminist Reader in Religion*, ed. Carol Christ and Judith Plaskow (New York: HarperSanFrancisco, 1979), pp.200-201.

4장

1   Cf. Ginia Bellafante, "Feminism: It's All About Me," *Time*(June 29), 1998: pp.54-62. 다음 링크에서 표지를 볼 수 있다. http://content.time.com/time/covers/

0,16641,19980629,00.html.
2 시몬 드 보부아르, 《제2의 성》(1949; 을유문화사, 1993).
3 베티 프리단, 《여성의 신비》(1963; 평민사, 1996).
4 케이트 밀레, 《성의 정치학》(1970; 현대사상사, 1989).
5 사회학적 관점에서 근대성에 대해 포괄적으로 논의한 것은 Anthony Giddens, *The Consequences of Modernity* (Stanford, CA: Stanford University Press. 1990)가 도움이 된다. 기든스는 이 책에서 근대성에 대한 포괄적이며 긍정적인 개념을 상세히 다루고 있다.
6 Marshall Berman, *All That is Solid Melts into Air: The Experience of Modernity* (New York: Simon & Schuster, 1982); Berman, "Why Modernism Still Matters," *Tikkun*, 4(1), 1988: pp.11-14, 81-86을 참고하라.
7 Cf. Matei Calinescu, ed., *Five Faces of Modernity: Modernism, Avant-garde, Decadence, Kitsch, Postmodernism* (Durham, N.C.: Duke University Press, 1987).
8 8) Juergen Habermas, "Modernity versus Postmodernity," *New German Critique*, 22 (Winter, 1981): pp.3-14; 그리고 "Modernity-An Incomplete Project," *The Anti-aesthetic: Essays on Postmodern Culture*, ed. H. Foster (Washington: Bay Press, 1983), pp.3-16을 참고하라.
9 Cf. Giddens, *The Consequences of Modernity*, pp.4-10.
10 Cf. Stanley J. Grenz & Roger E. Olson, *20th Century Theology: God & the World in a Transitional Age* (Downers Grove, IL: Inter Varsity Press, 1992), pp.24-62.
11 Cf. Alan S. Waterman, *The Psychology of Individualism* (New York: Praeger, 1984).
12 Cf. Leonard Swidler, "Human Rights: A Historical Overview," *The Ethics of World Religions and Human Rights*, ed. Hans Küing and Jürgen Moltmann (London: SCM Press, 1990).
13 Cf. 도미니크 고디노, 〈자유의 딸과 혁명적 여성 시민〉, 《여성의 역사》 4(상), 조르주 뒤비, 미셸 페로 편, 권기돈·정나원 옮김 (1994; 새물결, 1998).
14 Alice S. Rossi, ed., *The Feminist Papers: From Adams to de Beauvoir* (New York: Columbia University Press, 1973), p.413.
15 조르주 뒤비 외 편, 《여성의 역사》 4(상), p.324.
16 Eleanor Flexner, *Century of Struggle: The Women's Rights Movement in the United States* (Cambridge, Mass.: Belknap Press of Harvard University Press, 1975), pp.45-48.
17 이 여권운동 형성에 핵심적인 역할을 한 루크레티아 모트Lucretia Mott와 엘리자베스 캐디 스탠턴Elizabeth Cady Stanton 등이 노예제도 폐지 운동에서 여권운동으로 전환하게 된 과정에 대한 더욱 상세한 논의는 강남순, 〈여성운동과 성서〉, 《페미니즘과 기독교》(동녘, 2017)를 참고하라.
18 Elizabeth Cady Stanton, ed., *The Woman's Bible* (1895 & 1898; Seattle: Coalition on Women and Religion, 1974).
19 Elizabeth Cady Stanton, Susan B. Anthony, and Matilda Joslyn Gage, *History of Woman*

Suffrage, vol. 1, 1848-1861 (1881; New York: Amo Press, 1969), p.523.
20　페미니즘과 기독교의 연관성에 대한 포괄적인 논의는 Gerda Lerner, *The Creation of Feminist Consciousness-From the Middle Age to Eighteen-seventy* (New York: Oxford University Press, 1993)를 참고하라.
21　Cf. 심광현,《탈근대 문화정치와 문화연구》(문화과학사, 1998), p.21.
22　Cf. 우실하,《오리엔탈리즘의 해체와 우리 문화 바로읽기》(소나무, 1997).
23　이우정,《한국기독교 여성백년의 발자취》(민중사, 1985), p.80.
24　이러한 논의는 다음을 참고하라. Nancy Chodorow, *The Reproduction of Mothering: Psychoanalysis and the Sociology of Gender* (Berkeley: University of California Press, 1978): Carol Gilligan, *In a Different Voice: Psychological Theory and Women's Development* (Cambridge, MA: Harvard University Press, 1982).
25　Delores Williams, "Womanist Theology: Black Women's Voices," *Weaving the Vision: New Pattern in Feminist Spirituality*, eds. Judith Plaskow and Carol Christ (San Francisco: Harper & Row, 1989), p.182.
26　Cf. Anthony Giddens, *The Consequences of Modernity*, p.151.

5장

1　Cf. Maurizio Mori, "Concept of Life," *Encyclopedia of Applied Ethics*, vol.3 (London: Academic Press, 1998), pp.83-92.
2　페미니즘의 다양한 이론들이 어떤 점에서 서로 상충적이며, 논쟁적 이슈를 형성하고 있는가에 대한 포괄적인 논의는 다음을 참고하라. Marianne Hirsch & Evelyn Fox Keller, eds., *Conflicts in Feminism* (London: Routledge, 1990); 그리고 Caroline Ramazanoglu, *Feminism and the Contradictions of Oppression* (New York: Routledge, 1989). 한글 번역본, 캐롤린 라마자노글루,《페미니즘, 무엇이 문제인가》, 김정선 옮김 (1989; 문예출판사, 1997).
3　'젠더'라는 용어는 이론의 역사가 복잡하며, 다음의 자료가 이 개념의 발전에 관한 역사적 이해와 논쟁적 주제를 이해하는 데 도움이 된다. Joan Scott, "The Usefulness of Gender as a Category of Historical Analysis," *The Politics of History* (New York: Columbia University Press, 1990); 그리고 Evelyn Fox Keller, *Secrets of Life, Secrets of Death: Essays on Language, Gender and Science* (New York, NY: Cornell University Press, 1990).
4　Cf. Alice Jardine & Paul Smith, eds., *Men in Feminism* (New York and London: Methuen, 1987); Michael S. Kimmel and Thomas E. Mosmiller, eds., *Against Tide: Pro-Feminist Men in the United States: 1776-1990* (Boston: Beacon Press, 1992); 그리고 Richard Holloway, ed., *Who Needs Feminism?: Men Respond to Sexism in the Church* (London: SPCK, 1991).
5　Dawne C. McCance, ed., *Life Ethics in World Religion* (Atlanta, GA: Scholars Press,

1998), p.4.

6 Cf. JPIC에 대한 개념은 다음을 참고하라. http://www.wcc-coe.org/wcc/who/dictionary-article11.html. 2018년 8월 10일 인출.

7 Cf. 이형기, 〈에큐메니컬 신학이란 무엇이고 어떻게 하는 것인가?〉, 《에큐메니컬 신학과 운동: 한국 교회를 중심으로》, 한국기독교교회협의회 신학연구위원회 편 (한국 기독교교회 협의회,1999). 제6차 총회를 비롯하여 WCC 총회들의 주제는 다음의 링크에서 살펴볼 수 있다. https://www.oikoumene.org/en/about-us/organizational-structure/assembly/since-1948. 2018년 8월 10일 인출.

8 Cf. "Evangelium Vitae: To the Bishops, Priests and Deacons, Men and Women Religious Lay Faithful and All People of Good Will on the Value and Inviolability of Human Life," https://www.oikoumene.org/en/about-us/organizational-structure/assembly/since-1948. 2018년 8월 10일 인출.

9 Cf. Terence P. Jeffrey, "Can a Catholic Vote for Gore?," *Human Events*, vol. 56, issue 37 (October 13, 2000): p.6.

10 Cf. Raanan Gillon, "Bioethics," *Encyclopedia of Applied Ethics*.

11 Albert R. Jonsen, *The Birth of Bioethics* (Oxford: Oxford University Press, 1998), vii.

12 Rosemary Tong, *Feminist Approaches to Bioethics: Theoretical Reflections and Practical Applications* (Colorado: Westview Press, 1997), pp.54-55.

13 Jonsen, *The Birth of Bioethics*, p.11.

14 Helga Kuhse and Peter Singer, "What is Bioethics: A Historical Introduction," in *A Companion to Bioethics,* ed., Helga Kuhse and Peter Singer (Oxford: Blackwell Publishers, 1998), pp.3-4.

15 Susan M. Wolf, "Introduction," *Feminism and Bioethics: Beyond Reproduction*, ed., Susan M. Wolf (New York & Oxford: Oxford University Press, 1996), p.11.

16 Cf. Hilde Lindemann Nelson and James Lindemann Nelson, "Justice in the Allocation of Health Care Resources: A Feminist Account," in Susan Wolf, ed., *Feminism and Bioethics*.

17 Cf. Susan Wolf, "Introduction," *Feminism and Bioethics*, pp.12-13.

18 Cf. Tong, *Feminist Approach to Bioethics*, pp.57-70.

19 Bernard Gert, *The Moral Rules* (New York: Harper & Row, 1973) p.125; Tong, *Feminist Approach to Bioethics*, p.59에서 재인용.

20 Cf. Vanessa Merton, "Ethical Obstacles to the Participation of Women in Biomedical Research," in *Feminism and Bioethics*, pp.219-221.

21 Cf. Robert M. Veatch, "Clinical Ethics, Applied Ethics, and Theory," in Barry Hoffmaster, et al. eds., *Clinical Ethics: Theory and Practice* (Clifton, NJ: Humana Press, 1989), pp.7-25

22 페미니스트 생명윤리에 대한 연구는 다음을 참고하라. Susan Sherwin, *No Longer Patient: Feminist Ethics and Health Care* (Philadelphia: Temple University Pres, 1992);

Mary Mahowald, *Women and Children in Health Care: An Equal Majority* (New York: Oxford University Press, 1993); Susan Wolf, ed., *Feminism and Bioethics: Beyond Reproduction*; 그리고 Rosemarie Tong, *Feminist Approaches to Bioethics: Theoretical Reflections and Practical Applications*.

23 Rosemarie Tong, Feminist Approaches to Bioethics, pp.93-98.
24 Cf. Rebecca J. Cook, "Feminism and the Four Principles," *Principles of Health Care Ethics*, ed., Ann Llyod (New York: John Wiley & Sons, 1994).
25 Susan Sherwin, *No Longer Patient: Feminist Ethics and Health Care*, p.47.
26 Sarah Lucia Hoagland, *Lesbian Ethics* (Palo Alto, CA: Institute of Lesbian Studies, 1989), p.12.
27 '정의' 개념에 대한 페미니스트 연구들은 많다. 그런데 특히 존 롤스의 정의 개념을 비롯한 전통적인 정의 개념에 대한 비판적 분석과 대안적 정의 개념의 제시에 대해서는 다음을 참고하라. Susan Moller Okin, *Justice, Gender, and the Family* (New York: Basic Books, 1989); Iris Young, *Justice and the Politics of Difference* (Princeton, NJ: Princeton University Press, 1990); 그리고 Karen Lebacqz, *Justice in an Unjust World: Foundations for a Christian Approach to Justice* (Minneapolis: Augsburg Publishing House, 1987).
28 Cf. John Rawls, *A Theory of Justice* (Cambridge, MA: Harvard University Press, 1971).
29 Young, *Justice and the Politics of Difference*, p.15.
30 Lebacqz, *Justice in an Unjust World*, p.53.
31 Michel Foucault, *The History of Sexuality*, Vol. 1: An Introduction (New York: Pantheon, 1978), p.140.
32 이러한 주제에 대해서는 다음을 참고하라. Mary Daly, "American Gynecology: Gynocide by the Holy Ghosts of Medicine and Therapy," *Gyn/Ecology: The Metaethics of Radical Feminism* (Boston: Beacon Press, 1978); 그리고 Jana Sawicki, 〈어머니 길들이기: 페미니즘과 새로운 재생산 테크놀로지〉, 미셸 푸코, 《섹슈얼리티의 정치와 페미니즘》, 황정미 편역 (새물결, 1995).
33 Cf. Wolf, ed., *Feminism and Bioethics*, pp.23-24.
34 Cf. Kathryn Pauly Morgan, "Women and the Knife: Cosmetic Surgery and the Colonization of Women's Bodies" *Hypatia*, 6 (Fall 1991): pp.25-53.
35 다음의 책은 1987년 미국사회학회의 상을 받았다. Sandra Harding, *The Science Question in Feminism* (Ithaca and London: Cornell University Press, 1986), 다음의 논문은 페미니스트 관점론의 분석과 그 적용을 잘 살펴볼 수 있는 자료이다. Sandra Harding, "Rethinking Standpoint Epistemology: 'What Is Strong Objectivity'?" in Linda Alcoff and Elizabeth Potter, eds., *Feminist Epistemologies* (London and New York: Routledge, 1993).
36 Albert Schweitzer, *The Teaching of Reverence for Life*, trans., Richard and Clara Winton (New York: Holt, Rinehart and Winton, 1965), p.47.

37　Cf. Vanessa Merton, "Ethical Obstacles to the Participation of Women in Biomedical Research," Susan Wolf, ed., *Feminism and Bioethics*, p.236.

38　"윤리적 하나님 나라ethical Kingdom"라는 표현은 《누가 페미니즘이 필요한가*Who Needs Feminism?*》(London: SPCK, 1991)라는 책을 편집한 리처드 할로웨이Richard Holloway가 그의 1998/99 〈그래샴 강연Gresham Lectures〉에서 한 표현이다. 할로웨이는 영국성공회 에든버러 주교이다.

6장

1　Edward C. Lehman, Jr., *Gender and Work: The Case of the Clergy* (Albany: State University of New York Press,1993), p.187.

2　Lehman, Jr., *Gender and Work,* pp.*111-148.*

3　Cf. Carol Gilligan, *In a Different Voice: Psychological Theory and Women's Development* (Cambridge: Harvard University Press, 1982); Nel Noddings, *Caring: A Feminine Approach to Ethics and Moral Education* (Berkeley University of California Press, 1984); 그리고 Mary J. Larrabee, ed., *An Ethic of Care: Feminist and Interdisciplinary Perspectives* (New York: Routledge, 1993).

4　Catherine Wessinger, ed., *Religious Institutions and Women's Leadership: New Roles Inside the Mainstream* (Columbia, South Carolina: University of South Carolina Press, 1996), p.12.

5　Lynn N. Rhodes, *Co-Creating: A Feminist Vision of Ministry* (Philadelphia: The Westminster Press, 1987), p.125.

6　Cf. Susan Faludi, *Backlash: The Undeclared War Against American Women* (New York: Doubleday, 1991).

7장

1　미국 오클랜드의 홀리 네임스 칼리지Holy Names College에 있는 '창조중심영성연구소 The Institute for Creation Centered Spirituality', 피츠버그의 듀케인대학교에 있는 '형성적 영성연구소Institute for Formative Spirituality', 로스앤젤레스의 이매큘레이트 하트 칼리지에 있는 '페미니스트 영성연구소Institute for Feminist Spirituality' 등은 각각 이러한 현대적 개념의 새로운 영성을 추구하는 곳이다.

2　1983~1984년에 미국 보스턴의 '여성신학센터Women's Theological Center'가 주최하여 뉴욕의 유니언 신학대학원에서 영성 세미나가 열렸으며, 대학원 과정으로 페미니스트 영성 프로그램이 개설되고, 피오렌자·스타호크Starhawk·옥스Carol Ochs 등 페미니스트 신학자들의 영성에 관한 연구가 활발하게 전개되었다.

3　영성에 관한 개념적 이해에 대해서는 다음을 참고하라. Philip Sheldrake, *Spirituality: A Very Short Introduction* (Oxford: Oxford University Press, 2012).

4   Cf. Jon Alexander, "What Do Recent Writers Mean by Spirituality," *Spirituality Today*, 32/3 (Sep, 1980): pp.247-256.

5   Cf. Sandra M. Schneiders, "Spirituality in the Academy," *Theological Studies*, 50, no. 4 (1989): pp.676-97, 그리고 Sandra M, Schneiders, "Theology and Spirituality: Strangers, Rivals, or Partners?" *Horizons*, 13 (Fall 1986): pp.253-274를 참고하라.

6   Julian of Norwich, *Revelations of Divine Love* (Brewster, MA: Paraclete Press, 2016).

7   Schneiders, "Spirituality in the Academy," pp.676-97.

8   이러한 측면의 영성 논의에 대해서는 다음을 참고하라. Matthew Fox, ed., *Western Spirituality Historical Roots, Ecumenical Routes* (Santa Fe, New Mexico Bear & Company,1981).

9   Joann Wolski Conn, "Toward Spiritual Maturity," *Freeing Theology: The Essentials of Theology in Feminist Perspective*, ed. Catherines Mowry LaCugna (New York: Harper San Francisco, 1993), p.239.

10   Cf. Katherine Zappone, *The Hope for Wholeness: A Spirituality for Feminists* (Mystic, Connecticut: Twenty-Third Publication, 1991), pp.10-13.

11   Joann Wolski Conn, "Toward Spiritual Maturity," *Freeing Theology: The Essentials of Theology in Feminist Perspective*, ed. Catherine Mowry LaCugna (New York: Harper San Francisco, 1993), p.242.

12   '페미니스트 영성'에 대한 이러한 개념은 다음을 참고하라. Starhawk, *Dreaming the Dark: Magic, Sex and Politics* (Boston: Beacon Press, 1982), xiii; Charlene Spretnak, ed., *The Politics of Women's Spirituality: Essays On the Rise of Spiritual Power Within the Feminist Movement* (Garden City, NY: Anchor Press, 1982), p.396; Davis and Weaver, "Dimensions of Spirituality," *The Politics of Women's Spirituality*, ed. Spretnak, p.370; Carol Ochs, *Women and Spirituality* (Totowa, NJ: Rowman and Allanheld, 1983), p.10.

13   특히 1979년에 출간된 Carol Christ and Judith Plaskow, eds. *Womanspirit Rising: A Feminist Reader in Religion* (San Francisco: Harper & Row, 1979)과 10년 후에 출간된 Carol Christ and Judith Plaskow, eds. *Weaving the Visions: New Patterns in Feminist Spirituality* (San Francisco: Harper & Row, 1989)는 페미니스트 영성의 출현과 그 발전에 중요한 역할을 한 책이다.

14   Cf. Rita M. Gross, *Feminism & Religion* (Boston: Beacon Press, 1996), p.45.

15   Carol Christ, "Why Women Need the Goddess: Phenomenological, Psychological, and Political Reflections," *WomanSpirit Rising: A Feminist Reader in Religion*.

16   Cf. Naomi Goldenberg, "What are the Sources of My Theology?" *Journal of Feminist Studies in Religion* 1, no. 1 (Spring 1985); 그리고 "The Return of the Goddess — Psychological Reflections on the Shift from Theology to Thealogy," *Sciences Religieuses/Studies in Religion* 16, no. 1 (June 1987).

17   스타호크의 여성 신에 대한 견해는 다음을 참고하라. Starhawk, *The Spiral Dance* (New York: Harper and Row, 1979).

18　Starhawk, "Witchcraft as Goddess Religion," *Politics of Women's Spirituality*, ed. Charlene Spretnak, 51.
19　Starhawk, *Dreaming the Dark*, pp.3-4.
20　"God/dess"에 대해서는 Rosemary Radford Ruether, *Sexism and God-Talk* (Boston: Beacon Press, 1983)를, Sophia에 대한 연구로는 Joan Chamberlain, *The Feminine Dimension of the Divine* (Philadelphia: Westminster, 1979); Elisabeth Schuessler Fiorenza, *In Memory of Her* (New York: Crossroad, 1983); Rosemary Radford Ruether, *Sexism and God-Talk*; 그리고 Susan Cady, et al., *Wisdom's Feast: Sophia in Study and Celebration* (San Francisco: Harper & Row, 1986)을 참고하라.
21　"G*d"에 대해서는 다음을 참고하라. Elisabeth Schüssler Fiorenza, *But She Said: Feminist Practices of Biblical Interpretation* (Boston: Beacon Press, 1992), 그리고 "G*d at Work in Our Midst: From a Politics of Identity to a Politics of Struggle," *Feminist Theology*, 13 (September 1996).
22　Mary Hunt, "Defining 'Women-Church'," *Water Wheel* 3, no.2 (Summer 1990): p.1.
23　여성 교회에 대한 자세한 논의는 Rosemary Ruether, *Women-Church: Theology and Practice* (San Francisco: Harper & Row, 1985)를 참고하라.
24　Cf. Sandra M. Schneiders, "The Effects of Women's Experience on Their Spirituality," *Women's Spirituality: Resources for Christian Development*, ed. Joann Wolski Conn (New York: Paulist Press, 1986).
25　이러한 관점을 취하는 페미니스트 신학자들의 논의는 다음을 참고하라. Patricia Schechter, "Feminist Spirituality and Radical Political Commitment," *Journal of Women and Religion* 4: 1 (Spring 1981), pp.51-60; Rosemary Ruether, "Feminism and Religious Faith: Renewal or New Creation?" *Religion and Intellectual Life* 3 (Winter 1986), pp.7-20; 그리고 Maria Riley, *Transforming Feminism* (Kansas City: Sheed and Ward, 1989).

8장

1　Cf. Margot Kaessmann, *Overcoming Violence: The Challenge to the Churches in All Places* (Geneva: WCC Publications, 1998), p.60.
2　"상징적 폭력"에 대해서는 특히 홍성민, 〈부르디외와 푸코의 권력개념 비교: 새로운 주체화의 전략〉, 현택수 외, 《문화와 권력: 부르디외의 사회학의 이해》(나남출판, 1998)를 참고하라.
3　Walter Wink, *Engaging the Powers* (Minneapolis: Fortress, 1992), p.15.
4　학교에서 체벌을 금지하는 2011년 '초중등교육법'의 내용과 한계에 대한 문제는 다음을 참고하라. 〈학생 간접체벌 허용〉, 《주간경향》 2011년 4월 19일. http://weekly.khan.co.kr/khnm.html?mode=view&artid=201104141002021&code=115. 2018년 8월 8일 인출. 가정에서의 자녀체벌의 문제점은 다음 기사에서 볼 수 있다. 변진경, 〈스웨덴은

왜 '자녀 체벌' 금지했나〉,《시사In》 2018년 7월 24일. http://m.sisain.co.kr/?mod=news&act=articleView&idxno=32339. 2018년 8월 8일 인출.
5   이브 미쇼,《폭력과 정치》, 나정원 옮김 (도서출판 인간사랑, 1990), p.90.
6   이브 미쇼,《폭력과 정치》, p.100.
7   한나 아렌트,《폭력의 세기》, 김정한 옮김 (1970; 도서출판 이후, 1999), p.85.
8   한나 아렌트,《폭력의 세기》, p.121.
9   Franz Fanon, *The Wretched of the Earth* (New York: Grove Weidenfeld, 1963).
10 한나 아렌트,《폭력의 세기》, p.103.
11 Cf. Georges Sorel, *Reflections on Violence* (1915; New York: Peter Smith, 1941).
12 James Cone, *Gad of the Oppressed* (New York: Seabury Press, 1975), p.219.
13 Jacques Ellul, *Violence Reflections from a Christian Perspective* (New York Seabury Press, 1972), pp.93-108.
14 이브 미쇼,《폭력과 정치》, p.170.
15 Cf. Jacques Ellul, *Violence: Reflections from a Christian Perspective* (New York: The Seabury Press, 1969), pp.1-26.
16 아내에 대한 "정당한 구타 전통just battering tradition"에 관해서는 Mary Potter Engel and W. E. Wyman, Jr., eds., *Revisioning the Past: Prospects in Historical Theology* (Minneapolis: Fortress, 1992)를 참고하라.
17 Jacques Ellul, *Violence*, p.10.
18 이 문제에 대한 좀 더 자세한 논의는 한나 아렌트,《폭력의 세기》, p.86; Jacques Ellul, *Violence*, p.15를 참조하라.
19 Jacques Ellul, *Violence*, p.18.
20 Cf. Margot Kaessmann, *Overcoming Violence*, pp.5-17.
21 *Now is the Time: Final Document and Other Texts* (Geneva: WCC Publications, 1990), pp.17, 27 & 29.
22 Cf. WCC, "A Basic Framework for the Decade to Overcome Violence," Working Document Adopted by the Central Committee of the World Council of Churches, Geneva, 26 August-3 September 1999." https://www.oikoumene.org/en/resources/documents/commissions/international-affairs/peace-and-disarmament/peace-concerns/a-basic-framework-for-the-decade-to-overcome-violence. 2018년 8월 8일 인출.
23 Margot Kaessmann, *Overcoming Violence*, pp.71-79.
24 *Overcoming Violence*, no. 3, January 2002.
25 Masao Takenaka, ed., *Christian Art in Asia* (Tokyo: Kyo Bun Kwan, 1975), p.168.

9장

1   Elisabeth Moltmann-Wendel, "Feminism," eds., Nicholas Lossky, et al., *Dictionary of*

the Ecumenical Movement (Geneva: WCC Publications, 1991), p.422에서 재인용.

2   Konrad Raiser, *Ecumenism in Transition: A Paradigm Shift in the Ecumenical Movement* (Geneva: WCC Publications, 1991), p.4.

3   페미니스트 신학적 관점에서 보는 교회론에 대해서는 강남순, 〈페미니스트 신학적 교회론〉, 《페미니즘과 기독교》(동녘, 2017)를 참고하라.

4   https://www.upi.com/Archives/1989/01/03/The-Rev-Barbara-Harris-the-first-elected-woman-bishop/5869690005896/.

5   Cf. Joan Brown Campbell, "Toward a Renewed Community of Women and Men," eds. Melanie A. May, *Women and Church: The Challenge of Ecumenical Solidarity in an Age of Alienation* (New York: William B. Eerdmans Publishing Co.), p.79.

6   Konrad Raiser, *Ecumenism in Transition*, pp.9-10

7   Constance F. Parvey, ed., *The Community of Women and Men in the Church: The Sheffield Report* (Geneva: World Council of Churches, 1983), p.145.

8   Cf. 강남순, 〈에큐메니컬 해석학〉, 《페미니즘과 기독교》, pp.297-98.

10장

1   Cf. http://drchoi.pe.kr/famvio3.htm; 박기용, 〈가정폭력 5년새 5배 증가… '아내 학대'가 70% 차지〉, 《한겨레》 2017년 5월 19일(http://www.hani.co.kr/arti/society/women/795423.html). 가정폭력 현황에 대한 좀 더 상세한 분석은 다음을 참고하라. 송아영, 〈가정폭력 현황과 정책과제〉, 《보건복지포럼》, 2017년 5월: pp.50-59(http://kiss.kstudy.com/thesis/thesis-view.asp?key=3535018). 2018년 8월 6일 인출.

2   2) Cf. 김민정, 〈'종중'의 변천사… 딸들의 반란 그후〉, 《한국일보》 2017년 10월 2일(http://m.hankookilbo.com/News/Read/201710022015747664) 2018년 8월 6일 인출.

3   Cf. Myra Marx Ferree. "Beyond Separate Sphere: Feminism and Family Research." *Journal of Marriage and the Family*, vol.52. no. 4 (November 1990): pp.866-884.

4   Cf. 〈성가정폭력 증가/가부장제 한몫/ '동아시아 여성포럼'서 제기〉, 《세계일보》 1996년 8월 28일(http://www.segye.com/newsView/19960828000058).

5   '성산효대학원 대학교'의 설립정신과 교육목표는 http://www.hyo.ac.kr/page/2?gid=1를 참고하라. 또한 '세계효운동본부' 출범에 관해서는 http://www.100ssd.co.kr/news/articleView.html?idxno=8934를 참고하라. 2018년 8월 6일 인출.

6   Linda Nicholson, "The Myth of the Traditional Family," *Feminism and Families*, ed. Hilde Lindemann Nelson (London: Routledge, 1997), pp.27-29.

7   이에 대한 더 자세한 논의는 강남순, 〈종교와 가족 그리고 페미니즘〉, 《페미니즘과 기독교》(동녘, 2017)를 참고하라.

8   Cf. Rosemary Radford Ruether, *Christianity and the Making of the Modern Family* (Boston: Beacon Press, 2000).

9   Cf. "Census: Bid Decline in Nuclear Family," *The Inquirer*, November 26, 2013. 2018년 8월 6일 인출. http://www.philly.com/philly/news/How_American_families_are_changing.html.
10 〈'고아 수출국' 오명 벗지 못한 한국〉,《세계일보》2016년 3월 30일. http://www.segye.com/newsView/20160330003518. 2018년 8월 6일 인출.
11 Cf. John Stuart Mill and Harriet Taylor, *Essays on Sex Equality*, ed. Alice Rossi (1869; Chicago: University of Chicago Press, 1970).

11장

1   Leonard Swidler, "Jesus was a Feminist," *Catholic World* (January 1971): pp.177-83.
2   12제자에 관련된 더 자세한 논의는 Elisabeth Schüssler Fiorenza, "The Twelve and the Discipleship of Equals," *Discipleship of Equals: A Critical Feminist Ekklesia-logy of Liberation* (New York: Crossroad, 1994)을 참고하라. 이 자료의 한글 번역본은 《동등자 제자직: 비판적 여성론의 해방교회론》, 김상분·황종률 옮김(분도출판사, 1997)이다.
3   Elisabeth Schüssler Fiorenza, *In Memory of Her: A Feminist Theological Reconstruction of Christian Origins* (New York: Crossroads, 1983), pp.218-36.
4   이러한 논의에 대해서는 D. R. MacDonald, *The Legend and the Apostle* (Philadelphia: Westminster, 1983)을 참고하라.
5   이에 대한 더 자세한 논의는 강남순, 〈서론: 여성혐오사상, 페미니즘의 도전과 기독교〉, 《페미니즘과 기독교》(동녘, 2017); 그리고 Nam-Soon Kang, "Misogyny," *Dictionary of Feminist Theologies*, eds. Letty M. Russell & J. Shannon Clarkson (Louisville, Kentucky, 1996)을 참고하라.
6   교부신학자들의 부정적인 여성 이해에 대해서는 Rosemary R. Ruether, 〈기독교는 여성혐오의 입장에 서 있는가?〉,《여성들을 위한 신학》, 이우정 편(한국신학연구소, 1985)을 참고하라.
7   Aristotle, *Politics*, BK. 1, ch. 12. 21.
8   Rosemary Radford Ruether, *Sexism and God-Talk: Toward a Feminist Theology* (Boston: Beacon Press, 1983), pp.93-96.
9   Lina Eckenstein, *Women Under Monasticism: Saint Lore and Convent Life. A.D.500-1500* (Cambridge: Cambridge University Press, 1896), pp.152-53.
10 Eckenstein, *Women Under Monasticism*, pp.162-81.
11 Ruth Liebowitz. "Virgins in the Service of Christ: The Dispute over the Active Apostolate for Woman during the Counter-Reformation," *Women of Spirit*, eds., Rosemary R. Ruether and E. McLaughlin (New York: Simon and Schuster, 1979), pp.138-40.
12 마녀화형에 대한 상세한 논의는 Brian P. Levack. *The Witch-Hunt Early Modern Europe*

(1987: New York: Longman,1995); Diane Purkiss. *The Witch in History: Early Modern and Twentieth-Century Representation* (New York: Routledge, 1996): 그리고 Mary Daly, "European Witchburnings: Purifying the Body of Christ," *Gyn/Ecology: The Metaethics of Radical Feminism* (Boston: Beacon Press, 1978)을 참고하라.

13 더 자세한 논의는 Joan Kelly-Gabel, "Did Women Have an Renaissance?" *Becoming Visible: Women in European History*, ed. Renate Bridenthal, Claudia Koonz, and Susan Stuard (Boston: Houghton Mifflin, 1977), p.137 이하를 참조하라.

14 Martin Luther, "Lectures on Genesis, Gen. 3: 16," ed. Jaroslav Pelikan, *Luther's Works*, vol. I (St. Louis: Concordia Publishing House, 1958), pp.202-203.

15 바버라 맥해피, 《기독교 전통속의 여성》, 손승희 옮김(이화여대출판부, 1995), pp.88-89.

16 Ruether and McLaughlin, eds., *Women of Spirit*, p.153 이하 참조.

17 더 자세한 논의는 다음을 참조하라. Rosemary Ruether and Catherine Prelinger, "Women in Sectarian and Utopian Groups," *Women and Religion in America*, vol. 2.

18 Ed. Alice S. Rossi, *The Feminist Papers: From Adams to de Beauvoir* (New York: Columbia University Press, 1973), 413. 페미니즘과 기독교의 연관성에 대한 포괄적인 논의는 Gerda Lerner, *The Creation of Feminist Consciousness: Front the Middle Age to Eighteen-seventy* (New York: Oxford University Press,1993)에서 볼 수 있다.

19 Elizabeth Cady Stanton, "Declaration of Sentiments," *The Feminist Papers: From Adams to de Beauvoir*, p.416. 이에 대한 더 자세한 논의는 강남순, 〈여성운동과 성서〉, 《페미니즘과 기독교》를 참조하라.

20 Ann Douglas, *The Feminization of American Culture* (New York: Avon Books, 1974)를 참조하라.

21 Carolyn Gifford, "Women in Social Reform Movements," *Ruether and Keller, Women and Religion in America*, vol. 1, pp.301-28.

22 더 자세한 논의는 김옥희, 《천주교여성운동사》(인문과학원, 1983)를 참조하라.

23 이우정, 《한국 기독교 여성백년의 발자취》(민중사, 1985), pp.41-42.

24 전도부인에 관한 논의는 이덕주, 《한국 교회 처음 여성들》(기독교문사, 1990); 양미강, 〈초기 전도부인의 신앙과 활동〉, 《한국기독교와 역사 2》, 한국기독교역사연구소 편(한국기독교역사연구소, 1992)을 참조하라.

25 이우정, 《한국 기독교 여성 백년의 발자취》, p.36.

26 Ibid.

27 2016년 한국의 여성 국회의원 비율은 다음을 참고하라. http://www.index.go.kr/potal/stts/idxMain/selectPoSttsIdxMainPrint.do?idx_cd=4064&board_cd=INDX_001.
또한 2017년 젠더격차지수는 다음을 참고하라. https://korea-ggi.github.io.

28 Cf. Robert McClory, "Pope Francis and Women's Ordination," *National Catholic Reporter*, Sep. 16, 2013. https://www.ncronline.org/blogs/francis-chronicles/pope-francis-and-womens-ordination. 2018년에 교황은 여성의 사제 서품은 허용될 수 없

다는 입장을 확인했다는 기사는 다음을 참고하라. Ines San Martin, "Pope reaffirms women can't be priests, says Church has 'woken up' on sex abuse," CRUX: Taking the Catholic Pulse, June 20, 2018(https://cruxnow.com/vatican/2018/06/20/pope-reaffirms-women-cant-be-priests-says-church-has-woken-up-on-sex-abuse)

29 이덕주,《한국 감리교 여선교회의 역사: 1897-1990》(기독교대한감리회 여선교회전국연합회,1991), p.354.

30 Leonard Swidler, "Jesus was a Feminist," p.38.

12장

1 Cf. Karl Marx, *The German Ideology in The Marx-Engels Reader*, ed, Robert C. Tucker (New York: W.E. Norton & Company, 1972), pp.136-37; Gunter W. Remmling, ed., *Toward the Sociology of Knowledge: Origin and Development of a Sociological Thought Style* (London: Routledge & Kegan Paul,1973), pp.16-19.

2 Paul Ricoeur, *Lectures on Ideology and Utopia*, ed. George H. Taylor (New York: Columbia University Press, 1986), p.70.

3 Elisabeth Schüssler Fiorenza, *Discipleship of Equals: A Critical Feminist Ekklesia-logy of Liberalion*;《동등자 제자직》, 김상분·황종렬 옮김 (1993; 분도출판사,1997), p.245.

4 Cf. Renate Holub, *Antonio Gramsci: Beyond Marxism and Postmodernism*;《그람시의 여백: 맑스주의와 포스트모더니즘을 넘어》, 정철수 외 옮김 (1992; 도서출판 이후, 2000), pp.71-72.

5 Cf. Renate Holub,《그람시의 여백》, pp.120-121.

6 Gerda Lerner, *The Creation of Patriarchy* (New York: Oxford University Press, 1986), p.217.

7 이 '오인의 메커니즘'이란 피에르 부르디외의 용어이다. 그는 복합적인 폭력의 형태인 '상징적 폭력'을 다룬 논의에서 권력이 이러한 '인지 세계'를 통해 작동한다고 분석한다. Cf. 현택수 외,《문화와 권력: 부르디외 사회학의 이해》(나남출판, 1978), pp.186-188.

13장

1 Catechism of the Catholic Church, United States Catholic Conference, 1994. 전문은 다음의 링크에서 볼 수 있다. http://ccc.usccb.org/flipbooks/catechism/files/assets/basic-html/page-I.html#. 2018년 8월 9일 인출.

2 Joseph A. Selling, "You Shall Love Your Neighbour: Commandments 4-10 (Paragraphs2196-2557)," *Commentary on the Catechism of the Catholic Church*, ed., Michael J. Walsh (London: Geoffrey Chapman, 1994), p.389

3 아리스토텔레스의 이러한 이해는 다음을 참고하라: Aristotle, *Generation of Animals*,

trans, A. L. Peck, *The Loeb Classical Library* (Cambridge, MA: Harvard University Press, 1943); *The Ethics of Aristotle*, trans., J. Thompson (Baltimore, MD: Penguin Books, 1953); 그리고 *Aristotle's Politics and Poetics*, trans., B. Jowett and T. Twinning (New York: Viking Press, 1957).

4 Aristotle, Politics, BK. 1, ch. 12. 21.
5 Aristotle, Politics, Bk. 1, ch. 13. 22.
6 로즈메리 류터는 그의 글에서 이러한 교부신학자들의 극단적인 부정적 여성 이해를 잘 분석하고 있다. Cf. Rosemary Ruether, "Anthropology," *Sexism and God-Talk: Toward a Feminist Theology* (Boston: Beacon Press, 1983); 로즈메리 류터, 〈기독교는 여성혐오의 전통에 서 있는가?〉,《여성들을 위한 신학》, 이우정 편(한국신학연구소,1985).
7 Cf. Kang Nam-Soon, "Misogyny," *Dictionary of Feminist Theologies*, eds., Letty Russell & J. Shannon Clarkson (Louisville, Kentucky: Westminster John Knox Press,1996).
8 "Malleus Maleficarum," *Women and Religion: A Feminist Sourcebook of Christian Thoughts*, eds. Elizabeth Clark and Herbert Richardson (New York: Harper Collins Publishers, 1977), pp.121-130. 700여 페이지가 넘는 이 문서의 원본은 다음의 링크에서 볼 수 있다. http://www.malleusmaleficarum.org/downloads/MalleusAcrobat.pdf. 2018년 8월 7일 인출.
9 Cf. Mary Daly, *Gyn/Ecology: The Meta ethics of Radical Feminism* (Boston: Beacon Press, 1978), p.183.
10 Nelle Morton, "1973: Preaching the Word," *The Journey is Home* (Boston: Beacon Press, 1985).
11 지식과 권력의 다양한 의미와 관계를 예리하게 분석하는 푸코의 작업은 이러한 맥락에서 여러 가지 중요한 통찰을 준다. Michel Foucault, *Power/Knowledge* (New York, Pantheon Books, 1980).
12 Cf. Clliford Geertz, "Religionas a Cultural System," *The Interpretation of Cultures* (New York: Basic Books 1973)p. p.87ff.

14장

1 Hans Küng, *The Church* (New York: Sheed & Ward, 1967), pp.268-69.
2 Alfred Loisy, *The Birth of the Christian Religion*, trans. L. P. Jacks (New Hyde Park, NY: University Books, 1962), p.295. 이 책은 다음 링크에서도 볼 수 있다. http://www.earlychristianwritings.com/loisy/. 2018년 8월 9일 인출.
3 Cf. Antonio Gramsci, *Selections from the Prison Notebooks*, ed. and tr. Quintin Hoare and Geoffrey Nowell Smith (New York: International Publishers, 1971), pp.206-76.
4 Cf. Gerda Lerner, *The Creation of Patriarchy* (New York: Oxford University Press, 1986), p.217.
5 Cf. Karl Marx, *The German Ideology, in The Marx-Engels Reader*, ed. Robert C. Tucker

(New York: W. E. Norton & Company, 1972), pp.136-37; Karl Mannheim, *Ideology and Utopia: An Introduction to the Sociology of Knowledge* (1927; New York: A Harvest / HBJ Book, 1985), p.96.

6   Miriam Therese Winter, Adair Lummis, and Allison Stokes, *Defecting in Place* (New York: Crossroad, 1994), p.24.

7   Cf. Michel Foucault, *The History of Sexuality: An Introduction* (New York: Harper & Row, 1972); Renate Holub, Antonio Gramsci-Beyond Marxism and Postmodernism, 《그람시의 여백》, 정철수 외 옮김(1992; 서울: 도서출판 이후, 2000), pp.292-301. '포스트모던 지리학자postmodern geographer'라고 불리는 푸코의 공간 개념에 대한 더욱 구체적인 논의는 Edward Soja, "History: Geography: Modernity," *The Cultural Studies Reader*, ed. Simon During (London & New York: Routledge, 1993)을 참고하라.

8   "Die Opfer des Frauenhasses," *Emma* (March /April 1993): p.29.

9   *The Women's Action Coalition States: The Facts about Women* (New York, 1993), p.56.

10 〈이재록의 만민교회가 19년 전 '성추문 보도'를 막은 방법〉, 《한겨레》 2018년 4월 12일. http://www.hani.co.kr/arti/society/religious/840295.html. 〈'목자님' 성폭행 의혹에도 끄떡없는 만민중앙교회〉, 《뉴스앤조이》 2018년 4월 15일, http://www.newsnjoy.or.kr/news/articleView.html?idxno=217209. 2018년 8월 9일 인출.

11 Hannah Arendt, *On Violence* (New York: Harcourt Brace Jovanovich,1970), p.41.

12 Hannah Arendt, *The Life of the Mind* (New York & London: Harvest /HJB Book, 1978), p.4.

13 Cf. Hannah Arendt, *Eichmann in Jerusalem: A Report of the Banality of Evil* (New York: Penguin Books, 1977).

14 하비 콕스의 '성령의 역사하심으로서의 여성 지도력' 등장에 대한 더 자세한 논의는 강남순, 〈페미니스트 신학적 교회론: 이론과 실천〉, 《페미니즘과 기독교》(동녘, 2017)을 참고하라.

15 Cf. Richard Holloway, ed., *Who Needs Feminism? Men Respond to Sexism in the Church* (London: SPCK, 1991), p.5.

16 Michael S. Kimmel and Thomas E. Mosmiller, eds., *Against the Tide: Pro-Feminist in the United States 1776-1990: A Documentary History* (Boston: Beacon Press, 1992).

17 *New York Times,* 24 April, 1990. Fox Butterfield, "Harvard Law Professor Quits Until Black Woman Is Named,"(https://www.nytimes.com/1990/04/24/us/harvard-law-professor-quits-until-black-woman-is-named.html 2018년 8월 8일 인출. Cited in *Against the Tide*, p.42.

18 Kimmel and Thomas E. Mosmiller, eds., *Against the Tide*, p.38

19 Cf. Rosemary Ruether, "Entering the Sanctuary: The Struggle for Priesthood—The Roman Catholic Story," *Women of Spirit*, eds., Rosemary Ruether and Eleanor McLaughlin (New York: Simon & Schuster, 1979). '성차별주의에 대항하는 전국남성기구'의 역사와 활동내역은 다음을 참고하라. http://nomas.org. 2018년 8월 9일 인출.

참고문헌

강남순, 〈페미니스트 신학과 포스트모더니즘〉,《젠더와 종교》, 동녘, 2018.
_____,〈페미니즘, 포스트모더니즘, 그리고 탈식민주의시대의 신학〉,《페미니즘과 기독교》, 동녘, 2017.
_____,《한국감리교 여선교회의 역사 1897-1990》, 기독교대한감리회 여선교회 전국연합회, 1991.
김옥희,《천주교여성운동사》, 인문과학원, 1983.
로즈메리 류터, 〈기독교는 여성혐오의 입장에 서 있는가?〉,《여성들을 위한 신학》, 이우정 편, 한국신학연구소, 1985.
르네이트 홀럽,《그람시의 여백: 맑스주의와 포스트모더니즘을 넘어》, 정철수 외 옮김, 1992; 도서출판 이후, 2000.
바버라 맥해피,《기독교 전통 속의 여성》, 손승희 옮김, 이화여대출판부, 1995.
베티 프리던,《여성의 신비》, 1963; 평민사, 1996.
시몬 드 보부아르,《제2의 성》, 1949; 을유문화사, 1993.
심광현,《탈근대 문화정치와 문화연구》, 문화과학사, 1998.
양미강, 〈초기 전도부인의 신앙과 활동〉,《한국기독교와 역사 2》, 한국기독교역사연구소 편, 한국 기독교역사연구소, 1992.
우실하,《오리엔탈리즘의 해체와 우리 문화 바로읽기》, 소나무, 1997.
이덕주,《한국 교회 처음 여성들》, 기독교문사, 1990.
이브 미쇼,《폭력과 정치》, 나정원 옮김, 도서출판 인간사랑, 1990.
이우정,《한국 기독교 여성백년의 발자취》, 민중사, 1985.
자나 새위키, 〈어머니 길들이기: 페미니즘과 새로운 재생산 테크놀로지〉, 황정미 편역,《미셸 푸코, 섹슈얼리티의 정치와 페미니즘》, 새물결, 1995.
자크 라캉, 〈남근의 의미 작용〉,《욕망이론》, 민승기 외 옮김, 1994; 문예출판사, 2000.

조르주 뒤비 & 미셸 페로 편,《여성의 역사》, 권기돈·정나원 옮김, 1994; 새물결, 1998.
최원식,《생산적 대화를 위하여: 최원식 평론집》, 창작과비평사, 1997.
케이트 밀레,《성의 정치학》, 1970; 현대사상사, 1989.
홍성민,〈부르디외와 푸코의 권력 개념비교: 새로운 주체화의 전략〉, 현택수 외,《문화와 권력: 부르디외의 사회학의 이해》, 나남출판, 1998.

Alcoff, Linda. "Cultural Feminism versus Post-structuralism: The Identity Crisis in Feminist Theory." *Signs* 13, no. 3 (Spring 1988).

Arendt, Hannah, *On Violence*, New York: Harcourt Brace Jovanovich, 1970 (《폭력의 세기》, 김정한 옮김, 이후, 1999).

_____, *The Life of Mind-Thinking-Willing*, New York & London: Harvest/HJB Book, 1978.

_____, *Eichmann in Jerusalem: A Report of the Banality of Evil*, New York: Penguin Books, 1977.

Bridenthal, Renate, Claudia Koonz, and Susan Stuard, eds. *Becoming Visible: Women in European History*, Boston: Houghton Mifflin, 1977.

Butler, Judith, *Gender Trouble: Feminism and the Subversion of Identity*, New York: Routledge, 1990.

Cady Stanton, Elizabeth, "Declaration of Sentiments," *The Feminist Papers: From Adams to de Beauvoir*, Ed. Alice S. Rossi. New York: Columbia University Press, 1973.

_____, ed. *The Woman's Bible*, 1895 & 1898; Seattle: Coalition on Women and Religion, 1974.

_____ and et al., ed. *History of Woman Suffrage*, vol. 1, 1848-1861, 1881; New York: Amo Press, 1969.

Cady, Susan, et al., *Wisdom's Feast: Sophia in Study and Celebration*, San Francisco: Harper & Row, 1986.

Calinescu, Matei, *Five Faces of Modernity: Modernism, Avant-garde, Decadence, Kitsch, Postmodernism*, Durham, N.C.: Duke University Press, 1987.

Cannon, Katie Geneva, *Black Womanist Ethics*, Atlanta: Scholars Press, 1988.

Chamberlain, Joan, *The Feminine Dimension of the Divine*, Philadelphia: Westminster, 1979.

Chodorow, Nancy, *The Reproduction of Mothering: Psychoanalysis and the Sociology of Gender*, Berkeley: University of California Press, 1978.

Chopp, Rebecca S. and Sheila Greeve Davaney, Eds. *Horizons in Feminist Theology: Identity, Tradition, and Norms*, Minneapolis: Fortress Press, 1997.

Chopp, Rebecca S., *Saving Work: Feminist Practices of Theological Education*, Louisville, Kentucky: Westminster John Knox Press, 1995.

Christ, Carol and Judith Plaskow, eds. *Woman spirit Rising: A Feminist Reader in Religion*, San Francisco: Harper & Row, 1979.

_____, eds. *Weaving the Visions: New Patterns in Feminist Spirituality*, San Francisco: Harper & Row, 1989.

Chung, Hyun Kyung, *Struggle to be the Sun Again: Introducing Asian Women's Theology*, New York: Orbis, 1990(《다시 태양이 되기 위하여》, 박재순 옮김, 분도출판사, 1994).

Clark, Elizabeth and Herbert Richardson, eds. *Women and Religion: A Feminist Sourcebook of Christian Thoughts*, New York, Harper Collins Publishers, 1977.

Cone, James, *God of the Oppressed*, New York: Seabury Press, 1975(《눌린 자의 하느님》, 현영학 옮김, 이화여대출판부, 1975).

Conn, Joann Wolski, ed. *Women's Spirituality: Resources for Christian Development*, New York: Paulist Press, 1986.

Conn, Joann Wolski, "Toward Spiritual Maturity," *Freeing Theology: The Essentials of Theology in Feminist Perspective*, Ed. Catherine Mowry LaCugna, New York: Harper San Francisco, 1993.

Daly, Mary, *Gyn/Ecology: The Metaethics of Radical Feminism*, Boston: Beacon Press, 1978.

Davaney, Sheila Greeve, "The Limits of the Appeal to Women's Experience," *Shaping New Vision: Gender and Value in American Culture*, Ed. Clarissa W. Atkinson, et al. Ann Arbor, Michigan: UMI Research Press, 1987.

Ellul, Jacques, *Violence: Reflections from a Christian Perspective*, New York: Seabury Press, 1972(《폭력: 기독교적 반성과 전망》, 최종고 옮김, 현대사상사, 1974).

Fabella, Virginia ed. *With Passion and Compassion: Third World Women Doing Theology*, Maryknoll, NY: Orbis Books, 1992.

Fanon, Franz, *The Wretched of the Earth*, New York: Grove Weidenfeld, 1963 (《대지의 저주받은 자들》, 이시재 옮김, 휘문출판사, 1976).

Flax, Jane, *Thinking Fragments: Psychoanalysis, Feminism, and Postmodernism in the Contemporary West*, Berkeley: University of California Press, 1990.

Flexner, Eleanor, *Century of Struggle: The Women's Rights Movement in the United States*, Cambridge, MA: Belknap Press of Harvard University Press, 1975.

Foucault, Michel, *Power/Knowledge*, Ed. Colin Gordon, New York: Pantheon, 1980 (《권력과 지식》, 홍성민 옮김, 나남, 1993).

_____, *The History of Sexuality*, Vol. 1: An Introduction, New York: Pantheon, 1978.

Fox, Matthew, Ed. *Western Spirituality: Historical Roots, Ecumenical Routes*, Santa Fe, New Mexico: Bear &Company, 1981.

Gedalof, Irene, *Against Purity: Rethinking Identity with Indian and Western Feminisms*, London & New York: Routledge, 1999.

Geertz, Clifford, "Religion as a Cultural System," *The Interpretation of Cultures*, New York: Basic Books, 1973(《문화의 해석》, 문옥표 옮김, 까치, 1998).

Genz, Stephanie and Benjamin Brabon, *Postfeminism: Cultural Texts and Theories*, Second edition, Edinburgh: Edinburgh University Press, 2018.

Giddens, Anthony, *The Consequences of Modernity*, Stanford, CA: Stanford University Press, 1990.

Gilligan, Carol, *In a Different Voice: Psychological Theory and Women's Development*, Cambridge: Harvard University Press, 1982(《심리이론과 여성의 발달》, 허란주 옮김, 철학과현실사, 1994;《다른 목소리로》, 허란주 옮김, 동녘, 1997).

Giroux, Henry A., "Introduction: Modernism, Postmodernism, and Feminism: Rethinking the Boundaries of Educational Discourse," *Postmodernism, Feminism, and Cultural Politics*, Ed. Henry A. Giroux, New York State University of New York Press, 1991.

Grant, Jacquelyn, *White Women Christ and Black Women's Jesus: Feminist Christology and Womanist Response*, Atlanta: Scholars Press, 1989.

Grenz, Stanley J. & Roger E. Olson, *20th Century Theology: God & the World in a Transitional Age*, Downers Grove, IL: Inter Varsity Press, 1992(《20세기 신학》, 신재구 옮김, IVP, 1998.)

Gross, Rita M., *Feminism & Religion*, Boston: Beacon Press, 1996(《페미니즘과 종교》, 김윤성·이유나 옮김, 청년사, 1999).

Habermas, Jürgen, "Modernity versus Postmodernity," *New German Critique* 22 (Winter 1981): pp.3-14.

_____, "Modernity-An Incomplete Project," *The Anti-aesthetic: Essay on Postmodern Culture*, Ed. H. Foster, Washington: Bay Press, 1983.

Harding, Sandia, *The Science Question in Feminism*, Ithaca and London: Cornell University Press, 1986.

_____, "Rethinking Standpoint Epistemology: What Is Strong Objectivity?" Linda Alcoff and Elizabeth Potter, eds. *Feminist Epistemologies*, London and New York: Routeledge, 1993.

Hartsock, Nancy, "Foucault on Power," *Feminism/Postmodernism*, Ed. Nicholson, Linda, New York: Routledge, 1990.

Hirsch, Marianne & Evelyn Fox Keller, ed. *Conflicts in Feminism*, London: Routledge, 1990.
Hoagland, Sarah Lucia, *Lesbian Ethics*, Palo Alto, CA: Institute of Lesbian Studies, 1989.
Holloway, Richard, ed. *Who Needs Feminism? Men Respond to Sexism in the Church*, London: SPCK, 1991.
hooks, bell, *Talking Back: Thinking Feminist. Thinking Black*, Boston, MA: South End Press, 1989.
_____, "Postmodern Blackness," *Yearning: Race, Gender, and Cultural Politics*, Boston, MA: South End Press, 1990.
Howard, Mary, *Women and Children in Health Care: An Equal Majority*, New York: Oxford University Press, 1993.
Hutcheon, Linda, "Circling the Downspout of Empire," *The Post-Colonial Studies Reader*, Ed. Bill Ashcroft, Gareth Griffiths, and Helen Tiffin, London: Routledge, 1995.
Isai-Diaz, Ada Maria, *En la Lucha: A Hispanic Women's Liberation Theology*, Minneapolis: Fortress Press, 1993.
Jaggar, Alison, *Feminist Politics and Human Nature*, Totowa, NJ: Rowman & Allanheld, 1983(《여성해방론과 인간본성》, 공미혜·이한옥 옮김, 이론과실천, 1999).
Jardin, Alice & Paul Smith, eds. *Men in Feminism*, New York and London: Methuen, 1987.
Jonsen, Albert R., *The Birth of Bioethics*, Oxford: Oxford University Press, 1998.
Kang, Nam-Soon, "Misogyny," *Dictionary of Feminist Theologies*, Eds. Letty M. Russell & J. Shannon Clarkson, Louisville, Kentucky, 1996.
Keller, Catherine, "Seeking and Sucking: On Relation and Essence in Feminist Theology," *Horizons in Feminist Theology: Identity, Tradition, and Norms*, Eds. Rebecca S. Chopp and Sheila Greeve Davaney, Minneapolis: Fortress Press, 1997.
Keller, Evelyn Fox, *Secrets of Life, Secrets of Death: Essays on Language, Gender and Science*, New York: Cornell University Press, 1990.
Kimmel, Michael S. and Thomas E. Mosmiller, eds. *Against the Tide: Pro-Feminist in the United States 1776-1990: A Documentary History*, Boston: Beacon Press, 1992.
Kristeva, Julia, *In the Beginning Was Love: Psychoanalysis and Faith*, New York: Crossroad, 1989(《사랑의 역사》, 김영 옮김, 민음사, 1995).
Küng, Hans and Jürgen Moltmann, *The Ethics of World Religions and Human Rights*, London: SCM Press, 1990.
Kuhse, Helga and Peter Singer, "What is Bioethics: A Historical Introduction," *A Companion to Bioethics*, Ed. Helga Kuhse and Peter Singer, Oxford: Blackwell

Publishers, 1998.

Larrabee, Mary J., ed. *An Ethic of Care: Feminist and Interdisciplinary Perspectives*, New York Routledge, 1993.

Lebacqz, Karen, *Justice in an Unjust World: Foundations for a Christian Approach to Justice*, Minneapolis: Augsburg Publishing House, 1987.

Lehman, Edward C. Jr., *Gender and Work: The Case of the Clergy*, Albany: State University of New York Press, 1993.

Lerner, Gerda, *The Creation of Feminist Consciousness: From the Middle Age to Eighteen-seventy*, New York: Oxford University Press, 1993(《역사 속의 페미니스트》, 김인성 옮김, 평민사, 1998).

Loisy, Alfred, *The Birth of the Christian Religion*. Trans. L. P. Jacks . New Hyde Park, NY: University Books, 1962. 이 책은 다음의 링크에서도 볼 수 있다. http://www.earlychristianwritings.com/loisy/. 2018년 8월 9일 인출.

McCance, Dawne C., ed. *Life Ethics in World Religion*, Atlanta, GA: Scholars Press, 1998.

McFague, Sallie, *Models of God: Theology for an Ecological Nuclear Age*, Philadelphia: Fortress Press, 1987.

Mannheim, Karl, *Ideology and Utopia: An Introduction to the Sociology of Knowledge*, Trans. Louis Wirth and Edward Shils, 1927; New York: W. E. Norton & Company, 1972(《이데올로기와 유토피아》, 임석진 옮김, 청아출판사, 1991).

Marx, Karl, "The German Ideology," *The Marx-Engels Reader*, Ed. Robert C. Tucker, New York: W. E. Norton & Company, 1972(《칼 맑스 프리드리히 엥겔스 저작 선집1》, 최인호 옮김, 박종철출판사, 1995).

Memmi, Albert, *The Colonizer and the Colonized*, Boston: Beacon Press, 1967.

Minh-ha, Trinh T., *Woman, Native, Other*, Bloomington: Indiana University Press, 1989.

Mohanty, Chandra Talpade, "Under Western Eyes: Feminist Scholarship and Colonial Discourses," *Third World Women and the Politics of Feminism*, Ed., Chandra Talpade Mohanty, Ann Russo and Lourdes Torres, Bloomington: Indiana University Press, 1991.

Morgan, Kathryn Pauly, "Women and the Knife: Cosmetic Surgery and the Colonization of Women's Bodies," *Hypatia* 6 (Fall 1991): pp.25-53.

Morton, Nelle, *The Journey is Home*, Boston: Beacon Press, 1985.

Nicholson, Linda, ed. *Feminism/Postmodernism*, New York: Routledge, 1990.

_____, "Interpreting Gender," *Signs: Journal of Women in Culture and Society* 20 (Autumn 1994).

Noddings, Nel, *Caring: A Feminine Approach to Ethics and Moral Education*, Berkeley

University of California Press, 1984.

Ochs, Carol, *Women and Spirituality*, Totowa, NJ: Rowman and Allanheld, 1983.

Okin, Susan Moller, *Justice, Gender, and the Family*, New York Basic Books, 1989.

Plaskow, Judith, "The Coming of Lilith: Toward a Feminist Theology," *Womanspirit Rising: A Feminist Reader in Religion*, Ed. Carol Christ and Judith Plaskow, New York: Harper San Francisco, 1979.

Ramazanoglu, Caroline, *Feminism and the Contradictions of Oppression*(《페미니즘, 무엇이 문제인가》, 김정선 옮김, 1989; 문예출판사, 1997).

Rhodes, Lynn N., *Co-Creating: A Feminist Vision of Ministry*, Philadelphia: The Westminster Press, 1987.

Ricoeur, Paul, *Lectures on Ideology and Utopia*, Ed. George H. Taylor, New York Columbia University Press, 1986.

Riley, Maria, *Transforming Feminism*, Kansas City: Sheed and Ward, 1989.

Rivers, Nichola, *Postfeminism(s) and the Arrival of the Fourth Wave: Turning Tides*, Basingstoke, UK: Palgrave Macmillan, 2017.

Rossi, Alice S., *The Feminist Papers: From Adams to de Beauvoir*, New York: Columbia University Press, 1973.

Ruether, Rosemary, *Sexism and God-Talk*. Boston: Beacon Press, 1983(《성차별과 신학》, 안상님 옮김. 대한기독교서회, 1985).

_____, *Women-Church: Theology and Practice*, San Francisco: Harper & Row, 1985.

Ruether, Rosemary R. and E. McLaughlin, Eds. *Women of Spirit*, New York Simon and Schuster, 1979.

Ruether, Rosemary and R. S. Keller, Eds. *Women and Religion in America*, 3 vols, San Francisco: Harper & Row, 1981-86.

Russell, Letty, "Minjung Theology in Women's Perspective," *An Emerging Theology in World Perspective: Commentary on Korean Minjung Theology*, Ed. Jung Young Lee, Connecticut: Twenty-Third Publications, 1988.

_____, *Household of Freedom: Authority in Feminist Theology*, Philadelphia: Westminster Press, 1987.

Russell, Letty, et. al, eds. *Inheriting Our Mother's Garden: Feminist Theology in Third World Perspective*, Philadelphia: Westminster Press, 1988.

Said, Edward, *Orientalism*, New York: Vintage Books, 1978(《오리엔탈리즘》, 박홍규 옮김, 교보문고, 1992).

_____, *Culture and Imperialism*, New York: Vintage Books, 1993(《문화와 제국주의》, 김성곤·정정호 옮김, 창, 1997).

Sakai, Naoki, "Modernity and Its Critique: The Problem of Universalism and Particularism," *Postmodernism and Japan*, Ed. Masao Miyoshi and H. D. Harootunian, Durham: Duke University Press, 1989.

Schüssler Fiorenza, Elisabeth, "The Will to Choose or to Reject: Continuing Our Critical Work," *In Feminist Interpretation of the Bible*, Ed. Letty M. Russell, Philadelphia: Westminster Press, 1985.

_____, *In Memory of Her: A Feminist Theological Reconstruction of Christian Origins*, New York: Crossroads, 1983(《크리스챤 기원의 페미니스트 신학적 재건》, 김애영 옮김, 종로서적, 1986; 태초, 1997).

_____, *Bread Not Stone*. Boston: Beacon Press, 1984(《돌이 아니라 빵을》, 김윤옥 옮김, 대한기독교서회, 1994).

_____, *Discipleship of Equals: A Critica lFeminist Ekklesia-logy of Liberation*, New York: Crossroad, 1994(《동등자 제자직; 비판적 여성론의 해방교회론》, 김상분·황종렬 옮김, 분도출판사, 1997).

_____, *But She Said: Feminist Practicesof Biblical Interpretation*, Boston: Beacon Press, 1992.

Scott, Joan, "The Usefulness of Gender as a Category of Historical Analysis," *The Politics of History*, New York Columbia University Press, 1990.

Sherwin, Susan, *No Longer Patient: Feminist Ethics and Health Care*, Philadelphia: Temple University Press, 1992.

Sölle, Dorothee, *Beyond Mere Dialogue: On Being Christian and Socialist. The 1977 Earl Lectures at the Pacific School of Religion*, Detroit, Mich: American Christians Toward Socialism, 1978.

Sommers, Christina Hoff, *Who Stole Feminism? How Women Have Betrayed Women*, New York: Touchstone, 1994.

Sorel, Georges, *Reflections on Violence*, 1915; New York: Peter Smith, 1941.

Spelman, Elizabeth, *Inessential Woman: Problems of Exclusion in Feminist Thought*, Boston: Beacon Press, 1988.

Spivak, Gayatri C., "French Feminism in an International Frame," *In Other Worlds: Essays in Cultural Politics*, New York and London: Routeledge,1988.

_____, *The Post-Colonial Critic*, London & New York: Routledge, 1991.

Spretnak, Charlene, ed. *The Politics of Women's Spirituality: Essays On the Rise of Spiritual Power Within the Feminist Movement Garden City*, NY: Anchor Press, 1982.

Starhawk, *Dreaming the Dark: Magic, Sex and Politics*, Boston: Beacon Press, 1982.

Swidler, Leonard, "Jesus was a Feminist," *Catholic World*(January 1971): pp.177-83.

_____, "Human Rights: A Historical Overview," *The Ethics of World Religions and Human Rights*, Ed. Hans Küng and Jürgen Moltmann. London: SCM Press, 1990.

Tamez, Elsa, "Women's Reading of the Bible," *With Passion and Compassion: Third World Women Doing Theology*, Ed. Virginia Fabella and Mercy Amba Oduyoye, Maryknoll, N.Y.: Orbis Books, 1988.

Tong, Rosemary, *Feminist Approaches to Bioethics: Theoretical Reflections and Practical Applications*, Colorado: Westview Press, 1997.

Wessinger, Catherine, ed. *Religious Institutions and Women's Leadership: New Roles Inside the Mainstream*, Columbia, South Carolina: University of South Carolina Press, 1996.

Williams, Delores S., *Sisters in the Wilderness: The Challenge of Womanist God-Talk*, Maryknoll, N. Y: Orbis Books, 1993.

_____, "Womanist Theology: Black Women's Voices," *Weaving the Vision: New Pattern in Feminist Spirituality*, Ed. Judith Plaskow and Carol Christ, San Francisco: Harper & Row, 1989.

Wolf, Susan M., ed. *Feminism and Bioethics: Beyond Reproduction*, New York & Oxford: Oxford University Press, 1996.

Young, Iris, *Justice and the Politics of Difference*, Princeton, NJ: Princeton University Press, 1990.

Zappone, Katherine, *The Hope for Wholeness: A Spirituality for Feminists*, Mystic, Connecticut: Twenty-Third Publication, 1991.

찾아보기

| 인명 |

ㄱ

간디, 마하트마Mahatma Gandhi 260
개리슨, 윌리엄William Lloyd Garrison 135
골든버그, 나오미Naomi Goldenberg 233
그람시, 안토니오Antonio Gramsci 41, 68
그랜트, 재클린Jacquelyn Grant 58
그림케 자매(앤젤리나 그림케와 세라 그림
　　케Angelina & Sarah Grimke) 135
기어츠, 클리퍼드Clifford Geertz 376
길리건, 캐럴Carol Gilligan 48

ㄷ, ㄹ

데일리, 메리Mary Daly 44
라이저, 콘라트Konrad Raiser 276
라캉, 자크Jacques Lacan 50
라클라우, 에르네스토Ernesto Laclau 28
롤스, 존John Rawls 185
루터, 마르틴Martin Luther 321
류터, 로즈메리Rosemary Radford Ruether 44
리쾨르, 폴Paul Ricoeur 104

ㅁ, ㅂ

맥페이그, 샐리Sallie McFague 47
모턴, 넬Nelle Morton 373
무페, 샹탈Chantal Mouffe 28
뮌처, 토마스Thomas Münzer 261

베버, 막스Max Weber 257
보부아르, 시몬 드Simone de Beauvoir 49
본회퍼, 디트리히Dietrich Bonhoeffer 263
부르디외, 피에르Pierre Bourdieu 244

ㅅ

사르트르, 장폴Jean-Paul Sartre 254
사이드, 에드워드Edward Said 98, 117
사이모스, 미리엄Miriam Simos 233
소렐, 조르주Georges Sorel 252
소쉬르, 페르디낭 드 Ferdinand de Saussure 27
슈나이더스, 샌드라Sandra M. Schneiders 236
슈바이처, 알베르트Albert Schweitzer 194
슐라이어마허, 프리드리히Friedrich
　　Schleiermacher 128
스위들러, 레너드Leonard Swidler 309
스타이넘, 글로리아Gloria Steinem 122
스타호크Starhawk 233
스피박, 가야트리Gayatri Chakravorty Spivak
　　50

ㅇ

아렌트, 한나Hannah Arendt 252, 401, 403
아우구스티누스Augustinus 316
아이히만, 오토 아돌프Otto Adolf Eichmann

442

403
아퀴나스, 토마스Thomas Aquinas 317
엘륄, 자크Jacques Ellul 255
요한 바오로 2세 교황 165
윌리엄스, 델로리스Delores Williams 148
이리가레, 뤼스Luce Irigary 50

ㅈ, ㅋ

줄리언Julian of Norwich 225
지라르, 르네René Girard 252
칸트, 이마누엘Immanuel Kant 131
칼뱅, 장John Calvin 321
콕스, 하비Harvey Cox 407
콘, 제임스James Cone 254
쿤, 토머스Thomas Kuhn 175
크리스트, 캐럴Carol Christ 232

ㅌ, ㅍ

타메즈, 엘사Elsa Tamez 55

테르툴리아누스Tertullianus 316
파농, 프란츠Franz Fanon 254
펠, 마거릿Margaret Fell 323
포터, 밴 렌슬러Van Rensselaer Potter 167
폭스, 조지George Fox 323
푸코, 미셸Michel Foucault 28
플라스코, 주디스Judith Plaskow 121
플라톤Plato 156
피오렌자, 엘리자베스Eliabeth Schüssler Fiorenza 44

ㅎ

하딩, 샌드라Sandra Harding 192
하버마스, 위르겐Jürgen Habermas 126
해리스, 바버라Barbara Harris 277
헬리거스, 앤드리Andre Hellegers 167
힐데가르트Hildegard of Bingen 229

| 용어 |

ㄱ

가부장제적·위계주의적 기독교 313
가시적 폭력 242
가족 가치family value 292
가족 내에서의 정의family justice 301
가족 이데올로기 294
가족
    다부모 302
    동성 부모 302
    양성 부모 302
    한부모 302
감사와 순종의 이데올로기 399
강단권preaching power 401

강제적 힘force 258
개인적 저항 107
개인적인 것은 정치적인 것The personal is political 96
개인주의individualism 110, 129
    홉스주의적 개인주의Hobbesian individualism 129
    윤리적 개인주의ethical individualism 130
개체성individuality 133
개체적 존재 130, 146
거대 담론grand narratives 113
거대 이론grand theory 150
게놈 프로젝트genome project 119

찾아보기 **443**

계몽주의 126, 131
계시종교revealed religion 131
공감의 경험yeah-yeah experience 121
공공선common good 177, 380
공동체주의 110
관계적 독립성relational independence 148
관계적 존재 146
관점론standpoint theory 192
교수권teaching power 401
구성적 영성formative spirituality 222
구속론적 평등성 331
귀납적 방식 174
귀납주의 174
그래-그래 경험 121
근대 이론 46
근대성modernity 125
   사회적 근대성 126
   미학적 근대성 126
   정치적 근대성 126
근본주의fundamentalism 383
글로컬glocal 80
급진적radical 193
급진주의 페미니즘 133
급진화한 근대성radicalized modernity 152
긍정의 언어language of affirmation 102~103
기계론mechanism 156
기독교 페미니즘Christian feminism 329

ㄴ

낙관주의 268
   낙관주의적 인간 129
남근중심적phallocentric 50
남성 운동Men's Movement 410
남성의 경험 32
남성적 스타일masculine style 199
남성중심적 관계성의 윤리 147

내재적 신 129
노예제도 폐지 운동 134
노예해방운동 132

ㄷ

다문화주의 109
다양성heterogeneity 86
다양성 속의 하나 됨unity in diversity 64
다중 정체성multiple identity 116
단일 정체성single identity 116
단일적 가족monolithic family 289
단자적인 자아 195
담론이론discourse theory 27
담론적 이미지discursive image 88
당파성partiality 174
대안alternative 102
대항담론counter-discourse 29
도구적 근대성 139
돌봄 노동 171
돌봄의 윤리ethics of care 182
돌연한 인식의 경험click experience 121
동도서기론東道西紀論 140
동성 간의 결혼same-gender union 290
동질성homogeneity 86

ㄹ, ㅁ

러시아혁명 254
마녀 화형 248
마녀사냥Witchhunting 316
'마르다와 마리아' 이야기 311
마르크스주의 페미니즘 133
매춘 정치porno-politics 257
모더니즘 46
모성 원리 23, 94
몸 담론body discourse 50
무교화한 기독교 110

무성별genderless 여성 49
무에리스타mujerista 신학 59
무저항nonresistance 260
문화본질주의 109
문화적 본질주의 117
문화상대주의 109
문화적 알리바이 109
미시 담론small narratives 113
미완의 해방적 기획unfinished emancipatory project 126
민중 중의 민중 88

ㅂ

바실레이아basileia 387
반反관계주의 67
반쪽 진리half truth 152
발덴지안Waldensians 319
발화의 객체spoken object 406
발화의 주체speaking subject 101, 406
보편 담론 150
보편주의 118
복수의 표지the mark of the plural 82
복수적plural 주체성 67
부정의 언어 102
분배적 정의 186
비가시적 폭력 242
비관주의적 인간 128
비당파성impartiality 174
비판적 대중critical mass 406
비판적 사유의 부재absence of critical thinking 404
비폭력 259

ㅅ

사마리아 여인 311
사회적 자아 195

사회주의 페미니즘 133
상대적 실현 불가능성relative unrealizability 104
상상으로 하는 실험 373
상상적 공동체imagined community 85
상의 하달식 접근top-down approach 방식 174
상징적 폭력symbolic violence 244
상호관계성interrelatedness 148
상호연관성 239
생기론vitalism 156
생명 경외의 윤리 194
생명권pro-life 166
생명윤리 164
  생명중심적 윤리life-centered ethics 164
  일관된 생명윤리consistent life ethics 164
생명의 신학Theology of Life 165
생체권력biopower 188
선택권pro-choice 166
성sex 160
성별화한 주체gendered subject 49, 51
성차별주의에 대항하는 전국 남성 기구 NOMAS: National Organization for Men against Sexism 411
세계관 127
세계교회협의회WCC: World Council of Churches 164
세네카 폴스Seneca Falls 135
소피아Sophia 235
순결 이데올로기 110
순종 이데올로기 346
스토리텔링story-telling 95
신관 127
신의 형상imago dei 324
신적 모형divine matrix 55
신적 정의Divine Justice 345

찾아보기 445

신적 질서Divine Order 314
실제적 이미지real image 88

ㅇ

아무 곳에도 없는 관점view from nowhere 104
아시아 페미니스트 신학Asian feminist theology 85
아시아의 가치 110
악의 평범성 404
에큐메니컬 소명ecumenical calling 278
에클레시아ekklesia 387
여성 교회Women-Church 235
여성 기독교 절제회Women's Christian Temperance Union 328
여성 질문woman question 196
여성들의 영성women's spirituality 228
여성신 운동goddess movement 232
여성의 경험women's experience 32, 87
여성적 스타일feminine style 200
여성적 원리feminine principle 202
여성적feminine 윤리 24
여성주의 23
여성중심적 신학gynocentric theology 25
여성중심적gynocentric 페미니즘 24, 163
여성중심주의gynocentrism 23
여성할당제 283
여성혐오사상misogyny 134
역사성historicity 128
역사화한 주체historicized subject 77
연대성의 종교 210
연역적 방식 174
　연역적 접근방식 174
열린 기독교 정체성 71
영성spirituality 221
영성신학 224

영지주의Gnosticism 325
예수 운동으로서의 기독교 108
오리엔탈리즘orientalism 88, 117
오염되지 않은 정체성 117
오인의 메커니즘 244
옥시덴탈리즘occidentalism 140
우머니스트womanist 신학 59
원리주의principlism 174
　특수화한 원리주의specified principlism 174
위계적 관계성 148
위계주의 38
위카Wicca 233
유교적 가족주의 143
유교적 관계주의 130
유교화한 기독교 110
유기체론organicism 156
윤리적 하나님 나라 197
의료윤리 167
의료화medicalization 188
이성중심주의logocentrism 151, 212
인간관 127
인간복제 119
인간주체human subject 49
인간해방 132
　인간해방운동 132
인공유산 166
인류의 일치unity of humanity 280
인식론적 특권 78

ㅈ

자매성sisterhood 105
보편적 자매성universal sisterhood 52
자연종교natural religion 131
자유주의 신학 128
자유주의 페미니즘 133
자율성 177

자율적 인간 128
재판 중에 있는 주체a subject on trial 60
저항담론discourse of resistance 29
전국여권대회Women's Rights Convention 136
전도부인Bible Woman 332
전략적 본질주의strategic essentialism 61
전체화totalizing 86
절대적 실현 불가능성absolute unrealizability 103~104
정당 전쟁just war 261
정의의 신 134
정체성의 정치학identity politics 96
정화하는 폭력purifying violence 261
제1기 페미니즘 43
제2기 페미니즘 43
제3기 페미니즘 43
제도화한 폭력 402
젠더gender 39, 160
젠더 정의gender justice 272, 337
조형적plastic 페미니즘 163
존재론적 평등성 331
존재론적 평등의 원리 131
종교 혼합주의 71
종교개혁 127
주체의 해체 61
주체자agent 92
지도 없는 여정journey without map 219
지리적 결정주의 117
지배의 논리logic of domination 106
지식사회학 175
집단적 저항 107

ㅊ, ㅋ

창조 중심적 영성creation centered spirituality 222
책임적 종교 153

체현된 이성embodied reason 213
초월적 신 129
친우회Society of Friends 323
케네디 연구소Kennedy Institute of Human Reproduction and Bioethics(1971년 설립) 167
케네디 연구소The Kennedy Institute(1969년 설립) 168
퀘이커파Quakerism 323

ㅌ

타율적 인간 128
토대주의foundationalism 47
토크니즘tokenism 396
통전성wholeness 226
통전적 목회holistic ministry 215
특수 담론 150
특수주의particularism 118

ㅍ

패러다임의 전이 175
퍼터널리즘paternalism 170
페미니스트 목회feminist ministry 210
  페미니스트 목회자feminist minister 201
페미니스트 영성feminist spirituality 222, 228
페미니스트feminist 윤리 24
페미니즘 23
페미니즘은 죽었는가?Is Feminism Dead? 122
평등을 위한 사제들Priests for Equality 411
평등적 관계성 148
  평등적 관계성의 윤리 147
평등적 창조론 131
평등하지만 다르다equal but different 352
평화주의pacifism 261

포괄적 기독교inclusive Christianity 312
포괄적 언어inclusive language 273
포스트구조주의 47
포스트모더니즘 47, 173
포스트콜로니얼 신학 38
포스트콜로니얼리즘postcolonialism 173
포스트페미니즘postfeminism 62
폭력 극복 10년 2001~2010DOW: Decade to Overcome Violence 263
폭력violence 258
폭력의 '일상화'와 '자연화' 257
프랑스혁명 131~132
　프랑스혁명의 모토 132
프로크루스테스의 침대Procrustean bed 175

ㅎ

하의 상달식 접근bottom-up approach 방식 174
하지 않음으로써의 폭력violence by omission 269
함으로써의 폭력violence by commission 269
합법적 폭력 260
해방담론discourse of liberation 29
해방신학 38
해방의 근대성 139
해방적 종교 154
허위의식false consciousness 343
헤게모니 68
헤이스팅스 센터Hastings Center 168
헤테로토피아heterotopia 393
형상form과 질료matter 156
호모토피아homotopia 393
회개 134
회의주의 268
휴머니스트humanist 페미니즘 24, 163
희생과 봉사의 이데올로기 399
희생자victim 92
희생자로서의 여성women as victim 95
히포크라테스 선서 168

기타

bioethics 164
G*d 235
God/dess 235
life ethics 164

| 문헌 |

《대지의 버림받은 자들》 254
《미즈》 121
《성의 정치학》 122
《여성의 성서》 136
《여성의 신비》 122
《오리엔탈리즘》 98
《제2의 성》 49, 122, 160, 375
《조류에 대항하여》 411
《포괄적 언어로 된 신약성서》 411
〈말레우스 말레피카룸〉 371
〈여성독립선언서〉 136
〈예수는 페미니스트였다〉 309
〈왜 여성들에게 여성신이 필요한가〉 232